国家社科基金重大委托项目
中国社会科学院创新工程学术出版资助项目

中国民族地区经济社会调查报告

总顾问 陈奎元
总主编 王伟光

伊金霍洛旗卷

本卷主编 色音

中国社会科学出版社

图书在版编目(CIP)数据

中国民族地区经济社会调查报告·伊金霍洛旗卷/色音主编.—北京:中国社会科学出版社,2018.12

ISBN 978-7-5203-2342-0

Ⅰ.①中… Ⅱ.①色… Ⅲ.①民族地区经济-经济发展-调查报告-伊金霍洛旗 ②民族地区-社会发展-调查报告-伊金霍洛旗 Ⅳ.①F127.8

中国版本图书馆CIP数据核字(2018)第073699号

出 版 人 赵剑英
责任编辑 宫京蕾
特约编辑 乔继堂
责任校对 闫 萃
责任印制 李寡寡

出　　版 中国社会科学出版社
社　　址 北京鼓楼西大街甲158号
邮　　编 100720
网　　址 http://www.csspw.cn
发 行 部 010-84083685
门 市 部 010-84029450
经　　销 新华书店及其他书店

印刷装订 北京君升印刷有限公司
版　　次 2018年12月第1版
印　　次 2018年12月第1次印刷

开　　本 710×1000 1/16
印　　张 21.5
插　　页 2
字　　数 369千字
定　　价 98.00元

《21世纪初中国少数民族地区经济社会发展综合调查》

项目委员会

顾问委员会

总 顾 问 陈奎元

学术指导委员会

主　　任 王伟光

委　　员（按姓氏笔画为序）

丹珠昂奔　李　扬　李培林　李　捷　陈改户　武　寅
郝时远　赵胜轩　高　翔　黄浩涛　斯　塔

专家委员会

首席专家 王延中

委　　员（按姓氏笔画为序）

丁　宏　丁　赛　丁卫东　马　援　王　平　王　锋
王希恩　开　哇　扎　洛　车明怀　方　勇　方素梅
尹虎彬　石玉钢　龙远蔚　卢献匾　田卫疆　包智明
吐尔干·皮达　朱　伦　色　音　刘　泓　刘正寅
刘世哲　江　荻　赤列多吉　李云兵　李红杰　李克强
吴　军　吴大华　何星亮　张若璞　张昌东　张继焦
陈建樾　青　觉　郑　堆　赵立雄　赵明鸣　赵宗福
赵剑英　段小燕　姜培茂　鼓鸿音　晋保平　特古斯
俸代瑜　徐　平　徐畅江　高建龙　黄　行　曹宏举
曾少聪　管彦波　毅　松

项目工作组

组　　长 扎　洛　孙　懿

成　　员（按姓氏笔画为序）

丁　赛　孔　敬　刘　真　刘文远　李凤荣　李益志
宋　军　陈　杰　周学文　程阿美　管彦波

《中国民族地区经济社会调查报告》

编辑委员会

总　序

实践的观点是马克思主义哲学最基本的观点，实事求是是马克思主义活的灵魂。坚持一切从实际出发、理论联系实际、实事求是的思想路线，是中国共产党把马克思主义基本原理与中国实际相结合，领导中国人民进行社会主义革命和社会主义建设不断取得胜利的基本经验。改革开放以来，在实事求是、与时俱进思想路线指导下，中国特色社会主义伟大事业取得了举世瞩目的伟大成就，中国道路、中国经验在世界上赢得了广泛赞誉。丰富多彩的成功实践推进了中国化马克思主义的理论创新，也为哲学社会科学各学科的繁荣发展提供了坚实沃土。时代呼唤理论创新，实践需要哲学社会科学为中国特色社会主义理论体系的创新发展做出更大的贡献。在中国这样一个统一的多民族的社会主义国家，中国特色的民族理论、民族政策、民族工作，构成了中国特色社会主义的重要组成部分。经济快速发展和社会剧烈转型，民族地区全面建成小康社会，进而实现中华民族的伟大复兴，迫切需要中国特色民族理论和民族工作的创新，而扎扎实实地开展调查研究则是推进民族研究事业适应时代要求、实现理论创新、服务发展需要的基本途径。

早在 20 世纪 50 年代，应民族地区的民主改革和民族识别之需，我国进行了全国规模的少数民族社会历史与语言调查，今称“民族大调查”。这次大调查收集获取了大量有关民族地区社会历史的丰富资料，形成 300 多个调查报告。在那次调查的基础上，整理出版了 400 余种、6000 多万字的民族社会历史建设的巨大系统工程——“民族问题五种丛书”，为党和政府制定民族政策和民族工作方针，在民族地区开展民主改革和推动少数民族经济社会的全面发展提供了重要的依据，也为新中国民族研究事业的发展奠定了坚实的基础。

半个多世纪过去了，如今我国边疆民族地区发生了巨大而深刻的变化，各民族逐渐摆脱了贫困落后的生产生活状态，正在向文明富裕的现代化社会迈进。但同时我们要看到，由于历史和现实的原因，各民族之间以及不同民族地区之间经济社会的发展依然存在较大的差距，民族地区经济发展不平衡问题以及各种社会问题、民族问题、宗教问题、生态问题，日益成为推动民族地区经济社会发展必须着力解决的紧迫问题。深入民族地区开展长期、广泛而深入的调查研究，全面了解各民族地区经济社会发展面临的新情况、新问题，科学把握各民族地区经济社会发展趋势，是时代赋予民族学工作者的使命。

半个多世纪以来，中国社会科学院民族学与人类学研究所一直把调查研究作为立所之本。1956年成立的少数民族语言研究所和1958年成立的民族研究所（1962年两所合并），从某种意义上讲，就是第一次民族大调查催生的结果。作为我国多学科、综合性、国家级的民族问题专业研究机构，民族所非常重视田野调查，几代学人已在中国各民族地区近1000个地点进行过田野调研。20世纪90年代，民族所进行了第二次民族地区典型调查，积数年之功完成了20余部调研专著。进入新的历史时期，为了更好地贯彻党中央对我院“三个定位”的要求，进一步明确今后一个时期的发展目标和主攻方向，民族所集思广益，经过反复酝酿、周密论证，组织实施了“21世纪初中国少数民族地区经济社会发展综合调查”。这是我国民族学研究事业发展的迫切需要，也是做好新时期民族工作的前提和基础。

在充分利用自20世纪50年代以来开展的少数民族社会历史与语言调查相关研究成果的基础上，本次民族大调查将选择60—70个民族区域自治地方（包括城市、县/旗或民族乡）作为调查点，围绕民族地区政治、经济、社会、文化、生态五大文明建设而展开，计划用4—5年的时间，形成60—70个田野调查报告，出版50部左右的田野民族志专著。民族调查是一种专业性、学科性的调查，但在学科分化与整合均非常明显的当代学术背景下，要通过调查研究获得开拓性的成果，除了运用民族学、人类学的田野调查方法外，还需结合社会学问卷调查方式和国情调研、社会调查方式，把静态与动态、微观与宏观、定量分析与定性分析、典型与一般有机结合起来，突出调查研究的时代性、民族性和区域性。这是新时期开展民族大调查的新要求。

立足当代、立足中国的“民族国情”，妥善处理民族问题，促进各民族平等团结，促进各民族地区繁荣发展，是中国特色社会主义的重要任务。“21 世纪初中国少数民族地区经济社会发展综合调查”作为国家社科基金特别委托项目和中国社会科学院创新工程重大项目，希望立足改革开放以来少数民族地区的发展变化，围绕少数民族地区经济社会发展，有针对性地开展如下调查研究：①民族地区经济发展现状与存在的问题调查研究；②民族地区社会转型、进步与发展调查研究；③西部大开发战略与民族问题调查研究；④坚持和完善民族区域自治制度调查研究；⑤民族地区宗教问题调查研究；⑥民族地区教育与科技调查研究；⑦少数民族传统文化与现代化调查研究。

调查研究是加强学科建设、队伍建设和切实发挥智库作用的重要保障。基础研究与应用对策研究是现代社会科学不可分割的有机统一整体。通过全面、深入、系统的调查研究，我们希望努力达成以下几个目标。一是全面考察中国特色民族理论、民族政策的探索和实践过程，凝练和总结中国解决民族地区发展问题、确立和谐民族关系、促进各民族共同繁荣发展的经验，把握民族工作的一般规律，为未来的民族工作提供坚实的理论支撑，为丰富和发展中国特色社会主义理论体系做出贡献。二是全面展示改革开放特别是进入 21 世纪以来民族地区经济社会发展的辉煌成就，展示以“平等、团结、互助、和谐”为核心内容的新型民族关系在当代的发展状况，反映各族人民社会生活的深刻变化，增强各民族的自豪感、自信心，建设中华民族共同体，增强中华民族凝聚力。三是深入调查探寻边疆民族地区经济社会发展中存在的问题，准确把握未来发展面临的困难与挑战，为党和国家全面了解各民族发展现状、把握发展趋势、制订未来发展规划提供可靠依据。四是通过深入民族地区进行扎实、系统的调研，收集丰富翔实的第一手资料，构筑我国民族地区社会发展的基础信息平台，夯实民族研究的基础，训练培养一支新时期民族问题研究骨干队伍，为民族学研究和民族地区未来发展奠定坚实的人才基础。

我们深信，参与调查研究的每一位专家和项目组成员，秉承民族学、人类学界前辈学人脚踏实地、不怕吃苦、勤于田野、精于思考的学风，真正深入民族地区、深入田野，广泛汇集干部群众的意见，倾听干部群众的呼声，运用多种方式方法取得丰富的数据资料，通过科学严谨的数据分析和系统深入的理论研究，一定会取得丰硕的成果。这不仅会成为 21 世纪我国民族学与人类学学科建设的一座重要里程碑，也一定会为党和政府提供重要决策参考，为促进我国民族理论和民族工作的新发展，为在民族地区全面建成小康社会，为实现中华民族的伟大复兴做出应有的贡献。

王伟光

目　录

绪　论 ………………………………………………………………………………… (1)
一　经济发展的成就及经济结构的变化 …………………………………… (1)
二　转变政府职能和社会管理创新 ……………………………………… (6)
三　弘扬民族文化与民族教育发展 ……………………………………… (8)
四　环境保护和生态文明建设 …………………………………………… (16)

第一章　伊金霍洛今昔 ……………………………………………………………… (18)
第一节　鄂尔多斯和伊金霍洛 ………………………………………………… (18)
第二节　达尔扈特定居伊金霍洛 ……………………………………………… (27)
第三节　伊金霍洛旗政区沿革 ………………………………………………… (34)
一　阿勒腾席热镇简况 …………………………………………………… (38)
二　纳林陶亥镇简况 ……………………………………………………… (39)
三　苏布尔嘎镇简况 ……………………………………………………… (39)
四　红庆河镇简况 ………………………………………………………… (39)
五　伊金霍洛镇简况 ……………………………………………………… (40)
六　札萨克镇简况 ………………………………………………………… (40)
七　乌兰木伦镇简况 ……………………………………………………… (40)
第四节　伊金霍洛旗经济社会发展现状 ……………………………………… (41)
一　经济发展方面 ………………………………………………………… (41)
二　财税金融方面 ………………………………………………………… (42)
三　城市建设方面 ………………………………………………………… (42)
四　社会事业方面 ………………………………………………………… (43)
五　基础设施方面 ………………………………………………………… (44)

第二章　政治运行与民族区域自治实践 …………………………… (46)
第一节　伊金霍洛旗党的建设和发展 ……………………………… (46)
第二节　伊金霍洛旗人民代表大会及其常委会工作 ……………… (56)
一　精心组织，积极推进创建工作 …………………………………… (57)
二　有效运行，充分发挥代表作用 …………………………………… (58)
三　采取各种有效措施，加强规范化管理 …………………………… (58)
第三节　政治协商与基层民主新趋势 ……………………………… (59)
第四节　民族区域自治实践 ………………………………………… (65)
第五节　统战政策与宗教工作 ……………………………………… (74)

第三章　社会发展与社会保障 ……………………………………… (79)
第一节　社会发展与劳动力转移 …………………………………… (79)
一　社会发展情况 ……………………………………………………… (79)
二　劳动力转移 ………………………………………………………… (82)
第二节　医疗保障事业的发展 ……………………………………… (83)
一　医疗卫生基本情况 ………………………………………………… (85)
二　公共卫生服务管理情况 …………………………………………… (88)
三　公立医院改革情况 ………………………………………………… (92)
四　存在的问题 ………………………………………………………… (94)
第三节　社会救助事业的发展情况 ………………………………… (94)
一　社会救助工作 ……………………………………………………… (95)
第四节　新型农村牧区合作医疗运行情况 ………………………… (96)
一　公费医疗制度的实施 ……………………………………………… (96)
二　新型农村牧区合作医疗 …………………………………………… (98)
第五节　社会发展中的婚姻家庭问题 ……………………………… (101)

第四章　文化建设与文化产业发展 ………………………………… (108)
第一节　伊金霍洛旗文化事业发展历程与现状 …………………… (108)
一　伊金霍洛旗文化馆文化站建设 …………………………………… (108)
二　图书馆、书店及档案馆建设 ……………………………………… (110)
三　电影发行与放映 …………………………………………………… (112)
四　文艺演出团体 ……………………………………………………… (113)

五 文学艺术创作 …………………………………………………… (116)
六 报纸刊物与广播电视事业 ………………………………………… (117)
七 伊金霍洛旗文化事业发展历程与现状 ……………………………… (121)
第二节 成吉思汗陵与伊金霍洛旗文化资源开发 ……………………… (125)
一 成吉思汗陵文化资源概况 ………………………………………… (126)
二 成吉思汗陵非物质文化资源 ……………………………………… (128)
三 成吉思汗陵物质文化资源 ………………………………………… (131)
四 成吉思汗陵民俗文化资源特点 …………………………………… (136)
第三节 文化资源与伊金霍洛旗旅游业发展 ………………………… (141)
一 旅游发展成就 …………………………………………………… (141)
第四节 体育事业与体育文化产业 ………………………………… (143)
一 伊金霍洛旗体育事业发展历程 …………………………………… (143)
二 伊金霍洛旗体育事业发展现状 …………………………………… (150)

第五章 民族教育与民族语文工作 ………………………………… (158)
第一节 伊金霍洛旗民族教育发展历程 ……………………………… (158)
一 20 世纪上半期伊旗民族教育发展 ………………………………… (158)
二 20 世纪后半期及 21 世纪初伊旗民族教育发展 …………………… (160)
第二节 民族教育发展的政策保障 ………………………………… (161)
第三节 幼儿园与小学教育发展状况 ………………………………… (167)
一 伊金霍洛旗幼儿园与小学总况 …………………………………… (167)
二 伊金霍洛旗民族幼儿园 ………………………………………… (168)
三 伊金霍洛蒙古族幼儿园 ………………………………………… (168)
四 伊金霍洛旗蒙古族小学 ………………………………………… (172)
五 伊金霍洛蒙古族小学 …………………………………………… (173)
第四节 中学教育的发展 ………………………………………… (174)
一 蒙语授课中学教育的发展 ……………………………………… (174)
二 伊金霍洛旗蒙古族中学 ………………………………………… (176)
三 升学率 …………………………………………………………… (181)
四 就业率 …………………………………………………………… (181)
五 存在的问题 ……………………………………………………… (182)
六 应采取的对策 …………………………………………………… (183)

第五节　蒙古语言文字工作 …………………………………（184）

第六章　经济发展现状与展望 …………………………………（190）
第一节　经济发展总体水平 …………………………………（191）
第二节　伊金霍洛旗固定资产投资情况 ……………………（195）
第三节　伊金霍洛旗财政、金融情况 ………………………（201）
第四节　伊金霍洛旗就业与就业人员工资情况 ……………（208）
第五节　伊金霍洛旗农牧业发展情况 ………………………（212）
第六节　伊金霍洛旗工业经济发展情况 ……………………（220）
第七节　伊金霍洛旗商贸流通发展情况 ……………………（230）
第八节　建筑、交通、旅游与邮电业务发展情况 …………（231）
第九节　伊金霍洛旗经济发展简要评价 ……………………（235）
一　新世纪初经济发展总体评价 ……………………………（235）
二　伊金霍洛旗经济发展展望 ………………………………（238）

第七章　资源环境与生态建设 …………………………………（242）
第一节　伊金霍洛旗生态环境 ………………………………（242）
一　地势地貌与气候特点 ……………………………………（242）
二　伊金霍洛旗的水资源 ……………………………………（245）
三　伊金霍洛旗的矿产资源 …………………………………（247）
第二节　伊金霍洛旗土地利用规划 …………………………（251）
一　伊金霍洛旗城乡建设规划 ………………………………（252）
二　伊金霍洛旗土地利用总体规划 …………………………（255）
第三节　伊金霍洛旗生态文明建设 …………………………（258）
一　伊金霍洛旗乡镇生态建设 ………………………………（260）
二　伊金霍洛旗城市绿化建设 ………………………………（268）
三　伊金霍洛旗水土保护工作 ………………………………（273）
四　伊金霍洛旗矿区复垦工作 ………………………………（282）

第八章　经济社会发展与民族文化变迁 ………………………（285）
第一节　缓中趋稳的伊金霍洛旗经济社会发展 ……………（285）
第二节　经济繁荣助推民族文化发展 ………………………（288）

第三节　城镇化建设中的文化传承与文体活动 …………………（293）
一　老年秧歌协会 ……………………………………………（295）
二　蒙古族老年原生态艺术团 ………………………………（295）
三　老年民歌艺术团 …………………………………………（295）
四　新舞乐舞蹈培训中心 ……………………………………（296）
五　广场健身协会（平安社区） ……………………………（296）
六　老年红歌合唱团 …………………………………………（296）
七　阿镇干部文艺队 …………………………………………（296）
八　阳光舞蹈艺术团 …………………………………………（296）
九　老年艺术协会 ……………………………………………（296）
十　正义跆拳道培训中心 ……………………………………（297）
十一　门球队 …………………………………………………（297）
十二　太极功夫队 ……………………………………………（297）
十三　曼赖村村民文艺队 ……………………………………（297）
十四　红海子村村民文艺队 …………………………………（297）
第四节　经济社会发展与伊金霍洛旗蒙古族文化变迁 …………（300）
第五节　伊金霍洛旗蒙古族文化变迁的一些思考 ………………（320）

参考文献 ……………………………………………………………（327）

后　记 ………………………………………………………………（330）

绪　论

2013年年初，国家社科基金特别委托项目、中国社会科学院创新工程重大项目“21世纪初中国少数民族地区经济社会发展综合调查”正式立项，其中的一个子项目“21世纪初鄂尔多斯市伊金霍洛旗经济社会发展综合调查”也随之立项，项目组成员从2013年6月起在伊金霍洛旗进行了一个多月的实地考察，在当地政府部门有关领导和干部群众的大力支持下收集到大量第一手资料，之后通过整理、分析和研究写出了这本调查报告。本报告由八章组成，着重阐述了以下主要问题和观点。

一　经济发展的成就及经济结构的变化

伊金霍洛旗（以下简称伊旗）是“林牧为主、农林牧结合”的人农业经济区。农、林、牧三者并存、互相依赖，已成为当地特殊的经济格局。畜牧业，是该旗蒙古民族的传统主业。1949年，郡、札两旗牲畜总数为17万头（只），到1989年年底，伊旗牲畜存栏总数为58.61万头（只），其中大畜3.06万头。大畜品种主要有马、牛、驴、骡，小畜品种有绵羊、山羊。生猪是伊旗的主要肉源，猪肉约占总肉类的70%。1989年年底，生猪存栏3.76万头，年末养鸡27万只。年产肉类6534吨，鲜奶300吨，禽蛋1025吨。年产皮张10万张，绵羊毛1063吨，山羊绒28吨。

中华人民共和国成立前，伊金霍洛旗畜牧业处于自然游牧状态。中华人民共和国成立后，贯彻执行“禁止开荒，保护牧场”的政策，逐步走上定居放牧、建设养畜的道路。20世纪70年代，党和政府发动群众大力开展种树、种草、种柠条的大规模的草原建设，农耕地大量退耕还林还牧，使荒漠和半荒漠的草原植被得到明显恢复。特别是20世纪80年代初实行了畜、草双承包责任制，使畜牧业生产向着“稳定、优质、高产”的方向迅速发展。

伊金霍洛旗的种植业，是从清朝末年放垦开始的。到民国年间，全旗的种植业已形成规模。清廷和民国政府推行了一条“移民实边”的政策，封建王公贵族为得到眼前的利益，将大量的牧场出租或出卖给汉族农民。汉族地主阶级将土地大量集中在自己手里，形成了地方割据势力。1949年，郡、札两旗有耕地123.2万亩，粮食总产量2159万公斤，平均亩产17.5公斤。中华人民共和国成立后，党和政府提倡“少种、多收、稳产、高产”，大搞以兴修水利、改良土壤为中心的农田基本建设，贯彻《农业八字宪法》，推广科学种田，到1989年，全旗农耕地压缩到36.39万亩，水浇地发展到4.57万亩，粮食总产量达到2240万公斤；油料达到430万公斤。粮食作物主要品种有糜子、谷子、玉米、高粱、荞麦、土豆、大豆等；油料作物主要有葵花、胡麻、麻子等，以葵花为主。

伊金霍洛旗的林业，在该旗的大农业经济中占十分重要的位置。可以说，没有伊旗的林业便没有伊旗的畜牧业和种植业。伊旗地处毛乌素沙漠的荒漠和半荒漠地带，风沙对牧场和农田的危害相当严重。由于20世纪五六十年代没有充分重视植被建设，到1972年，全旗沙化面积达到304万亩，农牧业生产连年歉收。1974年，伊旗党政和全旗人民上下达成一致共识，治沙造林是伊旗经济发展的必由之路。每年春秋两季发动群众，采取乔、灌、草结合的方法，治沙30万亩。到1989年，全旗实有林面积达到268万亩，森林覆盖率达到26.6%，木材蓄积量达90.98万立方米。防护林占林业总面积的75.4%。乔木以杨、柳为主，灌木以沙柳、柠条为主，针叶林有油松、樟子松。伊旗是“三北”防护林带重点建设旗县之一。1985年荣获国务院三北防护林建设领导小组、国家林业部三北防护林建设一期工程先进单位和中央绿化委员会全国绿化先进单位的称号。

过去，伊金霍洛旗工业基础薄弱。清朝、民国时期，只有毗邻地区的汉族铁匠、木匠、毛匠、毡匠、皮匠等走村串户。这些人20世纪三四十年代逐渐定居。1949年郡王旗、札萨克旗两旗有各种手工匠人110户，从业人员222人。个体手工业总产值27.27万元。50年代后期，国家对个体工商业户实行社会主义改造，以市镇个体手工业匠人为基础，成立了铁业、木业、鞋业、缝纫、毛纺、煤炭等手工业合作社。以后逐渐形成二轻集体工业企业。1957年开始兴办地方国营工业企业，以后逐渐发展，主要有煤炭、农机修造、泡花碱、粮油加工、副食品加工等工业。70 年代兴办乡镇企业，以柳编、煤炭为主。多为季节性、兼营性从业人员。

伊金霍洛旗的煤炭开采业已有 200 多年的历史。1984 年以后被确定为国家重点能源开发基地之一。到 1989 年，境内有开采、筹建矿点 92 个，其中乡镇煤矿 79 个，旗属国营矿 2 个，其余为华能精煤公司、东煤公司、包头矿务局、乌海矿务局等所属煤矿。设计年产量 60 万吨矿 7 个，30 万吨矿 3 个。主要煤炭开采区涉及伊旗东南部布连、布尔台格、纳林陶亥、新庙 4 个乡，统称布连矿区。经过 5 年筹建，整个矿区初步形成 100 万吨以上生产能力。1989 年，全旗煤炭产量达 46. 8 万吨。产品形式以原煤、洗煤为主。煤炭工业的前景十分可观。

伊金霍洛旗人民在 20 世纪的经济建设中，有许多成功的经验，也有不少沉痛的教训。最值得汲取的是在 1958 年的“大跃进”中，工业盲目上马，农业大面积开荒，违背了自然规律，受到了自然的惩罚。给工农业生产造成严重危害。1966—1976 年的十年“文化大革命”，造成社会的极大混乱，国民经济遭到严重破坏。党的十一届三中全会以后，该旗上下痛定思痛，认真总结了过去几十年的经验教训，研究了伊金霍洛旗经济发展的战略重点。

进入 21 世纪以来，伊金霍洛旗的政治、经济、教育、科技、文化、卫生、体育事业、生态建设迅速发展。

尽管近年来伊旗经济社会发展取得了巨大成就，与自身纵向相比发生了翻天覆地的变化，但这仅仅是在低基数基础上的高增长。目前，在宏观经济下行形势下，伊旗经济社会发展中一些多年累积的矛盾和问题日益凸显。突出表现在：经济结构不尽合理，资源型产业占据主导地位，现代服务业和高新技术产业发展缓慢，应对经济风险挑战的能力不强；主要经济指标增速大幅回落，财政收支矛盾十分突出，政府性债务规模较大，推动发展和改善民生的压力不断增大；部分企业生产经营困难，房地产和民间借贷领域问题突出，因资源开发、征地拆迁、回迁安置、拖欠工程款等引发的矛盾纠纷日渐增多，社会管理压力较大；部分干部的作风、能力与科学发展的要求不相适应，机关效能建设与人民群众的期待存在较大差距，政府自身建设仍需进一步加强，等等。对于发展中存在的上述各种问题，我们会结合全旗经济社会发展的实际，逐一分析，认真研究，着手制定解决问题的有效办法和具体举措，尽最大努力推动矛盾和问题逐步在改革中化解、在发展中解决。

2013年，在伊旗委、政府的正确领导下，在人大和政协的监督支持下，在自治区“8337”发展思路的引领下，有效克服宏观经济下行、市场需求震荡等困难，实现了地区经济社会稳定发展，较好完成了各项目标，经济社会发展呈现以下特点①：

一是发展速度缓中趋稳。面对不断加大的经济下行压力，全旗上下抓项目、促投资、扶企业、保运行，实现了高位运行状态下的平稳回调，综合实力继续增强。预计全年实现地区生产总值645亿元，同比增长1.5%，其中，第一产业完成增加值7.2亿元，同比增长1.4%。粮食总产量0.96亿公斤，牲畜存栏43.5万头（只）。第二产业完成增加值399.8亿元，同比增长0.3%。主要工业产品产量稳定，全年生产原煤1.88亿吨、油品90万吨、发电59.8亿度。第三产业完成增加值238亿元，同比增长3.6%。社会消费品零售总额40亿元，同比增长8.1%。接待游客202万人次，实现旅游收入14.3亿元，同比分别增长2.5%和10%。金融机构存贷款余额分别为320亿元和184亿元，同比分别增长19.9%和15%。

二是发展质量难中向好。面对外部市场需求下降，企业生产运营困难的不利局面，积极采取减负、融资、拓销、扩需、保畅等一系列措施，推动经济发展质量逐步向好。工业企业实现总产值810亿元，同比增长0.5%，工业产品产销率为99.9%，较去年提高2.5个百分点。财政收支结构得到优化，财政收入达到194.3亿元，同比增长4.2%。公共财政支出保持稳定，三公经费大幅压减，民生及社会事业支出占公共财政预算支出的65.1%。城乡居民收入与经济发展保持同步，预计分别达到37000元和12850元，同比增长7%和12.2%。

三是发展方式调中见优。把握经济下行、企业主动转型的时机，积极推动产业延伸发展、多元发展。煤炭行业洗选能力1亿吨，洗选率达到53%。乌兰鑫瑞水泥熟料、汇金达溶剂油一期工程、中煤装备制造节能电器项目、正能循环经济产业链部分项目、西北特种电缆项目实现试生产，汇能一期4亿立方米煤制气、兰海矿用自卸车等项目主体工程完工。乌兰活佛院、苏泊罕草原旅游区二期、蒙古源流一期工程（腾格里广场、崇天门）和配套设施全部完工，空港物流园区建设进展顺利，海勒斯壕煤

① 伊旗发展和改革局：《伊金霍洛旗2013年国民经济和社会发展计划执行情况》，伊金霍洛之窗（http：//www.yjhl.gov.cn），2014年1月14日。

炭物流园区项目全面启动。万元 GDP 能耗预计下降 3.2%，全面完成市政府下达的年度任务。

四是发展后劲显著增强。全年共有 38 个项目获市级以上批复，总投资 987 亿元，其中，国电察哈素、伊泰红庆河和汇能尔林兔煤矿等 5 个项目获国家发改委批复或同意开展前期工作，小大线改扩建工程、奕天新街西煤炭集装站、庆港润禾年产 70 万吨 LNG、金能海勒斯壕煤炭集装站等项目获自治区批复。同时，全年实施亿元以上重点项目 62 个（续建 43 个，新建 19 个），在这些重大项目的强劲带动下，全旗预计完成固定资产投资 395 亿元，同比增长 15.8%。其中第一产业完成投资 15 亿元，第二产业完成投资 232 亿元，第三产业完成投资 148 亿元，为经济持续稳定发展奠定了坚实的基础。

五是发展环境持续优化。着力构筑与工业化、城市化相适应的基础设施网络，统筹推进水、电、路等基础设施建设。全年新增各类建筑 30 万平方米，新建、拓宽市政道路 36 公里，铺设各类管网 14.6 公里，新增供热面积 195 万平方米，新增绿化面积 826 万平方米，中心城区绿化覆盖率达 47%。迎宾大道拓宽改造工程、公园路北段主路段等市政道路工程已完工，核心区道路里程拓展到 283 公里。全旗日供水能力达到 19.65 万立方米，完成了西红海子至掌岗图公园输水工程、西红海子至东红海子和东红海子至阿镇污水处理厂输水工程、赛蒙特尔及周边煤矿疏干水综合利用工程、阿镇东线供水续建东红海子湿地公园水源广场工程等建设任务。新街 220 千伏输变电工程已建成，商务区、阿镇南、公尼召、空港物流园区 4 个 110 千伏输变电工程已建成投运，悖牛川 110 千伏输变电工程土建工程已接近尾声。铺设电缆 31 公里，疏通了高层区电力管网。新修通村公路 62 公里，快速推进准神、巴准等铁路干线的建设。进行小大线改造工程，江苏工业园至新街能源公司道路等 9 条公路正在开展开工前的各项准备工作。积极推进全国生态文明示范工程试点县建设，建成以针叶树为主的苗木基地 15 万亩，绿化造林 12 万亩，退牧还草 40 万亩，水保综合治理 14 万亩，森林覆盖率和植被覆盖度分别达到 41%和 88%。

在经济发展过程中，伊金霍洛旗也面临着一些困境和问题。例如，2005 年以来由于煤炭价格暴涨，伊旗煤炭、天然气等能源被源源不断地开采出来。丰富的能源带来了财富的增长，催生了包括伊旗在内的鄂尔多斯民间借贷市场的繁荣。在主流金融难以满足的情况下，鄂尔多斯大量的中小企业、商户以及个人，正是借助这些或明或暗，或大或小的民间借贷机构，筹措到急需的资金。由于民间借贷的手续简单、缺乏必要法律法规的支持，又具有盲目性、不稳定性和不规范性，容易引起借贷双方的纠纷，也极易形成非法集资。伊旗民间借贷涉及社会各个阶层的人员，且借贷资金通常较高，一旦发生纠纷，则对社会的安定产生不良影响，增加社会不稳定因素。如何管理和疏导日益庞大的民间借贷市场，如何推进民间金融“阳光化”生存，化解金融风险，已不再是一个局限于伊旗的困惑，而是一个更大范围、更为宏观层面上亟待破解的课题。

二 转变政府职能和社会管理创新

改革开放40多年来，伊金霍洛旗经济社会发生了深刻的变化，工业化、城市化、信息化、市场化、国际化的进程中产生了前所未有的社会管理问题。各级领导干部在全力以赴抓好科学发展的同时，亟须正确面对社会管理方面出现的新挑战。工业化、城市化、市场化的快速推进，推动着伊金霍洛旗从传统且相对稳定的农牧业社会结构走向现代城市（镇）化动态社会。这种变化的突出形式是人口流动的骤增，其实质是礼俗社会走向法理社会。成熟的法理社会是一种建立在异质社会、世俗社会和理性社会基础上，以法律为最高权威，实现社会控制和行为规制的社会。异质社会要求包容差异、平等对待而非区别对待；世俗社会要求凡事注重实效、注重现世享受，而非追求虚无缥缈的来世；理性社会要求个人在明确行动目标、预测行动后果和计算成本收益的基础上作出适宜的行动选择。

摆在人们面前的现实问题是数量相当可观地从四面八方进入伊金霍洛旗的各阶层人员的工作、生活亟须进入城市（镇）化常规状态，如：有劳动要求者，尽快找到工作；需要入学、入托的儿童尽快进入学校、幼儿园；有购房意愿者，及时买到称心如意的住房等。可社会方面特别是社会管理方面的问题越来越多，突出的问题是传统的管理手段不断退出历史舞台，新的管理体系正在建设之中，这样，社会管理过程中因为机制不够健全产生的问题每天都会涌现在各级当政者们的面前，诸多令人眼花缭乱的社会问题正在挑战着伊金霍洛旗领导干部们的执政能力。

经济发展的巨大成就导致了社会阶层的不断分化，生活方式多样化、社会结构多样化、人们的价值观和思想文化多样化等等。这种高度分化和多样化的社会也给社会管理带来了许多新的挑战。其一，贫富差别、城乡差别、行业差别、地区差别持续扩大；其二，社会分层结构出现刚性化和固化的趋势，富裕阶层和贫困阶层的社会地位出现了代际传递和固定化现象，人们在经济收入方面的矛盾不是在缩小，而是在不同程度地加深；其三，收入分配秩序的不合理进一步降低了人们对现行的社会分层结构的认同度，非法致富、为富不仁、以权谋私、行风不正等社会病态现象导致人们对“精英”群体所拥有的财富、权力和声望的合法性或正当性产生强烈的质疑。

各级各部门领导者应该清晰地看到，由此而引起的各种社会问题，在分化和多样化的社会中对多样化的利益、多样化的社会组织和多元的文化进行有效的社会整合，减少社会矛盾冲突，凝聚社会认同，维护社会团结，积极创新社会管理模式。

社会管理，说到底是对人的管理与服务，是“从群众中来，到群众中去”，是做群众工作。“群众利益无小事”，各级政府要切实做好新形势下的群众工作，妥善协调好各方面的利益关系，把实现好、维护好、发展好最广大人民群众的根本利益作为出发点和落脚点，着力保障和改善民生，推动社会管理工作不断取得新成效，加快转变政府职能，增强服务意识，维护人民群众主体地位和合法权益。政府必须强化自身的社会管理职能。管理即服务，这是现代管理学的核心理念。把服务融入社会管理当中，积极建设服务型政府，顺应当今社会管理发展潮流，符合转变政府职能的现实需要。

近年来，伊旗立足地区实际，坚持以科学发展观统领经济社会发展全局，紧紧围绕鄂尔多斯市大力实施“建设绿色大市、畜牧业强市”“收缩转移、集中发展”“城乡统筹、集约发展”和建设“精彩魅力伊金霍洛”等战略，极力破解城乡二元结构，大力提升城乡基础设施和公共服务设施水平，推进产业结构调整升级，加快构建了现代城市与新农村和谐相融的新型城乡形态。在实践中伊旗将深入实施“城乡统筹、集约发展”战略与中心工作紧密结合起来，坚定不移地在更高层次上全面深入推进城乡一体化，并重点推进农村的社会管理制度创新。

第一，深化农村社会管理是城乡统筹发展，建设社会主义新农村的需要。在“十二五”期间，自治区要加快推进呼包鄂一体化进程，构筑以呼包鄂为核心的西部经济区。同时，鄂尔多斯打造国家战略性生态能源基地的步伐进一步加快，阿康一体化发展将深入推进，因此伊旗将进入一个全新的较快的发展阶段。但随着经济的快速发展、市场经济的不断深入，随着经济成分、组织形式、就业方式、利益关系和分配方式日益多样化，经济转型期下的社会不稳定、不和谐的因素不断增多，社会管理的危机开始凸显。如何使农村与城市、农业与工业、农民与市民作为一个整体，纳入经济社会统一规划中去通盘考虑，切实保证经济转型期农民的切身利益，此时主要应通过创建有效的农村社会管理机制去保证社会正常运行，这是实现城乡统筹发展、建设和谐社会主义新农村的有力保障。

第二，深化农村社会管理是社会发展进步的客观需求。随着改革开放的不断深入，伊旗农村的社会生活方式不断发展，社会管理的任务越来越重，难度越来越大，仅由政府单一进行社会管理已不能满足农村人民的多元化需求。农牧民不仅追求财富上富足，更重要的是人们还需要在医疗卫生教育养老等方面享受与城市居民平等的待遇，以及更加完善的公共基础设施等社会公平方面的问题。所以改变传统的社会管理方式，进行社会管理体制改革与创新，使社会朝着更公平方向发展，是经济与社会协调发展，社会发展进步的必然趋势。

第三，深化农村社会管理是市场经济发展的更高要求。随着伊旗近几年的快速发展建设，在农村原始的耕种放牧经济中注入了更多的市场经济的元素，农牧民的市场意识已逐渐增强。伊旗已由以农牧业经济为主导向以工业经济为主导的自主发展转变。市场经济是一种契约经济，从计划经济到市场经济，农牧民解放了传统思想，积极以独立的经济身份参加市场竞争。在市场经济社会中，所有的经济活动和人际关系都实现了高度的社会化，任何个体都不能离开社会而存在，这就要求政府职能从过去的维护政治统治向全面履行社会公共管理转变。农村的社会发展已经影响到全旗经济、社会发展的全局，经济体制改革的进一步深入要求必须加强和完善农村社会建设和社会管理，必须改革计划经济体制下形成的社会管理体制，构建适应社会主义市场经济发展需要的新体制。

三 弘扬民族文化与民族教育发展

多年以来，为弘扬少数民族文化，传承蒙古族语言文字，加大伊旗蒙古族人力资源开发力度，全面落实党和国家各项民族优惠政策，进一步促进民族团结，伊金霍洛旗委旗政府结合该旗实际情况做了很多工作，加快了民族教育健康发展。①

（1）加快基础设施建设，不断改善民族教育办学条件。不断完善民族学校基础设施。重点加强公办寄宿制少数民族学校建设，改善寄宿条件，配齐配强实验室、语音室、多媒体教室、计算机教室、图书资料室、特色教育活动室等，实现了民族学校优质化、标准化建设。现如今两所蒙古族小学和两所蒙古族幼儿园均已搬迁到新校舍。为建立健全科学有效的民族教育管理机制和运行机制，不断强化民族教育基础设施建设，提升民族教育办学质量，推进着民族教育与全旗教育事业协调发展。

（2）完善办学体系，推进各级各类民族教育健康协调发展。首先，积极发展民族学前教育。推进民族幼儿园蒙授班级的建设，积极开展蒙古语的启蒙教育；深化民族教育、特色教育，强化少数民族幼儿综合能力的培养。其次，按照教育平台信息化、教学改革科学化、办学行为规范化的要求，推动民族基础教育健康快速发展。至 2013 年，义务教育阶段民族学校在办学条件方面超过了国家规定的标准，学校管理水平、素质教育发展等方面进入了自治区前列。

（3）发展特色科研，深入挖掘蒙古语教学资源。加强蒙古语教学资源的建设、管理、研究、应用，通过各种奖励措施引导教师深入挖掘了蒙古语教学资源。建立了一处集民族特色文化学习、实习、展示于一体的综合性示范基地。由旗教育局、人事劳动和社会保障局组织聘请专职民族文化特色教研员，开展了丰富多彩的民族传统文化教育活动，使蒙古语教学资源更好地面向学生、走进了课堂。另外，利用旗民族学校特有的语言文化优势和地缘、人缘优势，与自治区各兄弟旗区同类学校开展了多种交流协作活动。在继承民族优秀传统文化与吸收先进科学知识的学习交往中，进一步提升了民族学校的实力，扩大影响力。

（4）加大经费投入，促进民族教育快速发展。完善了民族教育助学体系。2005 年伊金霍洛旗全面启动“教育环境整治年”各项工作，改善教育教学环境的同时，全旗 15493 名中小学生享受到了“四免两补”（四免：学杂费、课本费、教辅资料费、作业本费，两补：住宿费和伙食费）政策，少数民族中、小学生助学金标准分别由每生每月 80 元和 60 元提高到了 100 元和 80 元。在这基础上，提高民族学校学生助学金、奖学金标

① 伊金霍洛旗委旗政府签发《关于发展民族教育的文件》，2013 年 10 月 20 日。

准；至2013年，全旗蒙授学校学生助学金标准幼儿每生每月提高到90元以上，小学生每生每月提高到180元以上，每年实发10个月，每学年分两次发放。将农村牧区教师的生活补贴由300元增加到1000元。

截至2013年，将民族中小学公用经费在伊旗汉授学校标准基础上提高70%，小学每生每年达到510元，初中每生每年达到850元，高中生每生每年达到2720元；设立民族教育专项补助金，每年按不低于一般性预算支出的0.1%安排，并随着旗财政财力的增长逐年增加，主要用于解决全旗民族学校教学设施配套、师资队伍奖励和发展民族特色教育等。

（5）健全激励机制。由旗人民政府负责对民族教育改革发展、科学研究、培养少数民族人才以及捐资助学等方面成绩显著、贡献突出的学校、社会团体和个人进行及时表彰和大力宣传。对优秀教师、学科带头人以及长期在民族地区、民族学校工作并为民族教育作出突出贡献的模范人物，在职务晋升、职称评定时优先考虑，并对作出重要贡献的人才提高了奖励标准。

（6）尊重教育平等权。首先，体现在外来人员子女（指非伊金霍洛旗户籍处于义务教育阶段的适龄儿童，并随父母或其他监护人来伊金霍洛旗暂时居住的有学习能力的儿童少年）上学问题上。伊金霍洛旗委旗政府将外来人员子女上学问题纳入了教育事业发展规划，保障外来人员子女接受九年义务教育。外来人员子女在提供相关材料后，秋季统筹安排到班容不足的学校就近入学。毕业生如继续在伊金霍洛旗就读初中，提供相关证件，由教育局按照有关要求统筹安排入学。各学校不得以任何理由拒收由教育局统筹安排的外来人员子女就读。学校要本着“以人为本”的思想，维护外来人员子女在校的正当权益，加强与学生家长联系，及时了解学生生活、学习、思想等方面的情况，帮助学生克服困难，尽快适应新的学习环境。①

其次，体现在民族平等问题上。旗、苏木政府出钱给每个孩子（包括汉族学生）和每位老师都做了美丽的蒙古族服装。在节假日穿着盛装的孩子们唱着悠扬的鄂尔多斯民歌、跳起欢快的筷子舞时，无形当中便培养孩子们热爱民族、热爱祖国的情感，陶冶了他们的情操。

最后，本着少年强则国强，中小学、幼儿园学生是祖国的未来、民族

① 伊金霍洛旗教育局签发《关于外来人员子女就学管理办法》，2013年10月20日。

的希望的原则，为了改善全旗中小学生和幼儿营养状况，促进少年儿童健康成长，结合本旗实际，特制订学生营养奶计划。从 2012 年 10 月起，为全旗所有城镇及农村中小学、幼儿园在校（园）生每生每天配发一盒 200 毫升营养奶。旗教育局协同旗卫生、工商等部门对营养奶专管人员进行严格培训，持证上岗。学校营养奶的存放要注意防潮，做到安全、干净、卫生，无污染。坚决防范食用过期变质营养奶，积压营养奶引起的安全事故等问题的出现。

（7）面临的问题及解决对策

①生源的减少

在伊金霍洛旗实地调查访谈和统计数据的过程当中我们发现了民族学生生源日益减少的情况。导致这种现象的原因有以下几点。

中华人民共和国成立以来，鄂尔多斯市人口发展经历了三个阶段。

1949—1972 年为自由发展阶段，人口出生率高，死亡率高，自然增长率高。1973—1979 年为提倡节制生育阶段，人口出生率高、死亡率、自然增长率逐年下降。

1980—1989 年为开展计划生育阶段，人口出生率、死亡率、自然增长率逐年下降，基本达到人口计划增长要求。①

这种低速稳定增长情况下，原本基数不大的蒙古族人口一直在 1 万左右浮动。步入 21 世纪，出现了“不婚族”“裸婚族”“单身贵族”“丁克族”等一系列的“族群”。这些“族群”的出现直接影响了新生人口的数量，学龄儿童数量减少。

另外，改革开放尤其是自 1994 年以来，鄂尔多斯市紧紧抓住国家能源战略西移的绝好机遇，采取各种有效措施，促进了经济的腾飞。随着全市经济的飞速发展和 GDP 的猛增，有了钱的一批家长为了让孩子受到更好的教育，把孩子送到了东胜甚至呼和浩特、北京等城市的学校就读。甚至个别家庭经济允许，干脆把孩子从学前教育开始就送到了北京、呼和浩特等大城市，导致当地生源的流失。

随着民族的交融、文化的融合，有些父母自身已听不懂母语或没受到母语教育。这些家长有以后辅导不了孩子的顾虑，依然把孩子送到了汉语授课学校。也有一些家长因自己吃了不懂汉语的亏，所以立志让孩子去汉

① 伊克昭盟地方志编撰委员会：《伊克昭盟志》，现代出版社 1994 年版。

语授课学校去读书。有些家长担心孩子以后就业难，不得已把孩子送到了汉语授课学校。目前，从国家层面上来看，国家公务员等好多招聘机会都要求用汉语答卷，还没有少数民族语言答题的政策。地方机关单位所下发的文件通知都是汉文的，连召开会议都用汉语，所以必须是蒙汉兼通才可以胜任工作。这现象导致了“学蒙古语没有出路”“蒙古语授课学生没有就业机会”等消极的说法，也是导致蒙古族家长把孩子送到汉语授课学校的原因之一。

学校的合并也是原因之一。随着减少开支、机构精简、精减人员、留下精英和办规范化教学为目的的学校合并，伊金霍洛旗 8 所小学和 1 所幼儿园仅剩了 2 所小学、2 所幼儿园。学校合并之前，孩子们在就近的蒙古族小学读书，一来读了母语，二来减轻了父母每天接送的压力。自 1996 年开始陆续合并之后出现了很多问题。首先，学生从幼儿园、小学就开始住学校宿舍或爷爷奶奶（或姥姥姥爷）陪读，过早地离开家庭离开父母，缺少家庭教育、缺乏父母的关心与爱护，或隔代亲过于溺爱，导致孩子们心理极其敏感，没有安全感、不懂得感恩、自私自利。其次，涉及的是孩子们的饮食起居问题。离家远只有住校，但幼儿园和小学孩子尚未成年，对自己一天的饮食起居无法照顾好。结果，孩子们过早成熟、生长阶段营养失衡，保育员和学校生活老师的压力大大增加。最后，接送安全问题。自 2006 年开始全旗开始施行了蒙古族学校 3 周休一次假，校车接送孩子们到指定的接送点，然后由家长来接回家。但因校车事故、家长不能马上接走孩子等安全隐患，2011 年校车接送工作被停止。没有了校车接送，只有家长自己抽出时间来接送，无形当中给家长们无论是在经济上还是在时间上带来了很多不方便。考虑到以上一些原因，有的蒙古族家长就把孩子送到就近的汉语授课学校去读书了。

②教材及参考书的缺乏

教材，是学校教师组织教学活动、实现教育目的的必要工具。伊金霍洛旗 2 所小学和 2 所幼儿园都存在蒙古语教材缺乏的现象。这其中也包括教师可利用的教学参考书和学生的配套练习。2 所幼儿园的教材都没有配套的教师参考书，民俗课用的是锡林郭勒盟编写的教材。当我们问到锡林郭勒的民俗教材是否适合鄂尔多斯的民俗教育时，老师们很无奈地告诉我们说：“蒙古族民俗虽说有共性但也有地域性，所以只能自己找资料给孩子们讲了。”

小学的教材是全内蒙古统一教材，但课外读物的储备显然就不够了。阅读是文明社会人们获取知识、信息的最主要途径，也是人类文明传承最重要的方式。课外阅读是语文教学中的一个重要组成部分，是课堂教学有益的延伸和补充。在走访中发现，孩子们的课外读物数量有限，而且更多的是汉语版的。因而无法适应蒙古族学生的知识水平和文化背景，难度大。出现了“汉族学生看 10 本书，蒙古族学生看 1 本书”的阅读量小、知识面窄的现象。

近年来，课外读物市场日益活跃，已成为许多人看好的充满商机的巨大产业之一。然而这一产业瞄准的读者对象主要集中在购买力相对较强的城市中小学生层面，少数民族农村地区中小学生的课外读物问题因为民族语言、风俗习惯、发行量等方面的特殊性还有待发展。

③师资断层的现象

首先，师资是教学中的关键因素。在伊金霍洛旗民族基础教育岗位上，骨干教师大量流失，出现教师队伍人才断层的现象。随着近年人才流动的加快和自主择业空间的增大，伊金霍洛旗蒙古语授课教师中有相当一部分人或通过“一推双考”改行从政，或考虑到自身的发展、子女的就学、就业调到外地工作，或通过当地政府出台的优惠政策提前退休，各校出现师资短缺的问题。如我们在伊金霍洛幼儿园所看到，年轻教师考录上岗后不到 3 年便想尽办法调到旗里甚至市的学校或其他单位。教师流动量很大，而新补充的年轻教师学历文凭虽然很高，但经验不足，责任心和敬业精神欠缺。有的所学专业和所任的学科不对口。另外，从伊金霍洛旗民族教育师资（专任教师）学历合格率的调查来看，数据的显示是可喜的。如霍洛镇蒙古族幼儿园有教职工 25 名，其中具有本科学历的有 10 人，专科学历的有 13 人，专任教师合格率 100%；伊金霍洛蒙古族小学现有教职工 26 名，其中专任教师 22 人；学历合格率 100%。但数据背后还有较大的隐患，教师专业学科不均，学业与教授课程不对口等现象普遍存在。

其次，教师的培训教育工作严重滞后。如新课程改革培训，从 2004 年春才开始对全旗蒙汉语授课教师用汉语进行了培训。2004 年秋季开始全面使用了新教材。而蒙语授课小学从 2003 年秋季起已经使用新教材上课了，一学期后才对教师进行培训，姗姗来迟的培训之前老师们“穿新鞋，走老路”，教法各异，效果自然有差别。如此滞后的培训当然无法发挥培训应有的作用，许多老师的教学观念仍然很陈旧。长期以来，深受

“应试教育”的影响，教育理念、教学模式陈旧，教与学相脱节，影响了学生素养的提高。

最后，教师的招录上也存在着一些问题。旗里通过考录教师的时候，复习资料是汉文版的，考试题也是汉语答卷。老教师两年一考试，新老师一年一考试，所以老师们一直都在忙着备考。虽说蒙汉兼通的是人才，但民族学校更需要专业扎实、业务精、能力强的人才，所以这种考试制度也着实把一批专业好，但汉语水平低的人拒之门外了。除此之外，也有一些课程设置方面的问题，如霍洛幼儿园虽有 5 架钢琴，但没有器乐课。

④解决对策及扶持政策

伊旗在民族教育的发展方面采取了积极的扶持政策。从 2004 年开始，政府在鄂尔多斯率先实施了“十大惠民工程”之一的“义务教育阶段免费助学工程”，对伊旗户籍的九年制义务教育阶段学生实施“四免两补”（免教科书、教辅书、作业本、学杂费的费用和补寄宿生的住宿费、生活费）的免费助学工程。从 2010 年开始，义务教育阶段“免费助学工程”又增加为“五免四补”（免教科书费、教辅书费、作业本费、学杂费、特殊学生教育费，补寄宿学生住宿费、寄宿学生生活费、校服费、保险费），基本实现了义务教育阶段上学不交一分钱的目标。另外，政府的“免费助学工程”还覆盖到了幼儿园和高中教育，并实现了 15 年免费教育。到 2012 年为止，累计投入 1.628 亿元，受益学生达 30.17 万人次（包括蒙古族和汉族学生）。“免费助学工程”有效地控制了学生辍学和失学，提高了各学阶段的入学率。到 2012 年为止，伊旗各阶段入学率均高于国家标准，免补率为全市全区前列。国家开发银行生源地信用助学贷款的实施有效地缓解了贫困学生的“入学难”问题，并且成为贫困学生能够顺利入学，接受高等教育的有力保证。因此，这种政策产生了积极的影响。

在近十年，伊金霍洛旗还出台《伊金霍洛旗人民政府关于批转伊金霍洛旗教育系统人事制度改革和管理办法（试行）的通知》，优化教师队伍，进一步构建起“能上能下，能进能出”的用人机制，从 2008 年开始连续五年面向全国高薪招聘初高中名优教师 55 名。出台《伊金霍洛旗校园长考核评价方案》《伊金霍洛旗骨干教师管理办法》，加大了对校（园）长的考核力度，对校（园）长、骨干教师的选拔和管理制度规范化、制度化发展，目前伊金霍洛旗对蒙古族教职工在内的所有教职工实行绩效工资制，对校园长、骨干教师实行奖励工资制，大幅度提高他们的待遇。评为优秀等次的校长每学年奖励 2.5 万—10 万元，同时奖励学校近三年的公用经费的 10%；评为称职的校长每学年奖励 1.5 万—5 万元，同时奖励学校近三年的公用经费的 7%；评为基本称职的校长每学年奖励 5000 到 3 万元；被评为“伊旗名师”人均每月补贴 1500 元，旗级骨干教师人均每月补贴 1000 元，校级骨干教师人均每月补贴 500 元，每年实发 12 个月。按照三年一聘的原则择优选拔校（园）长 27 名（包括旗蒙古族中学的校长），新聘校（园）长 11 人，交流使用 3 人，续聘 13 人，选拔副校（园）长 38 名（包括旗蒙古族中学的副校长）。选拔出包括蒙古族教师在内的 22 名旗级名优教师、60 名旗级骨干教师，348 名校级骨干教师。[①] 因此，这些措施有力地推动了广大教师的积极性。

此外，伊旗政府按照不低于教职工每年工资总额的 2% 列入财政预算，首次设立民族学校教职工培训经费，以提高全旗民族学校教师业务水平，并按照正高职称每人每月 250 元、副高职称每人每月 200 元、中级职称每人每月 150 元、初级职称每人每月 100 元的标准为民族学校教师发放补助金，提高民族学校教师的待遇。[②] 因此，这些措施有力地带动了少数民族教师的积极性。

进入 21 世纪以来，伊金霍洛旗还实施了民族教育优先发展的政策。2008 年以来，认真落实民族教育专项经费、民族学校公用经费和助学金，提高蒙语授课教师待遇，积极进行“三语”教学改革、蒙古族中学的《义务教育阶段蒙语文阅读能力发展教改实验》顺利通过全国教学科学规划课题教与学总课题组的结题验收。出台《伊金霍洛旗关于进一步加快民族教育发展的意见》，投入 4000 多万元用于少数民族学生免费助学经费，对高级职称的民族教师每月补贴 200 元、中级职称的民族教师每月补贴 150 元、初级职称的民族教师每月补贴 100 元的基础上又将他们的补贴分别提高了 50 元。[③] 另外，旗政府为了推动本旗的民族教育的发展，还通过招聘的方式引进了 1 名蒙语授课的高中优秀教师，从而解决了高端人才短缺的问题。因此，这些措施对伊旗民族教育的发展产生了积极的影响。

---

① 伊金霍洛旗政府提供的数据。

② 同上。

③ 同上。

在近十年，伊旗政府出台专门的政策，全面提高了拥有伊旗户口的少数民族大中专学生的奖励标准。政府规定，中专生由每人每年800元提高到1650元，专科生由每人每年1000元提高到3300元，本科生由每人每年1200元提高到5500元；对考入全国“211”工程重点大学的少数民族学生奖励7700元，研究生由每人每年1500元提高到10000元。优先聘用从小学到高中接受蒙语授课、全日制大学本科以上学历具有伊旗户籍的蒙古族毕业生到行政事业单位的事业岗位工作，并通过统一招聘考试，按不低于70%的比例择优聘用从小学至高中接受蒙语授课、全日制大学学历、具有伊旗户籍的蒙古族毕业生到事业单位工作，从而切实解决了民族学校毕业生的就业问题。因此，上述安置政策取得了良好的效果。

四　环境保护和生态文明建设

伊金霍洛旗21世纪以来经济快速发展的同时，生态环境也有了长足的进步，目前已基本形成乔、灌、草和带、网、片相结合的区域性防护林体系，农田林网化程度达90%，城区绿化率达到40%，绿地率达到37%以上，镇区绿化覆盖率平均达到35%，嘎查村绿地覆盖率达到52%。生态建设水平超全市、全区平均水平，先后被评为“全国绿化模范县”“全国绿化百佳县”“全国退耕还林后续产业先进县”“全国退耕还林先进县”“中国十佳绿色城市”和“中国绿色名旗”。

2013年，利用4月一个月的时间，组织全旗干部职工1万多人，在阿镇城区及周边开展了全民义务植树活动，共完成投资1.5亿元，实施绿化面积1.7万亩。进一步加大森林资源管护力度，加强和完善“四区十线一新村”绿化后期管护，积极推进国家森林城市创建，完成了10万亩的造林建设任务。强化森林草原防火基础设施建设，有效保障生态建设成果。开工实施中小河流治理保护项目，完成山洪灾害防治工程建设。实施水土保持工程，完成水保综合治理面积14.32万亩。

生态文明建设关系到民生问题、经济问题、社会问题和文化问题。是建设生态和保护环境的基础上，克服工业文明弊端，探索资源节约型、环境友好型发展道路的过程。21世纪初，伊金霍洛旗在发展工业经济的同时将生态综合治理工程顺利推进，工程区生态成效显著，生态总体恶化趋势得以遏制，生态功能得到恢复，生态监测预警体系初步建立，综合控制能力逐渐提高，循环经济产业链逐步建立，节能减排初见成效。但是伊金霍洛旗处于自然环境严酷、气候变化高度敏感地区，经济社会发展中环境因素影响较高。再加上资源开采中因技术水平低、环保制度不健全等原因，局部地区生态恶化的趋势尚未得到有效控制，草场退化和污染共生，水资源短缺和污染齐进现象。伊金霍洛旗以工业为主的产业结构日趋呈现出重型化和化工化，煤炭为主的能源结构给节能减排造成巨大的压力，生态产业发展相对滞后。因此，必须树立尊重自然、顺应自然、保护自然的理念，坚持节约优先、保护优先、自然恢复为主的方针。

尊重自然的前提是认可人与自然的平等地位，尊重自然的基本要求是尊重并维护自然环境的完整性和稳定性，维护生态系统的平衡，保护生物多样性。顺应自然绝不是被动地服从自然，而是积极遵循、契合自然的规律。伊金霍洛旗虽然是资源富裕区，但自然资源是有限的，开采和使用中浪费现象比较突出。因此，必须坚持节约优先、保护优先，才能顺利实现资源集约型、环境友好型社会。

第一章

伊金霍洛今昔

第一节　鄂尔多斯和伊金霍洛

“鄂尔多斯”一词在明代汉籍中已有记载。“鄂尔多斯”是鄂尔多的复数形式，是“诸多鄂尔多”之意，以管理八白宫的人众为主逐渐形成部落，鄂尔多斯成为部落名。“鄂尔多”一词最早出现在唐代突厥文碑铭上，是突厥—蒙古语，意为宫帐、后宫、宫室。辽、元代时除指宫帐外，又指皇室成员占有和继承财产、私属人口的一种组织形式。辽代皇帝和皇后有自己的鄂尔多，各鄂尔多有财产、民户、军队、州县和专门的管理机构。帝、后死后，由其亲族继承。蒙古的鄂尔多与辽王朝鄂尔多没有实质区别。成吉思汗时期，在漠北地区设置了四个大鄂尔多，游牧在克鲁伦、土拉河流域。窝阔台即位后，在今吉尔马台河源附近修建了一座可容一两千人的大帐，称为“失剌斡耳朵”，是蒙古大汗召集贵族、宗室聚会的重要场所。忽必烈即位后，在上都建立了失剌斡耳朵，可容千人。定都大都后，在大都建了一些固定的斡耳朵，每位新君即位后，都另建一个斡耳朵，在大都和上都的交通线上，也设置了一些固定的帐幕和房舍，供皇帝和随从人员使用。①

据成吉思汗祭文等文献史料记载，鄂尔多斯人的祖先包括成吉思汗时期的成吉思汗九员大将，即博斡儿出、木华黎、孛儿忽剌、陶尔贡失剌、哲别、朝莫儿根、者勒蔑、哈剌赫如、希吉忽秃忽以及与成吉思汗有着密切联系的人们。其中有成吉思汗的四位亲家（哈鲁巴颜、戴斯辰、克烈

---

① 韩儒林：《中国大百科全书·中国历史》“元史”条，中国大百科全书出版社1985年版，第113页；义都合西格主编：《蒙古民族通史》第2卷，第412页。

惕王汗、卫拉特的忽答嘎青达），成吉思汗四位安达（结拜盟友，即巴依古惕的兀雷、札木合、札哈木、伊斯格木宝），成吉思汗四位智者（瓦其儿彻辰、希儿曼彻辰、浩瓦彻辰、孟赫彻辰），成吉思汗四位匠人（青白达尔汗、宝伦朝格达尔汗、朝瓦达尔汗、孛鲁罕达尔汗），成吉思汗四位英雄（速别台巴图儿、吉鲁根巴图儿、朝勒格台巴图儿、芒忽勒台惠拉台巴图儿），成吉思汗四位艺人（希日乌仁、王乌仁、康乌仁、巴勒布乌仁）等人的子孙后代也成为守护成吉思汗宫帐的鄂尔多斯部的组成部分；大元忽必烈派遣卫古台的巴德玛太师子弟、哈剌钦的嘎拉其土塔哈格诺彦子弟、卫拉特的伊斯赖诺彦的子弟、柱古德的孛哈诺彦的子弟、查儿给的其布查格诺彦子弟、巴林的巴颜诺彦子弟、巴颜古德的图日耶诺彦的子弟、苏尼特的彻辰彻儿彼诺彦的子弟、伊克图门的蒙赫首领的子弟、洪和坦的格根首领、忽必烈的驸马阿林罕的子弟等为成吉思汗八白宫服务，便成为鄂尔多斯人的组成部分；北元巴图蒙克达延汗时期，包括功臣将领卫拉特的斡格岱、哈剌钦的孛赖、萨儿图剌的巴颜太、格古特的巴颜梢忽儿等人的子弟以及跟随成吉思汗四大鄂尔多的诸多氏族人员到鄂尔多斯，为成吉思汗八白宫服务，也成为鄂尔多斯部的组成部分。

鄂尔多斯在《明实录》《九边考》等汉籍中以“阿尔秃斯”“阿尔秃厮”等字样出现，清代以后译为“鄂尔多斯”。据明人记载，鄂尔多斯人最早进入河套地区[①]的时间是1470年。河套地区在元代属山西行省延安路管辖[②]，1370年进入明朝版图，永乐以后废弃，成为空虚之地。[③] 河套废弃之后蒙古人进入此地，鄂尔多斯部带着成吉思汗祭祀圣物，从14世纪开始，先后从蒙古高原迁移，约15世纪中叶至15世纪末大批进入黄河南北的宝日套亥（河套）地区。从此，鄂尔多斯部定居的宝日套亥被称之为“鄂尔多斯”。鄂尔多斯部中具体负责守护、祭祀成吉思汗八白宫、苏勒德以及祭祀圣物事务的群体为守灵达尔扈特人，他们世代延续，肩负神圣使命[④]。

16世纪30年代，鄂尔多斯万户分布在黄河南北广阔的草原上。其南至长城，西至阿拉格乌拉、阿拉坦特布希（今阿拉善右旗一带），北至阿

---

① 当初的河套地区包括今内蒙古鄂尔多斯在内的广阔地域。

② 周清澍：《从察罕脑儿看元代的伊克昭盟地区》，《内蒙古大学学报》1978年第2期。

③ 义都合西格主编：《蒙古民族通史》第3卷，第153页。

④ 旺楚格：《成吉思汗守灵人史记》，内蒙古人民出版社2011年版，第6页。

拉善山（贺兰山）以北的草原一直到额济纳河和黄河后套的草原，东至黄河以东土默特川。到清代，鄂尔多斯部被挤到黄河的内套地区。1636年（明崇祯九年），漠南蒙古16个部，包括鄂尔多斯在内的49个封建领主承认后金皇帝皇太极为合汗，后金改国号为清。1649年（顺治六年），清廷将鄂尔多斯划分为六个旗，设六个札萨克，合为一个盟，即伊克昭盟。1736年（乾隆元年）又增加一个札萨克，建立鄂尔多斯右翼前末旗（札萨克旗）。成吉思汗守灵人达尔扈特，随鄂尔多斯部进驻黄河内套地区[①]。

鄂尔多斯市以2010年11月1日零时为标准时点开展了第六次人口普查，涉及人口的总量、结构、素质、分布和迁移流动等方面内容。普查结果以《鄂尔多斯市2010年第六次全国人口普查主要数据公报》形式对外发布，普查数据揭示了鄂尔多斯市十年来人口的发展变化情况，为实现鄂尔多斯打造现代化大都市的目标提供了翔实的人口基础数据，同时也为鄂尔多斯人口发展目标和发展战略的调整提供了决策依据。

普查数据显示，鄂尔多斯市常住人口为1940653人，同第五次全国人口普查2000年11月1日零时的1395441人相比，十年共增加545212人，增长39.07%，年平均增长率为3.35%，高于全国2.78个百分点，高于全区2.96个百分点。这得益于鄂尔多斯近年来经济社会的快速发展，吸引了大批高校毕业生和外来务工人员，人口增加总量占全区增量的57.3%，成为内蒙古自治区典型的人口净流入地区。

普查数据显示，鄂尔多斯市常住人口中每个家庭户的户均人口规模为2.60人，比2000年第五次全国人口普查的3.04人减少0.44人，均低于全国（3.10人）和全区（2.82人）平均水平。家庭户均人口规模缩小的主要原因：一是计划生育政策的实施，人们的生育观念逐渐改变，人口总的生育水平开始下降，生育孩子的时间有所推迟，数量有所减少；二是人口迁移流动增多及生活条件改善，大部分青年夫妇婚后单独居住。

普查数据显示，鄂尔多斯市常住人口中，0—14岁人口为273341人，占14.09%；15—64岁人口为1550878人，占79.91%；65岁及以上人口为116434人，占6.00%。同2000年第五次全国人口普查相比，0—14岁人口的比重下降6.99个百分点，15—64岁人口的比重上升7.01个百分

① 旺楚格：《成吉思汗守灵人史记》，内蒙古人民出版社2011年版，第18页。

点，65 岁及以上人口的比重下降 0.02 个百分点。这“两降一升”反映出鄂尔多斯市人口年龄结构十年间发生了较大变化，其中，“少儿比重下降”反映出鄂尔多斯市人口生育率持续保持了较低水平，“老年人比重下降”反映出鄂尔多斯市人口年龄结构优化，65 岁及以上人口比重低于全国 2.87 个百分点，低于全区 1.56 个百分点，尚未进入老龄化阶段。“青壮年比重上升”表明经济发展引发人口的迁移流入，并且流入的都是适龄劳动力，使人口结构较 2000 年优化，人口结构正处于最佳状态，总体比较年轻，抚养负担轻，有利于经济发展。

鄂尔多斯，历史悠久，文化璀璨。在这块古老神奇的土地上，不断有著名文豪脱颖而出，产生了诸多蒙古族历史文献。在鄂尔多斯，各个历史时期都出现过不少具有影响的文豪，编写不少文献书籍。世界蒙古族三大历史巨著中的《蒙古源流》和《蒙古黄金史》就产生在鄂尔多斯，对鄂尔多斯的传统祭祀产生深刻影响。成吉思汗八白宫的历史文献中，《金册》具有代表性。《金册》产生于元朝，是成吉思汗八白宫祭祀礼仪、事务之专著。《金册》包括祭文、祝颂、祝福、祭歌以及有关祭祀八白宫之“圣主祭祀律例”“成吉思汗四时大典礼仪”“成吉思汗四时大典内务”“四时大典公役”“成吉思汗四时大典程序”等很多内容。《金册》里的“黄册子”，记载着成吉思汗黄金家族成员及历代蒙古可汗、济农、台吉名单以及“成吉思汗与夫人宫帐里的器皿数”等。19 世纪 70 年代以后，世界一些国家的传教士、学者陆续来到鄂尔多斯，发现成吉思汗八白宫，向世界介绍了成吉思汗《金册》及成吉思汗祭祀。国外不少学者研究鄂尔多斯历史文化，特别是研究成吉思汗祭祀，向世界宣传鄂尔多斯，产生了深刻的影响。

中华人民共和国成立以后，逐渐成立研究机构，对鄂尔多斯蒙古族传统祭祀进行抢救性挖掘、整理、研究。鄂尔多斯各级政协均成立文史委员会，较早开展文化遗产的抢救、研究工作。鄂尔多斯市先后还成立古籍整理机构、成吉思汗研究所、成吉思汗研究院、成吉思汗研究学会、鄂尔多斯学研究会等学术团体，专门从事鄂尔多斯传统文化、成吉思汗祭祀文化的研究，创办《成吉思汗研究》《鄂尔多斯学研究》《鄂尔多斯文化》等学术刊物，经常举办学术研讨活动，深入研究包括传统祭祀在内的鄂尔多斯文化，取得显著成果。20 世纪 80 年代以后，陆续出版了不少有关成吉思汗祭祀的新文献书籍，使祭祀文化研究不断深入，取得显著成果。成吉思汗祭祀的深入研究，把民俗民间文化行为提高到理论高度，充分认识传统文化的价值，为传承鄂尔多斯传统文化、弘扬民族优秀文化奠定了坚实的基础。

伊金霍洛旗，地处鄂尔多斯高原东南部，与鄂尔多斯市政府所在地康巴什新区隔河相望。也是鄂尔多斯市的战略核心区，是一代天骄成吉思汗长眠之地，享有“天骄圣地，煤海绿洲、和谐家园”的美誉。伊旗生态良好，环境优美。植被覆盖度达到87%，森林覆盖率达到38.1%，物华天宝，资源富集。特别是煤炭资源储量大，赋存条件好，素有“地下煤海”之称，为国内重要的能源基地之一。

伊金霍洛旗地势由西向东倾斜。总面积5899.6平方公里。东部属晋陕黄土高原的北缘水蚀沟壑丘陵区，中部为坡梁起伏的鄂尔多斯高原，西部是毛乌素沙漠与毛乌素沙地残省区。海拔高度在1000—1500米之间。境内外流河有乌兰木伦与窟野河两大水系，共有干流13条，均属黄河水系；较大的内流河6条，多为季节性河流；大小湖泊29个，较大湖泊6个，本旗属中温带典型的大陆性气候，日照充足，年平均气温6.2℃，无霜期一般在127—136天之间，年平均降雨量为358.2毫米。

伊金霍洛旗堪称鄂尔多斯高原上的一颗璀璨的明珠。这里有乌金滚滚、日夜喧嚣的布连矿区；有草原广袤、牛羊遍布的蒙古族牧民聚居的牧业区；有亩产千斤、鱼米并收的汉族农民居住的半农半牧区或农区；有绿荫如盖、流彩飞翠的300万亩人造森林；有星罗棋布、产鱼出碱的大漠湖海，奇景异致，美不胜收。

伊金霍洛旗矿产资源非常丰富，现已探明的煤炭储量13.15亿吨，煤质特优，是神府—东胜煤田的主要产煤区之一。石英砂储量1800万吨，是全国少有的优质砂；黏土遍布全旗各地；还有泥炭、天然碱、石灰岩等。

伊金霍洛旗地下水资源比较丰富，种植业的灌溉水源主要靠地下水供给。地下水分布由东向西逐步增加。西部地区属白垩纪含水层，地下埋深2—14米，水质良好。东部地区地下水资源较贫乏，部分地区水质含氟较高，经过逐步改造，这种状况已得到改善。

伊金霍洛地域，历来为中国北方少数民族游牧地。清顺治六年（1649），额璘臣受清廷封为多罗郡王，鄂尔多斯自成一盟，划分为六旗，额璘臣为六旗之首即伊克昭盟第一任盟长，居中直领左翼中旗（习称郡王旗）。六年之后，额璘臣族弟乌巴什一支（原不属札萨克正统），因屡建功勋，曾孙定咱拉什于雍正九年（1731）晋为一等台吉，子孙繁衍，无界游牧，请求清廷增设一旗。乾隆元年（1736），清高宗命乌审旗析地一段增设右翼前末旗，任定咱拉什为札萨克，习称札萨克旗。额璘臣移居郡王旗后（约1646年），将原在王爱召供奉的成吉思汗八白室（又称八白宫）移置大伊金霍洛，划拨今伊金霍洛苏木地为守护成吉思汗陵寝的达尔扈特部落牧地。中华人民共和国成立后的1958年，郡、札两旗合并，改称伊金霍洛旗，到1989年，全旗辖14个乡、苏木2个镇，总人口133755人，其中蒙古族8381人，其他少数民族257人。

伊金霍洛人民一向不畏强暴，富有革命斗争传统。早在1921年中国共产党成立之前，伊金霍洛的进步人士就受到共产主义思想的影响。当时札萨克旗喇嘛庙的班第达活佛旺丹尼玛，因发动群众搞“独贵龙”民主革命运动，被北京政府国务总理段祺瑞软禁北京雍和宫四年。他1919年就和党的创始人之一李大钊多次接触。到1925年10月，内蒙古人民革命党在张家口召开第一次代表大会，决定成立内蒙古人民革命军，旺丹尼玛当选为中央执行委员和内蒙古人民革命军总司令。同年腊月，他从张家口返回郡王旗、札萨克旗等地组建革命武装，有力地配合了中国共产党领导的革命斗争。1927年，郡王旗西协理贡布札布保护过共产党人奎璧、纪松龄。1934年，神（木）府（谷）苏维埃政权建立时期，贡布札布与陕北工农红军领导人王兆相结为友好，给陕北红军支援枪支弹药。1938年，中共地下工作领导人乌兰夫随同绥远省蒙旗独立旅进驻郡王旗赤劳图和徐家梁一带，札萨克旗王爷沙克都尔札布，郡王旗王爷图布升吉尔格勒多次与乌兰夫接触，接受乌兰夫的抗日宣传。1941年，图布升吉尔格勒应国民政府之召赴渝（重庆）述职，途经延安，受到中共中央和陕甘宁边区政府的热烈欢迎，毛泽东、朱德接见了图王及随行人员，毛主席赞扬了图王热爱祖国、拥护抗日的精神，并设宴款待了他们。1943年，札萨克旗新街镇以西协理、札旗保安队司令鄂其尔巴图和保安队一连连长老瑞为首发动了震惊全国的“三·二六”事变，与强制开垦的国民党统治者进行了殊死的斗争。就此事，沙王派代表到延安向中共中央作了汇报，受到毛泽东、周恩来、朱德等中央领导人的亲切接见。嗣后，武装抗垦的主要领导人之一老瑞遭到国民党的杀害。1948年，中共伊东工委派云北峰、杜绍玉在郡王旗组织武工队，在新庙毕鲁图村组织郡王旗第一个农民协会和

"新召蒙古自治分会"，在白色恐怖下开展群众工作。下半年，建立中共东郡工作委员会，负责开辟郡王旗和东胜县的工作。伊克昭盟盟长、札萨克旗王爷鄂其尔呼雅克图和郡王旗王爷图布升吉尔格勒都通过王府其他官员向中共伊东工委表示欢迎和平解放的态度，1949 年郡、札两旗为和平解放作出积极的贡献。

1931 年"九·一八"事变后，锡林郭勒盟副盟长、西苏尼特旗王爷德穆楚克栋鲁普（德王）暗中与日本人勾结，搞起所谓的"蒙古自治运动"，1937 年 10 月，日本人操纵德王在归绥市召开第二次"蒙古大会"，成立"蒙古联盟自治政府"。为利用沙克都尔札布盟长的影响以拉拢伊盟各旗王公，会前派飞机到札旗迎接沙王，沙王未去。随后，日军驻包头司令官派遣特务内田勇四郎来伊盟诱降各旗王公，乘汽车流窜到郡王旗活动，图布升吉尔格勒王爷坚决抵制，使内田勇四郎的阴谋未能得逞。1938 年 3 月，日军进攻东胜，图王命令保安二队配合国民党军队反击日军，取得东胜保卫战的胜利。由于伊盟各旗王公坚决抗日，使日军侵占伊盟的计划落空。

伊金霍洛旗蒙汉各族人民在近半个世纪的历史烽烟中，为争取民主、平等、自由、解放，进行过前仆后继、不屈不挠的英勇斗争。在这片英雄的土地上，洒下了他们沸腾的热血，留下了他们闪光的脚印。中华人民共和国成立以后，各族人民在中国共产党的领导下，在社会主义革命和建设中，团结奋斗，经历了不少艰辛曲折，使这片落后、贫穷的土地逐步走向文明、富裕。

伊金霍洛旗的成吉思汗祭奠，在历史的发展中不断得到充实与完善。成吉思汗传统祭祀，能够一代代完整地相传，与形成诸多历史专著、文献资料、档案资料、研究文稿等有着直接关系。在鄂尔多斯，各个历史时期都出现过不少具有影响力的文豪，编写了不少文献书籍。世界蒙古族三大历史巨著中的《蒙古源流》和《蒙古黄金史》就产生在鄂尔多斯，对鄂尔多斯的传统祭祀产生了深刻影响。

20 世纪 80 年代以来，研究鄂尔多斯祭祀传统，研究成吉思汗祭祀文化，从组织机构、研究课题、经费投入等各方面予以保障，使祭祀文化研究不断深入，取得显著成果，为弘扬民族优秀传统文化奠定了基础。

鄂尔多斯历史悠久，文化璀璨。在这块古老神奇的土地上，不断有著名文豪脱颖而出，产生了诸多蒙古族历史文献。特别是北元末和清代初期编写的书籍更多。成吉思汗八白宫的历史文献中，《金册》具有代表性。《金册》产生于元朝，是成吉思汗八白宫祭祀礼仪、事务之专著。《金册》包括祭文、祝颂、祝福、祭歌以及有关祭祀八白宫的礼仪、礼法等，是留存世上的有关成吉思汗祭祀的较为完整的原始文献著作。13 世纪的文献《十善福白史》，记载蒙古民族祭祀及成吉思汗原始祭祀事宜。据说忽必烈曾亲自组织编写。

北元时期，在八白宫内曾经珍藏记载鄂尔多斯历史的书籍《鄂尔多斯大白史》。蒙古族世界古典史诗巨著《蒙古源流》，由乌审旗萨岗彻辰于 1662 年写完；蒙古族世界古典史诗巨著《蒙古黄金史》由达拉特旗热希却凌庙文豪喇嘛罗卜藏丹津于约 1634 年编著。在成吉思汗八白宫珍藏的《金册》《黄册》《红史》《白史》《三结子书》等诸多文献书籍，都是鄂尔多斯历史文化的经典著作。鄂尔多斯济农博硕克图的三子图巴台吉在 1662 年前编著了《古代蒙古可汗根源之大黄金传》（《黄金传》）。这一时期还产生了《黄金史纲》《宝贝透明经典》等书籍。1757—1798 年，郡王旗合同庙喇嘛贤人鲁布桑栋日布编著了《智慧之源》和《宝贝念珠》。约 1835 年，乌审旗协理台吉贡冲札布、八白宫祭祀亚米特德太师毕力贡达赖编著了《大元朝太祖成吉思汗根源家谱之珍珠念珠》（《珍珠念珠》）。19 世纪，准格尔旗格德日莫庙活佛耶希巴拉丹编著了《宝贝念珠》。这些书籍，为传承蒙古族原始传统祭祀发挥了重要作用。

清朝以后，内蒙古盟、旗札萨克王府有了档案资料。其中有关成吉思汗八白宫的祭祀以及鄂尔多斯各旗有关祭祀的文献资料也不少。这些档案资料主要有：专管成吉思汗八白宫祭祀事务的官员济农向清朝政府理藩院呈报的公文、书信和给各旗札萨克的信件；清政府理藩院下发的有关八白宫及达尔扈特事务的公文；各旗札萨克及达尔扈特的达尔古（长官）的信件等。这些资料主要包括有关八白宫五百两银子的使用情况，达尔扈特男性登记，委任官员，祭祀公役，八白宫和苏勒德的金银器皿统计，哈日苏勒德的威猛祭奠之事，各奉祀之神更新之事，达尔扈特人的请愿、告状等多方面的内容，成为珍贵的历史文化遗产。这些档案资料，分别集中在鄂尔多斯档案馆、伊金霍洛档案馆和内蒙古档案馆。

从 2006 年开始，成吉思汗陵旅游区管理委员会与内蒙古档案馆、鄂尔多斯市档案馆、伊金霍洛旗档案馆合作，收集、整理成吉思汗陵相关档案文献资料，编辑出版《成吉思汗陵档案资料汇编》系列丛书。系列丛书形成七大类，十九册，2010年年底由内蒙古文化出版社陆续出版。《成吉思汗陵档案资料汇编》内容涉及成陵历史、成吉思汗祭祀、成陵西迁与东归、成陵与达尔扈特人、成陵与鄂尔多斯人等诸多方面。通过收集整理、影印原始资料，建立系统的原始档案资料，填补了成陵档案馆的空白，真实地反映了成吉思汗陵的历史文化与发展变化，对研究成吉思汗陵历史文化有着很高的学术价值。《成吉思汗陵档案资料汇编》丛书包括《成吉思汗金书汇编》（上中下）、《成吉思汗陵守灵达尔扈特》《成吉思汗陵西迁与东归》（上下）、《成吉思汗八白室祭祀》（上中下）、《成吉思汗陵》（蒙、汉）、《成吉思汗陵档案》《成吉思汗八白室与鄂尔多斯人》《成吉思汗八白室金册》（6册）等，对研究成吉思汗陵以及成吉思汗祭祀文化有着极高的学术价值。

中华人民共和国成立以后，逐渐成立成吉思汗研究机构，对成吉思汗传统祭祀进行抢救性挖掘、整理、研究。鄂尔多斯各级政协均成立文史委员会，较早开展文化遗产的抢救、研究工作。鄂尔多斯市还先后成立古籍整理机构、成吉思汗研究所、成吉思汗研究院、成吉思汗研究学会、鄂尔多斯学研究会等学术团体，专门从事鄂尔多斯传统文化、成吉思汗祭祀文化的研究，创办《成吉思汗研究》《鄂尔多斯学研究》《鄂尔多斯文化》等学术刊物，经常举办学术研讨活动，深入研究包括传统祭祀在内的鄂尔多斯文化，取得显著成果。20世纪80年代以后，陆续出版了不少有关成吉思汗传统祭祀的新文献书籍。其中较为有影响力的包括：1983年，赛音吉日嘎拉、沙日勒岱编著的《成吉思汗祭奠》；1983年，陈育宁的文章《成吉思汗的葬地和陵园》；1989年，陈育宁的文章《成吉思汗陵寝迁移始末》；1990年古籍办整理的《鄂尔多斯祭奠赞祝词选》；1993年，杨·道尔吉编著的《鄂尔多斯风俗录》；1998年，萨·那日松、查·旺楚克等整理、编辑出版的档案巨著《成吉思汗八白宫》；1999年，沙日勒岱编著出版的《成吉思汗陵祭祀》；2000年，萨·那日松编著的《成吉思汗八白室与鄂尔多斯人》，伊尔德尼博录特、萨·那日松、那楚格校勘的《新校勘“成吉思汗金书”》，杨勇编著的《鄂尔多斯草原文化》；2001年，乐·胡尔查巴特尔、敖古奴斯·朝格图编著的《成吉思汗金书》，赛音吉日嘎拉编著的《蒙古族祭祀》；2004年，旺楚格斯仁编著的《成吉思汗陵》（蒙汉文版），阿尔宾巴雅尔、萨·那日松编著的《鄂尔多斯蒙古族祭祀》；2006年，拉格善布仁编著的《萨岗彻辰祭祀》；2007年，沙日勒岱、那楚格编著出版的《成吉思汗祭祀文化》；2008年，郭雨桥编著出版的《成吉思汗祭祀全书》等。在此期间，成吉思汗研究论文也取得显著成果。1991年，出版了成吉思汗研究所组织，沙日勒岱、武占海、刘毅政主编的《成吉思汗研究文集》，文集编入了1949—1990年全国著名专家学者公开发表的关于成吉思汗的学术论文一百余篇；2006年，出版了陈育宁、奇·朝鲁主编的《成吉思汗文化论集》，收入20世纪80年代以来国内研究成吉思汗的有代表性的专题论文30多篇；2010年，出版了《成吉思汗文化与伊金霍洛——成吉思汗文化论坛文集》（两集），选入2009年和2010年成吉思汗文化论坛上宣读的数十篇论文和文章；2010年成吉思汗陵旅游区管委会组织编写《成吉思汗陵丛书》，并委托旺楚格编著其中的《成吉思汗陵史纲》《成吉思汗祭祀史略》和《成吉思汗守灵人史记》等书。成吉思汗传统祭祀的研究，把民俗民间文化行为提高到理论高度，充分认识传统文化的价值，为传承成吉思汗祭祀、弘扬民族优秀文化奠定了坚实的基础。

上述有关鄂尔多斯、伊金霍洛以及成吉思汗陵的相关研究成果为我们的课题研究打下了良好的文献基础。

第二节　达尔扈特定居伊金霍洛

守护成吉思汗八白宫及诸多奉祀之神的鄂尔多斯部当中，有个叫“达尔扈特”的群体。达尔扈特，这一名称来自“达尔汗”一词，有“担负神圣使命者”之意。

达尔扈特，是鄂尔多斯部的组成部分，是世世代代一直守护、祭祀成吉思汗八白宫的人们。鄂尔多斯部，经过较长的一段历史，人数自然变多。鄂尔多斯部迁移漠南以后，占据黄河南北宽阔的草原。鄂尔多斯部的祖先虽然都曾经在成吉思汗的鄂尔多（斡耳朵）服务，后又为成吉思汗八白宫服务，但后来，大多数人只是随八白宫移动，居住在八白宫所在地的周围，承担成吉思汗八白宫及奉祀之神所需的物品、费用。鄂尔多斯部中与八白宫直接有联系，能够代表各氏族、各方面的一部分人，承担了平时的守护、祭祀、管理、迁移八白宫等具体事务。这部分人的祖先，当时被大蒙古国授为“不服兵役、不纳税赋”的“达尔汗”，他们是专门看守成吉思汗奉祀之神的特殊权利的人们。后来，由这部分人组成的群体，便是守灵人——达尔扈特。专门守护、祭祀成吉思汗奉祀之神的五百户达尔扈特，绝大多数来自鄂尔多斯各旗，也有一部分来自其他盟旗。

五百户达尔扈特，虽然在清朝康熙年间重新组成，但他们的祖先，多数是在成吉思汗宫廷做事的著名将领。在鄂尔多斯部达尔扈特中，成吉思汗著名大将博斡儿出和木华黎的后裔及所属部民后代为多数，其中也有其他氏族人员。他们世世代代继承了守护、祭祀成吉思汗八白宫和苏勒德的神圣职业。

伊金霍洛，蒙古语，意为“圣主的院落”。1649 年（顺治六年），成吉思汗宫帐迁至大伊金霍洛后，守护、祭祀八白宫的达尔扈特人居住在大伊金霍洛周围①，鄂尔多斯济农、郡王额璘臣为达尔扈特封给了牧场。

1696 年（康熙三十五年），由清朝重新封了五百户达尔扈特，集中居住在大伊金霍洛一带，建立达尔扈特艾玛格，不属哪个旗札萨克的管辖，而是由鄂尔多斯济农直接管理，形成了达尔扈特特区。

达尔扈特特区内建立成吉思汗奉祀之神的禁地。在这禁区内不准开垦，不准砍伐树木，不准破坏草场，不准盖土房，保护自然，使成吉思汗宫帐周围保持原始草原环境。禁地包括“圣地禁区”“内禁区”“外禁区”三个禁区。“圣地禁区”西端为高珠高尔敖包，东端到陶高布拉格，南端为宝日陶劳盖，北端到甘德尔敖包。“圣地禁区”内禁止居住；“内禁区”西端为博日哈日陶劳盖，东端为古日班敖包，南端为高陶古尔阿玛，北端为塔林敖包。“内禁区”内，除太师、太保、芒乃、乌苏班贺希格的亚木特德以外任何人都不能居住；“外禁区”西至查干柴达木，西北至岱套亥的乌兰陶劳盖，北至图赖宝日勒金，东北至色斯敖包，南端至乌日图河、彻尔彼庙，西南至红铜壕、寨森召。后来，“外禁区”内允许达尔扈特种田。

最初，大伊金霍洛禁地南北 80 里，东西 60 里。1877 年（光绪三年），达尔扈特达尔古拉旺道尔吉给济农的书中记载，将禁地范围内“南端呼吉尔图乌素，西端巴特尔敖包的大路，北端陶尔劳格巴拉尔，东端额勒斯台河”放垦种了地。从这一年开始，郡王旗王爷在禁地四周放垦，大量汉民入住，四周变成农田。1908 年（光绪三十三年）的记载中称：“达尔扈特土地北端骆驼路，东端乌兰木仁以东的查干陶勒盖，南端呼吉

① 旺楚格：《成吉思汗守灵人史记》，内蒙古人民出版社 2011 年版，第 18—20 页。

尔特南梁的大路，西端札萨克旗交界。”①

1933 年（民国 22 年），札兰章京布仁巴达尔呼给王府的书中记载，大伊金霍洛禁地为“东端木日古勒敖包，从那里到赛日玛格图敖包，从那里到乌兰乌巴东沙梁，从那里到哈日呼舒沙梁，从那里到大路北沙梁，从那里到南沙梁，从那里到河东沙梁，从那里到恢腾布拉格东南沼泽地，从那里到毛敦东北梁，从那里到毛敦西北梁，从那里到特莫沙梁，从那里到哈日额尔格南梁，从那里到朝乐门故居南硬地，从那里到南端塔拉呼都格南硬地，从那里到宝音德力格尔房前，从那里到希日布日都西梁，从那里到西端那木斯来敖包，从那里到乌兰赛尔硬地，从那里到朝伦敖包，从那里到浩斯乌肯东北坡，从那里到苏力图，从那里到伊克哈达，从那里到北端塔林敖包，从那里到沙巴格图敖包，从那里到敖脑沙梁，从那里到沙巴格沙梁，从那里到巴音毕利格东沙梁，从那里到巴音道尔吉东南沙梁，从那里到太保东南沙梁，从那里到朝浩格沙丘西边，从那里到莫日古勒敖包”②。

从 1767 年（乾隆三十二年）起，禁地内先后建了石贵（石灰）庙、希里庙、斋森召、沙日塔拉庙、诺干布拉格庙，并为苏勒德达尔扈特建了乌兰木仁庙、格丑庙、查尔贝庙等寺庙，占了不少地。

1880 年（光绪六年），济农郡王下令，拆除了宰相拉旺道尔吉在禁地内所盖的土房。并告示：今后在成吉思汗宫帐附近居住的达尔扈特、亚木特德民众严禁盖土房居住，绝不能违反。

大伊金霍洛禁地，从 1877 年（光绪三年）到 1933 年（民国 22 年）半个世纪间，南端缩小了 40 里，东端缩小了 20 里，西端和北端分别缩小了十几里。

成吉思汗守灵人达尔扈特中间，世代流传着关于成吉思汗的诸多传说。其中，与成吉思汗八白宫有联系的传说、成吉思汗掉马鞭的传说和成吉思汗灵车陷进陶高布拉格的传说最为典型。

传说故事讲道：伊金霍洛，溪水长流，草木茂盛，一望无际，是一块水草丰美的广袤草原。

当年，成吉思汗率蒙古大军征战西夏时，路过鄂尔多斯，正好来到伊金霍洛草原阿拉坦甘德尔山包。他目睹这里水草丰美，花鹿出没，是一块

① 旺楚格：《成吉思汗守灵人史记》，内蒙古人民出版社 2011 年版，第 38 页。
② 旺楚格：《成吉思汗陵史纲》，内蒙古人民出版社 2011 年版，第 38 页。

风水宝地，心里特别高兴，留恋之际，失手将马鞭掉在地上。部下正要拾起马鞭时，被成吉思汗制止了，便自语道："这里是梅花鹿儿栖身之所，戴胜鸟儿育雏之乡，衰落王朝振兴之地，白发老翁享乐之邦。"感慨之余，成吉思汗对左右嘱咐道："这里耄耋之人可以息止。"

成吉思汗66岁那年驾崩于西夏朵儿蔑该城。正当众人运送其灵柩的灵车行至伊金霍洛草原阿拉坦甘德尔山包下的巴音昌呼格草滩时，车轮突然陷进泥泽地里。当把灵车拉出时，灵车陷进的地方冒出一丈高的泉水。护送诸将回想起成吉思汗的马鞭掉地时其对伊金霍洛的赞美语，便在成吉思汗马鞭掉地的阿拉坦甘德尔山包上建立一座敖包，进行祭祀。泉水呈锅状式，人们称之为"陶高布拉格"（锅状泉）。陶高布拉格泉水滋润巴音昌呼格草原，被达尔扈特人看作神泉，世代进行祭祀。

成吉思汗为伊金霍洛留下永恒的祝福，神奇的伊金霍洛便成为成吉思汗陵寝所在的神圣地方。守陵部落鄂尔多斯部及达尔扈特人，近八百年来世代守护、祭祀成吉思汗陵寝原型"八白宫（室）"，完整地保留和继承了13世纪蒙古王朝时期的神秘的祭祀文化和独特的宫廷礼仪文化。

1649年（顺治六年），成吉思汗后裔、鄂尔多斯济农、伊克昭盟首任盟长额璘臣将八白宫及苏勒德等圣物，从黄河南岸的伊克召迁移至郡王旗，安奉在巴音昌呼格河畔的草地上。从此，这个地方被称为"伊金霍洛"（即圣主府或圣主的院落）。后来，成吉思汗八白宫（室）和苏勒德分别供奉于鄂尔多斯几个旗后，供奉成吉思汗宫帐的伊金霍洛被称为"大伊金霍洛"。

伊金霍洛，是草原历史文化圣地。这块古老神奇的地方，是供奉成吉思汗八白宫及成吉思汗哈日苏勒德的地方。雄伟壮丽的成吉思汗陵，坐落在这里。举世瞩目的成吉思汗陵，是历史伟人成吉思汗的象征，是祭祀这位伟人英灵的神圣地方。成吉思汗陵，以优美的草原环境、神秘的人文景观显示着草原帝王陵的雄姿，是著名草原历史文化圣地。

成吉思汗陵所在的伊金霍洛，蕴藏着蒙古民族古老的祭祀文化、宫廷礼仪文化和民俗文化。达尔扈特人传承的独特的文化，是蒙古民族原始文化的集中体现。特别是成吉思汗祭祀文化，形式独特、内容丰富、内涵深刻，世界上绝无仅有。

守灵人达尔扈特，完整地保留和传承了13世纪形成的蒙古民族宫廷祭祀。这一传统文化，是蒙古民族原始文化的代表，中华民族乃至人类珍贵的文化遗产。达尔扈特人传承780年的成吉思汗八白宫，经历了沧桑的历史变迁，凝聚了鄂尔多斯部乃至整个蒙古民族历史文化经典。成吉思汗缔造的历史，震撼世界，成吉思汗创造的精神，世代传承。传承成吉思汗八白宫的达尔扈特，在伊金霍洛草原上再现蒙古民族波澜壮阔的历史，弘扬成吉思汗伟大精神，使这块古老神奇的土地成为草原历史文化圣地。

1227年，成吉思汗去世后，成吉思汗名将博斡儿出和木华黎的子孙后代，忠心耿耿守护、祭祀成吉思汗白宫和苏勒德，并将守护、祭祀成吉思汗遗物作为他们的神圣职责，世代相传。

1282年（至元十九年），忽必烈钦定成吉思汗四时大典，产生规范的祭文、祭词，守护、祭祀人有了详细的分工。这部分专职祭祀者，那时开始称为"达尔扈特"。并委任了管理、主持祭祀的太师、宰相、洪晋、彻尔彼为首的"八大亚木特德"，并封了博斡儿出之子为"太师"，孙子为"丞相"称号，使他们世代为成吉思汗祭祀服务。

1696年（康熙三十五年）由内外蒙古十个盟的王公札萨克商议，并经清政府同意，在原有的基础上重新组成守护、祭祀成吉思汗陵寝的五百户达尔扈特，仍授予他们不服兵役、不缴纳税负的神圣权利，并建立达尔扈特艾玛格，直属盟长和济农管辖，健全了达尔扈特管理体制。

当初，达尔扈特艾玛格又分为六个"艾玛格"（部）进行管理。这六个艾玛格是大伊金（圣主）部、哈屯（皇后）部、苏勒德（旗徽）部、成吉思汗马鞍部、成吉思汗布尔日耶（大木号）部、成吉思汗弓箭部。到19世纪末，将六个艾玛格改为六个"哈然"，与清朝实行的旗札萨克管理体制统一起来。达尔扈特哈然以历史以来所形成的职业划分。六个哈然包括圣主达尔扈特所属太师哈然、乌素班哈然、珠玛纳日哈然；苏勒德达尔扈特所属图克庆哈然、希利彼庆哈然、图利哈然。每个哈然下属三个贺希格，六个哈然下属共18个贺希格，成为达尔扈特基本组织。贺希格，作为职业划分，很早以前就有，作为行政机构，是清朝康熙年间以后逐步形成的。

其18个贺希格为：圣主达尔扈特太师哈然所属三个贺希格：太师贺希格、太保贺希格、芒乃（芒赖）贺希格；乌素班哈然所属三个贺希格：乌素班贺希格、乌如德贺希格、哈屯贺希格；珠玛纳日哈然所属三个贺希格：浩尔其纳日贺希格、小伊金贺希格、珠玛纳日贺希格；

苏勒德达尔扈特图克庆哈然所属三个贺希格：图克庆贺希格、大吉劳庆贺希格、小吉劳庆贺希格；希利彼庆哈然所属三个贺希格：希利彼庆贺希格、塔布德贺希格、后图克庆贺希格；图利哈然所属三个贺希格：图利贺希格、大布日耶庆贺希格、小布日耶庆贺希格。

1939年（民国28年），民国政府推行保甲制度，郡王旗下设十个保、五十个甲，当时达尔扈特艾玛格为郡王旗第十保。1949年10月19日成立达尔扈特奴图克（区）人民政府，俗称达尔扈特特区，区长宝锁，隶属伊克昭盟人民自治政府，1952年划归札萨克旗管辖。

中华人民共和国成立后，在党和政府新的民族政策关怀下，鄂尔多斯传统信仰得到前所未有的发展。抗日战争初期，由于日本人的介入，八白宫西迁，中华人民共和国成立后经政务院批准八白宫迁回伊金霍洛，鄂尔多斯蒙古族找回离别15年之久的伊金圣物。西迁圣物迁回故地时，人民民主政权成立，国家代替原有封建家族接管了八白宫，在客观上需要一个便于管理的集中场所。因此，批准西迁物迁回故地的同时，国家拨款80万元兴建了"成吉思汗陵"。1954年在中央政府的关怀下，重建了成吉思汗陵，1956年落成，将祭祀成吉思汗的宫帐与八白宫迁至金碧辉煌、富丽堂皇的陵宫。为了纪念供奉成吉思汗宫帐长达307年的遗址，便立了"大伊金霍洛遗址"碑，进行保护。

从此，这一富有民族特色的雄伟建筑屹立在鄂尔多斯高原，成为一代伟人成吉思汗的象征，成为蒙古族祭祀祖先的圣地。成吉思汗圣物西迁期间，随行达尔扈特在西迁地守灵司祭，同时鄂尔多斯的祭祀也在延续。当圣物重返故地时，鄂尔多斯人民已成为鄂尔多斯故土真正的主人，此时当家做主的蒙古族民众需要一个崭新的祭祀局面。中华人民共和国成立，成吉思汗祭奠中所有不合理习俗被废除，成吉思汗祭奠成为鄂尔多斯民众精神生活中不可缺少的组成部分，时代需要八白宫以新的面貌展现在鄂尔多斯人民面前。新陵建成后，所有祭祀集中进行，这不仅给管理和祭祀带来方便，也保护了历史文物。成陵的建成，改善了蒙古族的祭祖条件，使成吉思汗祭奠翻开了崭新的一页。

成吉思汗陵坐落于伊金霍洛旗伊金霍洛镇（原霍洛苏木）境内，位于旗政府所在地阿拉腾希热镇西南50里处的阿拉腾甘德尔梁上，处大伊金霍洛故址北面。成陵建于1956年，新陵与大伊金霍洛故址南北相望相距一公里。建陵以后，经过数次维修与扩建形成现在的规模。成陵陵园总占地1.55平方公里，以陵宫为主，包括文物保护祭祀区、游客生活服务区、旅游商品购物区、园林生态保护区、草原风光旅游区等区域。成吉思汗祭奠的大小祭祀仪式都在陵宫和陵宫院外的阿拉腾甘德尔敖包上举行。

进入陵园区，穿过迎宾广场，经成吉思汗出征骑马铜像和陵园牌楼，顺着象征吉祥如意的九十九级台阶走到尽头，就可到达成吉思汗陵宫。陵宫大院占地56176平方米，院墙四周长840米，院内包括成吉思汗陵宫主体建筑、苏鲁锭祭台、桑更斡尔阁、祭祀文化展览馆、陵史文化展览馆、陵园碑亭等。陵宫大院外东南100米处是阿拉腾嘎达斯（金马桩）和阿拉腾甘德尔敖包。进入朱红色的陵宫大院大门，穿过门庭，首先看到的是中间高、两侧低的三座相连的蒙古包式建筑，这就是成吉思汗八白宫各种圣物存放地——成吉思汗陵宫。陵宫左侧是苏鲁锭祭台，右侧是桑更斡尔阁（珍藏白宫）。从大门到陵宫要穿过一个小广场，广场中央立着一个1米多高的香炉，香炉东西两侧竖立着两杆高大挺拔的对成的苏鲁锭，直指苍天，两苏鲁锭中间用悬挂着五色彩旗的横线连接，是一个放大的“黑幕日”①。“黑幕日”进入视野，让人感觉到浓厚的祭奠气息，自然给人一种肃穆和独特的蒙古族祭祀文化氛围。从陵宫正前方望去，乳白色墙壁，朱红色门窗，蓝色云图萦绕金黄宝顶，是一座独具蒙古民族特色的建筑。

陵宫由正殿、后殿（寝宫）、西过厅、西殿、东过厅、东殿六部分组成。跨过陵宫宫门高高的门槛，进入正殿。正殿宫门正对面摆放着一张镶着金黄花边的红色大祭桌，桌上点着一盏酥油灯。紧贴祭桌左侧放着一个供人们投放香火钱的功德箱，祭桌正前方是上香的火盆、跪拜用的垫子和一块红色地毯。祭拜者进入正殿大厅，首先要在祭桌前上香、磕头、许愿、还愿、祷告。祭拜者中有些老年人的磕头方式非常特殊：将双掌合起来放到前额停留片刻，之后分离双掌，掌心朝下双手托地，前额触到地面，双手前伸，面朝下，整个身体平放在地面上，这样才算磕完一个头。这是一种极为虔敬的磕头方式，称为“阿拉达睦如古勒”——磕长头。

建于1997年的苏鲁锭祭坛位于陵宫西侧，高3.5米，建筑面积290平方米，哈日苏鲁锭（黑纛）、阿拉格苏鲁锭（花纛）的所有祭祀仪式都在这里举行。苏鲁锭祭坛上供奉着黑纛及其四陪纛、花纛等圣物，这些圣物在祭坛建成之前供奉在陵宫西殿。传说中成吉思汗苏鲁锭是天降神物，按照达尔扈特人的理解苏鲁锭必须沐浴日月光芒，仰望苍天。祭坛建成后

---

① “黑幕日”指禄马风旗，蒙古包前立禄马风旗是鄂尔多斯及阿拉善牧区较为普遍的民俗现象。

举行了盛大的安放仪式，将西殿内苏鲁锭安放在祭坛上，恢复了苏鲁锭永指苍天，与日月同辉的原貌。黑纛哈日苏鲁锭是一个高一丈四的带柄长矛。黑纛顶端矛尖约一尺长，状如刀尖，一尖两刃，里厚外薄，铁制。与矛尖垂直有一大圆盘，圆盘四周边缘的 81 个小孔用于固定缨子。黑纛的缨子称为“呼呼勒”，用枣红公马鬃毛制成，固定缨子的皮条用牲羊羊皮制成。黑纛纛柄称“希勒彼”，用柏木制作，过去的希勒彼必须选用受过禅封的柏木，且这种柏木有专门的种植地。黑纛位于祭坛中央，固定在一个石龟背上。四陪纛高九尺，分布于黑纛四周，用称为“呼和那楚格”的公马鬃搓成的皮绳与黑纛连接。黑纛前是一个小铜庙，庙内点燃神灯，摆放祭器。花纛阿拉格苏鲁锭位于祭坛靠北边缘，高度低于黑纛，纛体外形、纛尖、纛柄、固定缨子的圆盘等均与黑纛相近。花纛与黑纛最大的区别是纛尖上雕刻着北斗七星，纛柄上绘有一千慧眼。据达尔扈特解释，之所以称其为“阿拉格”花纛，是因纛尖上有星斗，看上去让人眼花缭乱。在苏鲁锭祭坛正下方入口处摆放着祭桌，祭桌正下方是用蒙古族传统火撑支起的燃香柏用的火盆。祭桌侧面是一个功德箱，火盆前是跪拜用的垫子和大红地毯。此外，包括在八白宫圣物之内的成吉思汗溜园白骏放牧于陵宫院内草坪上。陵宫院外北面的一片空地是成吉思汗夏季祭奠场外祭祀仪式的场所。陵宫大院东侧，一个用水泥墙围起来的小场子是成吉思汗春季祭奠嘎利勒祭祀仪式的场所。位于陵宫东南 100 米处的阿拉腾甘德尔敖包，是成吉思汗春季祭奠九十九匹白骏之乳洒祭仪式的场所。

伊金霍洛源远流长的以民俗、风情、礼仪为主要内容的民俗民间文化，是成吉思汗祭祀文化和宫廷礼仪文化的延伸。守灵人达尔扈特完整保留的丰富多彩的民俗民间文化，为成吉思汗祭祀文化营造了独特的文化环境和文化氛围，两者相互依赖、相辅相成，产生巨大的影响，使伊金霍洛文化独具一格。

第三节 伊金霍洛旗政区沿革

伊金霍洛（汉语意为“圣主的院落”）旗，地处呼和浩特、包头、鄂尔多斯“金三角”腹地。位于鄂尔多斯高原东南部，毛乌素沙地东北边缘，东与准格尔旗相邻，西与乌审旗接壤，南与陕西省榆林市神木县交界，北与鄂尔多斯市府所在地康巴什新区隔河相连。系鄂尔多斯市城市核心区的重要组成部分，是一代天骄成吉思汗的长眠之地。

伊金霍洛地域，历来为中国北方少数民族的游牧地。伊金霍洛旗由原札萨克旗和郡王旗合并而成。札、郡旗所辖地域历代为北方少数民族的游牧区。春秋战国时为林胡活动地域。林胡是一个游牧部族。秦时属上郡之北境。秦始皇三十二年（公元前 215 年）派大将蒙恬讨伐匈奴，收复河南地（河套以南鄂尔多斯地区），当时把关中一带叫秦中，把新收复的河南地叫新秦中。

西汉时，为西河郡、上郡等辖境。西河郡辖境，包括今伊旗、准格尔旗西南和陕西北部，山西北部、中部，黄河两岸地区。红庆河古城即西河郡虎猛县，为郡西部都尉驻地。上郡辖境，包括伊旗和准格尔旗南部，陕西省西北部地区。上郡设在郡王旗境内，旗南红海子乡车家渠村四社西南 1 公里处的白土城即为上郡的一个县城。东汉时，仍沿西汉旧制，南匈奴降汉后，为南匈奴各部驻牧地。

三国魏晋南北朝五胡十六国时，先后有河西鲜卑、羌胡、铁弗匈奴等在此驻牧。后赵、前秦曾置朔方郡统辖鄂尔多斯地区，本旗亦在内。北魏天赐三年（407），铁弗匈奴赫连勃勃脱离后秦，占据朔方郡和今陕北、宁夏南部，称夏。永兴五年（431）在乌审旗无定河南筑统万城。札、郡两旗属夏的畿内地。胜光四年（431）北魏灭夏，本旗隶属于北魏。大统元年（535）北魏分为东西魏，本旗属西魏。

隋唐时，属榆林郡、宥州郡、朔方郡及银川地。宥州郡设在鄂托克旗，朔方郡设在鄂托克旗、杭锦旗、乌审旗及阿拉善旗部分地区，银川地指现在的银川。

宋辽金元时，宋淳化年间（994）为消灭党项人，下令毁废夏州城（指统万城）。直到宋宝元年（1038），党项人李元昊称帝，宝都兴庆府公银川为西夏领域。辽金争而未获。元时，灭西夏后置西夏中心路，后复其地属东胜、云内二州及延安路。当时东胜州设在郡王旗境内（即现在的东胜境），云内州当时设在神木寨。

明朝时置东胜，明天顺年间废之。明弘年间，有蒙古族阿罗出、毛里孩、孛罗忽相继入河套。明成化、弘治、正德年间，成吉思汗十五世孙巴图蒙克尔即达延汗先后击破亦思马因、火筛、满都赉、阿因勒呼、三万户等部，统一了蒙古各部落，任命其第三子巴尔斯伯罗特为统领鄂尔多斯、土默特、永谢布右翼三万户的济农（即副王），驻牧鄂尔多斯。巴尔斯伯罗特去世后，长子衮必里克墨尔根继任济农统领右翼鄂尔多斯部。长子衮必里克墨尔根，号车臣可汗，生下九个儿子，令其众子分牧于鄂尔多斯，其中长子诺延达拉占据了伊克昭盟东部地区，从诺延达拉的儿子布延巴图尔开始接受喇嘛教，于明万历四十一年（1613）兴建王爱召，到公元1614年，布延巴图尔的儿子博硕克图迎请西藏黄教喇嘛迈达里胡图克图前来举行开光典礼，当时王爱召命名为乌罕巴达拉奇苏木，后人叫王爱召。

清初，博硕克图的儿子额璘臣率部去察哈尔归顺于后金，崇德元年（1636）改国号为大清，赐给额璘臣吉农（即济农）职位，命他为召集鄂尔多斯诸部的首领。顺治六年（1649），为便于控制陆续归附的蒙古各部落，清廷在鄂尔多斯地区实行盟旗建制的划分，指定牧场界限，当时划分了六个旗组成伊克昭盟。六个旗命名是：鄂尔多斯左翼中旗（郡王旗）、鄂尔多斯左翼前旗（准格尔旗）、鄂尔多斯左翼后旗（达拉特旗）、鄂尔多斯右翼中旗（鄂托克旗）、鄂尔多斯右翼前旗（乌审旗）、鄂尔多斯右翼后旗（杭锦旗）。

额璘臣任鄂尔多斯左翼中旗札萨克多罗郡王。因六个旗组成了一个盟，会盟地点在王爱召。伊克昭盟据此而得名，是“大召”的意思。额璘臣是鄂尔多斯的济农，又是郡王旗的札萨克，故清廷委任其为伊克昭盟第一任盟主。

额璘臣的兄弟乌巴什，因不跟随大扎木苏台召反对清朝，清世祖福临封他为二等台吉。后与巴图尔王讨伐刘子次的叛乱，又与土默特部及鄂尔多斯部一同打败了道尔吉。清帝降旨，将鄂尔多斯各旗旗王及台吉一律加封一等，乌巴什被封为二品衔。康熙十四年（1675），乌巴什的儿子索诺木道尔吉在战争中表现奋勇，升为乌审旗的协理台吉，嗣后他的儿子定咱拉什从康熙五十七年（1718）始，在西召当兵5年，至雍正元年（1723）奉清廷之率带蒙古骑兵征服了青海叛军丹津。雍正七年（1729）又奉命追剿巴尔色胡的部队，雍正八年东方匪众趁西路军没有准备之机，抢掠西路军的驼、马。这时定咱拉什率蒙古军连续打败该部匪军。

清乾隆元年（1736）清高宗（弘历）从乌审旗将近族台吉的平民分为十三苏木，划拨土地，组成鄂尔多斯右翼前末旗，即札萨克旗。封定咱拉什为该旗札萨克。从此，伊盟成为七旗。额璘臣移居郡王旗后（约1646年），将原在王爱召供奉的成吉思汗八白室移置大伊金霍洛，划拨今伊金霍洛苏木地为守护成吉思汗陵寝的达尔扈特部落牧地。

1914 年，归绥改为绥远特别区，札、郡两旗属绥远管辖。民国 16 年（1927）起，札、郡两旗隶属蒙藏委员会管辖。民国 25 年（1936）二月，绥境蒙政会在归绥成立，札、郡两旗统属绥境蒙政会管辖①。

中华人民共和国成立后的 1958 年，郡、札两旗合并，改称伊金霍洛旗，到 1989 年，全旗辖 14 个乡、苏木和 2 个镇，总人口 133755 人，其中蒙古族 8381 人，其他少数民族 257 人。

伊金霍洛人民一贯维护祖国统一，维护民族尊严，坚决反对分裂祖国和丧权辱国的行为。1911 年，外蒙古的哲布尊丹巴活佛，联合外蒙古王公，在沙俄的支持和策划下，于库伦组织起“大蒙古帝国”，公然宣布独立，给伊盟连下两道“圣旨”，让蒙古族人民脱离中华民族大家庭。当时郡王旗王爷特古斯阿勒坦呼雅克图和札萨克旗王爷沙克都尔札布坚决赞助共和，不承认俄库条约，反对成立“大蒙古帝国”，给哲布尊丹巴的叛国活动以有力的回击。

1958 年 11 月 5 日经国务院第 82 次会议批准，札萨克旗、郡王旗合并，暂称“札郡旗”。1959 年 1 月 15 日，经内蒙古自治区人民政府批准，取旗名“伊金霍洛旗”。旗址驻地设在新街镇，1964 年 7 月 1 日迁往阿勒腾席热镇。

进入 21 世纪，伊金霍洛旗发生了巨大的变化。2005 年，伊金霍洛旗撤并调整 8 个苏木乡镇，整合新组建 7 个镇，即：保留阿勒腾席热镇；撤布连乡、布尔台格乡、乌兰木伦镇；设乌兰木伦镇；撤公尼召乡、伊金霍洛苏木；设伊金霍洛镇；撤新街镇、台格苏木；设札萨克镇；撤新庙镇、纳林陶亥镇；设纳林陶亥镇；撤纳林希里镇、红庆河镇；设红庆河镇；撤台吉召镇、苏布尔嘎苏木、合同庙乡；设苏布尔嘎镇。②

伊金霍洛旗现今总面积 5600 平方公里，辖 7 个镇 138 个行政村。根据第六次人口普查，全旗人口状况如表 1-1 和表 1-2 所示。

伊金霍洛旗辖 7 个镇③的基本状况如下。

① 伊金霍洛之窗（http：//www. yjhl. gov. cn/zjyq/lsyg/），2013 年 6 月 10 日。

② 行政区划网，http：//www. xzqh. org/html/show. php? contentid = 3919.

③ 伊金霍洛之窗，http：//www. yjhl. gov. cn/zjyq/gzyx/qq_ yjhlq_ 0145/.

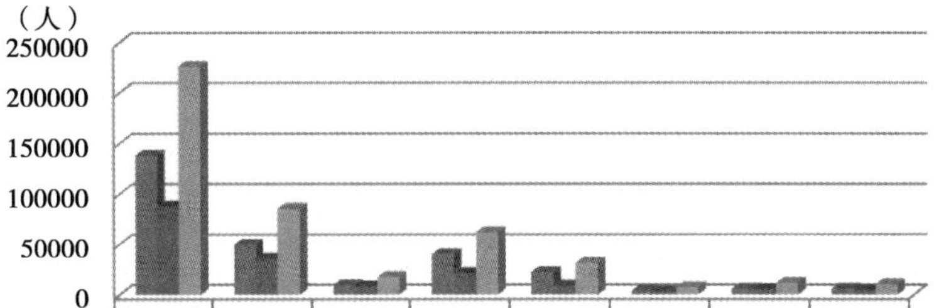

	伊金霍洛旗总人口	阿拉腾席热镇	札萨克镇	乌兰木伦镇	纳林陶亥镇	苏布尔嘎镇	红庆河镇	伊金霍洛镇
■男	138582	49975	9531	40331	22653	3922	6163	6007
■女	88170	35802	8158	21639	8929	3491	5687	4464
■合计	226752	85777	17689	61970	31582	7413	11850	10471

表 1-1　伊金霍洛旗第六次人口普查

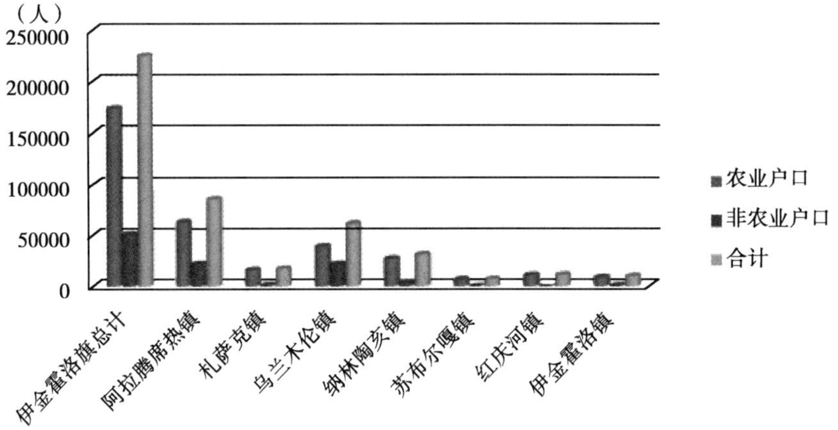

表 1-2　伊金霍洛旗旗农业户口、非农业户口人口

一　阿勒腾席热镇简况

“阿勒腾席热”是蒙古语，汉意为“金桌子”。阿勒腾席热镇（以下简称阿镇）曾用名为阿腾席连镇，因其蒙古语音译而得名，地处伊金霍洛旗北部。1993 年 3 月，原红海子乡撤销并入阿勒腾席热镇，设立阿勒腾席热镇人民政府。阿勒腾席热镇是伊金霍洛旗委和政府所在地，是全旗政治、经济、文化中心，是鄂尔多斯全市“一市两区、两个组团”城市核心区和伊旗三个城镇框架核心区之一。全镇总面积 300 平方公里（45

万亩），下设阿吉奈社区、园林社区、札萨克社区、通格朗社区、平安社区、绿苑社区、王府路社区、文明路富源社区，共8个社区。

二　纳林陶亥镇简况

纳林陶亥镇位于伊金霍洛旗东南部，是2005年11月由原纳林陶亥镇和新庙镇合并而成，办公地点在原新庙镇，东南分别与陕西省府谷县、神木县毗邻，东北与准格尔旗、东胜区接壤，总面积为768.56平方公里。全镇下辖16个行政村，117个农牧业生产合作社，全镇总人口近4万人，户籍总人口6582户16073人，其中农业户籍人口6264户15579人，非农业户籍人口318户494人，少数民族259户801人。有厂矿企业75家，其中电厂2家，煤矿51家（露天矿12家，井采矿39家）。2012年全镇地区生产总值达到150亿元，是2008年的1.5倍；境内税费收入达到62亿元（其中地方税费36亿元，国税26亿元），是2008年的4.4倍；固定资产投资完成50亿元，是2008年的2.5倍；农牧民人均纯收入达到1.87万元，是2008年的1.7倍，综合经济实力位居全旗苏木乡镇前列。

三　苏布尔嘎镇简况

苏布尔嘎为蒙古语，汉意为“塔”，因境内的白塔而得名。1510年起是北元鄂尔多斯部落首领济农的驻帐地，清朝时期是伊克昭盟会盟之地，1736—1946年共计会盟70起。同时，曾经的苏布尔嘎草原是藏传佛教传入蒙古地区的第一驿站，三世、四世、五世达赖喇嘛和五世班禅大师分别来到这里休养、传经。目前，苏布尔嘎镇由原台吉召镇、苏布尔嘎苏木、合同庙乡撤并而成，总人口9695户21594人，少数民族527户1285人，现辖27个行政村，154个农牧业生产合作社。总面积944平方公里。

四　红庆河镇简况

红庆河系蒙古语“呼尼庆高勒”的译音，意为“牧羊者之河”。红庆河镇位于东经108°58′—109°41′，北纬39°16′—39°36′，镇政府驻地纳林希里，位于伊金霍洛旗旗政府所在地阿镇西部，西北分别与乌审旗、杭锦旗接壤，东、南分别与苏布尔嘎镇、伊金霍洛镇、札萨克镇毗邻。红庆河镇辖28个行政村185个村民小组。中华人民共和国成立前，红庆河镇的通格朗村属神木县第七区的胜利乡，与札萨克旗同时解放后属盟直属区，

1952年划归札萨克旗第二区，1956年撤区划乡时，改为通格朗乡，1958年划为通格朗人民公社。1959年通格朗和曙光两个人民公社合并为红庆河人民公社，1983年改名为红庆河乡。1999年撤乡建镇，改为红庆河镇。

五 伊金霍洛镇简况

伊金霍洛镇总面积717平方公里，辖16个嘎查村100个社。为把成吉思汗陵园打造成世界级的旅游景区，把伊金霍洛镇打造成全国民族团结模范镇，2004年投资2.8亿元，对旧集镇进行了整体搬迁，建设面积2平方公里，主要分为机关办公区、文教卫生区、居住区、商贸餐饮区、民俗文化区。按照规划，集镇近期可容纳人口1.5万，旅游年接待能力30万人次，远期可容纳人口3万人，旅游年接待能力60万人次。目前，集镇范围内已经初步形成了一镇（伊金霍洛镇）三景（成吉思汗旅游区、成吉思汗陵园、成吉思汗博物馆及蒙元陶瓷博物馆）若干节点的旅游文化产业园区，伊金霍洛镇正逐步成为研究蒙元文化的新高地。

六 札萨克镇简况

札萨克镇位于伊金霍洛旗西南部，西与红庆河镇、南与陕西省神木县接壤，东与成吉思汗陵相邻，地处东经109°23′—109°52′，北纬38°56′—39°20′。南北长48公里，东西宽40.5公里。海拔高度在1300—1417米。全镇总面积1105.6平方公里，辖27个行政村，127个农牧业生产合作社，有蒙古族、回族、满族、藏族、黎族、彝族6个少数民族，少数民族嘎查5个。

七 乌兰木伦镇简况

乌兰木伦镇地处鄂尔多斯市伊金霍洛旗东南部，与陕西省大柳塔镇隔河相望。全镇总面积726平方公里，城镇建成区面积13平方公里，辖16个行政村，108个村民小组，四个社区。近年来，乌兰木伦镇依托资源、区位、交通、高新科技四大优势，全面贯彻落实科学发展观，调动一切积极因素，在支持服务矿区建设大业和引领群众致富奔小康的道路上阔步前进。全镇共有建成和在建企业294家，其中有神华神东煤炭集团公司、神东天隆公司、神华鄂尔多斯煤制油分公司、鄂尔多斯飞机场、国华电厂等国有独资及股份制企业24家。

第四节　伊金霍洛旗经济社会发展现状

据伊金霍洛旗人民政府《2013 年上半年全旗经济社会发展情况通报》①，2013 年上半年，伊金霍洛旗全旗地区生产总值完成 305 亿元，同比增长 7%；财政收入完成 100.67 亿元，同比增长 2.7%。固定资产投资预计完成 205 亿元，同比增长 8.8%；社会消费品零售总额预计完成 16.5 亿元，同比增长 10.7%；城镇居民人均可支配收入预计达到 17150 元，同比增长 9.1%；农牧民人均现金收入预计达到 8850 元，同比增长 13%。全旗 2013 年上半年经济社会发展情况具体如下。

一　经济发展方面

一是工业经济平稳发展。着力推进重大项目和园区基础设施建设，在做大总量中调结构，在加快发展中转方式。上半年，全旗完成工业增加值 187 亿元，同比增长 9.8%；完成工业固定资产投资 124 亿元，同比增长 14.1%；生产原煤 8759 万吨，同比下降 6.3%；主要工业产品产量基本稳定。重点项目建设方面：上半年，共有 12 个亿元以上重点工业项目开复工，完成工业固定资产投资 71.3 亿元。国电煤电一体化、汇能煤制气、乌兰鑫瑞水泥熟料项目建设进展顺利，2013 年，正能镁合金、汇金达环保溶剂油、中煤煤机制造基地等项目按期复工建设，正在稳步推进；神华集团二、三条生产线项目在集团立项，正在编制可研报告，预计年内开工；神东圣圆煤炭物流园区项目已完成初步方案设计，目前正在进行征地补偿等前期工作。园区建设方面。鄂尔多斯圣圆煤化工基地新街循环经济生态工业项目区正在开展项目区土地收储工作，计划 2013 年内开工建设一期 7.8 公里道路及管网工程。鄂尔多斯江苏工业园区正在进行园区内部基础设施配套工程建设，中小企业创业园已有三家中小企业入园施工。进一步理顺园区管理体制，完成了阿镇现代装备制造业基地管委会整体移交接管工作。二是第三产业稳步向前发展。正在制定出台扶持第三产业及中小微企业发展的具体政策措施，积极培育扶持新的经济增长点。上半年，全旗第三产业完成增加值 106 亿元，同比增长 2.4%。商贸物流方面，加

---

① 伊金霍洛旗人民政府：《2013 年上半年全旗经济社会发展情况通报》，2013 年 7 月。

快札萨克物流园区建设，园区铁路规划已通过审查，总体规划正在修编完善。上半年开复工商贸、酒店类重点项目6项，惠民平价美食广场已建成投入运营，海达商业广场、国泰商务广场、万力太阳城主体已完工，正在进行内装修。粮食仓储中心及食品加工园区、红庆河农贸市场、再生资源回收和废旧汽车家电回收市场等专业市场建设进展顺利。文化旅游产业方面，上半年共接待游客69.8万人次，完成旅游收入5.05亿元。成吉思汗文化体育产业园区、鄂尔多斯文化产业园区、射击射箭集训基地建设进展顺利；蒙古源流文化产业园区主题区域、道路、绿化及配套基础设施建设工程均按计划实现阶段性完工。阿镇正在积极创建国家AAAA级旅游景区。三是农牧业现代化有序推进。2013年上半年，全旗农牧业产业化销售收入达到6807万元，实现利润862万元。春耕备耕工作顺利完成，总播种面积达31526公顷；投资300万元加强了敏盖白绒山羊交易市场和良繁体系建设，继续做大做强以“博业蔬菜”为代表的设施农业品牌，新认定了凯源、中绿、伟辰、新农合作社4家市级以上农牧业龙头企业。

二 财税金融方面

一是积极组织财政收入。设立3000万元专项基金，扶持商贸、餐饮、住宿等服务业发展，培育新兴税源。规范税收征管行为，消除收入管理“死角”，强化了对重点税源和重点行业税收的动态监控，加大了对煤矿股权交易和煤矿灭火工程资源交易中所涉税费及煤矿采空区城镇土地使用税的征管力度，派驻专人协助税务部门清缴5亿元，有效确保了各项收入应收尽收、及时入库。二是严格控制财政支出。坚持集中财力办大事，财政支出重点保民生、保运转、保化债，一般性支出得到有效压缩。制定出台了《伊金霍洛旗人民政府关于进一步加强政府投资项目审计监督的意见》，严把工程造价关，建立起项目建设单位、财政和审计相互制约的监督机制。三是规范政府性债务管理。2013年上半年，伊金霍洛旗共化解政府性债务46.7亿元，完成全年任务的86%，有效维护了政府信誉。四是加强发展资金保障能力。充分发挥圣圆集团公司及其投融资平台作用，进一步厘清集团公司内部管理体制，并创新融资方式、拓宽融资渠道，上半年共获得融资支持24.5亿元。

三 城市建设方面

紧紧围绕“大疏大密”和“去县城化”两大理念，重点抓好回迁安置、城市综合管理、重点项目建设三项工作。一是全力以赴抓回迁安置。专门成立了回迁安置工作组，计划年内通过“就地安置、异地安置、公租房过渡安置”相结合的办法，对历年遗留的所有回迁安置户进行妥善安置，目前正在开展摸底调查、需求对接、房源落实等各项前期工作。二是下大力气规范城市综合管理。制定出台住宅小区综合验收管理的一系列政策措施，全面启动住宅小区的综合验收程序，进一步强化老旧小区维修改造，结合书记信箱反映的热点、难点问题认真组织实施城市精细化管理，阿镇地区小区综合环境、基础设施、服务功能以及市政基础设施日常管理得到了明显改善。三是有针对性地推进重点项目建设。对157项城市建设项目按照民生优先、收尾优先、精神文明交流会考察项目优先的原则进行分类排队，确定其中76项重点推进，东红海子湿地公园、红海子公租廉租房项目、零坐标广场、体育公园、高层区基础配套设施等63个项目正在积极推进。

四　社会事业方面

一是教育惠民措施得力。校安工程建设稳步推进，14个续建项目中已有第五中学、第六小学、第二幼儿园等12项复工，第四中学已顺利搬迁至新校址；面向社会公开招聘中小学幼儿园教师及音体美专业人才209名，教师队伍建设进一步加强；扩大初中、小学和幼儿园在校生营养早餐蛋奶工程覆盖面，2.1万名学生受益；提高农村牧区教师生活补贴标准，补贴由每人每月300元增至1000元；高级中学本科上线人数达到452人，本科上线率达66.7%，较上年提高8个百分点。二是体育事业健康发展。成功举办了直通巴黎世界乒乓球锦标赛中国乒乓球女队选拔赛，竞技体育带动群众体育健康发展。三是公共文化服务体系建设进展顺利。全旗7个镇级综合文化站中有5个建筑面积达到800平方米，建成200平方米以上文化室86个，建成文化馆、图书馆、文化站、文化室三级电子阅览室95个；伊金霍洛大剧院新增加3D电影放映设备，为群众播放院线电影。四是医疗保障进一步深化。新型农村合作医疗覆盖全旗农村牧区，上半年共补偿3.3万人3675.4万元；投资2600多万元完善数字化医疗卫生服务体系建设，现已与新农合市级统筹平台成功对接，实现了新农合报销费用即时减免；妇幼保健所、社区卫生服务中心、卫生监督所三合一综合楼正在进行内装修，预计7月底投入使用；伊金霍洛中心卫生院、蒙医医院二合一办公楼已建成；布连卫生院正在进行主体工程建设。五是社会保障水平稳步提高。上半年，将城乡低保标准由去年的每人每月 600 元和 400 元提高至每人每月 610 元和 420 元，共发放城乡低保金 1600 万元；为五保对象、集中供养人员发放五保供养经费 289 万元，为孤儿、城乡“三无”人员发放救助金 42 万元。六是食品药品安全保障有力。乌兰木伦镇地产食品集中加工园区已投入使用；旗级地产食品集中加工园区和美食一条街已完成选址，正在办理前期手续；食品安全溯源系统已完成方案设计，正在有序推进。七是社会就业创业稳定。把鼓励创业、增加就业作为促进城镇居民增收的主要渠道，上半年共对 830 人进行了职业技能培训，699 人进行了创业培训，实现新增就业 2448 人。八是智慧伊金霍洛建设顺利推进。体验大厅进入试运行阶段，即将对公众开放；基础信息管网设计项目已完成初验，即将终验；地理空间框架建设项目三大平台（公共服务平台、数据管理平台、数据运维平台），五大应用系统（电子地图网、旅游、林业、三维、政务决策系统）进入测试阶段；人口基础信息资源库建设项目已导入八个委办局基础数据，近期将完善系统相关功能。九是社会管理持续加强。强化“天网”工程基础建设，修复出城卡口 16 处，新增技防监控探头 3500 个、报警系统 422 套、GPS 系统 605 个，完成市直公务员小区弱电管网改造，组建成立了网上巡控中队。深化群防群治体系建设，加强行业场所管控，打击处理违法人员 1036 人，各类治安案件立案率同比下降 31%。2013 年 1—5 月，共发生安全生产事故 71 起，死亡 3 人，死亡人数同比下降 40%，安全生产形势持续稳定。

五　基础设施方面

一是进一步完善水电基础设施建设。水利基础设施建设进展顺利，西红海子至东红海子输水工程和阿镇污水处理厂至西红海子输水工程预计 7 月底完工；江苏工业园区供水工程、淖尔壕煤矿疏干水综合利用工程前期工作完成，已具备开工条件。加强电力主网建设，新街 220 千伏、公尼召 110 千伏输变电工程正在线路施工，商务区、阿镇南、空港物流园区 3 个 110 千伏输变电工程已建成投运，悖牛川 110 千伏输变电工程正进行基础浇筑施工，掌岗图 220 千伏、红庆河（布日都南）500 千伏输变电工程正在开展前期工作，预计年内开工建设。电力配网建设方面，敷设电缆 31 公里，疏通了高层区电力管网。农网升级改造工作正在按计划有序推进。

二是全面构建航空、公路、铁路立体化交通网络。鄂尔多斯机场正在进行最后的遗留工程施工，新航站楼已正式投入运行，预计全年旅客吞吐量可达 210 万人次。阿镇至汇能工业园区、江苏工业园区至神华新街能源公司南部工业广场等 9 条拟建公路目前正在开展外业勘察、征地补偿、报批审批、方案设计等前期工作，年内阿镇至汇能工业园区公路、神华新街能源公司南部工业广场至札萨克镇公路可开工建设。完成投资 1 亿元，新修通村公路 62 公里。大力开展铁路建设征地补偿、矛盾协调等工作，准神、巴准等铁路干线按计划顺利推进，上半年共完成投资约 5. 8 亿元。总体来看，2013 年上半年伊金霍洛旗各项工作取得了较好的成绩。

第二章

政治运行与民族区域自治实践

第一节　伊金霍洛旗党的建设和发展

1958年11月5日，札、郡二旗合并为伊金霍洛旗。1959年1月中共伊金霍洛旗委员会成立。党的组织机构随之进行了重新组建。全旗10个人民公社，其中5个建立了党委，5个建立了党总支，生产大队建立党支部。有条件的生产小队建立了党小组。至1958年年底有党员1143人，其中机关党员405人，妇女党员89人，少数民族党员120人。20世纪60年代初尚有236个生产队是党员空白点，占生产队总数的34.2%。1959年8月召开了伊旗直机关第一次党代会，成立了旗直机关党委会。1959年4月23日，将通格朗公社并入红庆河公社；将台格庙公社并入札萨召公社，原10个人民公社合并为8个。1961年3月，由大划小，将10个人民公社划为12个。1962年6月又将12个划为15个，增设了一个城关公社，共16个人民公社。随着每次体制变动各公社都成立了党委会。至1965年全旗有17个党委会，131个党支部（共有140个大队），274个党小组（共有918个生产小队）。党员总数为1554人，占全旗人口的1.4%。1966年8月伊旗党委宣布“文化大革命”开始，打破了党支部领导，各级党组织机构逐步瘫痪，1967年完全瘫痪。1968年3月成立了各级革命委员会和领导小组，取代了各级党组织。1968年9月成立了伊旗革命委员会党的核心小组，党的组织工作由革委会政治部取代。1971年4月伊旗党委恢复，接着16个公社党委和机关党委亦恢复，“纳新”了党员341人，“吐故”了17人，建立起党支部1192个，党员总数达1882人。使无党员生产队由80个减少到44个，党的十一届三中全会以后，党的组织建设和发展党员的重点放在了各行各业具有较高政治素质和业务才能的生产、工作骨干中以及党员数量少，党的力量薄弱的部门和地区，注重了在知识分子中发展党员，20 世纪 80 年代使一大批长期辛勤工作在各条战线，确实具备党员条件，而且入党愿望已久的各类专业技术人员，中小学教师进入党内，基本解决了长期以来知识分子入党难的问题，同时注重了在青年、妇女、少数民族中发展党员，使党员的分布和结构逐步得到改善。1983 年 6 月人民公社体制改革，将 16 个人民公社改为 3 个苏木、12 个乡和 1 个镇。公社党委随之变为乡、苏木、镇党委。1982—1989 年每年新发展的党员中知识分子比例 40%以上；妇女约占 15%；少数民族约占 15%；25 岁以下的青年占 15%以上，而这时期农牧民比例下降到 10%，至 1989 年年底，党员总数为 4943 人①。

表 2-1　20 世纪 90 年代之前伊金霍洛旗基层党组织情况年度统计

年度数量项目	基层组织			
	党委	总支	支部	小组
1958 年	8		12	194
1960 年	9		6	116
1961 年	13			174
1962 年	16			116
1963 年	16		1	168
1964 年	16			167
1965 年	17			176
1966 年	16			176
1971 年	16			192
1972 年	16			205
1973 年	16			224
1974 年	16			233
1975 年	17			243
1976 年	17			259
1977 年	17		2	269
1978 年	16		4	283
1979 年	16		3	293

① 伊金霍洛旗志编纂委员会：《伊金霍洛旗志》，内蒙古人民出版社 1997 年版，第 641 页。

续表

年度数量项目	基层组织			
	党委	总支	支部	小组
1980 年	16	8	3	304
1981 年	16	6	1	309
1982 年	16	6	1	317
1983 年	18	7	3	316
1984 年	17	6		312
1985 年	17	11		305
1986 年	19	11		303
1987 年	19	11		340
1988 年	19	11		350
1989 年		11		355

资料来源：《伊金霍洛旗志》，内蒙古人民出版社 1997 年版，第 646 页。

表 2-2　20 世纪 90 年代之前伊金霍洛旗党员基本情况统计　（单位：人）

数量/年度	合计	年龄				性别		民族		
		30 岁以下	31—45 岁	46—60 岁	60 岁以上	男	女	蒙古族	汉族	其他民族
1959	1124	436	494	91	3	1043	81	115	1009	
1960	1394	614	662	115	3	1297	97	137	1257	
1961	1441	656	667	115	3	1343	98	140	1301	
1962	1504	665	718	116	5	1402	102	145	1359	
1963	1527	471	870	178	8	1421	106	165	1362	
1964	1525	400	915	203	7	1419	106	161	1364	
1965	1554	363	936	244	11	1435	119	156	1398	
1971	2208	760	1344	104		2043	165	193	2012	3
1972	2420	809	1473	128		2236	184	228	2189	3
1973	2580	947	1459	174		2366	214	162	2415	3
1974	2741	920	1593	225		2512	229	243	2496	2
1975	3145	1388	950	807		2847	298	271	2871	3
1976	3542	1559	1136	847		3172	370	292	3247	3
1977	3640	1347	1919	374		3257	383	310	3327	3
1978	3617	1283	2001	333		8234	383	313	3302	2

续表

数量 年度	合计	年龄				性别		民族		
		30岁以下	31—45岁	46—60岁	60岁以上	男	女	蒙古族	汉族	其他民族
1979	3686	1209	2090	387		3286	400	322	3363	1
1980	3840	1262	1256	110	212	3428	412	358	3481	1
1981	3909	1189	1263	1215	242	3492	417	365	3543	1
1982	3943	1137	1296	1252	258	3519	424	373	3569	1
1983	4025	537	1780	1416	292	3599	426	382	3641	2
1984	4070	494	1763	1479	334	3651	419	389	3679	2
1985	4168	492	1753	1587	336	3747	421	395	3771	2
1986	4279	495	1843	1603	336	3855	424	401	3876	2
1987	4669	603	1928	1710	428	4131	538	505	4162	2
1988	4804	566	1887	1718	633	4262	542	509	4392	3
1989	4943	541	1990	1720	692	4368	575	519	4415	9

资料来源：《伊金霍洛旗志》，内蒙古人民出版社 1997 年版，第 643 页。

表 2-3　20 世纪 90 年代之前伊金霍洛旗党员文化程度行业分布统计

（单位：人）

数量 年度	文化程度					行业分布							
	小学以上	小学	初中	高中	中专以上	工业	交通	农业	财贸	文教卫生	基本建设	机关	其他
1959	309	744	68	3		5		702				393	24
1960	306	993	89	6		43		856				473	22
1961	225	1121	89	6		31		989				421	
1962	124	1269	105	6		15		1098				391	
1963	327	1701	117	10	2	24		1097				406	
1964	327	1070	116	10	2	24		1096				405	
1965	416	954	170	12	2	27		1104				414	9
1971	1863		293	38	14	39	20	1546	124	79		387	13
1972	1999		356	42	13	59	32	1651	197	112		339	20
1972	715	1369	432	50	16	74	39	1772	191	142		346	16
1974						108	50	1790	153	94		525	21
1975						61	3	2274	114	93		600	
1976						290		2292	152	118		649	41

续表

数量 年度	文化程度					行业分布							
	小学以上	小学	初中	高中	中专以上	工业	交通	农业	财贸	文教卫生	基本建设	机关	其他
1977						287		2318	170	215		617	43
1978	580	2058	738	33	33	290		2396	185	143		603	
1979	691	1907	792	39	39	402		2220	173	152		697	42
1980	720	1923	818	178	178	129	44	2413	321	310		580	43
1981	711	1900	905	192	192	108	81	2460	346	330	23	499	62
1982	701	1877	934	209	209	102	78	2484	294	330	22	527	106
1983	713	1797	1000	237	237	102	66	2532	336	320		590	79
1984	722	1837	990	270	270	112	69	2548	368	298		650	25
1985	732	1887	937	336	336	61	73	2517	375	323	34	718	67
1986	732	1937	967	340	340	62	74	2614	378	328	34	720	67
1987	702	1901	1143	526	526	173	94	2639	444	387	12	862	58
1988	693	1824	1207	611	611	185	108	2668	570	403	37	788	45
1989	683	1823	1247	677	677	198	119	2688	618	435	42	798	45

资料来源：《伊金霍洛旗志》，内蒙古人民出版社 1997 年版，第 646 页。

进入 21 世纪以来，中共伊金霍洛旗委员会深入开展学习实践科学发展观活动和创先争优活动，累计选派近万名干部职工深入基层一线实践锻炼，解决了一大批事关群众切身利益的困难和问题，广大干部的综合素质明显提高，党群干群关系进一步融洽。不断完善初始提名、公推公选、差额考察、常委会票决等制度，一批在基层和一线的优秀干部走上领导岗位，全旗各级班子结构进一步优化，年轻干部队伍建设成为内蒙古自治区典型。伊旗全面推行党政交叉任职，建立健全了重大事项由常委会讨论决定、人大和政协主要领导列席常委会等议事制度，领导体制和决策机制更加科学高效。积极推行嘎查村集中联合办公和服务代理制度，“四权四制”村治新模式被自治区纪委和市委确定为典型。不断强化党建带团建，认真做好统一战线工作，在全社会营造心往一处想、劲往一处使、合力促发展的良好氛围。

大力推进“平安伊旗”建设，社会治安防控能力和水平不断提高，社会治安形势进一步好转，2008—2010 年，伊金霍洛旗连续三年荣获自治区“长安杯”，人民群众安全感明显增强。坚持党的领导、人民当家做主和依法治旗有机统一，人大、政协的作用充分发挥。高度重视统一战线工作，民族、宗教、侨务工作进一步加强。国防后备力量建设和“双拥”工作取得新成效。工会、共青团、妇联等人民团体的桥梁和纽带作用有效发挥，基层民主政治建设稳步推进，民族团结进步事业欣欣向荣。

自2010年以来，伊金霍洛旗围绕党的建设如何适应新形势的发展要求，从有效破解工作中的难题入手，确保党建工作责任制落到实处。

一是以整体联动为重点，明确党建工作责任。明确“集体责任”，及时对党建工作领导小组进行了调整充实，成立以旗委书记为组长的党建工作领导小组，进一步健全和完善党建工作责任制，完善工作制度、明确议事规则；明确基层党委书记是党建工作的第一责任人，要求基层党委书记在抓经济社会发展的同时，要用足够的时间和精力抓好党的建设；明确“具体责任”。基层党委班子成员要指导所分管、联系部门抓好党建工作，逐步形成班子成员齐心协力抓党建的工作责任体系；明确“直接责任”。明确党委分管领导是党建工作的直接责任人，要协助书记认真抓好党的建设，深入基层调研，帮助指导好基层党建工作。

二是以健全机制为关键，规范党建责任落实。首先，实行目标责任管理制。精心细化党建目标考核责任书，旗委与基层党委、基层党委与党支部、党支部与党员层层签订党建工作责任书，形成了一级抓一级，层层抓落实的党建工作格局。其次，实行党建工作督查通报。采取定期督导和不定期检查的方式对各基层党委开展工作情况进行检查，并将检查结果予以通报，指出存在问题和不足，督促限期纠正或按时完成任务。此外，还建立工作述职制度。建立镇和旗直部门党委书记抓基层党建工作“双向双评”制度，有7名基层党委书记对2010年抓党建工作情况向旗委全会进行述职，并开展民主测评，切实增强基层党委书记抓基层党建工作的责任意识。

三是以保障运转为目标，夯实责任落实基础。首先，加大村组干部培训力度。采取专题讲座、观看电教片、研讨交流、以会代训等形式，强化理论武装，锤炼党性修养，提高村组干部综合素质。每年对村干部、大学生村官进行专题培训，有效地提高了全旗广大党务工作者的政治素质和业务能力。其次，经费保障制度。旗委把村级党组织工作经费列入旗级财政预算，每年由旗财政下拨每个嘎查村6万元转移支付，由各镇统筹安排。现任“两委”正职工资由1万元提高到1.2万元。将农村党员教育培训经费纳入旗级财政预算，确保每名农村党员教育培训经费每年不少于100元。

四是以考核奖惩为主线，保障党建责任落实。首先，建立党建工作考核制度。采取综合考核与单项考核相结合，平时考核与年终考核相结合，全面考核与重点考核相结合，上级考核与群众考核相结合的形式，加强对责任制落实情况的考核，促进落实。其次，合理运用考评结果。加大党建工作在领导班子和干部综合考核中的权重，把基层组织落实党建工作责任制情况纳入年终班子综合考评中，明确党建工作考核排名靠后的镇、部门不得评为综合考核先进，并作为干部实绩评定的重要内容和对领导干部选拔任用、奖励罚戒的重要依据①。

伊金霍洛旗在发展党员工作中推陈出新，顺应新形势下党员发展要求，严把发展党员入口关，突出重点领域，强化教育培养，健全保障机制，探索建立了一套完整党员发展流程，控制党员发展总量、优化党员队伍结构、提高党员整体素质、发挥党员先锋模范作用。

实行“三个倾斜”，拓宽选拔渠道。重点向三大重点领域倾斜：一是向知识层次较高的年轻人群倾斜。在应届大学生、研究生、外来应聘人员等高学历人群中争取品行优秀的作为党员发展的重点，积极开展各项党建带团建工作，激发他们向党组织靠拢的热情。二是向高新专业技术人员倾斜。推广“圣地英才”计划，努力倡导人才强旗战略，加大对高新专业技术人才价值取向的引导，主动吸纳此类人才作为党员发展对象，对党员结构的改善具有深远的影响。三是向嘎查村致富带头人倾斜。通过多种形式对致富带头人进行理想信念和党的性质、宗旨教育，从思想上引导他们，并在工作实践中深化对党的认识，积极向党组织靠拢。

实行“三个注重”，保证发展质量。一是注重党员群众评议。将群团组织定期推优、召开群众推荐会、设立推荐箱等作为优秀分子向党组织靠拢的重要关口，增强发展党员工作的民主化。在此基础上，组织党员和群众代表进行评议，根据评议情况在一定范围内公示，根据预审情况决定是否列入积极分子队伍。二是注重考评成绩。实施“三步评分考核法”，对入党积极分子进行“德、能、勤、绩百分测评”，确定3：3：4的考核评分比例，分“党内外群众测评、党员联系人评议、支部委员会考评”三步，进行半年一次评分考核。对得分较高的，条件具备的，列入近期发展对象；对得分不够高、仍需培养的，制定帮教措施，进行谈心教育，限期

① 伊金霍洛旗党建网，http://www.yjhldj.gov.cn/syzx/zsjs1/201311/t20131108_995427.html.

改正。对入党动机不纯、群众信任度不高、自身素质较差的，暂不列入发展计划。三是注重培训考试成绩。各党委要对每位入党发展对象，进行短期培训，培训结束后组织参加党的理论知识考试，对无故不参加会议或考试成绩不合格的发展对象取消本次发展为预备党员的资格。

健全"四项机制"确保发展农村党员工作取得实效。一是实行发展党员党委负责制。明确党委书记为第一责任人，分管副书记为具体责任人，党支部书记为直接责任人，切实增强各党委发展党员的责任意识，使各级党组织充分意识到发展党员的重要性和紧迫感。二是实行发展党员目标责任制。每年年初制订发展农村党员工作计划，明确每个党支部至少每两年发展一名35岁以下、高中以上文化的党员，年终严格考核，排名打分，作为基层组织建设的重要考核指标，并严格兑现奖惩，未完成任务的给予通报批评。三是实行党员公示制、票决制和责任追究制。严格执行自治区党委组织部下发的发展党员公示制、票决制和责任追究制等制度，实行"阳光工程"，将发展党员工作亮相于广大群众，接受广大群众的监督。四是实行督察通报制度。对不重视发展农村党员工作的党委，给予通报批评；对党组织在无特殊情况下两年内未发展党员的，责令其限期整改；对党支部连续三年未发展党员的，予以通报批评，并由党委组派工作队帮助党支部开展发展党员工作。

畅通一扇党员出口门，保持党员队伍活力。狠抓党员民主评议和评议结果运用工作，各单位党组织结合实际，对不合格党员的标准做进一步细化、量化，实行百分制考核，规定评议得分在80分以下为不合格党员。对评出的不合格党员，针对不同的情况，采取不同的处置方法。对在预备期不履行党员义务，不具备党员条件的，取消预备党员资格；对无正当理由连续六个月不参加党的组织生活、不交纳党费或不做党组织所分配的工作的，按自行脱党处置，对那些不遵守社会公德，不履行公民义务，在群众中影响很坏的，采取劝阻、限期改正或党内除名的方法处置①。

随着经济社会的转型变革，大量的社会管理事务从政府机关、企事业单位转向社区，社区在社会管理中发挥着重要的作用，社区的管理体制明显不适应新形势新任务的要求。为此，伊金霍洛旗经过不断的探索研究，通过创新组织设置、拓宽服务内容、提高服务能力、丰富服务载体，构筑

① 伊金霍洛旗党建网，http：//www.yjhldj.gov.cn/syzx/zsjs1/201311/t20131108_995424.html.

了精益化服务体系，推进“大社区”服务型党组织建设。主要工作是创新组织设置，构建“四位一体”服务网络，即围绕“职能下沉、民生优先、服务向前、民心向上”的理念，构建“党委领导、政府服务、居民自治、社会参与”的大社区组织体系，将阿镇原有的11个社区合并为6个社区，在社区成立社区党委，党委下设党支部、党小组，扩大组织覆盖；依托社区党组织搭建“四位一体”的服务网络，即在社区成立公共服务管理中心、社会管理工作中心、居民服务管理中心、共建中心四个中心，通过设站、代办、挂牌三种方式，将阿镇政府及35个旗直部门198项职能下沉到社区，由社区四个中心15个站（所、办）分别完成，变“旗—镇—社区”三级管理为“旗—社区”两级服务。推行“235S心连心”工作法，健全服务机制；“2”即建设一支思想政治素质强的党员队伍和一支群众工作能力强的社区骨干队伍，两支队伍双向进入、交叉任职；“3”即三级引领、三级下沉、三级联系，也就是由党支部引领中心、由党小组引领站（所、办）、由党员引领窗口；部门职能、社区职能、中心职能三级下沉；联合党支部联系社区、单位支部联系片区、党员联系群众三级联系；“5”是开展工作的具体方法，“五线”理念，构建和谐社区，五项制度，保障居民自治，五步工作，优化社区服务；“S”是在每个中心开展一系列特色活动，丰富服务载体。通过“心连心”服务群众工作法，实现公共服务、自助服务、志愿服务全覆盖。实施“四评一考核”，保障精益化服务落到实处；“四评一考核”是指居民满意度测评、公共服务星级评定、社会组织评选、品牌社区创建项目评定和四类服务型党组织考核评价办法；这一评价体系可以保证“大社区”精益化服务体系高效运行，使社区服务效益最大化①。

中央“八项规定”出台以来，伊金霍洛旗委组织部按照“规定”的精神和各项要求，认真贯彻落实，积极打造群众满意的部门新形象。

一是深入开展“一线工作法”，做到群众满意、工作务实。以党的群众路线教育实践活动为载体，伊金霍洛旗组织干部深入开展“一线工作法”，即“领导定点联系在一线、部门结对帮扶在一线、干部走村入户在一线”，在基层一线与群众面对面交流，了解群众心声，听取群众意见。目前，组织部内1名县级领导联系了1个后进嘎查村，部门帮扶1个村，

① 伊金霍洛之窗，http：//www.yjhl.gov.cn/xxgk/tpyq/201309/t20130910_ 959901.html.

30 名组工干部结对帮扶 60 个困难户。共解决实际问题 60 余件，提供帮扶资金 2 万元。

二是大力提倡“文会节约风”，确保文风朴实、会风简约。以定“一线工作法”为依托，大力提倡干部撰写体现基层民情的调研报告、典型材料和民情日记，以宣传部门特色工作和重点工作为重点，用事实、典型、细节说话，实事求是，将组织部门的工作用生动的事例体现出来。同时，伊旗组织部带头精简会议活动和议程，减少会议次数，力求多会合一，提倡开短会、讲短话，戒空话、去套话，报告干脆明了，要求部门会议时间控制在 100 分钟以内，各党支部召开会议时间控制在 60 分钟以内。在会场布置上，不摆放水果、鲜花、矿泉水，不提供文件袋、笔记本、笔，节省会议开支。

三是严格执行“公车房规定”，厉行作风勤俭、生活节约。伊旗组织部率先垂范，封停全部超标公务车辆，并统一上交旗委公车管理办公室，部门指定公车管理专人，公务用车钥匙由专人负责保管，使用公车必须严格登记事由和使用时间。严格按照科级领导 12 平方米/人、普通干部 6 平方米/人的标准，腾退超标办公用房。截至 2013 年 11 月，组织部门共腾退办公用房 100 平方米。规范办公室、会议室家具陈列，撤除办公室内所有床、屏风等家具①。

近年来，伊旗党委始终坚持党要管党、从严治党的方针，不断加强和改善党的领导，使强化党建的过程成为统一思想、加快发展的过程，成为提升各镇各部门领导干部决策水平和工作能力的过程，成为排除障碍和干扰、优化发展环境的过程，党组织领导发展、促进发展、保障发展的作用更加突出，党和人民群众的血肉联系更加紧密。实践证明，只有始终坚持党的核心领导，不断加强党的自身建设，才能团结一切可以团结的力量，凝聚加快发展的强大合力，才能战胜各种艰难险阻，我们的事业才能长盛不衰②。

2012 年圆满完成了旗人大、政府、政协换届工作，领导班子结构进一步优化。严格落实干部选拔任用条例，干部队伍建设明显加强。高度重视人才工作，设立了不低于 5000 万元的专项基金，加快推动人才事业发

① 伊金霍洛旗党建网，http：//www.yjhldj.gov.cn/syzx/zsjs1/201402/t20140212_ 1055185.html.

② 王东伟：《凝心聚力　真抓实干　加速推动新一轮大建设——在中国共产党伊金霍洛旗第十四次代表大会上的报告》，2011 年 5 月 16 日。

展。继续巩固和深化创先争优活动成果，出台了《建立健全创先争优长效机制实施意见》，建立了党员干部联系群众、党组织和党员承诺及党员群众评议三大长效机制，旗委被中组部评为“全国创先争优活动先进旗区党委”。认真贯彻基层组织建设年各项活动，成立了“嘎查村干部服务管理办公室”，嘎查村干部待遇得到全面保障。全面推进街道社区党建工作，探索推出了以“精心精致，惠益于民”为核心理念的城镇社区精益化发展模式，王府路社区成为全市首个精益化发展示范社区。全面贯彻落实党的民主集中制，严格执行旗委全委会工作规则和常委会议事决策规则，认真落实了党风廉政建设和反腐败工作责任制，深入推进思想道德建设和精神文明创建工作，不断巩固爱国统一战线，充分发挥工青妇等人民团体作用，营造了团结和谐、风清气正的干事创业环境。

第二节　伊金霍洛旗人民代表大会及其常委会工作

伊金霍洛旗政权机构第一届各族各届人民代表大会建立于 1950 年，郡王旗第一届各族各届人民代表大会于 1950 年 2 月 7 日在阿镇举行，选举成立了郡王旗各族各届人民代表大会常务委员会（实为虚设机构）。札萨克旗第一届各族各界人民代表大会于 1950 年 8 月 26 日在新街镇举行，选举产生了人大常委会（实为虚设机构）。1954 年政权机构更名为人民代表大会，郡王旗、札萨克旗首届第一次人民代表大会分别于 1954 年 4 月 3 日和 3 月 26 日召开，并首次开始普选，同时取消人民代表大会常务委员会虚设机构。

1958 年 11 月郡、札旗合并为伊金霍洛旗。1959—1989 年共召开七届十五次代表大会。1959 年召开的第三届第二次代表大会其届次接郡、札旗届次排列（合并前郡、札旗代表大会均召开至第三届第一次）。1966—1977 年旗人民代表大会制度中断。1978 年恢复了人民代表大会制度，召开了第七届旗人民代表大会。（第六届旗人民代表大会实际没有召开，把 1968 年 3 月 31 日庆祝伊旗革命委员会成立的群众大会作为第六届人民代表大会）。1959—1980 年人民代表大会均没有设立常务委员会。1981 年第八届第一次代表大会后设立了人大常务委员会，并作为常设机构，有专门领导、专门机关、专职人员，使政权建设进入实质性的发展阶段①。

1964年，伊金霍洛旗第五届第二次人民代表大会开过以后，由于“文化大革命”干扰，从1965—1977年旗人民代表制度中断。1981年1月19—25日召开的伊金霍洛旗第八届人民代表大会第一次会议选举产生了伊金霍洛旗人民代表大会常务委员会，第八届人民代表大会代表数为151名。人大常委会1981—1994年内部共先后设置办公室、调研室、人事监察室、经济办、教科办、政法办、财经委、民族法制委、教科委、人代办10个机构。1995年后，确定为办公室、人事代表办公室、民族法制委员会、财政经济委员会、教科文卫委员会五个委办，并沿用至今。伊金霍洛旗第八届至第十三届人大常委会组成人员一直为17人，第十四届人大常委会组成人员增加为19人，第十五届人大常委会组成人员增加为23人。截至2011年10月，人大常委会机关有干部职工42人。设六个工作机构：办公室、人事代表办公室、民族法制委员会、财政经济委员会、科教文卫委员会和环境资源工作委员会。

人大代表是国家权力机关的组成人员，是人民代表大会的主体。人大代表作用能否得到充分发挥，在一定程度上决定着人大工作的质量和水平，如何更好地发挥新形势下的人大代表作用，这给伊旗各级人大提出了一个非常重要的研究课题。为了进一步提高新一届人大代表的履职能力，拓宽代表的履职渠道，伊金霍洛旗人大常委会在学习借鉴先进地区成功经验和做法的基础上，结合本地实践，在鄂尔多斯市率先成立了代表之家和代表工作室，对本地区的经济建设起到了积极的推动作用，取得了一定的实效。

一　精心组织，积极推进创建工作

为充分开展代表活动，旗人大专门制定了《旗人大常委会关于创建人大代表工作室和代表之家实施方案》，把创建代表工作室和代表之家作为提高人大工作水平的重要工作来抓。首先，旗人大常委会成立了创建工作指导组，常委会分管副主任担任组长，人事代表办公室负责具体业务指导，各镇人大主席负总责，指定专人负责活动室管理与联络工作。其次，根据各镇实际情况，按照“先试点、后推广”的原则，先后创建了代表工作室和代表之家。最后，按照“六有”标准建设，即有组织、有场所、有牌子、

① 伊金霍洛旗志编纂委员会：《伊金霍洛旗志》，内蒙古人民出版社1997年版，第692页。

有设备、有制度、有资料；同时，制定了工作方案、工作流程、接访制度、学习制度等一系列制度；建立了“四簿一表”，即代表接待选民记录簿、代表活动登记簿、选民来信来访登记簿、学习活动考勤簿、代表基本情况一览表，为人大代表学习、交流、参政议政等履职活动搭建了良好平台。

二　有效运行，充分发挥代表作用

为了确保各项工作有序运行、落到实处，更好地发挥代表作用，伊旗人大派专门人员去各镇进行实地指导，规范了各类活动制度。一是合理制定代表接待选民工作日，规范代表接待选民活动。代表工作室和代表之家每月定期接待选民，听取群众建议意见，由联络员负责将来访群众的意见建议整理后转交给代表。联络员将群众意见整理成册，汇总成表，便于查阅，便于督查落实群众建议、意见。二是切实开展建议意见办理工作。联络员整理好建议意见，逐级上报、分层办理，属于镇级、社区处理的由其直接处理，属于旗政府及部门职权范围内的，以代表建议意见的形式转交相关部门办理，同时由旗人大人事代表办负责监督。2013 年上半年，累计有 120 多名人大代表在代表工作室开展了接待选民工作，共接到群众反映的问题及建议 249 条，通过人大代表协调有关部门解决了 234 条，化解矛盾纠纷 11 起。

三　采取各种有效措施，加强规范化管理

为了进一步加强规范化管理措施，各镇人大在工作中既注重建“家”，更注重用“家”和管“家”，积极发挥“家”的作用。一是采取各种有效措施，努力把“人大代表之家”“人大代表工作室”建成代表学习培训的重要阵地、联系选民的固定场所、议政督政的重要平台。二是全旗各镇人大依托“人大代表之家”“人大代表工作室”这个载体，着力把各项代表活动组织好、开展好。现在，旗人大借助“家”这个平台，组织代表进行学习培训，开展视察调研、组织代表向选民述职、安排代表接待选民、听取有关部门和单位工作情况的汇报等，赋予了代表之家丰富的内容。代表们对建“家”十分称赞，过去开展代表活动时没有固定场所的局面得到了改变。在接待中，选民向代表们反映了他们平时接触较多，与广大人民利益息息相关的农村低保、新型农村合作医疗、失地农民生活保障等关乎社会民生方面各项建议。“家”内的代表活动开展形式多样，

生机勃勃，在代表、选民和人大工作之间形成了一个良好的互动机制，扎实推进了“家”的建设①。

实践证明，伊金霍洛旗创建人大代表之家、人大代表工作室，进一步拓宽了代表联系选民的渠道，丰富了代表履职的内容，提高了代表活动的质量和水平，为丰富代表在闭会期间的活动搭建了一个载体和平台。

第三节　政治协商与基层民主新趋势

伊金霍洛旗人民政协第一届第一次委员会于 1959 年 8 月 9—14 日在新街镇召开。出席会议代表 38 人。在这次会议上组建成立伊旗政协委员会。选举产生第一届委员会。由委员 51 人组成。其中常委 21 人，副主席 3 人，主席 1 人；第二届第一次委员会于 1961 年 8 月 23—29 日在新街镇召开。应到委员 71 人，实到 48 人。大会同时列席了旗四届一次人民代表会议。会议选举产生了旗政协第二届委员会，由委员 71 人组成，其中常委 19 人，副主席 2 人，主席 1 人；第三届第一次委员会于 1963 年 11 月 20 日—12 月 1 日在新街镇召开。应到委员 71 人，实到 52 人。大会选举产生了旗政协第三届委员会，由委员 71 人组成，其中常委 19 人，副主席 2 人，主席 1 人；

第四届第一次委员会 1981 年 1 月 17—25 日在阿镇召开。应到委员 76 人，实到 70 人。同时列席伊旗八届一次人民代表大会。大会选举产生了旗政协第四届委员会，由委员 76 人组成，其中常委 15 人，副主席 6 人，主席 1 人（兼）。本届委员会共召开三次全委会；第五届第一次委员会 1984 年 7 月 26 日—8 月 1 日在阿镇召开。应到委员 76 人，实到 70 人。保留上届委员 44 人，新补 32 人。其中大专文化程度 16 人，平均年龄 52 岁，较上届年龄降低了 3 岁，列席了旗第九届人民代表大会。大会选举产生了旗政协第五届委员会，由委员 76 人组成，其中常委 16 人，主席 1 人，副主席 7 人；第六届第一次委员会于 1987 年 6 月 14—18 日在阿镇召开。应到委员 73 人，实到 68 人。列席了旗第十届人民代表大会。大会选举产生了旗政协第六届委员会，由委员 73 人组成，其中常委 16 人，主席 1 人，副主席 5 人。第一届至第四届委员会代表分

① 伊金霍洛之窗，http://tsg.yjhl.gov.cn/newbm/yqrd/llyj1/201309/t20130902_950788.html.

别有中国共产党、共青团、工会、妇联、工商、文艺、科技、教育、医药卫生、农牧民、宗教、少数民族和特邀共 13 个；从第五届开始增加台属代表共 14 个。

1959—1966 年，伊旗政协机构只有一个附设在人民委员会内的办公室，科级建置。有专职干部 3 人，其中副主席 1 人，驻会委员 1 人，干事 1 人，其余人员均为兼职。其间侧重于做宗教和民族上层及一部分旧职人员的政治思想工作。1979 年 6 月旗政协恢复，配备了专、兼职副主席各 1 人。1981 年 1 月召开第四届第一次委员会后。旗政协升为县级机构。1984 年后成为独立的会计单位，编制扩大，机构逐步完善。现内设机构有办公室、工作委员会、学习委员会、提案委员会、文史资料研究委员会，均为科级建置。办公室是政协的综合性办事机构。组织职工开展各项活动，承办各种文件，组织各种会议，处理委员来信来访，管理基建、财务、卫生等。工作委员会于 1985 年 4 月 15 日增设，内分经济建设、科技文卫、统一祖国和政法信访四个组。主任由两名副主席兼任。配合党委、政府中心工作承包农村牧区工作。学习委员会 1985 年 4 月成立，由两名副主席兼管。主要组织政协委员学习，组织城镇委员集体学习，给农村、牧区委员寄发材料。提案委员会于 1986 年 9 月 25 日成立。由原来例会期间临时机构改为常设机构。委员由统战部、劳动人事局、民委、政府办、党委办和政协办六个单位负责人与政协副主席（兼主任）组成。负责提案处理，接待来信来访。文史资料研究委员会于 1986 年 9 月从学习委员中分设。由 1 名副主席分管。以征集近、现代“亲见、亲历、亲闻”的三亲材料为主，油印发行《伊旗政协文史资料》①。

表 2-4　20 世纪 90 年代之前伊金霍洛旗历届历任旗政协委员会主席、副主席名录

届次	职务	姓名	民族	任职时间	说明
第一届（1959. 8—1961. 8）	主席	黄凤歧	蒙	1959. 8—1960. 1	旗委书记
		王振荣		1960. 4—1961. 8	旗委书记
	副主席	双玉山	蒙	1959. 8—1961. 8	人委副书记
		奇林宝	蒙	1959. 8—1961. 8	驻会委员
		刘永飞		1959. 8—1961	旗委统战部长

① 伊金霍洛旗志编纂委员会：《伊金霍洛旗志》，内蒙古人民出版社 1997 年版，第 720 页。

续表

届次	职务	姓名	民族	任职时间	说明
第二届（1961.8—1963.11）	主席	王振荣		1961.8—1963.11	旗委书记
	副主席	双玉山	蒙	1961.8—1962.1	人委副镇长
		奇林宝	蒙	1961.8—1963.11	驻会委员
第三届（1963.1—1968.3）	主席	王振荣		1963.11—1964.11	旗委书记
		满达胡	蒙	1964.11—1968.3	
	副主席	焦占东		1963.11—1968.3	
		奇林宝	蒙	1963.11—1968.3	
第四届（1981.1—1984.7）	主席	臧文海		1981.1—	
	副主席	旺楚克	蒙	—	
		宋凤山		—	
		文平喜	蒙	—	
		奇宝玺	蒙	—	
		宝锁	蒙	—	
		张凌云		—	
第五届（1984.7—1987.6）	主席	刘水宽		1984.2—1987.3	
	副主席	冯立超		1984.2—1987.6	
		奇宝玺	蒙	1984.7—1987.6	
		文平喜	蒙	1984.7—1987.6	
		包锁	蒙	1984.7—1987.6	
		杨金山	蒙	1984.7—1987.6	
		黄板定	蒙	1984.7—1987.6	统战部长
		王文光		1984.7—1987.6	
第六届（1987.6—1989.12）	主席	王银锁	蒙	1987.6—现任	
	副主席	奇宝玺	蒙	1987.6—现任	
		文平喜	蒙	1987.6—1989.12	
		杨金山	蒙	1987.6—1988.5	
		黄板定	蒙	1987.6—1989	统战部长
		王文光		1987.6—1989	

资料来源：《伊金霍洛旗志》，内蒙古人民出版社 1997 年版，第 719 页。

进入 21 世纪以来，伊金霍洛旗政协常委会在旗委的正确领导下，在上级政协的指导下，深入贯彻党的十八大精神，牢牢把握团结和民主两大主题，紧紧围绕中心，努力服务大局，切实履行职能，为促进伊金霍洛旗经济社会又好又快发展作出了应有的贡献。伊金霍洛旗政协坚持党对人民政协工作的指导思想，紧密结合伊金霍洛旗在经济社会发展中遇到的重要问题和课题，不断探索政治协商的新形式和新方法，协商范围不断扩展，协商内容更加广泛，协商形式日益多样。一是围绕政府工作报告、政协常委会工作报告及其他相关工作报告，组织委员通过大会发言、专题座谈和分组讨论等形式展开全委会议广泛协商；二是围绕落实科学发展观、城市规划布局、人才战略储备、产业结构转型等重大课题开展常委会议重点协商；三是围绕水资源综合利用、环境保护与治理、农村牧区人口转移等工作展开专门委员会专题协商；四是与市政协各专门委员会就涉及伊金霍洛旗的三农三牧等问题以及旗直各单位展开对口协商。协商提出的许多重要意见和建议得到旗委、政府的采纳，并积极组织有关部门采取措施，认真予以落实，促进了有关问题的解决，使党政决策更加科学化、民主化。

2013 年，伊金霍洛旗政协在以往的工作基础上全面贯彻落实党的十八大精神，在旗委的正确领导下，旗政协认真学习贯彻党的十八大和十八届三中全会精神，紧紧围绕旗委的各项决策部署和中心工作，为伊旗经济社会平稳健康发展作出了如下贡献。

（一）立足大局谋发展，在政治协商中推进科学决策。准确把握政治协商职能与服务大局的最佳结合点，不断提高整体协商、专题协商、重点协商、对口协商、基层民主协商的针对性、实效性，2013 年共召开各类座谈会、协商会 35 次，指导并参与了“两代表一委员，进社区接来访”活动 12 批次。重点就产业发展、教育卫生事业发展、公检法司系统建设和重大项目落实情况进行了多层次协商，为旗委、政府及相关部门提出意见和建议 100 余条。积极参加市政协各类会议，主动参与旗委、政府各项政策征求意见稿的修改，提出不少建设性的意见和建议，受到旗委、政府的充分肯定和采纳。

（二）立足创新求实效，在民主监督中帮促重点工作。以旗委、政府的重大决策部署落实情况和群众关注的热点难点问题为监督重点，不断拓展民主监督的广度和深度。一是狠抓提案工作，强化重点监督。进一步完善“严把关、促督办、抓落实”的提案办理机制，全年共征集提案 71 件，经审查立案的 62 件已全部办复，委员对提案办理的满意率和基本满意率达到 100%。二是组织专题视察，强化专项监督。先后五次组织各界别委员就城市建设、产业发展、民生项目的实施情况进行专项视察，听取了旗人民政府经济社会运行情况和教育局、房地产管理局等五个部门工作情况的通报。三是开展民主评议活动，强化广泛监督。结合中央关于“密切联系群众，改进工作作风”的要求，深入开展第三批派驻民主监督员活动，对被派驻的食品药品监督管理局、交管大队等五个窗口单位提出建议27条，涉及老百姓切身利益的一些问题得到有效整改。与旗人大、纪检委联合开展了综合民主评议活动，对自来水公司、城市管理行政执法局等10个单位和部门进行了测评，督促被评议单位对各项工作进行完善和整改。

（三）立足实际重调研，在参政议政中助力综合发展。以解决旗委政府所思、人民群众所盼、政协权力所能的问题为着力点，不断提高服务发展的能力。一是主动担当发展大任，积极融入党政工作大局，协助旗委、政府成功举办了重大体育文化活动，积极推进乌兰活佛院、回迁安置等重点项目建设，参与招商引资、金融借贷、债务化解等方面工作，通过召开协调会、深入施工一线现场办公等形式，及时了解和解决存在的问题，确保各项工作顺利进行。二是积极总结调研成果，围绕城乡统筹、产业发展、职业教育、政法系统建设等方面先后赴旗内及外省市先进地区，开展了两次综合调研和五次专项考察调研，形成了职业教育发展及助推全旗经济社会发展方面的可行性调研报告三篇，提出建议20余条。三是注重文史资料保护传承，对1996年以来历届政协所有的文史资料进行了分类整理归档，并向伊金霍洛旗图书馆和基层文化站捐赠了500余册。另外，编辑出版了伊金霍洛旗第一部关于敖包的史志资料《神圣的敖包》，为进一步保护和传承敖包文化奠定了坚实的基础。

（四）立足主题促交流，在团结民主中构建和谐氛围。坚持将团结和民主两大主题贯穿于各项工作之中，充分调动政协委员和各界人士巩固团结、营造和谐的积极性。一是注重民情民意解民忧。将医疗、卫生、住房等民生问题作为调研视察重点方向，通过召开民情座谈会、开办“伊金霍洛旗政协”网站等方式，收集并向旗委、政府反映社情民意20余条。结合“五联一包”和结对帮扶活动，引导委员和机关干部职工协调筹集资金30余万元，为帮扶村安装了自来水和变压器，帮扶贫困户30余户。二是注重合作共事促团结，经常走访看望各族各界代表人士，积极理顺民族宗教关系。与统战部、民族宗教事务局等部门共同推进民族宗教项目建设，加强对少数民族特困户的帮扶力度。三是注重交流联系增共识，积极配合完成自治区、市级各类调研20余次，确保了上级调研视察和旗外来访考察任务的顺利完成；与区内外政协开展工作交流活动10批次，圆满承办了全市第三届政协系统职工运动会，积极展示了伊金霍洛旗经济社会发展的惠民成果和城市建设的良好环境，并获得了团体总分第一名。四是加强对外宣传力度，创建大型活动展板、工作简报、政协门户网站等宣传载体，将政协工作和党建工作剪影分期分批刊登。另外，在“新华网”“内蒙古政协”“市政协工作周报”“伊金霍洛之窗”等宣传平台刊登调研文章和信息32篇，信息采用数量位居全市各旗区政协系统第一。

（五）立足服务提水平，在自身建设中力求强基固本。切实加强学习，着力提升自身素质，以履职能力的显著提高夯实政协工作的基础。一是以学习为抓手，通过集中学习、专题讲座、外出考察培训等形式，组织集体学习60余次，全面系统学习了党的十八大、十八届三中全会和习近平总书记一系列重要讲话精神以及政协理论知识，深刻领会了旗委各项会议的精神实质和决策部署，进一步提高了机关干部职工和全体委员的履职能力。收集、整理并编印了《我是这样当政协委员的》一书。积极搭建学习平台，成立了机关图书馆，为机关干部创造了良好的学习条件。二是以制度为保障，进一步规范政协主席会议、常委会议相关议事规定，完善了学习制度和考勤制度等10余项机关规章制度，确保政协各项工作有章可循。另外，制定出台了委员管理制度和考核细则，并对全体委员进行了全面考核，调整和充实了部分界别委员，实现了对委员的动态管理。三是以自查促改进，对照中央“八项规定”和“四风建设”要求，召开了党组专题民主生活会和机关党员民主生活会，深入查找自身建设等方面存在的突出问题，并认真加以整改①。

尽管成绩卓著，伊金霍洛旗政协履行职能的制度建设和民主监督的力度仍需进一步加强，民主协商运行机制有待进一步完善，调研成果的转化机制有待进一步探索等。

---

① 巴图吉雅：《中国人民政治协商会议伊金霍洛旗第十二届委员会常务委员会工作报告》，新华网内蒙古频道，http：//www.nmg.xinhuanet.com/ztl2012zt/yqlh/2014-01/10/c_118921962.htm.

第四节　民族区域自治实践

《民族区域自治法》颁布实施以来，伊金霍洛旗认真贯彻落实党的民族政策和干部政策，把培养选拔一支德才兼备的少数民族干部队伍作为加快民族地区经济社会发展、推进民族团结进步事业、维护社会稳定的一项十分重要的战略任务来抓，逐步形成一套较为合理的少数民族干部培养选拔机制，建立了一支素质良好的少数民族干部队伍，全旗培养选拔少数民族干部工作取得明显成效，少数民族干部整体素质得到提高，在推进全旗经济转型、推动经济和社会发展各项事业中，发挥了重要作用。

中华人民共和国成立初期，干部数量很少，多系由老解放区派来。1949 年，全旗仅有 19 名干部，其中札萨克旗 9 人，郡王旗 10 人。1953 年增加至 268 人，其中札旗 107 人，郡旗 161 人（包括区干部）。1958 年 11 月，札、郡两旗合并为伊金霍洛旗后，全旗行政机关各系统（包括所属的各企事业单位、各公社行政人员）干部总数为 792 人（不包括教员），其中少数民族干部 122 人。当年“大跃进”下放了一批干部，1961—1964 年国民经济处于困难时期又精简了一批干部，到 1965 年全旗有干部 817 人，其中旗直单位干部 588 人，公社干部 229 人。

20 世纪五六十年代，干部主要来源是：从当地农牧民中招收录用；起义人员留用；外地调入；军队转业干部安排；各类大中专院校毕业生分配。这一时期的工农干部占多数，知识分子甚少。

“文化大革命”时期，干部队伍大幅度增加，1976 年达到 1581 人，其中：党委、革委机关 182 人，工交系统 83 人，农牧林水系统 130 人，文教卫生、科研系统 172 人，商业系统 215 人，金融系统 43 人，政法系统 34 人，中小学教员 408 人，人民公社 314 人。

党的十一届三中全会以后，党和国家非常重视干部队伍革命化、年轻化、知识化、专业化的建设，干部队伍结构发生了新的变化。由于机构不断增设，企事业单位干部队伍逐年增加，而行政干部基本保持原状。1979 年，全旗有国家干部 1626 人。

20 世纪 80 年代后期，干部来源主要有以下六个方面：高等院校和中专毕业生；从工人中吸收；从农牧民中吸收；从集体所有制单位中吸收；从城镇青年中吸收；落实政策安排。

1988年，全旗干部共计2514人，其中：政府系统（包括乡、苏木、镇）1545人，党群系统（包括乡、苏木、镇）200人，国家教师769人。从政治面貌看，党员干部1003人，团员干部357人，群众干部1154人；从民族成分看：汉族干部2068人，蒙古族干部442人，满族干部4人；从性别分，男1990人，女524人；从文化程度看，大专345人，中专1043人，高中366人，初中760人；从年龄结构看：25岁以下干部448人，26—30岁471人，31—35岁459人，36—40岁321人，41—45岁300人，46—50岁253人，51—55岁173人，56—60岁69人，60岁以上20人。截至1989年，全旗共有干部2590人。①

进入21世纪以来，在旗委、政府的坚强领导下，伊金霍洛旗经济社会建设不断向前发展，少数民族群众生产生活水平不断提高，全旗呈现出民族团结、社会稳定、宗教和顺的良好局面。旗委、政府在2007年和2012年被自治区党委、政府两次评为自治区民族团结进步先进集体；旗民族宗教事务局在2012年自治区党委、政府评为自治区民族团结进步先进集体、鄂尔多斯市学习使用蒙古文先进集体荣誉称号。

近年来，伊金霍洛旗认真贯彻落实民族政策评议工作，加大了对少数民族聚居地区基础设施、生态建设以及民族教育事业和蒙古语言文字发展等的扶持力度，伊金霍洛旗呈现出民族团结、社会稳定、社会各项事业全面进步的良好局面。伊旗比较重视民族政策落实工作，为少数民族群众办实事、做好事、解难事。

自2007年以来，旗财政每年代缴全旗参加农村牧区新型合作医疗的蒙古族群众个人30元统筹金，并提高参保蒙古族群众个人享受比例5个百分点；提高参加养老保险的少数民族群众个人享受比例3%；每年为全旗近500户少数民族低保户发放每户500元取暖补助金，让他们在寒冬感受党和政府的温暖；按照每户发放2万元安居工程补助金标准，每年改造80户少数民族危房和无房户；以财政贴息的方式，为全旗有条件、有积极性的少数民族群众发放700万元“无利息”贷款，帮助他们提高自我发展能力，积极开展小型经营性项目。同时，为少数民族村集体企业发放贴息贷款300万元，切实解决村集体企业缺少资金的实际问题；加大扶贫攻坚力度，为全旗240户少数民族特困家庭发放每户2000元生活补助金，

① 伊金霍洛旗志编纂委员会：《伊金霍洛旗志》，内蒙古人民出版社1997年版，第776页。

帮助他们渡过难关。

据伊金霍洛旗民族事务局2008—2013年各年度的工作总结，近五年来伊金霍洛旗民族事务局认真贯彻落实党的民族政策，采取具体措施，做出了突出的成就。

2008年，伊金霍洛旗民族事务局在旗委、政府的正确领导和市民委的工作指导下，深入学习贯彻党的十七届三中全会精神，以科学发展观统揽全局，以宣传贯彻各级民族工作会议精神、《民族区域自治法》《宗教事务条例》《内蒙古自治区蒙古语言文字工作条例》为主线，以各民族“共同团结奋斗、共同繁荣发展”为主题，以贯彻落实区、市、旗三级《关于进一步加强民族工作的决定》为重点，按照年初制定的工作思路，结合伊金霍洛旗实际，抓住重点，实事求是、开拓创新、拼搏进取，各项工作有条不紊地进行。2008年伊金霍洛旗在自治区第25个民族团结进步表彰月活动期间，共投入资金15.5万元，安排了丰富多彩的活动。一是旗委政府下发《2008年开展全旗民族团结进步表彰月活动实施方案》（伊党办政字〔2008〕63号文件）；二是旗委政府成立了由旗委书记为组长的全旗民族团结进步表彰月活动领导小组；三是分管旗长作了关于民族团结进步表彰月活动电视讲话；四是民族部门和新闻单位密切协作新闻单位开设专栏、专版宣传伊金霍洛旗在民族团结进步事业中涌现出来的新人新事；五是旗四大班子领导慰问少数民族贫困群众；六是9月5日晚，旗委宣传部、统战部、旗民族事务局、旗文化广播电视局联合举办了民族团结进步表彰月活动专题广场文艺晚会；七是9月6日，旗委宣传部、统战部、旗民族事务局联合举办了全旗民族知识竞赛活动，本次活动中各镇、旗直各部门踊跃参加，共有18个代表参赛；八是9月8日旗委组织部、统战部、旗民族事务局联合举办了民族宗教知识专题报告会，报告会上邀请了内蒙古自治区党校吉尔嘎拉教授做了《民族宗教与社会和谐》为主题的讲座；九是召开全旗民族工作会议暨第七次民族团结进步暨学习使用蒙古语文先进集体、先进个人表彰大会。以此带动全旗各族人民坦诚相处、团结友爱，一心一意搞经济建设的自觉性。[1]

2009年伊金霍洛旗民族事务在旗委、政府的正确领导和上级业务部门的具体指导下，按照年初的工作安排和旗委、政府对旗直机关领导班子

① 伊旗民族事务局：《伊金霍洛旗民族事务局二○○八年工作总结》，2008年12月20日。

实绩考核内容的要求，认真开展工作，较好地完成了上级部门下达的各项工作任务。按照市委、市政府和伊金霍洛旗《关于进一步加强民族工作的决定》精神，2009 年伊旗财政共安排各类资金 1072 万元。其中少数民族老年人幸福工程 25 万元、提高少数民族群众合作医疗报销比率 21 万元、提高少数民族群众养老保险比率 30 万元、少数民族困难农牧民和城镇低收入居民发展小型经营性项目提供小额贷款贴息 50 万元、少数民族贫困群众上岗培训费 50 万元、少数民族生活困难补助金和慰问资金 25 万元、少数民族危房户改造工程 60 万元、民族事业费 6 万元、民族宗教干部培训费 5 万元、蒙古语文工作和古籍整理经费 10 万元、民族教育专项补助金 79 万元、民族学校公用经费提高部分 31 万元、提高民族学校教师待遇 45 万元、少数民族学生助学金 125 万元、少数民族学生奖学金 45 万元、民族文化创作经费 20 万元、喇嘛定补 50 万元、宗教事业费 52 万元（其中乌兰活佛生活费 20 万元）、塔布乌兰蒙古族公墓经费 293 万元、其他民族事业发展资金 50 万元。这些经费的落实，为进一步做好伊金霍洛旗民族工作奠定了坚实的基础。①

2010 年，伊金霍洛旗民族工作在旗委、政府的正确领导下，在市民委的关心和支持下，紧扣民族工作主题，以科学发展观统领民族工作全局，坚决贯彻落实各级民族工作会议精神，紧紧围绕政府工作的总体要求，开展了一系列卓有成效的工作，圆满完成了上级下达的各项工作任务。按照市、旗两级《关于进一步加强民族工作的决定》精神，2010 年旗财政共安排各类经费 5164 万元，其中民族教育专项补助金 220 万元、民族学校学生助学金 125 万元、少数民族大学生奖学金 210 万元（其中市财政 31.34 万元）、提高少数民族养老保险报销比率 30 万元、代缴少数民族合作医疗个人统筹部分资金 28 万元、提高合作医疗报销比例 13 万元、特困少数民族群众补助和慰问金 25 万元、少数民族贴息贷款 50 万元、少数民族其他事业发展资金 50 万元、蒙医药文化保护发展经费 10 万元、民族文化创作经费 20 万元、民族团结进步活动月 10 万元、民族事业经费 10 万元、民族干部培训费 5 万元、公墓改造维护经费 29 万元、宗教管理经费 37 万元、喇嘛定补 50 万元、十二世乌兰活佛生活经费 24 万元、鄂尔多斯嘎日瓦搬迁经费 148 万元、蒙古语文工作及社会市面用文蒙汉文并

① 伊金霍洛旗民族事务局：《伊金霍洛旗民族事务局二〇〇九年工作总结》，2009 年 12 月 9 日。

用工作经费5万元、古籍整理经费10万元①。

2010年伊金霍洛旗民族团结进步活动月恰逢首届鄂尔多斯国际那达慕大会暨第七届自治区少数民族传统体育运动会胜利召开之际，伊金霍洛旗在全旗范围内大力开展了民族团结进步事业宣传教育活动。一是在旗报纸媒体上刊登专栏、专版宣传近年来伊金霍洛旗民族团结进步事业所取得成就和在民族团结进步事业中所涌现的新人新事；二是在阿镇各主要街道张贴民族团结标语、横幅，进一步激发全旗各族群众共同团结奋斗、共同繁荣发展的工作热情，营造民族团结的浓厚氛围；三是2010年9月3日，在旗人民广场隆重举行了迎国庆民族团结专场文艺晚会，通过歌唱祖国，赞美美好生活，热烈表达了草原儿女祝愿祖国繁荣富强的美好心愿与殷切希望；四是联合旗党校举办了全旗少数民族干部培训工作会议，对全旗科级和科级以上少数民族干部进行了以社会主义民主与法制建设和如何做好新形势下民族工作为内容的培训会议。

2011年，伊旗民族事务局紧紧围绕全市民族工作会议各项工作要求，牢牢把握各民族“共同团结奋斗、共同繁荣发展”的民族工作主题，突出少数民族民生、教育、文化等各项事业，大力开展了一系列卓有成效的工作。

一是以提高全旗少数民族群众生产生活水平为目的，以提高少数民族群众自我发展能力为目标，继续开展了少数民族帮扶工作，年初看望慰问了全旗82名少数民族困难群众及宗教界人士；为全旗395户少数民族低保户发放每户200元燃煤补助；发放全旗60周岁以上少数民族农牧民每人每月50元生活补助金；代缴参加新农合的7400多名蒙古族农牧民的个人统筹金，并提高了个人报销比率5个百分点；将参加城乡居民养老保险的所有少数民族群众的缴费比例补贴提高了3个百分点；以财政贴息的方式，发放少数民族小型经营性项目贴息贷款500万元，帮助少数民族群众创业增收；根据伊金霍洛旗人才市场需求和少数民族群众择业意向，举办了2011年全旗少数民族乐器培训班，帮助150名少数民族群众掌握一技之长，拓宽了就业渠道；深入各少数民族聚居地区，选定70个危房户，积极开展了少数民族危房改造工作。二是继续贯彻落实旗委《关于进一步加快民族教育发展的实施意见》精神，按照幼儿每生每月80元，小学

① 伊金霍洛旗民族事务局：《汇报提纲》，2010年12月。

生每生每月 170 元，中学生每生每月 200 元标准，发放全旗民族学校学生和幼儿上半年助学金；会同教育、招生等部门重新审定了伊金霍洛旗户籍应届考生民族成分，对考入大中专院校的少数民族学生进行了统计，做好了少数民族大学生奖学金发放准备工作；按照正高级职称每人每月 300 元，副高级职称每人每月 250 元，中级职称每人每月 200 元，初级职称每人每月 150 元的标准发放民族学校教师补助金。三是加强矛盾排查，大力营造民族团结进步良好氛围。自“5·11”事件以来，旗民族事务局根据旗委、政府关于加强当前维护社会稳定的工作要求，加强对各少数民族聚居地区、民族学校的矛盾排查工作。同时，为营造伊金霍洛旗社会稳定、民族团结、宗教和顺的良好局面，以自治区第 28 个民族团结进步活动月为契机，广泛开展了民族团结进步创建工作，借助全旗开展的创城工作，在全旗各少数民族聚居地区发放科普、法律知识丛书近 2500 份，发放民族团结宣传单，回顾民族区域自治制度诞生的历史和全旗各族人民共同团结奋斗、共同繁荣发展的光辉历程，不断增强广大少数民族群众对中国特色社会主义的认同、对民族团结社会稳定的认同；精心组织安排了全旗民族团结进步知识竞赛、少数民族群众慰问、专场文艺晚会、民族书画展、“手拉手”资助优秀少数民族学生等一系列群众性文艺活动，将整个活动月贯穿始终。①

2012 年伊旗民族宗教事务局紧紧围绕旗委、政府中心工作及全市民族工作会议的工作部署，按照“强化宣传教育、注重改善民生、加强特色亮点、维护民族团结”的总体思路，明确任务，突出重点，强化措施，圆满完成了全年的各项工作任务。

一是注重民生、突出重点，进一步加强了少数民族帮扶工作力度。全年投入 369.7 万元，实施了五项惠民工程：代缴全旗 7597 名参加农村牧区新型合作医疗的蒙古族群众个人 30 元统筹金共计 22.79 万元，并投入 18.95 万元提高参保蒙古族群众个人享受比例 5 个百分点；为全旗 327 户少数民族低保户发放每户 500 元取暖补助金，让他们在寒冬感受党和政府的温暖；对全旗各少数民族安居户进行了摸底登记，发放安居工程补助金 160 万元，帮助全旗 80 户少数民族群众喜迁新居；为全旗 213 户少数民族农牧民发放贴息贷款共计 701 万元，进一步增强少数民族群众的自我发

① 伊金霍洛旗民族事务局：《汇报提纲》，2011 年 12 月。

展能力，并为四个少数民族村集体企业发放贴息贷款300万元，切实解决村集体企业缺少资金的实际问题；加大扶贫攻坚力度，为全旗240户少数民族特困家庭发放每户2000元生活补助金，帮助他们渡过难关。二是全面推进少数民族教育事业健康发展。投入140万元按照幼儿每生每月80元，小学生每生每月170元，中学生每生每月200元标准，发放全旗民族学校学生助学金；会同教育、招办等部门严格把关伊金霍洛旗户籍应届考生的民族成分，为全旗298名考入大中专院校的少数民族大学生发放奖学金210万元；协同人士部门，按照专科生70%、本科生100%的比例，安置50名蒙语授课大中专毕业生到旗直机关工作；按照教师职称继续为全旗民族学校教师发放每人每月150—300元的生活补助金，提高全旗民族教师待遇；投入36万元，大力开展民族学校教师培训，进一步提高教师教学水平；申请市级民族教育专项资金25万元，帮助伊金霍洛镇蒙古族小学和伊旗民族幼儿园购置教学设施，进一步加强民族特色教育。三是把握时机，大力开展民族团结进步宣传教育活动。今年伊金霍洛旗民族团结进步活动月恰逢第二届鄂尔多斯国际那达慕大会、首届中国马术大赛、国际竞走挑战赛、国际拳击挑战赛等国际、国内重大赛事在伊金霍洛旗举办之际。为确保各项赛事的顺利举行，大力营造民族团结进步的良好氛围，加强对各少数民族聚居地区、民族学校的矛盾排查与政策宣传工作，组织举办了“手拉手”优秀少数民族中学生资助活动，将整个活动月贯穿始终。四是城市民族工作得到进一步加强。近年来，由于伊金霍洛旗城镇化进程的深入推进，转移少数民族人口的不断增加，做好伊金霍洛旗城市民族工作的任务日益艰巨。为应对这一局面，我们与阿镇等相关部门成立了城市民族工作领导小组，精心打造具有民族特色的王府路社区，并在各社区确定了专、兼职工作人员，对各社区少数民族固定人口及外来人口进行了统计。结合创先争优活动，伊金霍洛旗民族事务局党员干部与富源社区18名困难群众结成了帮扶对子，送去5000元慰问金，帮助他们解决了一些实际困难。五是民族文化、体育、医疗工作有序推进。年初把发展少数民族各项事业作为重点调研课题，对各项事业经费投入、配套设施、人员编制等情况进行了摸底调查；抽调干部职工协助相关部门，确保哈日苏勒德龙年大祭在伊金霍洛旗顺利开展。在2012年腊月，计划组织举办全旗蒙古族干部群众圣火节聚餐活动，进一步传承和弘扬民族传统文化；投入20万元，鼓励少数民族创作者积极创作，取得了良好效应；投入10万元，用于蒙医蒙药的临床研究与新药的研发；投入20万元对塔布乌兰蒙古族公墓工作人员值班室进行了新建和改造，更换了公墓用电设施，切实做好公墓的消防安全工作。六是积极申请上级少数民族发展资金项目。全年申请到项目经费215万元，其中自治区级项目达尔扈特民族特色村寨建设项目80万元、民族文化用品制作展示项目20万元；苏布尔嘎嘎查饲草料基地及棚圈项目25万元、壕赖苏村种养殖基地建设项目25万元；市级项目札萨克镇种养殖项目20万元、布拉格嘎查小区硬化项目25万元、少数民族转移项目20万元。在项目资金使用过程中，伊金霍洛旗严格按照市、旗两级《少数民族发展资金管理办法》的规定，加强规范管理，采用跟踪监督、参与管理、财政报账等措施，确保专项发展资金足额及时地用到少数民族群众的扶贫增收和民族教育工作上，做到了使用合理，账目清楚，按时足额到位，使少数民族发展资金发挥了其最大的功效。①

2013年伊旗民族事务局大力开展了一系列卓有成效的工作。一是以帮贫扶困工作为抓手，助推少数民族群众提高自我发展能力。投入46万元，代缴参加新农合的7728名蒙古族农牧民每人60元的个人统筹金，并提高了个人报销比率5个百分点；将参加城乡居民养老保险的少数民族群众的个人享受比例提高了3个百分点；按照每户补助2万元标准，在全旗选定了80个安居户，开展了少数民族安居工程，帮助他们喜迁新居；全面统计全旗少数民族低保户户数，准备为他们发放每户500元少数民族低保户燃煤补助金；针对伊金霍洛旗少数民族农牧民和城镇下岗职工就业难、村集体企业缺乏资金的实际，投入100万元，以政府贴息的形式发放了985万元贴息贷款，着力提高少数民族群众和村集体企业的自我发展能力。

二是大力开展教育保障工作，推进民族教育事业健康、快速发展。继续深入开展民族学校十五年义务教育工作，为全旗民族学校学生发放了幼儿每人每月80元、小学生每人每月170元、中学生每人每月200元的助学金，减轻学生们的生活负担；按照民族学校教师职称以每人每月250元、200元、150元标准，按时发放了民族学校教师待遇津贴，激发广大教师职工的工作积极性；按照民族学校教师全年工资总和的2%，安排教师培训经费38万元，组织全旗民族学校教师参加业务培训班，提高民族

① 伊金霍洛旗民族事务局：《汇报提纲》，2012年12月。

学校教师教学水平；安排经费 10 万元进一步加强民族特色教育，用于出版民族文化习俗课外读物、提高各民族学校马头琴班、博克班的教学质量；按照中专生每人 1650 元、专科生每人 3300 元、本科生 5500 元、重点本科生 7700 元、研究生 1 万元的标准，为全旗蒙语授课蒙古族大学生发放了本年度大学生奖学金（从小学至高中接受汉语授课的蒙古族大学生奖励标准为专科生 3000 元、本科生 5000 元、重点本科生 7000 元）。

三是立足民族文化，推动少数民族各项事业均衡发展。投入 20 万元，就全市唯一一处蒙古族公墓塔布乌兰蒙古族公墓安装监控设备，网围栏等硬件设施进行了维修。针对当前殡葬管理中存在的问题，草拟了《塔布乌兰蒙古族公墓管理办法》，并在社会各界广泛征求意见，不断完善管理制度；积极向上级民委申请少数民族发展资金项目，并获得项目经费 205 万元，其中自治区级项目 5 个，项目经费 120 万元、市级项目 3 个，项目经费 85 万元。在项目建设过程中，把项目经费足额及时地用到了少数民族群众的扶贫增收工作上，使少数民族发展资金发挥了其最大的经济和社会功效；以发扬和传承民族文化为立足点，投入 10 万元，作为民族文化创作经费，鼓励少数民族作家勇于创作，出版了《激活诗歌的故事伊金霍洛》《乌兰活佛史传》等书籍；在纳林高勒社区开辟了民族文化长廊，集中展示蒙古族传统文化，突出地区特色，打造民族文化特色社区；在今年 8 月举行的首届鄂尔多斯婚礼文化旅游节期间与旗旅游局共同举办了“最美额吉”评选活动，传承民族文化精髓，构建和谐社会。积极筹备腊月二十三祭火仪式，解决城镇蒙古族群众祭火难问题。

四是大力推进民族团结进步宣传教育工作。加大宣传力度在鄂尔多斯日报蒙语版刊登伊金霍洛旗民族工作纪实专栏、旗电视台播放了民族团结进步专题片，营造良好的社会氛围；组织举办了全旗少数民族科级干部培训班，邀请中国传媒大学田惠明教授和市党校钱格祥老师就危机公关、领导干部讲话艺术等方面做专题讲座；9 月 29 日晚，举办了“天骄神韵”民族团结进步活动月专场文艺晚会，将整个活动月推向高潮。①

伊金霍洛旗落实少数民族大专院校毕业生就业政策方面成就卓著。为落实有关少数民族大专院校毕业生就业政策，切实解决他们的就业难题，伊金霍洛旗按照政府的文件精神，每年以专科毕业生的 70%、本科毕业

① 伊金霍洛旗民族事务局：《伊金霍洛旗民族事务局 2013 年工作总结》，2013 年 11 月 17 日。

生 100%的比例择优聘用从小学至高中接受蒙语授课且具有伊旗户籍的蒙古族毕业生到事业单位工作。截至目前，已有 247 名少数民族大学生被分配到各镇、旗直各部门工作，另有 77 名少数民族大学生被分派到全旗各嘎查村担任“三支一扶”大学生村官，有效解决了少数民族大专院校毕业生“就业难”问题。①

近年来，伊金霍洛旗以提高少数民族群众生产生活条件、加快少数民族聚居地区发展为目的，立足自身特点，按照投资少、见效快的建设目标，积极向上级民委申请少数民族发展资金项目。2012 年累计申请项目经费 215 万元，用于全旗少数民族聚居地区的发展和提高少数民族群众生产生活水平。在项目资金使用过程中，严格按照市、旗两级《少数民族发展资金管理办法》的规定，加强规范管理，采用跟踪监督、参与管理、财政报账等措施，确保专项发展资金足额及时用到少数民族群众的扶贫增收和民族教育工作上，做到了使用合理、账目清楚，按时足额到位，使少数民族发展资金发挥了最大功效。

伊金霍洛旗近年来不断加大少数民族干部队伍建设工作力度，把培养选拔少数民族干部纳入干部队伍和领导班子建设总体规划，完善机制，创新举措，取得明显成效。

第五节　统战政策与宗教工作

伊金霍洛旗现有宗教活动场所 10 处，其中佛教活动场所 7 处，基督教活动场所 2 处，天主教活动场所 1 处。目前，全旗共有教职人员 200 多名，信教群众近 5000 人。

近年来，伊金霍洛旗宗教工作在旗委、政府的正确领导下，在上级有关部门的精心指导下，认真贯彻党的宗教政策和《宗教事务条例》，创新管理宗教事务的方法，加强宗教教职人员队伍建设，积极引导宗教与社会主义社会相适应，全旗宗教领域呈现出团结、和谐、稳定的良好局面。

依法加强宗教事务管理方面，伊金霍洛旗民族事务局组织人员深入基层，经常向宗教界人士和信教群众宣传国家的宗教政策和法律法规，提高他们抵御境外势力利用宗教进行渗透的能力和警惕性。积极协同有关部

① 伊金霍洛之窗，http://www.yjhl.gov.cn/yqtzb/news/yaowen/201210/t20121026_704071.html.

门，加大打击非法宗教工作力度，召开专题会议研究将打击非法邪教组织工作进行了再部署、再动员，对发生过邪教组织活动的地区，配合公安部门进行重点监控，保证了伊金霍洛旗的社会稳定。

伊金霍洛旗近年来宗教工作基本情况如下：

一、认真贯彻执行宗教政策法规，依法加强宗教事务管理。近年来，伊金霍洛旗将加强宗教事务管理工作与贯彻执行各级党委、政府关于加强宗教工作的政策、法规有机地结合起来，经常性地向宗教界人士和信教群众宣传国家的宗教政策和法律法规，提高他们抵御境外势力利用宗教进行渗透的能力和警惕性，并积极协同有关部门大力开展了非法宗教集会活动和乱建宗教活动点的查处工作，确保了正常宗教活动的有序开展。

二、加大寺庙投入力度，确保安全寺庙建设工作。伊金霍洛旗多处宗教活动场所不仅是信教群众集会、朝圣的场所，也是全旗重点文物保护单位。为确保各宗教活动场所的安全与稳定，近年来旗财政每年为全旗各宗教活动场所安排消防安全经费 3 万元，2011 年又将该项经费提高至 5 万元，并对各寺庙用电、用火设施进行了改造，杜绝了安全隐患，提高了活动场所的自救能力。

三、加强宗教人士培训工作。近年来，伊金霍洛旗坚持以建设高素质的爱国宗教团体和爱国宗教人士队伍为目标，以提高宗教人士思想素质为重点，在全旗宗教界积极开展了“爱国主义教育”“双文明活动”“三支队伍”建设等培训工作，并聘请全市宗教界知名人士来伊金霍洛旗进行讲课交流，通过宗教人士之间的交流与沟通，对构建和谐社会与宗教发展之间的必然关系达成了一致共识，为促进伊金霍洛旗宗教界的稳定工作起到了积极作用。

四、为提高境外宗教渗透的防范力度，伊金霍洛旗出台了《关于处理涉及民族、宗教群体性事件的紧急预案》《社会稳定风险评估机制》等预警防范措施，通过将公安局国保大队队长挂职到民族事务局担任挂职副局长的方法，加强了宗教部门与公安部门的联系与协作，对可能危害国家和信教群众利益的可疑分子进行重点防范，时时监控，必要时依法采取有效行动。

五、十二世乌兰活佛培养教育工作。随着十二世乌兰活佛洛桑加样僧格于 2008 年 9 月 23 日在吉祥福慧寺正式坐床，历经一年多的活佛转世灵童寻访工作正式宣告结束。其间，伊金霍洛旗多次派专人参加了转世灵童的寻访工作。在活佛着床仪式中，旗财政投入250万元用于建设通往吉祥福慧寺的专线板油路、寺院硬化等软硬件设施，为活佛着床仪式的顺利完成起到了积极作用。在活佛坐床仪式结束后，伊金霍洛旗根据市政府《关于对十二世乌兰活佛培养教育实施意见》出台了十二世乌兰活佛培养教育方案，每年投入20多万元，用于支付活佛及活佛父母生活补助、吉祥福慧寺住持、副住持、贴身管家的生活补助和活佛专任教师工资等各项开支，并为活佛配备了专用车辆。同时，伊金霍洛旗还在活佛家庙吉祥福慧寺安装了数十组摄像头、震动传感仪、红外线报警装置等安全设备，安排6名责任心强、经验丰富的安全警卫人员常驻吉祥福慧寺，为活佛营造了安全、优越的学习成长环境。

为营造伊金霍洛旗宗教界团结、稳定的良好局面，切实解决宗教教职人员的生活保障工作，伊金霍洛旗通过实施少数民族帮扶工程，将全旗宗教教职人员纳入到新农合、养老保险等社会保障体系中，并从2005年起，每年投入18万元，为全旗92名年老喇嘛每人每月发放168元生活补助，2007年将这一标准提高到每人每月340元，享受人数增加到了123人，2011年又将这一标准提高到600元，享受人数达到192人（经费投入力度和享受人数均为全市最高）。

加强基层基础宗教工作方面，伊金霍洛旗在全旗各镇配备了分管民族、宗教工作的负责领导和专职或兼职干事，形成了镇、村嘎查、社区民族、宗教工作管理“三级网络”机制，并在2010年，在全旗各镇设立了民族、宗教工作办公室，配备了电脑和专职工作人员，专门处理民族、宗教事务。通过各镇民族办公室的设立，既提高了民族部门的工作效率，也为伊金霍洛旗宗教教职人员提供了高质量的服务和就地解决问题的便利条件，体现了党的执政为民的服务宗旨，进一步加强巩固了政府与广大教职人员之间的联系。

伊金霍洛旗还建立健全教职人员档案，不断完善寺庙管理机制。伊金霍洛旗结合宗教界教育培训工作的开展，对全旗宗教教职人员进行了建档立卡工作，对教职人员是否存在生活困难、有无错误宗教思想等情况进行了排查和统计，并对各宗教活动场所佛事活动日期、参与人数等情况进行了掌握。与此同时，在伊金霍洛旗民族事务局的支持与协助下，各寺庙管理委员会建立和完善了本寺庙的消防安全、财务管理、卫生防疫、文物保护等各项规章制度，做到了管理有序、责任到人。

十二世乌兰活佛的培养教育工作是伊金霍洛旗宗教工作非常重要的内容。2008年伊金霍洛旗民族事务局开展了第十二世乌兰活佛坐床庆典仪式相关筹备工作。伊金霍洛旗对此项工作非常重视，在鄂尔多斯市委、市政府的要求安排100万元的基础上，另外安排了150多万元，主要建设通往吉祥福慧寺的专线板油路、寺院硬化以及草场围栏、电力供应等软硬件设施。同时，伊金霍洛旗民族事务局全体干部职工分批到吉祥福慧寺负责后勤事务；2009年继续开展十二世乌兰活佛培养教育工作。为了将十二世乌兰活佛培养成为爱国爱教、受广大人民群众爱戴的高僧大德，伊金霍洛旗民族事务局继续开展了十二世乌兰活佛培养教育工作。一是投入25万元，购买了一辆专用汽车，方便活佛的出行需要；二是为了细心照顾活佛的日常生活，合理制定饮食起居，投入20万元，安排了十二世活佛贴身管家、吉祥福慧寺主持、副主持等人照顾活佛的日常生活，并为他们发放了每月1500元的生活补助，为活佛父母发放每人每年1.5万元的生活补助，同时为了提高活佛的生活条件，每月为活佛发放3000元生活补助。2010年十二世乌兰活佛的培养教育方面重点抓了三项工作：一是聘请幼儿教学经验丰富的老师担任活佛专职教师，进一步为活佛教授蒙语、汉语、藏语、数学等课程；二是对第十二世乌兰活佛和吉祥福慧寺有关人员发放生活补助费，其标准为，活佛每月3000元，活佛父母每年每人15000元，活佛贴身管家、吉祥福慧寺（乌拉庙）主持、副主持每人每月1500元；积极协助鄂尔多斯市民委做好十一世乌兰活佛在青海塔尔寺家庙"鄂尔多斯嘎日瓦"的搬迁工作。在"鄂尔多斯嘎日瓦"的搬迁工作中，伊金霍洛旗民族事务局先后三次赴实地检查了工程准备情况，并安排148万元用于寺庙的搬迁经费。

2011年，认真开展了活佛培养教育工作，为活佛家庙重新安装了电子监控及防盗设备，协调有关部门为活佛配备了专业安保人员，为十二世乌兰活佛提供了安全、优越的生活、学习环境；2012年进一步完善了活佛的探亲、出访、接待等11项管理制度；邀请青海省塔尔寺格桑索南为活佛经师、聘请3名资深教师担任活佛专任教师，从小抓好活佛的文化修养；继续坚持24小时活佛安全保卫制度，升级和更新吉祥福慧寺电子监控和防盗设备，为活佛精心营造安全、温馨的学习生活环境；适时调节活佛的作息时间，协调旗委统战部、旗公安局等部门陪同活佛赴青海塔尔寺、锡林郭勒盟、呼伦贝尔市等地学习考察，开阔视野，帮助小活佛健康、快乐地成长。2013 年履行活佛九年义务教育课程，按照小学教学大纲的标准对活佛学习情况进行了考评，各科成绩均为优秀；全年 2 次陪同活佛赴青海省塔尔寺参加了格嘉活佛灌顶仪式；协助有关部门完成了活佛院建设工作，完成了活佛院内部装修、佛像定制、购置家具等工作；向社会各界筹集善款 100 多万元，将青海省塔尔寺乌兰活佛院（鄂尔多斯嘎日瓦）按照保持原貌的宗旨整体搬迁至伊金霍洛旗吉祥福慧寺，使这一拥有 200 多年历史的国家二级文物得到了妥善保护。

2013 年伊金霍洛旗民族事务局在落实宗教政策方面做了如下工作：

一是落实经费，强化寺庙管理力度。按照每个宗教活动场所 5 万元标准，安排宗教工作经费 50 万元，用于各活动场所的日常管理，并要求各寺庙管委会设立了独立账户，对各项收支账目进行及时核对，做到了账目清晰、公开透明。二是强化宗教活动场所安全生产工作。坚持安全生产工作每月自查和每季度联合检查的工作机制，定期检查、更换灭火器材，确保了各宗教活动场所及人员的安全。三是强化教职人员培训，提高僧众的爱国爱教意识。重新向自治区民委申报了全旗 225 名喇嘛的认证许可，完善了全旗教职人员的个人信息，并投入 138.24 万元，按照每人每月 600 元标准，为全旗 192 名喇嘛发放了生活补助金，让他们感受到党的宗教政策的关怀；全年组织举办了 2 次宗教教职人员培训，并选送各寺庙、教堂负责人 17 人参加了市级培训班，进一步提高教职人员的爱国爱教意识，并收到了良好成效。在四川雅安地震发生后，全旗宗教界积极行动，自发募捐善款 5000 多元，体现了教职人员的博爱精神，进一步巩固了伊金霍洛旗社会和谐、宗教和顺的良好局面。

第三章

社会发展与社会保障

第一节　社会发展与劳动力转移

进入21世纪，伊金霍洛旗经济快速发展，从而带动了整个社会的发展与社会保障事业的发展。近几年，伊金霍洛旗经济社会保持了平稳较快发展的良好势头，经济社会各项事业呈现良好发展态势。

一　社会发展情况

伊金霍洛旗社会发展情况具体体现在以下几个方面。教育惠民措施方面，校安工程建设稳步推进，14个续建项目中已有第五中学、第六小学、第二幼儿园等12项复工，第四中学已顺利搬迁至新校址；面向社会公开招聘中小学幼儿园教师及音体美专业人才209名，教师队伍建设进一步加强；扩大初中、小学和幼儿园在校生营养早餐蛋奶工程覆盖面，2.1万名学生受益；提高农村牧区教师生活补贴标准，补贴由每人每月300元增至1000元；高级中学本科上线人数达到452人，本科上线率达66.7%，较上年提高8个百分点。① 体育事业方面，伊旗历来重视体育事业的发展。成功举办了直通巴黎世界乒乓球锦标赛中国乒乓球女队选拔赛、国际马拉松赛等高水平体育赛事，竞技体育带动群众体育健康发展。

公共文化服务体系建设方面，伊金霍洛旗七个镇级综合文化站中有五个建筑面积达到800平方米，建成200平方米以上文化室86个，建成文化馆、图书馆、文化站、文化室三级电子阅览室95个；伊金霍洛大剧院

---

① 伊金霍洛旗人民政府：《2013年上半年全旗经济社会发展情况通报》，2013年7月。

新增加3D电影放映设备，为群众播放院线电影。医疗保障进一步深化。新型农村合作医疗覆盖全旗农村牧区，2013年上半年共补偿3.3万人3675.4万元；投资2600多万元完善数字化医疗卫生服务体系建设，现已与新农合市级统筹平台成功对接，实现了新农合报销费用即时减免；妇幼保健所、社区卫生服务中心、卫生监督所三合一综合楼正在进行内装修，2013年7月底已投入使用；伊金霍洛中心卫生院、蒙医医院二合一办公楼已建成；布连卫生院正在进行主体工程建设。社会保障水平稳步提高。2013年上半年，将城乡低保标准由去年的每人每月600元和400元提高至每人每月610元和420元，共发放城乡低保金1600万元；为五保对象、集中供养人员发放五保供养经费289万元，为孤儿、城乡“三无”人员发放救助金42万元[1]。

食品药品安全保障方面，乌兰木伦镇地产食品集中加工园区已投入使用；旗级地产食品集中加工园区和美食一条街已完成选址，正在办理前期手续；食品安全溯源系统已完成方案设计，正在有序推进。

社会就业创业稳定。把鼓励创业、增加就业作为促进城镇居民增收的主要渠道，2013年上半年共对830人进行了职业技能培训，699人进行了创业培训，实现新增就业2448人[2]。

智慧伊金霍洛建设顺利推进。体验大厅进入试运行阶段，即将对公众开放；基础信息管网设计项目已完成初验，即将终验；地理空间框架建设项目三大平台（公共服务平台、数据管理平台、数据运维平台），五大应用系统（电子地图网、旅游、林业、三维、政务决策系统）进入测试阶段；人口基础信息资源库建设项目已导入八个委办局基础数据，近期将完善系统相关功能。社会管理持续加强。强化“天网”工程基础建设，修复出城卡口16处，新增技防监控探头3500个、报警系统422套、GPS系统605个，完成市直公务员小区弱电管网改造，组建成立了网上巡控中队。深化群防群治体系建设，加强行业场所管控，打击处理违法人员1036人，各类治安案件立案率同比下降31%。2013年1—5月，共发生安全生产事故71起，死亡3人，死亡人数同比下降40%，安全生产形势持续稳定。

在城市建设方面，重点抓好了回迁安置、城市综合管理、重点项目建

---

① 数据来源：伊金霍洛旗人口与社保局2013年上半年工作汇报。

② 同上。

设三项工作。全力以赴抓回迁安置。专门成立了回迁安置工作组，2013年通过“就地安置、异地安置、公租房过渡安置”相结合的办法，对历年遗留的所有回迁安置户进行了妥善安置。制定出台住宅小区综合验收管理的一系列政策措施，全面启动住宅小区的综合验收程序，进一步强化老旧小区维修改造，结合书记信箱反映的热点、难点问题认真组织实施城市精细化管理，阿镇地区小区综合环境、基础设施、服务功能以及市政基础设施日常管理得到了明显改善。有针对性地推进重点项目建设。对157项城市建设项目按照民生优先、收尾优先、精神文明交流会考察项目优先的原则进行分类排队，确定其中76项重点推进。

在基础设施建设方面，进一步完善了水电基础设施建设。水利基础设施进展顺利，西红海子至东红海子输水工程和阿镇污水处理厂至西红海子输水工程2013年7月底已完工；江苏工业园区供水工程、淖尔壕煤矿疏干水综合利用工程前期工作已完成。加强电力主网建设，新街220千伏、公尼召110千伏输变电工程正在线路施工，商务区、阿镇南、空港物流园区3个110千伏输变电工程已建成投运，悖牛川110千伏输变电工程正进行基础浇筑施工，掌岗图220千伏、红庆河（布日都南）500千伏输变电工程正在开展前期工作。电力配网建设方面，敷设电缆31公里，疏通了高层区电力管网。农网升级改造工作正在按计划有序推进。全面构建航空、公路、铁路立体化交通网络。鄂尔多斯机场正在进行最后的遗留工程施工，新航站楼已正式投入运行，预计全年旅客吞吐量可达210万人次。阿镇至汇能工业园区、江苏工业园区至神华新街能源公司南部工业广场等9条拟建公路目前正在开展外业勘察、征地补偿、报批审批、方案设计等前期工作，阿镇至汇能工业园区公路、神华新街能源公司南部工业广场至札萨克镇公路已开工建设。完成投资1亿元，新修通村公路62公里。大力开展铁路建设征地补偿、矛盾协调等工作，准神、巴准等铁路干线按计划顺利推进，2013年上半年共完成投资约5.8亿元。突出抓好生态建设。利用2013年4月一个月的时间，组织全旗干部职工1万多人，在阿镇城区及周边开展了全民义务植树活动，共完成投资1.5亿元，实施绿化面积1.7万亩。进一步加大森林资源管护力度，加强和完善“四区十线一新村”绿化后期管护，积极推进国家森林城市创建，完成了10万亩的造林建设任务。强化森林草原防火基础设施建设，有效保障生态建设成果。开工实施中小河流治理保护项目，完成山洪灾害防治工程建设。实施水土保持工程，完成水保综合治理面积 14.32 万亩。

2007—2009 年伊金霍洛旗共完成生态自然恢复区人口整体搬迁转移 166.47 平方公里，涉及 3 个镇 6 个村 23 个社，搬迁转移农牧民 757 户 1659 人，已全部安置。

为了切实解决搬迁转移农牧民的住房问题，伊金霍洛旗于 2009 年度开工建设阿康物流园区精品移民小区。该小区总投资 1.3 亿元，总占地面积 46014 平方米，总建筑面积 52600 平方米。共建设移民安置住房 14 栋 540 套，其中：10 栋 6 层步梯楼有 282 户，4 栋 11 层电梯楼有 258 户，公建 1125 平方米；容积率为 1.18，绿化率 40%。小区于 2011 年 5 月初正式入住。统一实施的搬迁转移农牧民保障住房工程，为转移农牧民提供了优越和便利的居住环境，是保证农牧民稳定转移致富的前提。

农牧民转移后就业环境和收入有很大提高，相比转移前人均增收 58%以上，据统计测算，2012 年转移农牧民人均现金收入 6150 元。现已有 5100 名农牧民接受了餐饮、计算机、保安和电工等免费技能培训，并取得相应的资格证书，为转移农牧民稳定就业提供技术保障。转移农牧民从原来从事基本的农牧业生产转换到从事第二、三产业，从根本上解决了生态恶劣地区农牧民行路难、吃水难、就医难、看电视难、发展经济难等切身利益问题①。

二　劳动力转移

伊金霍洛旗从 2008 年开始非常重视劳动力转移就业问题，劳动力转移就业 91554 人，其中少数民族人口 3732 人。基本情况见表 3-1。

表 3-1　　伊金霍洛旗劳动力转移就业情况　　（单位：人）

年份	阿镇	乌兰木伦镇	纳林陶亥镇	伊金霍洛镇	札萨克镇	红庆河镇	苏布尔嘎镇	总数
2008	1711	1914	1942	1939	1982	1963	1965	13416
2009	2112	2258	2241	2203	2207	2208	2201	15430
2010	2504	2976	2979	2961	3188	3643	3049	21300
2011	2500	2970	2966	2980	3360	3344	3180	21300
2012	2608	2900	2918	2908	2911	2931	2932	20108

资料来源：伊金霍洛旗就业局。

① 伊旗人口转移办公室：《伊金霍洛旗整体搬迁转移农牧民生活保障回访情况》，2013 年 7 月 15 日。

伊旗在劳动力转移就业技能培训方面做了大量的工作。2008—2012年共培训22606人，培训的专业有：计算机、电工、焊工、家政服务、美容美发、餐饮服务、保洁、保安、商品营业、烹调、物业管理、家畜饲养、煤化工（机电、采煤、化工）、汽车修理、机械修理。

表3-2　伊金霍洛旗劳动力转移就业技能培训

年 培训人数	2008年		2009年		2010年		2011年		2012年	
	5296（人）	105（期）	5706（人）	114（期）	4000（人）	80（期）	3748（人）	75（期）	3856（人）	78（期）

资料来源：伊金霍洛旗就业局。

伊旗在对城镇失业人员进行技能培训的基础上，城镇失业人员再就业人数达到了3332人。2008年城镇失业人员再就业626人，其中公益性岗位就业82人、个体就业132人、灵活就业412人。2009年城镇失业人员再就业803人，其中公益性岗位就业102人、个体就业216人、灵活就业485人。2010年城镇失业人员再就业700人，其中公益性岗位就业302人、个体就业169人、灵活就业229人。2011年城镇失业人员再就业701人，其中个体就业154人、私营企业就业121人、灵活就业426人。2012年城镇失业人员再就业502人，其中个体就业132人、私营企业就业84人、灵活就业286人。

伊旗转移农牧民多数从事流动性大的低端行业，稳步增收还是当前人口转移工作面临的一大课题。迁出区的土地流转和生态管护滞后。建议出台统一的可行的土地流转和生态管护办法，改变迁出区土地闲置的状况，解决迁出区的生态管护问题，防止人为破坏和草原森林火灾。农牧民融入城市生活后，由于活动场所的限制，村级活动相较农村牧区有所减少。年龄偏大的农牧民融入城市生活相对困难，青壮年农牧民都外出生活，因此出现了大量的留守老人，建议尽早出台相关政策措施，合理解决农牧民融入城市生活过程中面临的问题和留守老人的生活困难。

第二节　医疗保障事业的发展

社会保障制度是政府行使社会管理职能，通过国民收入分配和再分配形式，确保社会成员基本生活和医疗水平，以维护社会稳定，推动经济发展，促进改革深化的社会制度。社会保障事业的发展涉及每个社会成员的切身利益，更关系到整个国家的稳定和发展。可以说社会保障是民生之安，关系到每个人和每个家庭的福祉。学者认为，社会保障是国家依法强制建立的、具有经济福利性的国民生活保障和社会稳定系统；在中国，社会保障应该是各种社会保险、社会救助、社会福利、军人保障、医疗保健、福利服务以及各种政府或企业补助、社会互助保障等社会措施的总称。① 一般来说，社会保障由社会保险、社会救济、社会福利、优抚安置等组成。其中，社会保险是社会保障的核心内容。其作用为：社会保障是现代工业文明的产物，是经济发展的“推进器”，是维护百姓切身利益的“托底机制”，是维护社会安全的“稳定器”。社会保障是现代国家一项基本的社会经济制度，是社会安定的重要保障，也是社会文明进步的重要标志。②

21世纪以来，伊旗经济突飞猛进，经济实力一跃位居西部百强县市第五位，成为全国县域经济基本竞争力提升速度最快的百强县市之一。然而，工业化的快速发展也引起当地百姓的生活方式的变化，如果再把老龄人口的增加考虑在内的话，那么这些变化就会极大地增加现有保障系统的负担（见表3-3）。

表3-3 伊金霍洛旗各镇老龄人数 （单位：人）

年龄 / 人	60—69岁	70—79岁	80—89岁	90—99岁	100岁以上	总计
阿勒腾席热镇	2301	1507	356	60		4224
札萨克镇	1442	905	205	15		2567
乌兰木伦镇	2092	1138	306	37		3573
纳林陶亥镇	1047	676	203	20		1946
苏布尔嘎查	1179	902	244	18	1	2344
红庆河镇	1669	1211	289	32		3201
伊金霍洛镇	1029	721	185	15		1950
总计	10756	7060	1791	197	1	119804

资料来源：伊金霍洛旗统计局2010年人口普查资料。

① 郑功成主编：《社会保障学》，商务印书馆2000年版，第11页。

② 《温家宝在新型农村和城镇居民社保工作表彰大会讲话》，《中国城市低碳经济网》，见www. cusdn. org. cn.

一　医疗卫生基本情况

中华人民共和国成立前，郡、札两旗缺医少药，流行病和地方病到处蔓延，群众受尽疾病之苦。有病只能求助巫婆神汉，贻误了许多人的性命。中华人民共和国成立后，逐步建立了旗、乡、村三级卫生网，通过各种途径培养了大批医疗技术人才，实行中、蒙、西医结合治疗。进入 20 世纪 70 年代以后，基本上做到“小病不出村，重病不出社（公社），大病送到旗医院”。到 1989 年，本伊旗有旗级医院 2 所，防疫站 1 个，妇幼保健所 1 所，卫生进修学校 1 所，乡卫生院 15 所，村级卫生点 135 个，厂矿企业医疗室 7 个，旗、乡、村三级医疗卫生人员 668 人。医疗器械有 B 型超声波 2 台，60 毫安 X 光机 10 台，心电图机 2 台①。

表 3-4　　伊金霍洛旗人民医院部分年份床位、工作人员统计　（单位：人）

项目 年度	床位	人员总计	副主任医师	主治医师	医师	医士	主管护师	护师	护士	护理员	药剂师	药剂士	药剂员	检验师	检验士	检验员	助产士	其他中医	其他技士	其他初级人员	行政管理人员	工勤人员
1959	15	32			2	5			2	10			3			1					5	2
1965	40	47			10	3			6	9			4		1		3		1	2	6	2
1970	50	44			9	2			4	6			4		1		4	1	1		5	7
1975	50	41			8	4			6	4			4		2		1		1		7	4
1980	50	72			11	2			13	10		5	3		1		1		5	1	10	5
1985	75	114			15	8		1	24	17		8	3		2		2		1	3	10	6
1989	88	130	4	10	15	8	1	5	24	17	6	7			4		3		2	6	9	9

资料来源：《伊金霍洛旗志》，内蒙古人民出版社 1997 年版，第 945 页。

表 3-5　　伊金霍洛旗 1989 年各乡、苏木、镇卫生院基本情况统计

项目 数字 院名	职工	床位	床位使用日	门诊人次	业务收入（元）	差额补贴（元）	房产	X 光机	显微镜	库存药品
布尔台格	7	15	80	3843	210	155	360		1	110
布连	8	15	200	3000	407	121	500	1	1	160
新庙	10	7		3841	430		100	1	1	135
纳林陶亥	11	4		2500	184	174	286		1	112

① 伊金霍洛旗志编纂委员会：《伊金霍洛旗志》，内蒙古人民出版社 1997 年版，第 947 页。

续表

项目/数字/院名	职工	床位	床位使用日	门诊人次	业务收入（元）	差额补贴（元）	房产	X 光机	显微镜	库存药品
红海子	12	6	146	3800	275	146	200			108
哈巴格希	11	15	67	3000	210	118	260	1		174
合同庙	9	10	150	3500	336	109	210	1	1	90
台吉召	13	10	120	6500	466	155	700	1		51
苏布尔嘎	15	6		4960	174	130	216	1	1	87
纳林希里	18	18	69	9475	1292	235	900	1	1	176
公尼召	9	6	200	6000	665	126	340		1	210
红庆河	15	15	53	5000	772	93	450	1	1	120
台格	11	12	38	4500	547	115	342	1		98
霍洛	12	6	167	3020	334	173	512	1	1	80
阿镇	11			18945	1361	101	257			623
合计	182	145		81884	7663	2094	5633	10	10	2334

资料来源：《伊金霍洛旗志》，内蒙古人民出版社 1997 年版，第 947 页。

进入 21 世纪，伊旗旗府所在地阿勒腾席热镇，成为内蒙古自治区第一个文明镇和第一个国家卫生镇。全旗卫生系统现有旗直医疗卫生单位 6 个（旗医院、妇幼保健所、卫生监督所、疾控中心、蒙医院、卫干校），卫生院 14 所（中心卫生院 7 所，一般卫生院 7 所），社区卫生服务中心 1 个，社区卫生服务站 12 个。民营医院 6 家，个体诊所 49 家，流动医院 2 所，村卫生室 114 个。现共有职工总数 1105 人，医疗卫生专业技术人员 947 人，医生 568 人，护士 284 人，医技 109 人，初级职称 482 人，中级职称 131 人，高级职称 89 人。平均每千人拥有医生 3.4 人。每千人拥有病床 3.3 张。[①] 自医改工作实施以来，制定并出台了《关于深化医药卫生体制改革的实施意见》《关于深化医药卫生体制改革推进全民医保工作实施意见（试行）》《全民医保制度实施办法（试行）》《药品供应保障制度实施方案（试行）》《促进公共卫生服务均等化实施方案（试行）》《公立医疗机构改革实施方案（试行）》等医药卫生体制改革相关配套文件，为顺利推进医改工作提供了有力的政策保障。在此基础上提高了合作

① 数据来源：伊金霍洛旗社保局提供。

医疗参合范围和保障水平。筹资标准已由2010年的350元提高到2013年的870元，参合率由75%提高到97.63%。另外通过降低住院起付线、提高住院补偿比例、降低住院单病种定额限价标准、提高门诊封顶限额、提高重大疾病门诊治疗补助标准、调整特殊检查和材料费的补助比例、取消补助封顶线等措施，切实增加了农牧民的受益面。住院最高报销比例由2010年的50%提高到100%，取消封顶线的设置。门诊最高报销比例由2010年的35%提高到60%，封顶线由4000元提高到20000元。2010年至2013年6月底，共为114239人次补偿医药费2.37亿元。①

另在加强弱势人群保障方面达到应保尽保。将蒙古族农牧民、残疾人、低保人员、民政优抚对象的60元个人筹资部分由政府代缴，将其报销比例提高5%。同时，与民政局联手创建医疗救助“一站式”服务，及时将救助经费与医疗报销费用同时进行减免，减少了到民政部门报销的程序，真正达到惠民、便民。为了方便农牧民，医疗卫生单位利用HIS系统为参合农牧民进行费用即时减免，参合农牧民在门诊结算时，HIS系统实时将诊疗明细上传，按照新农合平台的补偿标准为患者进行减免，农牧民只需缴纳自付部分费用，真正意义上实现了便民。

药物制度方面，伊旗公立医疗卫生机构全部实行基本药物制度，基本药物全部纳入基本医疗保障药品报销目录，所有公立医疗机构实现了统一招标、统一采购和统一配送。卫生局成立了财务核算中心，按西药销售药品价格的15%、蒙中药按销售药品价格的25%对医疗机构给予财政补贴。各医疗卫生单位按月对药物使用情况进行统计上报，经卫生、财政、审计等有关部门审定后，旗财政按审核后的结果给予补贴。自2010年以来共补贴2396万元。②

医疗卫生服务体系建设方面，近四年来投资约4.6亿元，不断加强卫生基础设施建设。共建设医院4所，卫生院7所，社区卫生服务中心1所，卫生监督所1所，（流动）村卫生室37所。2012年投入5946万元，为医疗机构购置先进医疗设备和办公设备，其中医疗设备共投入4546万元，办公设备共投入1400万元，使全旗医疗水平不断提升。投资2600多万元建设了伊金霍洛旗数字化医疗卫生服务体系，现已与新农合市级统筹

① 数据来源：伊金霍洛旗社保局提供。

② 同上。

平台对接成功，实现了即时减免①。卫生信息平台可以对医疗机构各项业务数据进行监控、统计、分析。在医疗卫生队伍建设方面，医改四年来共招录420多名医疗卫生专业技术人员，培训技术人员4000余人次。也与北京积水潭医院、内蒙古医学院附属医院、鄂尔多斯市中心医院等建立了长期对口的帮扶协作关系。伊旗聘用了12名120急救车司机，先后购置了12台急救车辆。通过应急演练和日常应急培训，提高应急救援的反应速度。在每年鄂尔多斯国际马拉松赛、国际那达慕大会等重大赛事期间共抽调急救医务人员500余人次，出动车辆136台次，保障赛事工作顺利圆满的完成。稳步推进旗镇村一体化管理，制定并下发了旗镇村一体化管理方案，逐步实行行政、人员、业务、药械、财务实行“五统一”管理，伊旗将已建成的32所标准化村卫生室实行一体化管理，财政每年补助2万元，对未实行一体化管理的106所村卫生室财政每年补助1万元。②

二 公共卫生服务管理情况

清末民国时期，郡、札两旗三次放垦，大量汉民迁入，人口流动较为频繁，加之缺医少药，使外来性传染病和原发性传染病时有发生，造成了人口大量死亡。据统计：1907—1945年郡、札两旗境内仅鼠疫流行次数就达24次之多，死亡人数119人。1928年，仅伊金霍洛苏木乃玛岱村在鼠疫流行中全村26口人就死亡了24人。其他一些传染病如性病、天花、疥疮、回归热、疟疾、传染性眼结膜炎也甚为流行。据统计，在此期间性病带菌人数占总人口的一半以上，天花患者占总人数的90%以上。③

中华人民共和国成立后政府防疫部门采取一系列行之有效的防治措施先后扑灭了鼠疫、性病、天花、疥疮、回归热、疟疾以及传染性眼结膜炎。防疫工作人员对全旗境内所流行过的主要传染病进行了大量的普查和个别调查，有针对性地采取集中扑灭和各个击破的办法。1950年消灭了鼠疫；1952年消灭了疟疾和传染性眼结膜炎；1953年消灭了疥疮和回归热；1960年消灭了天花；1976年性病——梅毒和淋病在伊旗境内绝迹。在扑灭这些传染病的同时，对鲜为人知的布鲁氏杆菌病进行了综合调查和

① 数据来源：伊金霍洛旗社保局提供。

② 《鄂尔多斯市政府办公厅关于印发鄂尔多斯市乡村医生养老补助实施方案的通知》（鄂府办发〔2013〕38号）

③ 伊金霍洛旗志编纂委员会：《伊金霍洛旗志》，内蒙古人民出版社1997年版，第957页。

研究，至 1983 年，基本上掌握了布鲁氏杆菌的传播途径和类型，从而对以后这种病大量发生的控制和治疗奠定了基础。中华人民共和国成立后全旗境内还多次流行过流行性感冒、流行性脑膜炎、乙型肝炎等多种危害人民群众生命的传染病，防疫部门将疫情消灭在萌芽状态，制止和避免了传染病大面积流行。

对地甲病、地方性克汀病、地氟病等在地方病防治方面做了大量的工作。地方性甲状腺肿简称地甲病，当地人称“大葫芦病”，在古医籍中称之为“瘿瘤”。这种病的主要发病原因是碘摄入不足而引起的甲状腺代偿性肿大。由于特殊的地理环境，中华人民共和国成立前郡王旗、札萨克旗为地甲病的高发地区。1955 年，郡王旗防疫站对全旗五个区进行了一次性普查统计后惊人的发现，地甲病发病率占全旗总人口数的 19.2%，发病人数多集中在当时的三区（现在的新庙、纳林陶亥两乡）。1966 年，在全旗范围内进行食盐加碘工作的实施措施，但因“文化大革命”运动的冲击，该项措施不得已中断。1974 年，根据上级对地方病普查普治的指示精神，伊旗对旗内五个乡的甲状腺肿病进行了抽查，抽查结果发现，地甲病的患病率已高达 45.36%。抽查后采用了碘化钾治疗措施，效果甚微。1979 年 6 月，伊旗被确定为自治区第二批地甲病防治大会战旗县，当年对全旗 15 个人民公社进行了全方位的普查，普查覆盖率 95.37%，查出地甲病患病率为 24.72%。大会战以后，伊旗防疫人员针对地甲病发病情况进行了大面积的综合治疗，采取了食盐加碘，改善饮水碘含量的不足及药品药液注射的综合治疗措施，加强了人体内碘的摄入量，使伊旗的地甲病得到了有效的控制。至 1985 年，累计治疗人数达 18672 人，总治愈率为 72.97%①。

地方性克汀病是伴随在地甲病高发区的一种地方性先天疾患。发病的主要原因是孕妇在怀孕时甲状腺素分泌不足所引起胎儿大脑、神经、骨骼和肌肉发育迟缓或停滞，致使患儿出生后就智力低下，体格矮小，四肢发育不匀称，常常伴随瘫痪、痴呆、聋哑等先天性疾患。该病主要集中在伊旗新庙乡的曼赖梁和布尔洞门，属过去地甲病的特别高发区。1978 年，在自治区地方病研究所的帮助下，确诊了旗内共有地方性克汀病患者 33 人，并着手进行试验性的中西医结合治疗。经过四年多的治疗观察，没有

① 伊金霍洛旗志编纂委员会：《伊金霍洛旗志》，内蒙古人民出版社 1997 年版，第 958 页。

取得明显效果。从而得出结论，防治的根本措施在于控制地甲病和避免近亲结婚生育。

地方性氟中毒是一种生物地球化学性疾病。病因是人们经过饮水和食物长期摄入过多的氟，并积蓄起来而引起的综合化学反应，使人体内发生病变的表现。其主要症状是牙齿和骨骼系统受损，临床反应为氟斑牙、关节功能障碍和肢体变形。1983 年，伊旗第一次进行地氟病普查，对全旗 146 个嘎查（村）的 746 个农牧业生产合作社进行了全面的水质检验。采集水样 1505 份，查出高氟水井 197 个，高氟率占 11.98%。氟病威胁人口总计 20314 人，分布在 154 个生产合作社。并查出患氟斑牙的患者 15222 人，氟骨症患者 257 人①。超标高氟水的分布就全旗范围来看，由西向东渐次降低，旗政府所在地的阿勒腾席热镇以西的 8 个苏木、乡为氟水源较多的地区有 39 个，东部及东南部的 7 个苏木、乡为较少的氟水源区有 8 个。从而证明高氟水的形成原因是强烈蒸发和地下水径流不畅所致的浓缩集聚的结果。伊旗对防治地氟病的主要措施是防氟改水、打低氟水井。对个别没条件打低氟水井的高氟水源地区采取了加装氟过滤筒的防范措施。

针对地方病的防治工作当时在公共卫生方面做了大量的工作。中华人民共和国成立前，郡、札两旗地广人稀，居住分散，饮用水源类型颇多。东部区的新庙、纳林陶亥、布尔台格、布连四个乡以饮用河水、泉水为主，中西部区则以饮用大口井水为主。大口井多因无井盖、井水浅，加之有的井建在低洼处，周围有家畜棚圈、厕所、污水坑等。无论是井水、河水或泉水均污染严重，不符合卫生要求，造成疾病流行。针对这样特殊的情况采取了措施：保护水源，积极改善饮水卫生。1953 年，郡、札两旗均做出改良饮用水方案，提倡饮用河水的应分塘、分段用水，饮用井水的规定应在水井周围 30 米内不准有厕所和污水坑。当年，札旗改良水井 257 眼。

1960—1966 年，结合各种传染病和地方病的防治，重点解决农村牧区的饮用水污染问题。在此期间，全旗共新凿和整修饮用水井 1721 眼。1973 年，在伊旗西部纳林希里乡纳林希里村开展“两管”“五改”② 试点工作。其中改良水井 67 眼，改良后的水井均有井台、井盖、专用提水工具。1983 年，政府所在地阿勒腾席热镇筹集 30 万元资金安装了自来水

① 伊金霍洛旗志编纂委员会：《伊金霍洛旗志》，内蒙古人民出版社 1997 年版，第 959 页。

② “两管”即管粪、管水，“五改”即改厕所、水井、炉灶、畜圈、环境。

管，解决了阿镇居民饮用水长期不符合卫生标准的问题。1986 年，新街镇乌兰特老亥村试打手压井成功，全村共打手压井 274 眼，使全村 301 户 1056 口人饮用上了符合卫生标准的优质水。1988 年，在新街、伊金霍洛、台格、红庆河四个苏木、乡推广乌兰特老亥村手压井的成功经验，当年打成手压井 1500 多眼，受益人口 6500 多人。同年，布尔台格、伊金霍洛、新庙、纳林陶亥等苏木、乡政府所在地安装自来水管，受益人口 2500 多人。①

进入 21 世纪后，随着经济快速发展出现了新的挑战。伊旗涌现出大量的流动人口。针对这样的新形势，政府拓展基本公共卫生服务内容，扩大服务人群，将农民工等流动人口列入服务对象，享受相同的服务。公共卫生服务经费由 2010 年的 20 元提高到 38 元，其中旗财政配套经费为人均 8 元。为全旗 237294 名常住居民提供基本公共卫生服务。② 为提高城乡居民健康水平，每两年组织为 35 周岁以上城乡居民实施全民和已婚育龄妇女实施全民免费体检，2010 年以来共体检 44195 人次，检查出重特大疾病 34 例。从 2011 年开始认真开展“两癌筛查”工作，进一步提高了妇女健康水平，截至目前共筛查妇女 26030 人，确诊乳腺癌 5 例，早期宫颈癌 17 例。并监测各类人群 8379 人次，HIV 抗体监测两例阳性。2012 年度开展艾滋病防治知识及政策讲座已覆盖乡村、学校健康教育教师及医务人员等领域③。

表 3-6　　伊金霍洛旗 1981—1989 年妇女健康状况调查

	应检妇女数	实检妇女数	患病人数	患病率（%）	治疗人数	治疗率（%）
1981		2391	934	39.1	357	38.2
1982	17163	2784	873	35.1	178	20.4
1983		3964	893	25.0	77	87.0
1984		4137	916	22.2	797	35.4
1985	20034	4277	2665	62.3	947	29.0
1986	18136	5166	2452	47.4	701	42.1
1987		5594	4099	71.1	1634	40.8

① 伊金霍洛旗志编纂委员会：《伊金霍洛旗志》，内蒙古人民出版社 1997 年版，第 959 页。

② 数据来源：伊金霍洛旗卫生局提供。

③ 同上。

续表

	应检妇女数	实检妇女数	患病人数	患病率（%）	治疗人数	治疗率（%）
1988		7026	4558	63.5	2595	56.9
1989		4502	1163	25.8	532	45.7

表 3-7　伊金霍洛旗 1984—1989 年儿童健康状况调查

	7岁以下儿童	检查人数	患病人数	患病率（%）	治疗人数	治疗率（%）	佝偻病预防数	佝偻病治疗数
1984	16708	123	20	16.3	20	100	2000	
1985	16296	797	204	25.5	204	100	998	254
1986	19576	3482	540	15.5	534	98.4	1344	308
1987	18325	3845	543	14.1	452	83.2	2104	344
1988	17267	5181	619	11.9	430	69.5	1780	216
1987	17742	3845	428	10.8	262	61.2		

三　公立医院改革情况

伊旗在新建医疗机构的同时，重新评审认定卫生院等级，苏布尔嘎中心卫生院托管苏布尔嘎卫生院和合同庙卫生院，纳林陶亥中心卫生院和纳林陶亥计生服务站、苏布尔嘎中心卫生院和苏布尔嘎计生服务站进行整合，实现了“计卫联手，资源整合”。社区卫生服务机构不断壮大，为民服务水平大幅提高。并新建了蒙医院，成立了蒙医特色疗法体验区，蒙医药事业的传承和发展受到蒙古族同胞的欢迎。

伊旗全面推进公立医院人事制度改革，推行全员聘用制、院长任期目标责任制。积极推行绩效工资制度，充分调动医务人员积极性。进一步巩固和深化城乡对口支援合作帮扶机制。伊旗医院与北京积水潭医院、乌兰木伦中心卫生院与鄂尔多斯市中心医院、伊旗蒙医院与国际蒙医院均形成对口合作与帮扶关系。鼓励和引导社会资本举办医疗机构，形成多元办医格局。2012 年伊金霍洛旗鼓励民营资本新建了德阳中医院，乌兰木伦医院和新元医院已经投入使用。

伊旗为了提高服务质量，加强对医务人员的学习和教育，强化服务意识，提高服务水平。结合“创先争优”活动，设立了党员示范岗。开展了“护理技能操作大赛”“优秀护士评选”“优质护理服务”“服务好、质量好、医德好、群众满意”为主要内容的“三好一满意”活动和医疗质量万里行活动，提高了工作效率和管理水平。建立完善投诉处理制度，公布投诉电话，有效防范和及时化解医患矛盾。

不断发展少数民族传统医药——蒙中医药事业发展，为切实推动伊金霍洛旗蒙中医药事业的发展，伊旗旗委、政府将蒙中医药事业发展纳入“十二五”规划，并成立了蒙中医药事业发展领导小组，制定了《伊金霍洛旗人民政府关于进一步扶持蒙中医药事业发展的决定》，旗财政从2011年起每年在预算内安排80万元资金，并且每年以20%递增，专门用于蒙中医药事业发展，设置了蒙中医药管理局和蒙医院。目前旗医院设立蒙中医科，其他13所卫生院已有3所中心卫生院、5所一般卫生院。有11所卫生院设立了蒙医或中医科。蒙医院设立了蒙医科、中医科、专家门诊、骨科、蒙医药房、蒙医药浴室等30多个科室。有B超、心电图机、200mAX光机、半自动生化分析仪、蒙药加工机和蒙药制丸机等仪器设备。

2011年投资1424万元建设的伊金霍洛中心卫生院、蒙医医院二合一办公楼，建筑面积6200平方米，该工程预计于2012年年底投入使用。蒙医院开设了建筑面积约3200平方米的蒙医传统疗法体验区，开展包括针灸、拔罐、药浴、推拿等十多种疗法，为人民群众就医提供了便利。现从事蒙中医技术人员190人，蒙医76人，中医61人，中西医53人。2012年伊金霍洛旗高薪聘用了一位名医院长，招聘了43名蒙中医药人员充实到各医疗卫生单位中，并加大人员培训力度，积极组织蒙中医技术人员参加市卫生局组织的蒙中医适宜技术培训班，并组织选派了基层卫生院蒙中医技术人员和乡村医生参加了自治区委托举办的临床技术骨干临床进修学习、乡村医生中专学历教育、蒙中医全科医师培训。

为进一步加强药品的研发力度，伊旗蒙医院加强了与兄弟医院的交流与合作，与北京五家三甲医院（包括北京301医院、协和医院、空军医院、海军医院和武警总医院）实行网络远程就诊合作，大大提高了医疗水平。同时发挥中蒙医“简、便、验、廉”的优势，结合现代医疗设备诊断，对常见病、多发病、疑难杂症和血液系统疾病治疗取得了良好效果，特别是在过敏性紫癜的治疗方面疗效显著。伊旗蒙医院用蒙医药浴治疗四肢僵直和拘挛、胃火衰败、脾血不足，妇科、外症汤疮，皮肤病等症取得独特疗效，得到了群众的一致好评。随着伊金霍洛旗新型农村牧区合作医疗制度的全面开展，为了使蒙中医药服务在伊金霍洛旗得到广泛推广，伊金霍洛旗将蒙医院确定为定点医疗机构，明确了对于以蒙中医药治疗的患者，提高了5%的报销比例。

四 存在的问题

伊旗需要进一步强化卫生人才队伍建设。医疗卫生单位缺少高、精、尖人才，优秀医疗卫生技术人才的分布不均匀。医疗卫生资源相对匮乏，需加大资源整合力度。目前伊旗专科医院仍然较少，优质医疗卫生资源有待进一步提高和整合。公立医院改革还需进一步深入。公立医院改革是近期医改的重点，也是改革的难点。在工作推进中仍然存在较多困难与问题。伊旗办医格局单一，社会资本引入较少，长效机制还有待进一步探索与完善。

针对上述存在的问题，建议以推进全民基本医保为目标，进一步健全新农合制度，建立城乡医疗救助制度，提高服务水平，巩固医改成效。以深化医疗卫生体制改革为抓手，完善药品采购、补偿机制和收入分配机制，提高基层医疗机构服务效率，加大对基层医疗机构的投入力度，改善就医环境，加快完善信息化系统，切实提高服务水平。以医疗卫生惠民工程为突破口，认真实施好孕妇免费产前检查和65周岁以上老年人免费体检等惠民工程，统筹城乡卫生事业发展，不断提高基本公共卫生服务均等化水平。

第三节 社会救助事业的发展情况

随着经济的增长，伊旗在城乡社会救助方面做了大量的工作。2012年，伊旗为帮扶村札萨克镇树壕村积极协调水利局，花费项目资金60万元，打深机井1眼、铺设节水管道实现节水灌溉600多亩；协调个体私营企业瑞福嘉超市出资5000元购买春耕备耕物资；单位出资10000元帮助村委会维修了活动室；干部职工捐款19400元（其中副科以上领导每人500元，干部职工300元）帮助贫困户解决生活困难问题。“七一”期间出资2000元慰问了8户贫困户；为联手共建的王府路社区捐资3000元，并出资750元慰问了3户特困户。①

一　社会救助工作

伊旗不断提高城乡居民最低生活保障标准和补助水平。城市低保标准由2010年的400元/人·月提高到2011年550元/人·月，月人均补差达到456元；农村低保标准由2010年的280元/人·月提高到2011年350元/人·月，月人均补差达到260元。全年发放城市低保金1167.4万元，物价补贴116万元，取暖补贴35万元；发放农村低保金1654.7万元，物价补贴237万元。②

伊旗还提高了农村五保供养标准。农村五保集中和分散供养标准分别达到每人每年8000元和4500元。现全旗共有五保对象814人，其中集中供养242人，集中供养率达35%。全年共发放五保供养经费447.5万元，发放临时价格补贴24万元，一次性补贴8.3万元。③

伊旗逐年完善了医疗救助、贫困大学生救助和临时救助等专项救助工作。城乡医疗救助标准大幅提高，截至2012年12月底，共支出医疗救助金589.9万元，救助城乡重特大病患者518人次，救助封顶线由1.5万元提高到8万元，缓解了城乡困难群众医疗难问题。贫困大学生救助不断完善，2011年全旗通过民政部门救助贫困大学生103名，发放救助金30.9万元。临时救助有效开展，切实解决低保边缘户及发生重大疾病、意外事故、外地务工返乡无路费人员的困难。2011年共救助伊旗贫困对象421人，救助资金58.7万元，救助外地务工返乡无路费人员228人，救助资金1.7万元。④

2011年，伊旗遭受了冷冻、干旱、风雹等自然灾害，受灾面积22.3千公顷，受灾人口8万人次，直接经济损失7000万元。灾害发生后，及时查灾、核灾、报灾，积极开展抗灾救灾工作，及时上报灾情信息，努力把救灾工作抓紧抓实，累计发放救灾资金420万元，切实解决了受灾群众的生产生活困难问题。⑤

伊旗认真贯彻落实抚恤优待政策，重点优抚对象生活补助在2011年

① 数据来源：《伊金霍洛旗统计年鉴2012》。
② 同上。
③ 同上。
④ 同上。
⑤ 同上。

的基础上每人每月提高500元，全旗共发放抚恤补助金360万元；充分利用春节、“八·一”建军节等节日广泛开展慰问驻军部队、优抚对象活动，全年累计发放慰问金10.4万元；继续开展双拥模范城创建活动，2011年，伊旗连续三届蝉联自治区双拥模范旗。① 稳步推进退役士兵安置工作。进一步优化退役士兵安置保障制度，认真贯彻《军人抚恤优待条例》，加强对退役士兵的技能培训，2011年，共安置城镇退役士兵71名，安置就业率达100%。②

2011年伊旗城镇“三无”③ 人员、孤儿分散供养标准提高到每人每月1000元和1360元，“三民”④ 对象补助水平为每人每月750元；阿镇综合福利中心、伊金霍洛镇综合福利院目前已投入运营，流浪未成年人救助站于2012年8月投入使用；出台了《伊金霍洛旗老年人幸福工程实施方案》，为开展试点的阿镇平安、园林社区老年人免费安装呼叫器，每人每月发放200元的优待券，并设立两所老年人日间照料中心；为少数民族年满60周岁（含60周岁）、汉族年满70周岁（含70周岁）无工资性收入的9372位老年人发放生活补贴639.5万元。⑤

第四节 新型农村牧区合作医疗运行情况

一 公费医疗制度的实施

中华人民共和国成立初期，国家工作人员实行供给制。医疗保健虽未提出实施公费医疗，但可在旗政府指定的医疗机构就诊，费用由旗政府财政科结算。没有固定的医疗经费指标。

1952年，贯彻政务院颁发的《关于全国各级人民政府、党派、团体及所属事业单位的国家工作人员实行公费医疗预防》规定精神，郡王旗、

① 数据来源：《伊金霍洛旗统计年鉴2012》。

② 同上。

③ 通常三无人员指由民政部门收养的无生活来源、无劳动能力、无法定抚养义务人的公民。

④ “三民”是指“文化大革命”期间因“内人党”事件被打致残的无工作的城镇居民和农民、牧民。“三民”的生活补助标准自1970年确定以来，自治区政府根据经济社会发展情况进行了多次调整。

⑤ 数据来源：《伊金霍洛旗统计年鉴2012》。

札萨克旗开始实施公费医疗制度。实施办法：将全年预算的医疗经费直接拨给旗卫生科，由卫生科掌握使用。干部职工在指定的医疗机构就诊，所用医疗费由卫生科与指定的医疗机构结算。凡转院去外地就医的实行公费医疗的国家工作人员，其经费由外地医院和患者所在单位结算。1956 年，自治区人民委员会颁发了《内蒙古自治区国家工作人员公费医疗管理试行办法》后，郡、札两旗建立了较完善的公费医疗管理制度。给每个享受公费医疗的国家工作人员发“公费医疗证”，患病时凭证到指定卫生院就诊，并实行贵重药品审批制度。1966 年开始实施对国家工作人员就诊的挂号费和门诊、住院服用的单方营养滋补品的费用由个人支付的管理办法。同时规定自费药品范围 7 类 26 种。1970 年，公费医疗实行分级管理办法，凡转院到盟级以上医院住院治疗享受公费医疗的患者，由治疗医院记账，由旗卫生管理部门结算；在盟级以上医院门诊治疗的医疗费，凭单据到旗卫生管理部门报销。1979 年，鉴于公费医疗经费连年超支的现状，旗卫生局、财政局对旗医院公费医疗的实施情况进行了全面的检查，并提出了改进意见，并根据上级规定，对原享受公费医疗的旗招待所、菜园、果园、良种场、种猪场、计量所、运输管理站、机井队八个单位，从是年下半年始公费医疗费不再由旗财政拨款，有效地遏制了公费医疗经费的增长。经年终预算，全年享受公费医疗人员 1858 人，支出经费 13 万元，人均 70.5 元，与 1978 年基本持平。

1980 年，伊旗革委会以伊革发（80）第 23 号文件发出《关于改进公费医疗管理的通知》，对公费医疗作了如下规定：一是采取定额包干，结余留用的管理办法，即凡国家预算内开支的在编工作人员全年门诊医疗费 30 元，拨给预算单位统一掌握使用，结余留用，超支不补。二是对急重病人经医院检查需住院治疗者，由治疗医院记账与公费医疗管理委员会结算，需转上级或外地医院治疗者，凭旗医院出具的转院手续和医疗费单据到旗公管会报销。三是医务人员努力端正服务态度，遵守医疗原则，中西药方一般控制在三天内，慢性病最长不超过七天，但每个处方不超过三元。四是各医疗单位从 1980 年 3 月 1 日起，除住院患者采用记账办法外，门诊一律收现金。同时与盟医院解除了伊旗享受公费医疗患者在盟医院住院记账结算的合同。规定凡转到盟医院住院治疗的患者，不再记账，一律交现金，医疗费凭盟医院单据在旗公管会报销。1984 年，进一步完善公费医疗管理制度，规定在职干部、职工的公费医疗与个人挂钩的管理办法。即每人每年核定门诊医疗费 30 元，住院或转院治疗患者，其医疗费用根据参加工作年限按比例报销。参加工作 10 年以下者，按医疗费总数的 60%报销；11—20 年者，报 70%；21—30 年者，报 80%；30 年以上者报 90%。离退休、伤残人员的门诊、住院医疗费全部报销。1987 年，进一步改进公费医疗的管理办法，在继续执行门诊医疗费包干，住院、转院按工龄比例报销的同时，调整了门诊医疗费的报销幅度。即由财政给预算单位门诊医疗费分三个档次核拨：①在职工作人员每人每年 45 元；②退休人员 70 元；③离休、伤残人员 150 元。住院、转院患者一律按工龄比例报销。是年，伊旗公费医疗支出 33 万元，人均 88.68 元，比上年人均 70 元增加 20%。1988 年，公费医疗实行“分级管理，医院承包”的管理制度。规定苏木、乡、镇机关及事业单位的国家工作人员的公费医疗由苏木、乡、镇财税所管理，负责其门诊、住院、转院的医疗费用；旗级党政机关及事业单位的国家工作人员的医疗费由财政局按上年年末实有人员数核定后交旗医院管理，并与旗医院签订公费医疗经费承包合同。医院在履行合同过程中，制定了严格的管理制度，有效地控制了医疗费的过快增长，全年支出 22 万元，人均 71 元，较 1987 年人均下降 17 元。年终，根据合同，伊旗政府发给公费医疗管理机构——旗医院奖金 2 万元。

二 新型农村牧区合作医疗

伊金霍洛旗从 2004 年开始推行农牧民医疗保障制度以来，积极探索建立与农村牧区经济发展相协调、与人民群众健康需求相适应的医疗保障制度，逐年加大政府补助力度，大幅提升新农合筹资标准，进一步完善门诊统筹制度，扩大群众的受益面。特别是 2011 年为了落实国务院医改政策，从 7 月 1 日开始推行全民医保制度，伊旗财政每人每年补助 500 元，2011 年人均筹资标准为 592 元（农牧民个人缴费 30 元/人、旗财政 350 元/人、市财政补助 50 元/人、自治区财政补助 38 元/人、中央财政补助 124 元/人）。并且将残疾人、低保户、蒙古族、在校（园）生、农牧民五保户和民政优抚对象及城镇零就业家庭的个人缴纳参合（参保）金全部由财政代缴，使所有困难人群全部参合（参保）。① 在基金有充分保障的前提下，大幅提高医疗费报销比例，群众的医疗负担明显得到缓解。调整

① 资料来源：《伊金霍洛旗二〇一一年新型农村牧区合作医疗工作总结报告》。

了新型农村牧区合作医疗 2013 年补偿标准，住院医疗费补偿：住院医疗费补偿不设封顶线。同一年度同一病种不设第二次起付线；年度内在同级别医疗机构第二次及以上住院的，降低起付线 50%；在蒙中医院住院治疗的，起付线降低 50%，对同时具备享受两项降低起付线政策的，只能享受一项优惠政策。在蒙中医医疗机构住院就诊的，报销比例较其他相应级别的医院提高 15%，但总补偿比例不得高于 95%；参合人员选择蒙中医药服务的，补偿比例提高 15%，但总补偿比例不得高于 95%；残疾人住院医疗费报销不设起付线，报销比例提高 5%；蒙古族、五保户、65 岁以上老年人住院报销比例相应提高 5%。享受优惠政策后累计报销比例最高不超出 100%。

表 3-8　　伊金霍洛旗医疗费报销标准

就诊医疗机构			起付线（元）	补偿比例	封顶线
所在地		医院范围			
苏木乡镇级		苏木乡镇卫生院	100	100%	不封顶
旗区		二级以下医院（含二级）	400	85%	
市级	Ⅰ类	二级以下医院（含二级）	600	80%	
	Ⅱ类	三级医院	1000	75%	
市外、自治区内医院			1500	70%	
自治区外医院			2000	70%	

在镇卫生院住院除起付线 100 元，政策范围内的费用全部报销，设封顶线 1500 元（札萨克中心卫生院、乌兰木伦中心卫生院、纳林陶亥中心卫生院为 2200 元）单次费用超出封顶线部分，由各镇卫生院承担。门诊医疗费补偿：（1）普通门诊补偿。普通门诊统筹补偿封顶线为 4000 元/人/年，按门诊可补偿费用的 50%进行补偿。在旗内定点医疗机构就诊不设起付线，即时减免，因个人原因未即时减免的不予补报；在旗外市内普通门诊统筹定点医疗机构就诊的起付线为 500 元/人/年；在旗合管办认可并批准就诊的市外公立医疗机构就诊，起付线为 1000 元/人/年。（2）慢性病门诊补偿。慢性病定点医疗机构为市、旗（区）新农合定点医疗机构、苏木乡镇卫生院、社区卫生服务中心（站）及市外新农合定点医疗机构。慢性病不设起付线，按门诊可补偿费用的 60%进行补偿。慢性病门诊补偿按病种设封顶线。其中，慢性阻塞性肺气肿、支气管哮喘、肺心

病、肺纤维化、癫痫病、重症肌无力、胃溃疡、甲亢、骨质疏松、肾病综合征、帕金森氏综合征，封顶线为5000元；慢性心力衰竭、风心病、冠心病、小儿脑瘫、干燥综合征、过敏性紫癜（累及肾脏）、糖尿病、先天性心脏病、强直性脊柱炎、股骨头坏死、慢性骨髓炎，高血压（Ⅱ级及以上）及其他年门诊费用在1万元以上的重大疾病（主要指一些罕见疾病），封顶线为20000元。特殊病种大额门诊补偿。特殊病种大额门诊统筹定点医疗机构为市、旗（区）新农合定点医疗机构、苏木乡镇卫生院、社区卫生服务中心（站）及市外新农合定点医疗机构。门诊补偿不设起付线和封顶线。器官移植抗排异治疗、系统性红斑狼疮、重性精神病、耐多药结核病、白血病、布鲁氏杆菌病、终末期肾病、肝硬化失代偿期、再生障碍性贫血、非隐匿性冠心病、有并发症的糖尿病、急性脑血管病后遗症、类风湿性关节炎、慢性阻塞性肺气肿、肺心病及癫痫病等病种可补费用比照住院比例进行补偿；恶性肿瘤大额门诊治疗费用，按可补费用的75%进行补偿。

表3-9　伊金霍洛旗2008—2012年养老、医疗保险参保及补贴情况

年度	养老保险参保人数	医疗保险参保人数	养老保险		医疗保险	
			当期享受财补转制下岗人数（人）	政府共代缴（万元）	当期享受财补人数（人）	政府共代缴（万元）
2008	8415	19506	3940	1082.27	12750	1242.00
2009	9012	20003	3643	1126.62	13125	1046.00
2010	11626	22004	3805	1040.76	13626	3324.00
2011	14610	23407	3679	1307.64	14369	3430.00
2012	16808	26910	3654	1430.27	16709	3506.00
合　计			18721	5987.56	70579	12548.00

资料来源：伊金霍洛旗人口与社会保障局。

基金管理方面，2012年伊金霍洛旗全旗农牧业在册人口125727人，应参合119817人，参合人数116836人，参合率为97.5%。其中少数民族个人参合资金由民族事务管理局承担；五保户、低保户、民政优抚对象个人参合资金由旗民政局承担；残疾人个人参合金由旗残联承担，使所有困难人群全部参合。参合农牧民每人交纳个人参合资金30元，共收缴个人参合金350.56万元、旗财政补助500元/人，补助5841.8万元；市财政补助60元/人，补助720万元；自治区财政补助42元/人，补助375.4万元、中央财政补助156元/人，补助1869.7万元（中央财政、自治区财政共计少补助68.25万元）；其他收入（残疾人、蒙古族提高报销比例补助）41.28万元，全年基金入库共计9245.99万元，人均筹资标准为788元。上年结余1930.15万元，基金总量为11176.14万元。截至12月底全年基金支出7951.64万元。审核补偿结算住院8242人，住院医药疗总额8827.67万元，住院补偿金额6262.31万元，平均住院实际补偿比为70.94%，旗、乡两级医疗机构住院实际补偿比为87.2%，住院医疗费补助占总支出的78.75%；住院分娩1088人，补偿170.24万元，住院分娩补助占总支出的2.15%；门诊补偿结算22804人，门诊医药费总额3361.33万元，门诊补偿金额1519.09万元，门诊医疗费实际补偿比为45.2%，占总支出的19.1%。推行门诊统筹制度，政策范围内的门诊医疗费按比例报销，用20%的基金解决了所有门诊就诊的问题，医疗保障覆盖了所有人群和所有病种，不管大病小病都可得到补偿，既解决了覆盖面窄的问题，又可引导患者不需要住院治疗的疾病尽量在门诊治疗，同时节约了医保资金。为了简化报销程序，规范基金运行，患者所报医疗费直接打入患者的个人账户，真正做到“银行见钱不见账，经办机构见账不见钱”的基金封闭运行模式，既方便了患者报销，又规范了基金管理[①]。

信息化建设方面，2012年伊旗以“数字鄂尔多斯”建设为契机，投入经费2640万元，推进“数字医疗”建设，铺设了专网，网络覆盖到所有公立医疗机构，网络运行正常，公立医疗机构全部上了HIS系统，现在HIS系统正在调试阶段，近期准备与新农合信息系统对接，对接后即可开展即时结报。新农合信息系统的弊端：缴费管理模块与档案信息管理模块相关联，每年缴费开始，参合信息就出现了混乱现象，在信息录入过程中原来非参合人员经过修改就变成参合人员，参合人员也可变成非参合人员；市级统筹后全市人员在一个系统中，参合转移致使各地都出现了参合信息难以核准的问题；伊金霍洛旗原来执行的七个单病种定额付费不能执行。

第五节 社会发展中的婚姻家庭问题

蒙古族传统的家庭形式，从配偶的对数来看，属一夫一妻制家庭，主

① 数据来源：伊金霍洛旗卫生局提供。

要以夫妻关系为基础，一夫多妻现象十分罕见；从世系继承来看，属父系家庭，世系依男子计算；从参与和决定家庭事务的权利来看，属父权家庭，由男性家长支配家庭，拥有绝对的权力；从家庭的代际层次及其亲属关系来看，属主干家庭，即由父母和一对已婚子女，比如由父、母、子、媳所组成的家庭。维吾尔族的家庭成员通常仅限于祖孙三代以内的直系血亲。多子家庭一般在儿子成年结婚后单独成家分居，仅留一子与父母同居，尽赡养之职；独子则多不分家。

牧民中有一种说法，说“吃饭的时候，不能换位子，那样会离婚、二婚”。这句话乍听起来，可能很荒唐，吃饭的时候换个位子，就能离婚吗？我们觉得这句话的重点不在于“换位子”与“离婚”之间的必然关系，而在于对“离婚”的警惕。通过这样的话，老人们提醒晚辈，做事一定要稳重、踏实；选择配偶的时候，一定要理智、用心。传统游牧社会里，离婚的现象非常罕见。

进入21世纪后，内蒙古地区生态环境普遍恶化，当地政府实施生态移民、矿区移民等相关政策，同时也因为牧区中小学合并，现有70%的牧民已搬迁至城镇居住。随着生产生活方式的变迁、居住地点的变化等多种原因，家庭形式、家庭内部的分工和权利关系，都发生了巨大变化，近十年以来内蒙古地区蒙古族离婚率普遍急速上升。内蒙古A旗A苏木，共有2425户，离婚的有653户，一天最多有3对离婚。针对这一现象，有些专家认为离婚潮席卷全球，不仅在内蒙古蒙古族中才这样，主要是因为新婚姻法有关离婚的规定更合理、更人性化，是社会进步、婚姻自由、尊重和保障人权的表现。

个性解放、自由平等，是东西方长期以来致力追求的目标；它们的实现，对个人而言，必定是好事。但对整个社会的稳定、对儿女心理、健康成长的影响等方面而言，离婚率突然急速上升不一定是一个健康、幸福社会该有的现象。况且，可以自由离婚，就是真正的自由、平等和幸福了吗？一位班主任教师给我们反映说道“现在（蒙古族）家长不知道自己的责任，不怎么做家庭教育，不知道父母的爱对孩子的学习、心理有多重要。有一个班共42名学生，13个孩子的家长都离婚了。陪读的年轻爸妈带孩子到酒吧喝酒，让孩子睡在酒吧的凳子上，根本别说辅导孩子的作业了。还有的，离婚后夫妻间推卸责任，谁都不管孩子”。夫妻二人的自由选择（离婚），涉及子女的成长和整个社会的稳定。

人们长期以来当作价值追求的“个性解放”“自由”到底是什么呢？“人权”有保障就不用负责任了吗？为什么近些年以来离婚率飙升？对年轻夫妇而言，婚姻、家庭、婚姻生活中的社会角色，意味着什么？近些年的草场退化、生态移民政策、牧区中小学合并政策以及牧民自愿进城等，怎么样影响到了蒙古族的家庭生活？为什么婚姻生活变得如此脆弱、经不起时间和距离的考验？情爱关系中人们重视什么？离婚率上升，对整个社会的健康发展有什么影响？传统社会里，是什么样的社会控制、习惯法规范着人们的行为？它对现代社会和国家法律有没有一定的借鉴意义？这些都是很现实、很严重的社会问题。

离婚率上升，固然是全球性现象；但就近些年内蒙古蒙古族的情况而言，也具有一些特殊性。因生态环境的恶化，当地居民的生产方式、社会组织、民俗习惯、人际关系都发生了很大变化。近些年草场退化严重，大多数牧民自愿或被动出售羊群、离开牧场——失去传统意义上的“社会财富”到城里打工，传统牧区生活里夫妻间相互依赖、相互合作的劳动模式，基本上被打破。在传统社会里，“妻子出门，家里必有好绵羊的损失”，家庭在照看畜群、教育小孩儿、调理完成屋里屋外各项工作方面特别依赖家庭妇女，能干、勤奋的妻子是丈夫的名誉，家庭和睦、畜群膘好（说明主妇勤奋、能干、有“智慧”），是得到社会尊重和公众认可的最主要因素。离婚，意味着一半畜群、草场和社会尊严的失去。移民搬迁到城镇以后，蒙古族妇女在家庭中的绝对重要性有所下降；“草场”“畜群”等社会财富也失去了重要性。我们认为生产生活方式变化所导致的社会财富观念、财产分配民俗的变迁，可能是离婚率急速上升的最主要原因之一。

牧区中小学合并以后，很多家长一个留在家里，一个到城里看孩子，离开较“封闭”的、无时不相互监督的“熟人”社会，到开放的社会，传统社会里习惯法和社会权威的规范作用大大减弱。我们认为，婚礼就是一种认同的表达。过去大都是安排婚（arranged marriage），婚礼主要是对新婚夫妇进行过渡仪式，父母、社会权威让当事人接受这种夫妻关系（从外向内的）。根据阿拉善左旗档案馆收藏有关清代民法案件方面的档案资料，婚姻必须有媒人（包括男方父母委托到女方家里提亲的），而且媒人应该是为人正直、家庭和睦、有子女、得到人们普遍尊重的人士。婚姻一旦出现什么问题，再请媒人去劝说。而现在绝大部分都是恋爱结婚

(love marriage)，举行婚礼之前新人都已经认同了婚姻关系，所以婚姻只是从内向外的认同表达，举行婚礼是当事人让父母和社会接受他们的关系。婚礼所表达的认同变了，它的牢固性也随之发生一些变化。主要当事人不认同婚姻关系，就有可能不考虑社会其他方面的约束，就提出离婚。这是“自由”的表现，但是年轻人有些时候缺乏做出终生选择的智慧，一时冲动就有可能毁了一生的幸福和子女的健康成长。

所以我们对伊金霍洛旗的结婚、离婚情况进行了较详细的调查。根据民政部门登记的统计资料①，当地男性初婚年龄一般在 23—26 岁，女性初婚年龄在 21—24 岁，蒙汉族通婚情况较普遍，结婚双方学历基本相仿，女性学历略高于男性。伊金霍洛旗 2007 年第一季度结婚登记 658 对，第二季度 528 对，第三季度 378 对，第四季度 486 对，共 2050 对。2008 年第一季度结婚登记 664 对，第二季度 416 对，第三季度 442 对，第四季度 515 对，共 2037 对。2009 年第一季度结婚登记 571 对，第二季度 428 对，第三季度 401 对，第四季度 659 对，共 2059 对。2010 年第一季度结婚登记 649 对，第二季度 392 对，第三季度 343 对，第四季度 490 对，共 1874 对。2011 年第一季度结婚登记 588 对，第二季度 402 对，第三季度 395 对，第四季度 511 对，共 1896 对。2012 年第一季度结婚登记 507 对，第二季度 336 对，第三季度 311 对，第四季度 416 对，共 1570 对。2013 年 1 月结婚登记 330 对，2 月 72 对，3 月 123 对，4—6 月 302 对，上半年累计 827 对。

离婚登记数据②显示，2007 年第一季度伊金霍洛旗离婚 27 对，第二季度 38 对，第三季度 62 对，第四季度 44 对，共 215 对。2008 年第一季度离婚 44 对，第二季度 39 对，第三季度 39 对，第四季度 45 对，共 167 对。2009 年第一季度离婚 43 对，第二季度 45 对，第三季度 42 对，第四季度 53 对，共 183 对。2010 年第一季度离婚 30 对，第二季度 63 对，第三季度 48 对，第四季度 59 对，共 200 对。2011 年第一季度离婚 45 对，第二季度 72 对，第三季度 52 对，第四季度 50 对，共 219 对。2012 年第一季度离婚 54 对，第二季度 48 对，第三季度 53 对，第四季度 49 对，共 204 对。2013 年 1 月 26 对，2 月 7 对，3 月 27 对，4—6 月 80 对，上半年累计 140 对。

---

① 伊金霍洛旗民政局资料。

② 同上。

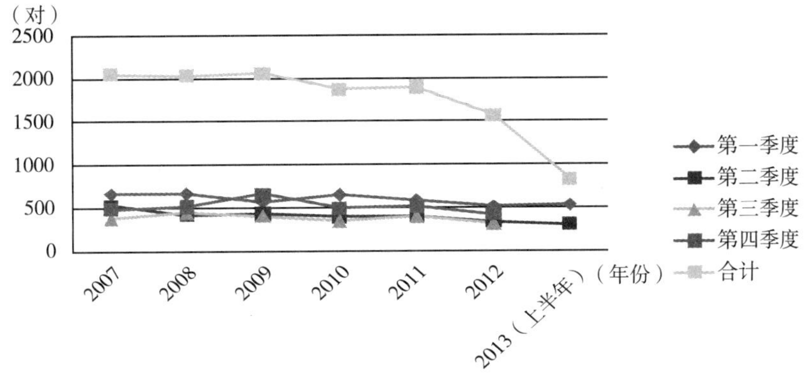

图 3-1　伊金霍洛旗近五年结婚登记统计

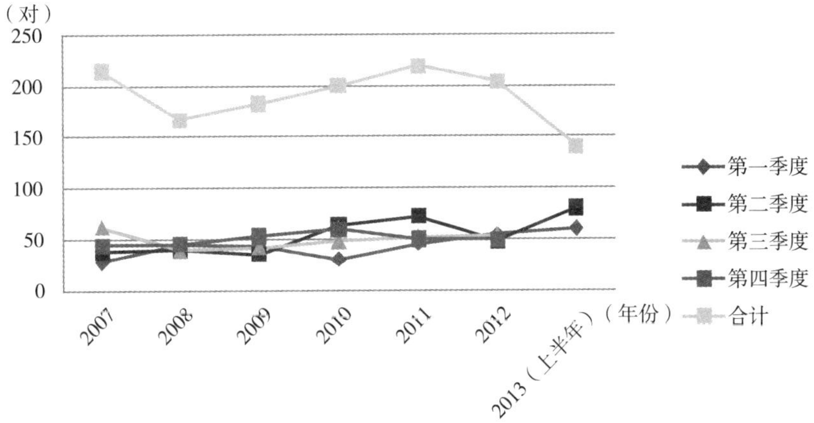

图 3-2　伊金霍洛旗近五年离婚登记统计

统计数据显示，2007—2013 年，每一年的结婚登记数据基本没有太多变化，略有逐渐减少的现象。而离婚数据从 2008 年开始逐年增多，从 2011 年开始有减少的倾向。一年春夏秋冬四个季节，结婚和离婚登记数据都没有明显差异。传统社会里，人们一般都选择秋冬季节结婚，秋季是羊群养膘最好的季节，也是工作压力较小的季节。如今，大多数人们进城生活，交通和市场各方面条件便利，结婚不会受到明显的季节性影响，相对而言，第二季度和第三季度结婚登记人数较少。

传统鄂尔多斯婚礼非常隆重，而现在人们一般都在餐厅里举办婚礼，不用传统的婚姻习俗。访谈人 MT 举例说，婚礼这样“改革”（简化）了之后，老一辈人对此很不满意。“现在城市婚礼很简单，两个主持人介绍双方父母、亲戚朋友，后主婚方敬酒（跟牧区的敬酒仪式一样），但不是一个一个敬酒，而是同时敬五六个，甚至10来个人。但叔叔辈和舅舅辈不喜欢这种新的敬酒仪式。”也就是说，传统婚礼突出辈分之间的、女方男方亲属之间的尊卑关系，而“新式”、简化了的婚礼就没有或者很少涉及这些内容，让长辈感受不到晚辈或男方亲属的尊重，令他们不太满意。也就是说，餐厅里举办的新式婚礼，只完成了婚礼中承认新娘新郎结合的一项内容，却忽略了传统婚礼中所蕴含的深层文化内容、权力关系等。

有关近几年离婚率急速上升的原因，访谈人BTQ告诉我们说：“现在人们离婚率特别高，主要是因为有钱了，人们更看重钱。我朋友的妻子，前两年跟着一个老板跑到南方去了，老公、孩子也不管了。今年突然又回来了，听说是被那个有钱的老板甩了。以前生活贫穷，夫妻两个人照样和谐地过日子，一起努力。突然富裕起来了，人们的思想观念好像不能很快地适应和看清突如其来的变化。前三四年的话，我们每一个人兜里，怎么也装着一两万块钱，消费也高。在外面跟几个朋友吃一顿饭就差不多花一万多。你请我，我也不好意思不请你，下次我请你，这样那几年几乎天天就在外面跟同学朋友一起吃饭、喝酒，当然有男的有女的。经常在一起吃饭喝酒，互相有感情了，或者那几年很多人也看重钱，有些人不加以考虑就轻易地离婚了，这两年离婚的好像又少见了。”① 由此我们可以得知，经济突然快速发展，对人们的生产生活、思想观念、社会关系、家庭关系带来较大冲击，很多牧民因为生态移民、矿区移民等政策搬迁至城镇生活以后，不能很快认识和适应当前的生活，有些人未经深思熟虑就轻易离了婚。

在调查中我们也了解到还有一小部分牧民因为社会保障制度政策而离婚。一嘎查书记告诉我们说：“我们嘎查近些年出现了‘假离婚’的现象，就是上面政策说每一户有什么补助补贴等，有些人就利用这一政策，‘假离婚’，以便夫妻两人享受双重补贴补助。”② 归根结底，这其实也是与经济增长有关联的，为了经济利益，夫妻两人假离婚，享受两个户的补贴政策。

调查中，也有一些人反映说，现在离婚的很多都是“80后”，他们是实行计划生育后出生的，基本都是家里的独生子女，备受父母宠爱；目前

① 2013年7月19日访谈。

② 2013年8月23日访谈。

的教育水平普遍提高，孩子们基本都是大学毕业就结婚，他们基本都不会做家务、不能容忍别人的半点指点和责怪，导致他们的婚姻生活变得异常脆弱①。

我们的调查结果表明，草场退化、生态移民政策的结果，传统的生产生活方式、社会组织方式被打破，很多牧民都到城镇打工、零散居住在非熟人社会，在这样的“破碎的社会”（fragment society），除了国家法律，没有“权威”和民俗的监控，这是今年内蒙古蒙古族离婚率急速上升的原因之一。所以，国家法律《婚姻法》的颁布，不是离婚率上升的理由，而可能是结果。传统社会的习惯法，将宗教、道德、生产活动、个人生活联系在一起的社会控制方法，也许对国家法律有一定的参考价值。

蒙古族传统的家庭形式，从配偶的对数来看，属一夫一妻制家庭，主要以夫妻关系为基础，一夫多妻现象十分罕见；从世系继承来看，属父系家庭，世系依男子计算；从参与和决定家庭事务的权利来看，属父权家庭，由男性家长支配家庭，拥有绝对的权力；从家庭的代际层次及其亲属关系来看，属主干家庭，即由父母和一对已婚子女，比如由父、母、子、媳所组成的家庭。维吾尔族的家庭成员通常仅限于祖孙三代以内的直系血亲。多子家庭一般在儿子成年结婚后单独成家分居，仅留一子与父母同居，尽赡养之职；独子则多不分家。

---

① 2013年7月21日访谈。

第四章

文化建设与文化产业发展

第一节　伊金霍洛旗文化事业发展历程与现状

一　伊金霍洛旗文化馆文化站建设

中华人民共和国成立前，札、郡两旗没有文化组织。这里地处偏僻，居住分散，交通闭塞，文化事业十分落后，人们长期过着日出而作，日落而息的生活。中华人民共和国成立以后，党和政府非常重视群众的文化生活。札、郡两旗相继建立了文化馆，开展群众性的文化活动。1958 年，札、郡两旗合并时，文化馆也随即合并，成立了伊金霍洛旗文化馆。

1949 年，札萨克旗解放，建立民众教育馆一处，由伊盟盟委领导。1950 年改为人民文化馆，由盟文化处和旗委共同领导。札旗文化馆建立初期，仅有 3 间土木结构的办公室，2 名职工，图书 300 册。1954 年，上级拨款 2500 元，为文化馆建房舍 8 间，同时逐步充实了汽灯、幻灯、收音机等文化设施。至 1957 年馆内藏书 5100 余册，各类报刊 42 种，读者达 2000 余人次。在设备简陋，职工人数少的情况下，文化馆坚持开展了许多有意义的文化活动。文化馆经常配合各单位，到各乡办黑板报，宣传时事政治和当地重要新闻，宣传婚姻法、抗美援朝、“三反”“五反”、民族政策、农业合作化等有关政策。逢年过节，文化馆派人下乡组织文艺队辅导业务，为群众演出快板、说唱等小型节目，有时还组织秧歌队。每年元宵节，札旗文化馆组织干部、职工、群众、学生在新街镇开展隆重的社火活动，活动项目有秧歌、龙灯、花鼓、水船、竹马、狮子、高跷等。此外还组织干部、职工演出小戏，如《小二黑结婚》等。

1950年，文化馆帮助电影队为群众演出了第一场电影《白毛女》，有的农民不顾路远，提前几天到场等待观看。文化馆积极开展文化普查工作，1953年回收成吉思汗马鞍1个、木弓1张、箭1支、檀木军号1把。

郡王旗文化馆成立于1951年。当时有办公室5间，占地100平方米，工作人员4人。主要开展报刊阅览、图片展览等小型活动。1953年，文化馆添置幻灯机一架，经常下乡为群众演出。1956年添留声机一台，配合幻灯宣传党的方针、政策。1954年，文化馆组织部分文艺爱好者，先后举办两期训练班，自编文艺节目，每年到庙会演出。1956年5月16日，本旗乌兰木伦桥竣工，文化馆组织各剧团为2000多名民工演出。同年，文化馆建立了一个季节性文艺队，有队员18人。1957年，这个文艺队改为民间歌剧团。同年，以庆祝“内蒙古自治区成立十周年”为主题，举办了一期大型图片展览，反映全旗工、农、牧业及交通、邮电、金融等行业成就，观众达600多人次。

1958年成立了伊金霍洛旗文化馆。当时有房舍9间，约180平方米。至1965年全馆藏书8000册，其中蒙文310册，读者每年约5000人次，有幻灯机8架，收音机4台，摄影机2架。

1958年，全旗10个区相继建立了俱乐部，文化馆派专职干部下乡巡回辅导业务，帮助各俱乐部开展图书阅览及文艺演出活动。1965年，在阿勒腾席热镇新建文化馆，房舍9间。内设游艺、阅览等活动场所。1974年，文化馆帮助一些中小学组织了业余文艺队，并于同年秋季在阿镇举行会演。1975年秋全旗举办首次文物展览，展出文物有历年来收集的古代陶器、瓷器、动物化石以及古代一些简易农具。1977年春节，是十年内乱结束后的第一个春节，文化馆与文化局共同领导组织了阿镇地区首次隆重的社火活动。活动从农历正月十一日开始到十六日结束，观众达3万多人。从1979年起，文化馆在阿镇街头设立一个宣传橱窗，定期展出各种图片、资料，并且配合司法部门开展各种形式的法律宣传。1981年，文化馆配合计划生育部门，举办了全旗首届计划生育图片展览。1985年7月16—18日，文化馆与五四三办公室、爱委会、团委、妇联、园林队等10个单位，联合举办阿镇地区花卉、盆景展览，共展出花卉62种，观众达1000多人次。

随着文化事业的发展，伊旗文化馆的工作人员也不断充实，1958年文化馆仅有职工4人，到1989年增到16人。配备了美工、文物、文艺辅导、摄影、创编等工作人员。

1979年11月，伊旗在伊金霍洛公社建立了第一个牧区文化站。该站为国办性质。内蒙古文化厅调拨解放牌汽车一辆作为流动车，并拨1万元专款购置设备。文化站分阵地活动和文化车活动。流动文化车配备有发电机、收录机、16毫米放映机、幻灯机、照相机、图片展览板、图书流动柜和全套服装道具。文化车活动为广大群众所喜闻乐见。1980年该文化站为群众放映电影52场，文艺演出60场，观众达6万多人次，行程2万多公里。1982年霍洛文化站文艺队改编为民办公助性质的文化馆演出队。同年，本旗苏布尔嘎、红庆河、纳林希里建立文化站。1983年，其余12个公社亦相继建立了文化站，均为社办公助。全旗15个文化站有5个配备了小四轮文化车。当时有文化活动场所72处，电视机10台，图书4000余册①。根据蒙古族居住的实际情况，多数乡、苏木文化站配备了蒙汉文兼通的蒙古族同志在文化站工作，还订阅蒙文报纸、杂志。文化站的同志还利用“座唱”这种蒙汉群众中广为流行的文艺形式与农牧民交流思想，促进了各民族的团结。

二　图书馆、书店及档案馆建设

据《伊金霍洛旗志》②，伊金霍洛旗图书馆于1981年由旗人民政府批准组建成立。它的前身是旗文化馆图书室。馆址在阿勒腾席热镇原王府院内。图书馆占用面积227平方米。1981年建馆时，有工作人员3人，馆内只有4张阅览桌，30把椅子，藏书5000册。同年底，开设一个综合阅览室，但外借读者很少，借阅手续不全。1983年工作人员增加到9人，成立了外借组、阅览组和办公室。1985年有工作人员14人，其中蒙古族9人，成立了五组一室，即采编组、借阅组、阅览组、辅导组、参观咨询组和办公室。到1989年，馆内有藏书13500册，比建馆初增加了近3倍。图书年借阅量达15800人次。

1983年5月，伊旗文化局在5个重点公社建起了文化站，旗图书馆也帮助文化站建起了图书室。1984年全旗15个乡、苏木均建起了文化站，同时建立图书室。这些图书室大多底子薄，图书数量不足。旗图书馆向基层各图书室赠送了部分科普读物、通俗读物等图书刊物2000余册。

---

① 伊金霍洛旗志编纂委员会：《伊金霍洛旗志》，内蒙古人民出版社1997年版，第859页。

② 同上书，第861页。

免费赠送价值300多元的借书证和阅览证，并派专人下乡帮助各室建立健全借阅制度，分类上账、上架和开展阵地活动。各图书室定期交换图书，提高了图书的利用率。

1952年伊克昭盟新华支店举办新华书店发行业务学习班，郡王旗文教科派一名职工参加业务学习。结业后，由该人负责经销图书，同时也由文化馆代销。从此开始了伊旗的图书宣传发行销售工作，1953年5月，札、郡两旗各配备图书流供员1人，开展图书发行流供工作。1956年，札旗在新街镇用农行的两间土房做门市部和办公室，成立了札旗新华书店，配备工作人员3人。郡王旗借文化馆3间房子成立了郡王旗新华书店，配备工作人员5人。1957年年底，新华书店本着“经销包退、亏损自负，抽利15%”的原则，与基层供销社及分销店联系，订立了代销图书协议。主要批发通俗读物、扫盲课本、年画等，初步形成了由城镇到农牧区的图书发行网。

1958年札、郡两旗合并，成立了伊金霍洛旗新华书店。同年，由内蒙古自治区新华书店拨款，在新街镇建起了80平方米、在阿镇建起了60平方米的新华书店门市部。1966年在阿镇新建了120平方米的新华书店门市部。1972年，建起380平方米的图书库，造价3万元。1984年为解决图书流供困难，购置小四轮拖拉机一台。阿镇新华书店经扩建，建筑面积达870平方米，比1972年增加了63%。1985年，伊旗新华书店的承包责任制得到进一步完善，销售额达195790元，实现历史最好水平。年终在伊盟各旗新华书店验收评比中荣获第一名。1989年，图书销售额达461568元，其中蒙文图书13171元，年终在全盟经营承包评比中荣获第二名。

原郡王旗和札萨克旗人民政府于1950年2月1日和8月26日分别建立了档案室，逐步建立了文书档案制度。1959年4月29日，正式成立了伊金霍洛旗档案馆，收藏全旗各类档案。到1989年，旗档案馆收藏档案共100个全宗，35111卷；资料3446卷（册）。

全旗各乡、苏木镇、旗委、旗政府各部门各单位也相应建立档案室。1989年，有各级各类文书档案室89个，其中，城建档案室1个。档案室普遍设立专库，共有库房907平方米，专用柜434套，并改善了防火、防虫等“十防”设备。基层档案室中，公安局档案室收藏档案较多较全，到1989年年底，共存档案3572卷。

三 电影发行与放映

1957年札萨克旗与郡王旗均成立了电影队。札旗电影队称伊盟电影第六队，郡旗电影队称伊盟电影第七队，两旗共有16毫米放映机2台、发电机2部、放映员3人在全旗各社、村、镇流动放映。第一次带影片到农村放映，上映国产影片《白毛女》《董存瑞》，苏联影片《夏伯阳》《边防哨所》，电影队成立短短几个月就演出170多场，观众达60294人次。1958年，札、郡两旗合并，电影队亦随即合并，称札郡旗电影队，有工作人员5人，队址设在新街镇，在全旗各社、村、镇巡回演出，当年共放映500场，观众达174562人次。

1964年，放映队随旗政府迁到阿镇，人员增至8人。同年，电影队改为伊旗电影管理站，下设两个放映队。1965年增至4个队，队员增为8人。同年，新增置16毫米放映机2台，移动式放映机2台，并建起了露天放映场。1966年由内蒙古电影公司拨款建办公室180平方米，成立了检片、财会、办公室和发行室，健全了机构。1968年，电影管理站成立了文化事业革命委员会，共有职工14人。1972年又恢复电影管理站，职工发展为18人。1970年新增8.75毫米放映机和发电机各6台，新建办公室80平方米，放映人员增至13人，组成6个放映组，深入到交通不便的边远农牧区进行演出。1978年，自筹资金40000元建起了试片室，占地面积240平方米。1980年又建起流动放映片库80平方米。1981年正式成立了伊旗电影发行放映公司。

伊旗基层放映队是从1968年逐步开始建立的。最初有布连、新庙两个公社各购进16毫米放映机1台、发电机1台，在本公社境内演出。1969年开始，全旗各公社陆续购进了放映机。至1970年，全旗15个农牧区公社都成立了电影放映队。同年，全旗有16毫米放映机5台，8.75毫米放映机10台，共有专业放映员17人。1971年，放映员增至38人，每队各2人。1981年，新街公社建成能容纳600多人的影剧院，并配备35毫米提包机2台。20世纪80年代后期，放映队也实行承包责任制，提高了放映员的积极性，放映场次显著增加。

伊旗人民礼堂位于阿镇中心文明路北侧，1967年5月动工兴建，1968年春基本竣工，10月交付使用。建筑面积1390平方米，上下两层，内设1016个座位。总投资款额18万元，是阿镇的主要影剧活动场所。

1978 年，伊旗电影公司自筹资金 4 万元，建起了占地面积 240 平方米的试片室，内设 214 个座位，增设放映电视录像等服务项目。

新街影剧院坐落于新街镇中心，1983 年 8 月 1 日动工，1984 年 5 月 22 日竣工。总投资 14.5 万元，建筑面积 768.6 平方米。内设座位 686 个，配有 35 毫米提包放映机 2 台①。

四　文艺演出团体

札旗晋剧团于 1954 年 10 月在原札旗所在地新街镇成立。该团由文艺爱好者自行组织筹建而成。当时共筹集现金 2700 多元，旗政府又拨款 1000 元作为建团资金。剧团演职员有的来自山西，有的是从当地学校中选拔的，并从山西聘请了两名导演。同年开始公演。该团属自负盈亏，单独核算的集体单位。剧团成立期间，受政府的领导。晋剧上演的节目有《游龟山》《六郎斩子》《凤义湾》《游西湖》《铡美案》《打金枝》《阮玉屏》《劈山救母》等 30 多个传统连本戏。1958—1959 年，编排了《管不住的姑娘》《巩固人民公社》两个现代戏。其中《巩》获 1959 年全盟会演二等奖。该团每年下乡均在六个月以上，演出 200 场左右，观众达 11 万人次。剧团主要立足本旗，面向基层，为农牧民服务。为提高演出质量，加强与兄弟旗县、省市的文化交流，该团先后到伊盟沿河地区、巴盟、乌海、陕西神木、榆林、府谷、山西保德等地演出。

1959 年 1 月札、郡两旗合并后，札旗晋剧团改称伊旗晋剧团。1964 年 3 月，根据自治区文化行政会议和盟文教行政会议“国家精简机构”“文化事业调整精简”的精神，由旗人民委员会决定撤销了伊旗晋剧团。

伊旗歌剧团的前身是郡王旗文艺宣传队。1952 年原郡王旗文化馆办了一个季节性文艺宣传队，每年农闲时，集中为全旗进行宣传演出。1955 年，旗委、政府决定成立郡王旗歌剧团。当时共有演职员 15 人。剧团性质为民办公助，是自负盈亏的集体单位。1965 年，全体演职员经过 20 多天艰苦劳动，建起新房 12 间，维修旧房 5 间，解决了全团人员住宿困难，节省开支 2100 多元。歌剧团坚持立足本旗，面向基层的服务方向，每年下乡演出六至七个月，达 200 多场，观众 11 万多人次。该团演出的古典戏有《方四姐》《一场梦》《卷席筒》《茶瓶计》《五姑娘》以及传统二人

① 伊金霍洛旗志编纂委员会：《伊金霍洛旗志》，内蒙古人民出版社 1997 年版，第 863 页。

台共30多个项目。现代戏有《喜丰收》《夺印》《三月》《会计姑娘》《李二嫂改嫁》《邻居》《一把镰刀》及民族歌舞60多个。自编自演的节目有《一把镰刀》《镰刀的血恨》《古城新歌》《喜丰收》《称心的礼物》，民族歌舞和表演唱等40多个。1955—1964年歌剧团先后在伊盟和自治区会演。参加会演的节目有《粜余粮》《喜丰收》《乌兰木伦颂歌》《十唱新庙乡》《称心的礼物》。这些节目均在会演中获创作奖或表演奖。《一把镰刀》在1964年参加全区二人台、二人转会演中，受到好评，选拔进京作了汇报演出，受到李先念、薄一波、李富春等国家领导人的接见。1965年伊旗歌剧团向全自治区乌兰牧骑学习班作了示范演出。1970年9月1日撤销了该剧团。

伊旗乌兰牧骑的前身是伊旗歌剧团。1970年9月10日正式成立了伊旗乌兰牧骑。原歌剧团的演员大都成为乌兰牧骑的骨干。歌剧团的服装、道具也全都移交乌兰牧骑。当时，乌兰牧骑有指导员、队长各1人，队员17人。1971年，乌兰牧骑面向全旗农牧区招收学员，将招收的学员进行了短期培训，经过考核，录用了蒙汉学员8人。同年，乌兰牧骑组成小分队前往延安、西安、太原、石家庄、唐山等地学习，加强了队员的自身修养，提高了业务水平。他们先后学演了《军民大生产》《延河畔上女石匠》等7个节目。这年春节乌兰牧骑没有放假，为阿镇地区干部职工进行了慰问演出，受到了群众一致好评。

为普遍提高演员的业务水平，1972年1月，全体队员赴呼和浩特学习，自编自演了芭蕾舞《新社员》，并参加了全盟乌兰牧骑会演。会演中小戏《学好国际歌》被评为优秀节目，舞蹈《补麻袋》《军民大生产》获盟文化局颁发的优秀节目奖。这年乌兰牧骑赶排了庆祝毛泽东《在延安文艺座谈会上的讲话》发表30周年的文艺节目。他们深入农牧区下乡演出80余天，演出78场，观众达75000多人次。

1973年，由内蒙古文化局和地方财政拨专款，乌兰牧骑重新修建了排练室、办公室、宿舍、伙房等。同年，新招收学员7人，送往自治区乌兰牧骑学员班学习。同时，乌兰牧骑将全体队员化整为零，深入到全旗15个公社的部分大队，辅导农村业余文艺宣传队，帮助组织了全旗业余文艺会演，还为农村牧区举办了一期文艺骨干训练班。

1975年，乌兰牧骑继续抽调部分队员分赴全旗各地辅导业余文艺宣传队。10月，参加了全盟乌兰牧骑调演。调演中，《大干快上》《选良种》《大学归来》等歌舞获奖，其中《选良种》被评为优秀节目。

1978 年，在全盟乌兰牧骑调演中，《找对象》《一个心眼》《春到草原》均获优秀戏目奖。其中小戏《一个心眼》分别获创作、表演、演奏奖。被盟文化局评为“全盟先进乌兰牧骑”。

1979 年，乌兰牧骑第一次实行售票演出，演出地区主要是全旗各地及毗邻旗县。他们下乡共演出 120 多场，收入 11000 多元，观众达 124000 多人次。为了帮助边远地区发展文艺事业，自治区文化局给伊旗乌兰牧骑调拨了一辆部队退役的四轮罗马车。

1982 年，旗乌兰牧骑参加了全盟乌兰牧骑会演，小戏《巧巧和亮亮》获创作、导演、表演、音乐一等奖；舞蹈《出征之前》获创作二等奖；这次会演中有 6 名演员获个人表演奖。12 月，被伊盟文化处评为“全盟先进乌兰牧骑”。

1984 年，伊旗乌兰牧骑排演的地方戏《柳情》代表伊盟“一盟一戏”参加了“全区一九八三年新创剧目巡回观摩团”汇报演出，并荣获自治区颁发的剧本创作奖和表演奖。同年，乌兰牧骑将全队分成小分队承包下乡演出 80 多场，观众达 96000 多人次，被伊盟文化处评为“先进乌兰牧骑”。

1985 年，旗乌兰牧骑为了解决歌舞演出队员年龄老化问题，面向全旗农牧区招收 15—16 周岁的小学员班，配备了一名舞蹈老师，辅导授课一年，择优录用了 7 名小学员。6 月，旗乌兰牧骑参加了全盟专业艺术团体会演。舞蹈《乡村秧歌进了城》获创作一等奖；舞蹈《牧归》、小戏《二牛婆姨》获创作二等奖；《走马》《五哥放羊》获独奏二等奖。同年，乌兰牧骑被伊旗党委、政府命名为“两个文明建设先进单位”。

1986 年，乌兰牧骑下乡 70 天，为农牧民演出 75 场。李玉喜自编自演的双人舞《乡村秧歌进了城》参加了全区第二届舞蹈比赛，荣获服装设计奖。当年年底，被伊盟文化处评为“全盟文化系统先进单位”。

1987 年，乌兰牧骑主要排练庆祝内蒙古自治区成立 40 周年文艺节目。8 月初，国家副主席乌兰夫在自治区党政领导陪同下来到成陵，乌兰牧骑接待演出 8 场。当年年底，伊旗乌兰牧骑被评为“全盟乌兰牧骑先进集体”。

1988—1989 年，乌兰牧骑下乡 131 天，为农牧民演出 210 场。1989

年，乌兰牧骑被伊盟文化处评为“全盟文化系统先进集体”①。

五 文学艺术创作

中华人民共和国成立后，伊旗的文学创作有了一定发展。20 世纪 60—80 年代，本旗陆续涌现出一批生气勃勃的文学艺术工作者，他们辛勤耕耘，创作了一批优秀的文艺作品。

20 世纪 50 年代初期，札萨克文化馆创作员恩肯巴特尔，深入民间收集谜语 3000 多条，由内蒙古人民出版社出版。同时，恩肯巴特尔还广泛收集蒙古族民歌 3000 余首，于 1965 年刊登在馆办油印刊物《乌兰木伦》上。

1970—1989 年，本旗业余作者李文创作了反映农村生活题材的小说多篇，其中《赵大婶接闺女》《钉子精神》《铁算盘》《两次记工》《种豆得瓜》发表在《草原》《内蒙古日报》上。短篇小说《种豆得瓜》于 1980 年在全区小说、戏剧、电影文学创作评奖中获三等奖。

1980—1985 年，本旗教育战线业余作者徐兴邦创作的散文《沙蒿礼赞》《沙葱情》《春的旋律》《远方的来信》《燕子报春》等 20 余件作品分别在《内蒙古日报》《实践》《内蒙古教育》及《鄂尔多斯》《鄂尔多斯报》上发表，这些散文在盟内外产生了一定的影响。

伊旗蒙古语文办公室赛音吉日嘎拉和沙日勒岱二人编辑整理的《成吉思汗祭奠》（蒙文）一书，于 1984 年由民族出版社出版。此外，他们应蒙古文献丛书编委会之约搜集整理的《伊希・丹增旺吉拉诗集》，也于 1984 年由民族出版社出版。同年 7 月《成吉思汗祭奠》《伊希丹增旺吉拉诗集》两本书在香港展出，受到各界读者的欢迎。

伊旗高原蒙校教师苏亚拉图从 1975 年开始用蒙古文进行多种体裁的文学创作。先后在《花的原野》《内蒙古青年》《鸿嘎鲁》《草原歌声》《阿勒腾甘德尔》等文艺刊物上发表诗歌、小说、散文、儿童文学、歌曲、小幽默等 150 余篇。其中，儿童文学《小小投递员》《爷爷的朋友》分别获内蒙古儿童文学大奖赛一等奖和三等奖，《阿勒腾敖包》《乳香飘》《撒满泪水的一封信》《黑头绵羊》《雪原打猎》等作品，分别获鄂尔多斯文学一、二、三等奖。

① 伊金霍洛旗志编纂委员会：《伊金霍洛旗志》，内蒙古人民出版社 1997 年版，第 866 页。

伊旗文化馆王文明多年来钻研儿童文学创作，他创作的儿歌曾获《老同志之友》儿歌征集。1979—1989年，他创作的儿歌在《天津儿童画报》《内蒙古日报》《内蒙古林业》《鄂尔多斯报》等区内外报刊上发表。

戏剧创作方面，伊旗作者从20世纪60年代开始发表作品。1964年，旗歌剧团南守忠创作的小歌剧《一把镰刀》获伊盟创作奖和表演奖。

1970—1979年，本旗业余作者李文创作的反映农村生活题材的小歌剧《红梅》《学好国际歌》发表在国务院出版的《乌兰牧骑》专辑上。《红梅》代表内蒙古地区参加了华北戏剧会演。

1980年李文与石峥嵘合作的大型地方戏《柳情》在伊盟公演后，受到了盟委领导的高度赞扬，该戏代表伊盟参加了“全区一盟一戏观摩评比”，获创作奖。

石峥嵘创作的地方小戏《巧巧和亮亮》《院邻》《找对象》《二牛婆姨》等演出后，受到了广大农牧民观众的好评。其中《巧巧和亮亮》荣获1984年全区文艺团体创作奖和表演奖。1985年，该剧本获首届《北国影剧》优秀作品奖。《找对象》《二牛婆姨》在1985年全盟乌兰牧骑调演中获创作奖。1985年，李文和石峥嵘创作的电视剧《哦，村东那座老油坊》在《中国影视新潮流》第5期头条刊出，此刊还附有中国戏剧理论家马道远的评论《老油坊被毁的后面》，对这篇思想内容崭新的作品予以高度的评价。1988年李文、石峥嵘创作的电视剧《老弓》由伊盟电视台摄制并播放，1989年又在中央2台播放①。

伊旗常见的传统乐器有二胡、四胡、三弦、手琴、扬琴、笛子、唢呐、锣、鼓、镲等。这些乐器均流存于民间。爱好者都是自学粗通，每当劳动之余便独奏自赏。有时遇有喜庆节日或在朋友相聚的酒宴上，将几种乐器组成家庭小乐队合奏，并和以声乐，这种娱乐往往通宵达旦，演奏的多半是民歌曲谱和二人台曲调。中华人民共和国成立以来，随着人民物质和文化生活的改善，像口琴、手风琴、脚踏琴、大小提琴、小号、吉他、黑管、电子琴等西式乐器也先后传入伊旗。

六　报纸刊物与广播电视事业

《郡王旗报》1958年7月15日成立郡王旗报社。报社是旗委下设的

① 伊金霍洛旗志编纂委员会：《伊金霍洛旗志》，内蒙古人民出版社1997年版，第869页。

事业单位，隶属宣传部领导。设编委会，主编 1 人（由旗委书记兼），编辑、干事各 1 人。聘兼职记者 17 人，通信员 59 人。报纸刊名《郡王旗报》，油印，四开两版，周刊，旗内发行。从创刊至 11 月底，共出版 15 期，每期发行 400—490 份。

《札萨克旗报》1958 年 8 月 1 日成立札萨克旗报社。报社是旗委下设的事业单位，隶属宣传部领导。设编委会，主编 1 人（由旗委书记兼），编辑 1 人，聘兼职记者 15 人，特约通信员 35 人，一般通信员 250 人。报纸刊名《札萨克旗报》，油印，四开两版，四日刊，旗内发行。从创刊至 11 月底，共出版 16 期，每期发行 320—380 份。

《札郡旗报》1958 年 11 月 5 日，札、郡旗政府合署办公，两旗的报社随之合并称札郡旗报社。报纸刊名《札郡旗报》，共出版 9 期。

1959 年 1 月 15 日，札、郡旗正式合并称伊金霍洛旗。随之，札郡旗报社更名为伊金霍洛旗报社。报社设社长 1 人，主编 1 人（旗委书记兼），副主编 2 人（副旗长、宣传部长兼），干事 3 人，聘兼职记者 15 人，通信员若干人。《伊金霍洛旗报》的刊名，由时任内蒙古自治区主席乌兰夫亲笔题写，油印，四开两版，周双刊，旗内发行。共出版 41 期，每期发行 1400 份。同年 7 月 1 日，因当时旗财力有限，报社设备简陋，印刷技术落后，纸张供应紧张而停刊。

《伊金霍洛报》1983 年 12 月创刊，四开四版，铅印。由旗文化馆主办，有主编和编辑各 1 人。创刊之日，旗文化馆撰写了发刊词，强调本报坚持“二为”“双百”方针，坚持四项基本原则，立足本旗，面向全盟，旨在发现、培养文学新人，壮大本旗文学创作队伍。《伊金霍洛报》不定期出版，每期容纳 15000 余字，印数 1000 份。主要发表本旗业余作者的小说、散文、诗歌、摄影、美术、书法作品及文化消息、创作动态、文艺信息等。至 1989 年共出版 18 期。

《伊旗文艺》1976 年由旗文化馆创刊，16 开本，内文 30 页，油印。编辑亲自编稿、刻写、印制。每期从封面至内文，均有插图，不定期出版，共出版 10 期。主要发表本旗农牧民业余作者的小说、散文、诗歌、曲艺等作品。于 1980 年停刊。

札、郡旗通信报道业务始于 1952 年，当时上级要求旗委宣传部组织通信员写稿，向报社反映本旗各条战线上革命、生产、建设的消息。报社还发来报道提要。旗宣传部将此精神贯彻到区、乡，并聘任区、乡文书和旗直单位爱好写作的同志为通信员，共20余人。1955年整顿了通信队伍，以区建立3—5人的通信报道组，通信员共有50余人。1958年，札、郡两旗各成立报社，自办报纸，通信员发展到340多人。召开了通信员代表座谈会，札旗报社还给通信员印发了会议纪要，介绍了写新闻报道的方法、要点，以提高通信员的素质。1959年旗报停刊后，通信员人数减少。能经常写稿的30人，被鄂尔多斯报社和伊盟电台聘为通信员。有些稿件如赵文智写的《敬老院里度晚年》，臧文海和赵文智合写的《新庙村史》等文章，广受读者好评，获盟级奖励。

“文化大革命”期间，通信员组织曾一度涣散。1970年，旗革委会成立“土记者站”，1972年，“土记者站”撤销，成立写作组，主要从事全旗新闻、报道，同时负责通联工作。1976年写作组撤销，新闻通信工作由旗委宣传部负责。1978年以后，旗委宣传部对通信报道组织进行了整顿。1982年和1986年宣传部召开过两次通信员代表会议，学习了有关文件，研讨了通信报道工作，表彰了先进通信员。在各乡、镇、苏木均建立了通信报道组，有专人负责。全旗发展通信员175人，其中内蒙古日报社、鄂尔多斯报社、伊盟广播电台受聘本旗通信员30人。历年来，为各级党报、电台采写了大量稿件。据1989年统计，向《鄂尔多斯报》投稿被采用146件；伊盟电台采用160件，其中蒙语91件；伊旗广播电视自办节目用稿约500件，其中蒙语文占125件。

1982年，亢保卫写的《美德》一文，在伊盟稿评会上获一等奖；在自治区稿评会上获二等奖。黄克勤写的《伊旗党委政府落实民族政策，促进民族团结》一文，在伊盟稿评会上获一等奖；在自治区稿评会上获二等奖。

鄂尔多斯报社于1975年派出记者1人，在伊旗设立记者站，驻伊旗采访。1976年撤回。1977年，鄂尔多斯报社又在伊旗恢复记者站，驻站记者1人，从旗在编人员中推荐，其待遇由报社供给。1979年再次撤站。1984年又恢复。

1959年年初，广播站购置1千瓦的扩大机和收转设备一套（价值1万元），安装在印刷厂的一个房间里（借用）。1960年6月，广播站搬到了邮电局的一个房间。1964年站址由新街迁到阿镇，购置了150瓦扩音设备，借用外单位的4只喇叭对镇内广播。1967年，广播站建起了机房、播音室，共105平方米，购买宿舍4间。1977年盖库房3间。

1984年，建办公室450平方米。1985年，全旗扩大机总功率达到8千瓦，有收转机17台，录音机18台，高音喇叭800只，低音喇叭54只。1988年，旗站建立广播电视台，全旗各地建立电视差转台7个，地面卫星接收站3个。

旗站从1958年建站到1966年，主要转播中央台、内蒙台的节目，不定期的播出一些本旗新闻。1966年下半年至1968年年初，广播被“文化大革命”所利用。

所播内容主要是有关“文化大革命”的文件、指示、文章等，也有一些各个派别之间互相攻击的文章。

1968年广播站开始自办节目，当时只有汉语节目，采编1人，播音1人。

1968—1976年年底，旗站除转播中央台、内蒙台的节目外，每天有30分钟的自办节目，围绕各个阶段的阶级斗争进行宣传。

1978年12月开始自办蒙语节目。每星期二、五播出，有蒙语播音员1人，蒙语编辑1人，蒙汉编播人员共4人。

1978—1985年，每天早、中、晚除转播中央台、内蒙古台、伊盟台的节目外，加强了30分钟的自办蒙汉语节目。1983年增设“今日新闻”节目。

1985年，旗站自办汉语节目有“本旗新闻”“农牧民之友”“听众论谈”“百草原”“法制园地”“信息与广告”“一周要闻”等，蒙语节目主要有“本旗新闻”“科学与生活”“少儿节目”等。每日播音3次，早、中、晚各1次，全天播音时间为5小时10分钟。

1984年12月10日，在阿镇建起电视差转台一座。台址设在柳沟梁制高点，建筑面积110平方米，覆盖半径2.5公里，输出功率为10瓦。差转包头电视台的节目。为保证差转效果，于1985年10月建起了高76米的电视接收塔，差转机功率增为50瓦。

为使阿镇地区居民及时了解一些本地新闻，旗广播电视站从1985年12月17日开始，每星期二、四的7时30分为本旗自办节目，每次15—25分钟，通过差转机发射出去。现在阿镇地区居民已经能看到4套电视节目。同时，为了满足基层人民群众看电视的需要，先后在6个乡、苏木、镇，1 个煤矿建起了 7 个电视差转台。1989 年年底，全旗电视覆盖率达 75%。①

表 4-1 伊金霍洛旗基层电视差转台情况一览

名称	建台时间	地点	接收频道	差转机（台）功率（瓦）
苏布尔嘎苏木电视差转台	1986 年冬	道劳岱村	12	1/50
纳林希里乡电视差转台	1986 年冬	乌兰淖村	12	1/50
红庆河乡电视差转台	1986 年冬	红庆河村	12	1/10
台格苏木电视差转台	1986 年冬	五连寨子	12	1/10
新街镇压电视差转台	1986 年冬	新街镇	12	1/10
新庙乡电视差转台	1986 年冬	新庙村	12	1/3
忽鸡图煤矿电视差转台	1986 年冬	忽鸡图	12	1/10

资料来源：《伊金霍洛旗志》，内蒙古人民出版社 1997 年版，第 936 页。

七 伊金霍洛旗文化事业发展历程与现状

进入 21 世纪以来伊金霍洛旗文化事业蓬勃发展。创演了《鄂尔多斯婚礼》《草原画卷》《圣地天歌》《中华情》等一大批本土文艺精品，电影《曲别针》获全区第十届“五个一”工程优秀作品奖，并入围国家改革开放 30 年 30 部献礼电影，《走进石锁沟》获第 26 届全国电视剧飞天奖，成为全市唯一荣膺“全国文化先进单位”的旗区。成功协办两届鄂尔多斯国际文化节、第十一届亚洲艺术节、鄂尔多斯国际那达慕大会，成吉思汗祭祀文化之乡活动获得自治区批复，进一步提升了伊金霍洛旗知名度。群众文化活动丰富多彩，民间艺术蓬勃发展，伊旗荣获“全国文化先进单位”称号。

伴随鄂尔多斯地区社会、经济建设的全面飞速发展，伊旗文物事业也迎来了跨越式发展的新时期。2006 年，成吉思汗祭典入选中国国家级非物质文化遗产名录，鄂尔多斯对它的保护和研究工作力度也提到前所未有的高度。同年，由清华大学建筑学院、建筑设计研究院、鄂尔多斯市成吉思汗陵管理局共同参与设计的《成吉思汗陵文物保护规划》，在北京国家级文物保护专家论证会上正式通过并开始实施。根据保护规划，鄂尔多斯市委、市政府大刀阔斧，突破重重阻力将陵区周边的管理局办公场所、宾

① 伊金霍洛旗志编纂委员会：《伊金霍洛旗志》，内蒙古人民出版社 1997 年版，第 937 页。

馆、商店、餐馆以及伊金霍洛苏木政府机关和居民，全部搬迁至3公里之外的新区，使成吉思汗陵园周边的自然环境得到了彻底的改善。同时，成吉思汗陵、祭祀成吉思汗的古老仪式、颂词，以及成吉思汗陵内供奉的珍贵文物等等，都得到了进一步有效保护。另外在成吉思汗祭祀文化的保护和发掘方面，也取得了骄人的成绩，不仅举办了《成吉思汗陵史展》《成吉思汗祭祀文化展》等展览，还发掘、整理出版了《成吉思汗金箔金书》（原名《成吉思汗祭祀金书》），编辑出版了《成吉思汗研究论文集》《成吉思汗陵》等著作。为了真正把成吉思汗陵园打造成世界级唯一的成吉思汗研究中心，成吉思汗博物馆、成吉思汗文史馆、成吉思汗档案馆等相继建立，成吉思汗陵正在向世界级蒙古文化中心的目标迈进。

鄂尔多斯东联集团2000年6月18日成立，前身为伊克昭盟民联建筑房地产开发有限公司。建筑房地产事业的成熟与壮大，使东联集团决策者和领导层催生了向更高更强方向发起挑战的决心与信心，开始涉足文化旅游产业和教育事业，迈向多元化、创新化的产业发展之路，而投资开发成吉思汗陵旅游景区则打开了东联集团的战略转型之门。2001年，东联集团以自觉的态度和科学的方式，投资开发了成吉思汗陵旅游景区，展开了文化旅游产业的探索实践。成吉思汗陵旅游景区以成吉思汗文化为主线，以蒙古族历史文化和鄂尔多斯民族风情为基础，紧紧抓住成吉思汗陵这一集世界性、唯一性、教育性、经济性于一体的文化资源，打造了以“一馆、一团、两道、三区、八景、十个世界之最”为核心的“国家AAAAA级旅游景区”“国家文化产业示范基地”。同时，东联集团对成吉思汗文化的研究工作也非常重视，组织编写了《成吉思汗评传》《永远的成吉思汗》《成吉思汗与蒙古族》等成吉思汗文化系列丛书，举办了各种形式的成吉思汗文化研讨会，积极促进学术交流，深入挖掘成吉思汗文化内涵、精髓，将成吉思汗文化研究推向新的水平。东联集团成吉思汗陵旅游景区的开发运作，不仅成为内蒙古自治区文化旅游产业的成功典型案例，而且全面提升了成吉思汗陵旅游的文化内涵、规模档次、吸引力和影响力，为传播和弘扬成吉思汗文化提供了又一重要阵地，为让更多的人了解和认识世纪伟人成吉思汗，为推动和深化成吉思汗文化研究，加快实现内蒙古由民族文化资源大区向民族文化强区的历史性跨越，作出了特殊的贡献。①

① 《鄂尔多斯文化遗产事业概况》，引自 http：//blog.sina.com.cn/s/blog_ 574cd6e90101a996.html.

据伊金霍洛旗文化体育广播电影电视局《2012 年年鉴》[①]，伊金霍洛旗文化体育广播电影电视局下设 6 个二级单位，即大剧院、乌兰牧骑、文化市场综合执法大队、文化馆、图书馆、文管所。全旗 7 个镇设综合文化站。

2012 年，伊旗在“5015”文化惠民工程中，向全旗 7 个镇综合文化站配备文化下乡辅导演出服务车一辆，同时还为综合文化站、村嘎查文化室配备音像、乐器、摄影器材设备一套，总价值近 300 万元。

2012 年，成功协办了伊金霍洛国际马拉松大赛、第二届鄂尔多斯国际那达慕大会、2012 国际拳击邀请赛、田联竞走挑战赛、首届中国马术大赛，进一步提高了文化旅游节庆品牌的知名度。

自 2002 年以来，伊旗在阿镇地区举办每年一届的广场文化活动。各镇、旗直各大系统、企业和学校等组织的专场演出达 339 场次，受益群众 67. 8 万人次。目前，全旗已建起了 24 支社区和农民业余文艺演出队。每年开展农村电影放映 1000 多场（次），受益群众近 20 万人次。开展送文艺下乡活动 584 场次、受益群众 70 多万人次。完成了 62 个价值 217 万的新增草原书屋建设工作。全旗各级图书馆（室）接待图书阅览、借阅和查阅人员 10 万人次，提供各类图书 12 万册。在“5015”文化惠民工程中，向全旗 7 个镇综合文化站配备文化下乡辅导演出服务车一辆，配备音响、乐器、摄影器材设备一套，为 53 个村嘎查文化室配备音响、乐器、摄影器材各一套，总价值近 300 万元。

图书服务工作方面，一是投资 5 万元为全旗七个镇嘎查村、社区配送了流动书箱、图书流动车，活动开展以来共流动图书 3000 多册次。二是图书馆在全旗各大型企事业单位设立了图书流动服务点。三是发挥图书馆社会教育职能，深入乡镇村社举办各类知识讲座 5 场次，听众达 500 多名。同时我们下基层开展共享工程基层网点技术培训工作 5 次，培训基层网点信息员 6 人次，下基层文化站指导培训 3 次，协助指导基层站点分类、编目、上架图书 3000 多册，举办草原书屋管理培训 2 次，参训 52 人次，指导并实施草原书屋图书分类、编目、上架图书 2400 多册。目前，全旗乡镇图书室达到 20 个，村、社区、流动图书服务点 15 个，建成草原书屋 138 个，共有藏书 4000 册。

---

① 伊金霍洛旗文化体育广播电影电视局：《2012 年年鉴》。

伊金霍洛旗乌兰牧骑认真编排节目、推陈出新，共开展送戏下乡演出达60多场。其中深入镇村演出40多场，深入各厂矿和敬老院开展慰问演出20多场，完成各类接待演出170多场。乌兰牧骑着眼于重点剧目的创作，全力打造民族文化艺术品牌。上半年共创作大型歌舞2台，舞蹈9支，歌曲、器乐18首，曲艺节目4段。其中大型原创民族歌舞晚会《蒙古传说》成为伊旗首演剧目，在马拉松赛前接待国内贵宾演出得到了广泛的关注与好评。在工作之余积极支持鼓励队员参加各类专业比赛。7月10日，乌兰牧骑自导、自演的男群舞《咪尼乌日嘎》参加第六届华北五省区市舞蹈大赛中获创作“金奖”、表演“金奖”，女群舞《牧马姑娘》获创作“银奖”、表演“银奖”。7月30日，乌兰牧骑队员参加鄂尔多斯舞台艺术电视大奖赛，呼麦组合《奇日格》获“金奖”，队员李宇洁、李芹、呼格、何晓杰获得二等奖，玛希、女群舞获得“三等奖”。

在2012年“3・15”期间，伊旗开展“文物法”进社区宣传活动，发放文物法宣传材料3000余份，让更多的群众了解文化遗产政策法规，增强文化遗产保护意识。完成市级第二批重点文物保护单位文本申报工作和自治区第五批重点文物保护单位文本申报工作。公布白敖包遗址、架子圪旦遗址、电石湾遗址为旗级重点文物保护单位；公布《伊金霍洛旗不可移动文物名录》；在三套石圈遗址、石城壕遗址、红庆河古城、乌兰敖包遗址等文物重点保护区竖立汉白玉保护标志牌。6月，与旗公安局配合，在乌兰木伦镇明安木独村破获一起非法挖掘古生物化石案件，抓获犯罪嫌疑人一名。配合伊旗项目建设，在蒙古源流文化产业园、江苏工业园察汗淖集运站等项目建设地带进行文物调查，组织召开伊旗各大产业园区项目建设与文物保护工作协调会，尽最大限度保护伊旗的文物古迹。编写《伊金霍洛旗第三次全国文物普查工作报告》，印刷胶印本50册。

影像市场整治方面，通过与公安、工商等部门的联合整治行动，2012年上半年，共销毁盗版音像制品3990张，共销毁带赌博功能的游戏机14台，电路板78块，盗版书刊614册，盗版电脑软件8000余张，总价值近20万元。网吧整治工作方面，继续暂停对单体网吧的审批，积极引导网吧市场向规范化、品牌化、规模化、连锁化健康发展。歌舞娱乐场所整治方面，通过召开业主座谈会、定期检查与突击检查相结合等方式，加大对歌舞娱乐场所的监管力度，同时配合公安、工商等部门开展对歌舞娱乐场所的专项整治。认真做好演出市场的审批与监管工作。此外，我局还全面推进依法行政工作。抓执法队伍建设，组织40多人次参加文化市场行政执法人员培训。抓案件督办，半年共受理各类文化市场投诉9件。开展专项行动保障党的十八大期间文化市场秩序和谐稳定。

截至2013年，伊旗全旗7个镇级综合文化站中有5个建筑面积达到800平方米，建成200平方米以上文化室86个，建成文化馆、图书馆、文化站、文化室三级电子阅览室95个，配备电脑564台，伊金霍洛大剧院新增加3D电影放映设备，为群众播放院线电影[①]。建成8个社区文化活动中心，逐步形成了覆盖城乡的公共文化服务体系。

第二节　成吉思汗陵与伊金霍洛旗文化资源开发

成吉思汗陵，史称“八白（宫）室”，即八顶白色蒙古包组成的供奉物，形成于元朝年间，历代由鄂尔多斯部负担着守护管理的重任，其中达尔扈特人专司祭祀供奉之职，完整地保留了独特的成吉思汗祭祀和蒙古族古老的文化习俗。成吉思汗祭奠每年进行30多次，每次祭奠都有其特定的内容、程序和时间，700多年不变一直延续至今。每到祭日，牧民们不远千里而来，将纯洁的奶食、肥硕的羊背子摆放在成吉思汗的灵柩前，虔诚地祈祷大汗保佑风调雨顺、五谷丰登、六畜兴旺，达尔扈特人高诵着“圣主颂”等古老的祭文。整个祭奠庄严肃穆、散发着浓浓的民族气息。

成吉思汗祭奠，作为蒙古族人民特有的祭祀仪式，700多年来延续不断，成吉思汗陵和蒙古鄂尔多斯部落在鄂尔多斯地区的存在，使鄂尔多斯较完整地保留了蒙古族最基本的传统文化，是蒙古族传统文化的标本；也使鄂尔多斯成为保留蒙古族最完整、最丰富、最具有个性特征的祭祀文化的地区。长久以来，坐落于伊金霍洛旗的成吉思汗陵就一直是蒙古族文化，尤其是蒙古族祭祀文化的核心。也因此，成吉思汗陵对于鄂尔多斯，对于全国乃至全世界，都具有了十分重要的地位和意义。

在现代化、全球化的背景下，旅游业成为一种必然的发展趋势，成吉思汗陵作为国家重点文化保护单位，又是蒙古族文化的汇聚之地，活人守护的文化和从未间断的古老祭祀文化，使成吉思汗陵成为一座活态的人文景观。在旅游业发展的背景下，成吉思汗陵面临如何在现有文化中挖掘出

① 伊金霍洛旗人民政府：《2013年上半年全旗经济社会发展情况通报》，2013年7月。

蒙古族民族核心的文化资源，并在挖掘利用这部分文化的同时实现文化的可持续发展，成为成吉思汗陵在旅游业必然趋势下首要解决的问题。“民俗，是一个民族或一个共同地域的人们每天都在创造和共同实践的文化。民俗是一个民族最具有根底性的文化，是一个社会最基本性的文化，也是一个区域最具魅力的文化。将民旅游引入民族，可以使旅游更具有文化意义；将旅游引入民俗，可以使旅游更具有发展前景。”① 因此，笔者认为成吉思汗陵之所以具有资源开发的价值，是因为其核心的活态的成吉思汗祭祀文化，作为一种成吉思汗祭祀文化是来自民间的文化经典，集中体现了蒙古族信仰习俗、饮食习俗、服饰习俗、口头传统及达尔扈特人身上凝聚的蒙古族的民族心理等，是蒙古族民俗、民间文化的集中体现。因此，作为成吉思汗陵核心资源的民俗文化资源是成吉思汗陵发展旅游业得天独厚的资源优势，“旅游走进民族，就是走进民间；旅游走进民俗，就是走进生活”②。利用旅游业不仅打开了外界了解认识一个民族的窗口，最终也会带动民族地区经济的发展，“把民俗中可利用的资源应用于当地的旅游业，对旅游经济的开发是不无帮助的”③。当下，在成吉思汗陵在功能日益多元化的形势下，如何更好地在保护传统文化不被破坏的前提下，利用现有资源发展民族旅游业是解决成吉思汗陵现代化过程中的首要问题之一。

一　成吉思汗陵文化资源概况

成吉思汗陵的核心文化资源成吉思汗祭奠，是以成吉思汗为核心的蒙古族民俗文化的经典，也在第一批登上了国家非物质文化遗产名录，根据联合国教科文组织通过的《保护非物质文化遗产公约》中的定义，“非物质文化遗产”指被各群体、团体、有时为个人所视为其文化遗产的各种实践、表演、表现形式、知识体系和技能及其有关的工具、实物、工艺品和文化场所。④ 从联合国教科文组织定义的非物质文化来看，非物质文化中的“非物质”是一个相对的概念，非物质文化遗产中要保护的各种非物质的各种表演、仪式及各种技能的存在，是以物质化的工具、实物等为

① 周作明：《永远的朝阳——民族旅游研究》，广东旅游出版社 2002 年版。第 3 页。

② 同上书，序言部分。

③ 钟敬文：《民间文化保护与旅游经济开发》，载《民间文化》2001 年第 2 期。

④ 联合国教科文组织：《保护非物质文化遗产公约》第一章“总则”第 2 条，2003 年 10 月。

载体的。从哲学上看，世界是物质的，没有任何事物是可以离开物质而存在的。非物质文化遗产也还有其他物质载体和表达形式。因此，从非物质文化的存在形式来看，非物质文化遗产又具有与其相对的物质性，非物质文化的物质性就是指作为非物质文化载体的实物存在，比如舞蹈、戏剧、说唱等表演艺术，就有剧场、舞台、广场这些物质形态，也有道具、服饰、布景等物质形态。[①] 而民俗文化作为非物质遗产的物质性，也表现在它有广泛多样的民俗器物、实物等物化形态，如民间建筑、居民、服饰、工具、碑刻、器具、家具、美术品、工艺品等在生活中“使用”着的物质形态，民俗行为文化，离开了这些器物、实物，甚至就无法附着，无以表达，无以存在。[②] 而且这些物质性的存在本身也是对民众生活史的记录，因此民俗文化是非物质文化资源中与那部分物质和非物质结合而成的文化。因此，民俗文化资源也不仅仅是作为精神信仰的仪式的存在，还有整个“文化空间”中的所有物质性的存在。

成吉思汗祭陵的核心文化资源——成吉思汗祭祀文化，作为成吉思汗陵的主体文化，也是蒙古族民俗文化的集中体现，“民俗文化是一个民族最基本的生活文化，也是一个民族最深远、最深刻、最朴实的文化，而要了解一个民族就是从了解一个民族的民俗文化开始的。换句话说，要了解一个民族，也必须了解一个民族的民俗文化”[③]。而成吉思汗祭祀为伊金霍洛旗提供了了解蒙古族民俗文化的窗口，成吉思汗祭祀中的各种实物存在于蒙古族生活的历史记忆，而祭祀仪式则是蒙古族民间信仰习俗、礼俗文化、饮食文化、服饰文化等生活习俗的经典再现。综上所述，对成吉思汗祭祀文化资源的认识，必须从整个成吉思汗陵的物质文化资源和非物质的文化资源部分共同论述，才能看到完整的成吉思汗陵文化资源。

成吉思汗陵物质文化资源构成了富有古老和现代蒙古族文化为一体的成吉思汗陵文化景观，祭祀和达尔扈特人作为活的文化载体又使成吉思汗陵成为一个富有生命力的、活的文化空间。这样就既形成了一个完整的祭祀现象，也形成了一个完整的旅游景观。其中达尔扈特人是一个重要的组成部分，成吉思汗陵没有达尔扈特人就没有了祭祀文化，旅游缺少了达尔扈特人也就成为一个景观或是博物馆了。旅游景观满足了游客参观游览的

---

① 向云驹：《人类口头和非物质遗产》，宁夏人民教育出版社 2004 年版，第 50 页。

② 同上书，第 50、52 页。

③ 周作明：《永远的朝阳——民族旅游研究》，广东旅游出版社 2002 年版，第 264 页。

需求，祭祀活动在其中的举行，达尔扈特人在与游客的不断接触中不仅提升了“文化自觉”的意识，也在保持传统文化的同时满足了部分游客的深度旅游体验的需求，从而更好地实现了全球化背景下旅游业的发展与传统文化保护的矛盾现状。

二 成吉思汗陵非物质文化资源

近年来，随着旅游业的大发展，成吉思汗陵作为一个富有蒙古族特色的民族建筑成为一处独特的人文景观，由于对中国历史和世界历史产生过的重要影响和留给后世的众多不解之谜，成吉思汗逝世700多年来，世界各国对成吉思汗的探索丝毫没有因时间的推移而降低。安放成吉思汗灵魂的圣地——成吉思汗陵也受到国内外的广泛关注，成为国内外具有重要影响的帝王陵园和人文景观。成吉思汗陵作为国家重点文物保护单位，发展旅游业也成为其重要的发展趋势，新的发展规划中，满足旅游发展需要、满足不同游客需求成为其发展规划中重要的部分，但是，笔者认为作为人文文化资源重要组成部分的非物质文化资源是成吉思汗陵发展旅游业的核心资源，只有在保护的基础上合理有效地开发利用其核心的资源价值，才能取得成吉思汗陵对传统文化的传承和保护。

成吉思汗文化主要包括以下三个方面的内容：一是成吉思汗时代巨大的历史变革所产生的各种文化现象，包括思想观念、社会制度、科学技术、宗教艺术、典籍文字、民俗习惯等等。二是对这些文化现象的传承、研究以及由此而对成吉思汗的崇拜和祭祀等。① 三是对成吉思汗文化的挖掘利用和保护。

成吉思汗祭祀，是指成吉思汗八白室和苏勒德等成吉思汗所有圣物祭奠的总称。古老神秘的成吉思汗祭祀是蒙古民族的最高祭祀形式，是蒙古民族原始文化的代表和蒙古民族文化的源头，对蒙古民族文化的形成和发展起着决定性的作用，是人类珍贵的文化遗产。②

成吉思汗于1227年病逝至今700多年来，对他的祭奠活动在草原上一代接一代地进行着。据记载，成吉思汗的各种祭奠活动每年要进行30多次，这些祭奠都有不同的时间、方式和祭品。过去，由于受逐水草而居的游牧

---

① 陈育宁、杨满忠：《关于成吉思汗文化的初步思考》，《成吉思汗研究》2009年第1期，鄂尔多斯市成吉思汗研究院主办。

② 旺楚格：《论成吉思汗祭祀对蒙古族文化的影响》，收录于《成吉思汗研究》2007年第1期。

生活方式所限，加之成吉思汗圣物也是分散在鄂尔多斯的，所以祭奠活动也分散在各地举行。1955 年，当地政府征得守陵的达尔扈特人和蒙汉同胞的同意，将分散在伊克昭盟（今鄂尔多斯市）各旗的成吉思汗画像、苏勒定、宝剑、马鞍等圣物集中到成吉思汗陵所在地，并把各种祭奠活动适当集中，分别在每年的农历三月廿一、五月十五、八月十二和十月初三举行一年四次的大祭。祭祀形式独特，内容丰富，内涵深刻，既包括蒙古民族对天地自然的敬畏，也体现了蒙古民族对成吉思汗伟人精神的崇拜，是蒙古族原始文化的集中体现。包括一年的四次大祭在内，成吉思汗祭奠每年进行 30 多次，每次祭奠都有其特定的内容、程序和时间，700 多年不变一直延续至今。每到祭日，牧民们不远千里而来，将纯洁的奶食、酥油、马奶酒、肥硕的羊背子等圣洁的祭品摆放在成吉思汗灵柩前，虔诚地祈祷大汗保佑风调雨顺、五谷丰登、六畜兴旺，达尔扈特人歌颂着“圣主颂”等古老的祭文。整个祭奠庄严肃穆、散发着浓浓的民族气息。

基于原始萨满教的成吉思汗祭奠，具有诸多的祭文、祭词、祝词、祭歌等。这些祭词、祝词、祭词实际上都是来自民间文化，反过来又丰富了民间文化。[①] 这些祭文祭词都以诗歌的文体形式存在，以口头文化形式代代相传，不仅是成吉思汗祭奠中的重要组成部分，也是鄂尔多斯地区蒙古族民间口头文学的集中体现，因此，具有相当高的文学家价值，是研究蒙古族民间文学的基础。例如，成吉思汗祭祀中的咏唱成吉思汗祭奠歌曲，共含 12 首。它是专职负责成吉思汗陵园祭祀事宜的达尔扈特人，在举行成吉思汗祭奠仪式时所咏唱的一组神秘而古老的歌曲，同时这组歌曲也是蒙古族民族民间音乐中的重要组成部分。[②] 除此之外，成吉思汗祭奠中的祭文、祭词、祝词不仅是成吉思汗祭奠存在的重要组成部分，也是鄂尔多斯蒙古族民间祝词和赞词形成的基础，这些祭词都是靠口头传唱的形式流传下来，成为每个达尔扈特男子的成年礼。尤其是在现代化的背景下，在部分民间传统文化面临消失的命运时，这部分来自民间的口头文化却依然为代代达尔扈特人唱诵着，并部分地开始申请纳入现代蒙古族的课堂教育中，让更多的蒙古族儿童在诵读中感受这份传统文化的力量。

在成吉思汗陵这座文化资源宝库中，还有部分通过现代化的移植技术移植而来的正在被遗忘的民间口头文化。成吉思汗陵在 80 年的《鄂尔多

① 旺楚格：《成吉思汗陵》，内蒙古人民出版社 2004 年版，第 223 页。

② 夏日主编：《可爱的鄂尔多斯》续篇，内蒙古人民出版社 1987 年版，第 138 页。

斯婚礼》，作为鄂尔多斯蒙古族民俗文化的精华被搬上了现代化的舞台，其中，富有特色的婚礼祝词和赞词是鄂尔多斯蒙古族民间口头文化的精华，诙谐幽默的祝颂人曾是活跃在民间的名人。这些祝词、赞词及丰富多彩的舞蹈都是古老的成吉思汗祭奠的延伸和衍变。而诙谐幽默、掌控婚宴高潮起伏的说祝福话的祝颂人则是成吉思汗陵中世代守护陵寝和主持祭祀的达尔扈特人的延伸。

除此之外，在成吉思汗陵园还有体现较为充分的源远流长的达尔扈特部落的民俗民间歌舞，“因为这里有古老的祭祀文化，它为民俗民间歌舞的表现提供着更丰富的形势与内容，成为民俗民间歌舞的神圣摇篮”[①]。“成吉思汗陵园艺术团”（现名），前身是1985年陵园对外开放后，集中一次而能歌善舞的达尔扈特人民间艺人成立，起初是以民间表演的形式表演，后来逐步发展壮大起来。2001年5月，正式成立的“成吉思汗艺术团”，开始具有了专业化的表演水平，开始有了出席专长的鄂尔多斯民俗民间歌舞，并应邀出席区外的演出。近些年，随着艺术团人员专业化素质的提高，表演节目民族民间化，这支由达尔扈特组成的民族民俗民间歌舞艺术团获得了更好的发展。2008年暑期那达慕大会上有老一辈的达尔扈特人组成艺术团的演出。

表4-2　成吉思汗祭奠中祭文、祭词、祭歌、祝词、赞词一览

祭词	圣主祭词	伊经桑 成吉思汗黄金家族之祭词
	哈日苏勒德祭词	圣主苏勒德桑
祭文	圣主祭奠祭文	金殿香火（灶）小祭文 金殿香火（灶）大祭文 成吉思汗小祭文 成吉思汗大祭文 金殿祝福祭文
	哈日苏勒德祭文	成吉思汗哈日苏勒德祭文（一）、（二） 成吉思汗哈日苏勒德威猛小祭祭文 成吉思汗哈日苏勒德威猛大祭祭文 成吉思汗哈日苏勒德威猛祭祭文
	神物祭奠祭文	弓箭祭文 额希哈屯祭奠祭文 额希哈屯香火祭文 九斿查干苏勒德（白纛）祭文 九斿查干苏勒德（花纛）祭文

① 旺楚格：《成吉思汗陵》，内蒙古人民出版社2004年版，第225页。

续表

祝词	圣主祭奠祝词	殿外祝词 金殿内祝词（净瓶赞） 成吉思汗呼图格祝福词 成吉思汗宫帐祝福词
	哈日苏勒德祝词	哈日苏勒德祝祷词
	神物祭奠祝词	牲羊祝词 黄车小孩祝词
赞词	圣主祭奠赞词	成吉思汗达斯玛大典希拜赞
	哈日苏勒德赞词	
	神物祭奠赞词	九十九匹白骒马之乳祭洒赞 巴图吉勒赞 珠太赞
祭歌	圣主十二首祭歌 圣主祭奠大歌 嘎日利之歌 成吉思汗招福歌	
《鄂尔多斯婚礼》中赞词	献羊祝酒词、迎新词、祭灶词、送客词 弓箭赞、骏马赞、全羊赞、图勒嘎赞	

三 成吉思汗陵物质文化资源

成吉思汗陵，史称“八白室（宫）”，形成于元朝大德年间。成吉思汗陵原设在伊金霍洛旗，抗日战争时迁到榆林兴隆山，后又转至青海塔尔寺，现在的成吉思汗陵是1954年由内蒙古自治区人民委员会迎回内蒙古，并在原来陵寝所在地新建三座亭式相连的大建筑，正中为重檐八角殿堂，后为寝宫，是一座富有蒙古族传统建筑特色的陵园，陵园占地面积约55000多平方米，四周建有一圈高2.5米、周长699米的红砖围墙，南面围墙正中是建有门厅的大门。陵园内主体建筑是三个相连的八角飞檐穹隆顶蒙古包式建筑，坐落于一米多高的台基上，东西长100米，正殿高24.81米，东西侧殿高18米，建筑面积1500多平方米。殿顶状如华盖，上面是以黄蓝相间的琉璃瓦砌出的卷云纹图案，其下是横空展出的八角飞檐，正殿是双层飞檐，东西侧殿为单层飞檐。正殿的两层飞檐中间悬挂着乌兰夫题写的“成吉思汗陵”匾额。

整个建筑群雄伟、壮观，具有浓厚的蒙古民族风格。陵殿由正殿、寝宫、东殿、西殿、东、西走廊六个部分组成。

正殿朱红色的大门和宽大的窗棂、殿前的汉白玉雕栏、沉稳的花岗岩基座，把大殿衬托得气势恢宏，庄严肃穆。正中有5米高的成吉思汗塑像，银须飘胸，目光灼灼，气概英武。塑像背后的弧形背景是“四大汗国”疆图，标示着700多年前成吉思汗统率大军南进中原，西进中亚和欧洲的显赫战绩。

后殿即寝宫，安放着四个白色蒙古包式的大灵包，外面蒙着金黄色的缎套，居中的灵包中安放着成吉思汗及其夫人的灵柩，东西两边灵包是成吉思汗的两位胞弟的灵柩。成吉思汗的灵柩是一个银棺，上缕蔷薇花纹。银棺用金锁锁着，放在一个方形的石台上。棺的右侧放着一把二尺多长的战刀，左侧放着弓箭，这些都是成吉思汗生前使用过的武器。

东殿安放着成吉思汗的第四子拖雷（元世祖忽必烈之父）及其夫人的灵柩。自窝阔台及其长子之后，蒙古族皇帝都是拖雷的子孙，所以其地位极为显赫。

西殿供奉着成吉思汗八白室组成部分的吉劳庆白宫，胡日萨德格白宫，和宝日温都尔白宫。

各殿和东西走廊内墙墙壁上均绘有壁画。

历来有关成吉思汗陵墓及八白室的传说很多，在《史集》《黑鞑事略》《马可波罗行纪》《蒙古黄金史纲》《蒙古源流》等书中均有记载，而且所叙述的灵柩埋葬的大致位置基本一致。据拉施特《史集》载，成吉思汗身亡后，遵照遗言，秘不发丧，直到平定唐兀惕才将灵柩运回去，葬在不儿罕·合勒敦大山之中，这块伟大的禁地，当时由兀良合惕部的异密们担任守护。成吉思汗四大斡尔朵的每个斡尔朵均为死者举哀一天。后妃、诸王从四面八方前来奔丧哀悼，由于远近不一，三个月后，还有人陆续前来哀悼死者。窝阔台即位后的第一道令便是按习俗为成吉思汗的英灵散发食物三天，并从异密们的氏族和家族中挑选40名美女，穿着用黄金和宝石装饰起来的贵重衣服，连同一些骏马作为牺牲以祭他的灵魂。

在《蒙古源流》记载中，“如是赞颂而行，至穆纳冈时，车轮陷嵌，挺然不动矣，遂以五族人众之马驾而挽之，亦不能移动，凡所有人众，正自忧虞中，苏尼特之吉鲁根巴图尔复奏曰……奏毕，则合罕于大葬之地焉。于是，以诸后妃、诸皇子为首，均极嚎啕致哀，因不能请出其金身，遂造永安之陵寝，并建天下奉戴之八白室焉”。写到把成吉思汗运到安息地点，有来自哈屯福晋、台吉属众均哭泣极哀。因不能直接到墓地拜祭，他们自己在另一个地方设立了白屋八间。所谓白屋，实际是仿成吉思汗的生前所居宫帐建立起来的，又叫“八白室”的八座白色毡帐。初建的“八白室”完全是为了祭祀方便而设置在四大斡朵附近地区的灵堂，所以八白室又被称作陵殿、陵宫、陵帐、八白宫，但它与成吉思汗的实际葬地陵寝、陵园、陵墓是不可混淆的两个概念。总之，无论是漠北高原的八白室还是鄂尔多斯的八白室，都不是成吉思汗的真正陵地，而只不过是一个祭祀场所，区别在于漠北高原所建八白室是接近成吉思汗陵墓的，而鄂尔多斯八白室是在15世纪70年代以后兴建而成的，也是为了纪念这位草原英雄而建立的。每逢佳节，在这里祭祀的人很多很多，后来，由于祭祀的人来自四面八方，人们相聚一次也不太容易，从而产生了许多蒙古族的文化体育活动，比如那达慕等盛会。当时漠北八白室的祭祀情况，史书也没有详尽记载，在这里也没法详述，可以从有关史料中看到，当时对成吉思汗英灵的敬奉仪礼，已经贯彻到蒙古人的日常生活及军务外交等事项中去了，可见八白室每年的正式大典必不可少，而且相当隆重。其实，八白室的建立完全是为了祭祀成吉思汗这位英雄伟人而设立的。只是当时成吉思汗死后，所葬之地无人知晓，人们为了敬仰这位草原英雄，都愿意让成吉思汗的陵墓与他们生活的地点近一点。据说，这样可以保护他们的生产生活和自己的生命，因为当时，成吉思汗的臣民们把成吉思汗当成神，他死后就升天了，所以，成吉思汗升天后一定会保护他们的属民的。八白室具体如下：

（1）成吉思汗与孛尔帖格勒真哈屯灵帐。成吉思汗的灵柩是一个银棺，上缕蔷薇花纹。银棺用金锁锁着，放在一个方形的石台上。棺的右侧放着一把两尺多长的战刀，左侧放着弓箭，这些都是成吉思汗生前使用过的武器。孛儿贴是翁吉剌部人，成吉思汗正妻，生于1161年，孛儿贴生了术赤、察合台、窝阔台、拖雷四个儿子。

（2）忽兰哈屯灵帐。忽兰哈屯是成吉思汗第二夫人，蔑儿乞部的一个分支兀洼思蔑儿乞部首领带儿兀孙的女儿。原供奉在离成吉思汗陵西南十五里的小霍洛。

（3）古日勒别金哈屯白宫。原供奉在准格尔旗布尔陶亥的达瓦希里。

（4）神马白骏。神马白骏为成吉思汗授之禅封的神骏，相传是玉皇大帝天马神骏的化身，它不是成吉思汗的乘骑。三月二十的大祭日，早晨将拴马桩栽在神马白骏的前面，进行隆重的献奶大祭。

（5）宝日温都尔白宫。所谓宝日温都尔，是用红檀香木精工制作的奶桶。曾由准格尔旗蒙古百姓供奉。

（6）胡日萨德格（弓箭）白宫，是供奉成吉思汗弓箭、弓套等遗留神物的白宫。

（7）吉劳（鞍辔）白宫，供奉成吉思汗两匹神马的化身银合马和马鞍。吉劳银合马与成吉思汗授之禅封的神马白骏不同，是真正为骑乘所用的银合马，不准别人骑乘或使用。它们除了在成吉思汗四季大奠上，将搭上崇为圣物的鞍辔站立一天之外，其余时间都不上羁绊，闲放在草原上。

（8）仓更斡尔阁（珍藏）白宫，是搭在成吉思汗宫帐跟前的珍藏室，里面存放着各种金银器皿和祭祀用品以及各种文献书籍。

苏勒德祭坛①，是安放成吉思汗苏勒德的地方，现在苏勒德祭坛的意义是象征着九员大将的九面旗帜和“苏勒德”。苏勒德即为大旗上的铁矛头，成吉思汗南征北战中，用它指挥过千军万马，传说成吉思汗死后，其灵魂便附在其上，因此在蒙古人民的心目中，苏勒德是十分神圣的。哈日苏勒德，是成吉思汗所向无敌的战神，曾跟随成吉思汗南征北战，打天下。关于苏勒德的传说：成吉思汗在一次战争中失利后，万般无奈，取下马鞍，朝天捧着，跪拜长生天，大声疾呼：“长生天啊，救救我吧！”突然，空中一声巨响，降下一柄神矛，落在枝叶横生的大树上。成吉思汗命大将木华黎取下来，许下诺愿说：“准备一千匹驿马护送，用一万只全羊供奉！”遂将剪下的九九八十一匹枣骝公马鬃，编成缨子，将神矛装饰起来。一万只全羊一时来不及凑足，就用九九八十一只全羊供奉。并许下诺言，不足部分由长生天差下的苍狼到我的蒙古人的畜群里如数捕捉。从此，成吉思汗竖起苏勒德后所向无敌，百战百胜，征服了欧亚大地。②

近年来，随着成吉思汗陵旅游事业的发展，苏勒德祭坛不仅是传承久远的苏勒德祭祀的神圣场所，也成为成吉思汗陵园中一个独特的景点，一道亮丽的风景线。站在祭坛上，不仅可以看到成吉思汗无敌的战神——哈日苏勒德，而且可以远眺整个伊金霍洛大地，辽阔的高原、壮观的旅游区

① 苏勒德祭坛：安放、祭祀成吉思汗哈日苏勒德的地方。哈日苏勒德，以主苏勒德和四柄陪苏勒德组成，因而也称“四斿哈日苏勒德”。祭坛上的苏勒德矛头，是用公马鬃制成的苏勒德的缨子。由于存在翻译过程中的音译，所以，对于苏勒德的翻译也各有不同，有的学者将其译为苏勒德，有的译为苏鲁锭。这里笔者在引用的过程中统一为苏勒德。

② 旺楚格：《成吉思汗陵》，内蒙古人民出版社2004年版，第99页。

的景观建筑、星星点点的蒙古包等，整个苏勒德祭坛也与成吉思汗陵宫交相辉映，给富有恢宏气势的成吉思汗陵增添了色彩。

在成吉思汗寝宫的南墙正中有一副珍贵的成吉思汗黄金家族彩色烧瓷壁画。这幅画被称为“成吉思汗家族图”，原图是在蒙元时期绘制的，其原稿在成吉思汗灵柩里珍藏了几百年。对其的研究正如导游给游客讲述中所说的那样：“至于图上所画的成吉思汗黄金家族的谱系图，至今也没有确切的考证，据学者们猜测应该是这样。”这幅珍品已经成为研究蒙古民族历史文化的极为珍贵的资料。现在挂在宫寝供游人观看的是由郭利欣于1984年复制的，并在景德镇烧制，1987年挂上墙。

各殿和东西走廊墙壁上均绘有壁画。这些壁画更形象生动地向游客展示了成吉思汗建立蒙古帝国的始末及蒙古族历史变迁、社会生活的方方面面，使游客能够相对直观地看到成吉思汗作为一个在马背上征服世界的伟人的成长历程及其背后的整个蒙古族的社会生活面貌。在正殿的东西廊中有大型壁画，主要描绘了成吉思汗出生、遇难、西征、东征、统一蒙古各部等重大事件。壁画还表现了成吉思汗的孙子忽必烈统一中国，定都北京，于公元1271年正式改国号为元，并追封成吉思汗为元太祖的盛况。

西走廊壁画描绘了成吉思汗的毕生功勋和当时蒙古族的社会情况、宗教信仰和生活习俗等，东走廊壁画反映了忽必烈统一中国后元帝国工、农、商、航海等各方面的盛况，臣民与朝廷的关系，以及与邻国的通商往来。

在陵区，还奉养着据说是成吉思汗的两匹爱骑的后代——两匹白色神马，它格外地受到蒙古人的尊崇。这里的牧民把它作为偶像供奉着。神马从成吉思汗时代到现在代代相传，从未间断。当老白马死去时，要挑选新的白马来代替，挑选的标准是：眼睛乌亮，蹄子漆黑，全身毛色纯白，不能有一绺杂毛，还要带一点粉白、闪光，通体不能有伤痕疮疤。这两匹神马是被放养在成吉思汗陵园里的，它们的神圣职守只有在成吉思汗祭奠中才能体现，除去祭奠外，它们都是自由地行走在成吉思汗陵园的。

表4-3　　　　成吉思汗陵物质文化资源简表

序号	名称	年代	质地	来源	数量	完残程度	备注
1	鎏金银马鞍	元	银	旧藏	1	完整	

续表

序号	名称	年代	质地	来源	数量	完残程度	备注
2	鎏金银马鞍	明	银	旧藏	1	完整	
3	鎏金银马鞍	清	银	旧藏	1	完整	
4	神奶桶	民国	木	旧藏	1	完整	
5	银奶桶	清	铜包银	旧藏	1	完整	
6	银奶桶	清	铜	旧藏	1	完整	
7	贴银木钥匙箱	清	木	旧藏	1	完整	
8	松鹤纹双耳银壶	民国	银	旧藏	1	完整	
9	苏勒德	元	铁	旧藏	1	完整	
10	龙纹铜执壶	清	铜	旧藏	1	完整	
11	加封孔子圣旨碑	元	石	捐赠	1	略残	元朝大德十年，忽必烈之孙铁木耳汗加封孔子为“大成至圣文宣王”之碑文
12	石狮	元	石	出土	2	完整	出土于达茂旗百灵庙附近的元代汪古部古城遗址

四　成吉思汗陵民俗文化资源特点

（一）民族性和地域性

“民族性是指为某一民族独有，深深地打上了该民族的烙印，体现了特定民族的独特的思维方式、智慧、世界观、价值观、审美意识、感情表达等因素”①。成吉思汗陵作为蒙古族文化的汇聚地，是以成吉思汗文化为主体的蒙古族文化的集中展示。成吉思汗陵从陵园建筑风格、成吉思汗祭奠中体现的蒙古族信仰习俗、前来祭拜的蒙古族的服饰特点等，成吉思汗祭奠中的诵读的祝颂词等是蒙古族民间文化的源泉，祭祀中各个祭拜仪式中独特的仪礼习俗也是蒙古族习俗的集中展示。整个成吉思汗陵文化，是蒙古族文化的集中体现，因此说成吉思汗祭祀文化具有鲜明的民族性特征。

每个民族都有自己特定的生产和生活的地域，该地域的自然生态环境对一个民族的形成、对一个民族的性格都有很大的影响。例如，中国各地

① 王文章：《非物质文化遗产概论》，文化艺术出版社 2006 年版，第 66 页。

形成的富有特色的区域文化，如齐鲁文化、楚文化、吴越文化、巴蜀文化、秦文化、三晋文化等文化中体现的习俗文化，不仅与各地的民族有关，也与一定的区域自然地理环境有关。成吉思汗陵所承载的成吉思汗文化的形成，与当地的自然环境有直接的关系，比如，地域辽阔的高原环境，成就鄂尔多斯蒙古族豪迈、直爽的性格特征；从成吉思汗陵和旅游区的景观建筑上就可以看得出，建筑的第一大特点就是高大、雄壮，与鄂尔多斯的高原环境浑然一体。还比如说体现在祭祀中，一般祭祀中都是用羊来祭拜，成吉思汗祭祀中的羊肉和马肉居多，都是用长达三四米的鎏金供桌来陈放，远远看去，像是一座肉堆成的"肉山"，因此说成吉思汗祭祀文化还具有地域性的特点。

（二）物质与非物质特性

"从其载体和层次看，文化资源大致可分为四个层次：以器物技术为主的表层；以行为为主的浅层；以制度组织为主的中层；以社会仪式为主的深层。其中前者是物质文化，后三者属于精神文化。但是，文化的特征又是很复杂的，有时候其物质的形态和精神的形态又相互混合在一起。如历史文化、人文景观、民俗文化资源中，既有文化资源，又有精神文化资源"①。首先，成吉思汗陵的核心成吉思汗祭祀，是在蒙古族原始的萨满教、大自然信仰和蒙古族古老制度文化的基础上形成的全体蒙古人共同信仰的精神民俗，是全体蒙古族的集体心理习惯，是指成吉思汗八白室和苏勒德等成吉思汗所有圣物祭奠的总称。而作为被列为国家非物质文化遗产的成吉思汗祭祀，这里的非物质是一个相对的概念，是指"重点保护的是物质因素所承载的非物质的、精神的因素，多数非物质文化遗产都是以物质为依托，通过物质的媒介或载体反映出了其精神、价值、意义"②。成吉思汗祭祀文化的非物质的部分仅仅是从祭祀仪式而论，而整个仪式的举行离不开物质的承载，从仪式本身来看，"仪式表述也是某种超越仪式中的单一主题、人物、器具等独立功能的整体效应"③。由此可见，作为物质部分的器物、器具等物质性的存在物，是整个非物质性的仪式存在的重要依托物，是仪式得以展开的前提和基础。因此，作为蒙古族精神民俗文化集中体现的成吉思汗祭奠不是单纯的非物质性的文化，也不是物质性

① 刘德龙、张廷兴：《民俗文化资源开发论纲》，中国档案出版社 2005 年版，第 24 页。

② 王文章：《非物质文化遗产概论》，文化艺术出版社 2006 年版，第 49 页。

③ 彭兆荣：《人类学仪式的理论与实践》，民族出版社 2007 年版，第 29 页。

的单一存在，而是物质文化与精神文化的结合体。其中物质文化是指整个祭祀举行的场所及场所中的祭器等祭祀仪式的附着体和承载体，非物质则是指所有的祭祀仪式。

其次，这里的“物质”与“非物质”主要是指载体上的不同形态：“是否有固定的、静态化的形态；是否需要依赖活态的传承人予以传承等。”① 作为非物质文化遗产的提出，重点还在于提出了非物质文化遗产的传承性，即作为人对一种文化的传承，从这一点去看物质文化与非物质文化的区别，“物质文化强调了遗产的物质存在形态、静态性、不可再生和不可传承性，保护也主要着眼于对其损坏的修复和现状的维护；非物质文化遗产是活态的遗产，注重的是可传承性（特别是技能、技术和知识的传承），突出了人的因素、人的创造性和人的主体地位”②。从活人传承文化角度看，成吉思汗陵是活人守护的文化遗址，成吉思汗祭祀也是有活人传承的祭祀文化，作为物质部分的实体物的存在都是为活人传承的祭祀仪式服务的，而这些祭祀的举行又必须依靠这些物质实体来完成。

因此，在成吉思汗陵这座以成吉思汗祭祀文化为核心的人文资源宝库中，其资源具有物质性和非物质性的双重特征。二者的结合才形成了完整的成吉思汗祭祀这一文化经典。

（三）活态性和生活性

非物质文化遗产是对现今依然存在于人们生活的各种文化事项的保护，因为通过这些事项可以反映出一个民族的生活、情感、思维方式等，通过这些外在化的表现方式来凸显一个民族的世界观、价值观。“这种‘活’，本质上表现为它是有灵魂的。这个灵魂，就是创生并传承它的那个民族（社群）在自身长期奋斗和创造中凝聚成的特有的民族精神和民族心理，集中体现为共同信仰和遵循的核心价值观。具体而言，则指它的存在形态。非物质文化作为民族（社群）民间文化，它的存在必须依靠传承主体（社群民众）的实际参与，体现为特定时空下一种立体复合的能动活动。发展地看，还指它的变化。一切现存的非物质文化事项，都需要在自然、现实、历史的互动中，不断生发、变异和创新，这也注定它处

① 王文章：《非物质文化遗产概论》，文化艺术出版社 2006 年版，第 49 页。
② 同上。

在永不停息的运变之中。”[①] 成吉思汗陵是由活人守护的陵寝，成吉思汗陵的核心文化——成吉思汗祭祀文化是由活人传承的文化，这些活人主持的祭祀文化，也使成吉思汗陵成为一座活的文化遗产。现代化全球化背景下的变迁，也是成吉思汗文化不断调整自身适应社会变迁的过程，是文化可持续发展的必经之路。因此，可以说，成吉思汗陵的文化资源是活态的、不断发展变迁的具有生命力的文化资源。

对于守护成吉思汗陵的达尔扈特人来说，守护成吉思汗陵、主持每一项祭祀是他们生活中不可分离的一部分，每个达尔扈特男性，从懂事起就开始跟着父辈到成吉思汗陵学习祭祀，然后一辈子都从事祭祀并培养新的传承人，守护成吉思汗陵已经完全融入达尔扈特人的生活中，成为他们生活中重要的组成部分，参与主持祭祀已经成为达尔扈特人的成年礼。对于达尔扈特人来说，守陵并主持成吉思汗祭祀的过程中已经承载着他们自成体系的小社会的生活制度和行为规范，这些生活制度和行为规范共同构成了他们的生活。从某种程度，这些已经与守陵和祭祀融合在一起的达尔扈特人的生活中也凝铸了达尔扈特这个守陵团体的精神，也是蒙古族民族精神的一种体现。所以，成吉思汗陵作为一座活人守护的陵寝，不仅是成吉思汗精神的体现，其中达尔扈特守陵人的生活，也是全体蒙古族生活的体现，也是蒙古族民族心理和民族精神的体现。成吉思汗陵也因此成为蒙古族民族生活方式、情感的活的载体，是活态的文化财富。

（四）传承性和大众性

在现代化、全球化的时代背景下，各种文化也将面临一次新的挑战，而这一过程恰恰也是一种时代对文化的选择及文化发生新的适应的过程，只有那些依然留存的对人们的生活有一定意义的文化才有存在的价值。“任何民族的文化、文明中都含有独特的传统的因素、某种文化基因和民族记忆，这是一个民族赖以存在和发展的‘根’。”[②] 而这些作为民族的根的东西就是一个民族文化中有生命力的东西，无论时代怎么变迁都不会消退，它始终会找到一种适合的生存空间。成吉思汗祭祀文化，作为一种古老的祭祀文化，从忽必烈时代一直持续至今，在经历抗战期间十年的西迁及“文化大革命”十年的破坏都未曾终止，从中可以看到一种文化的强

① 贺学君：《关于非物质文化遗产保护的几点理论思考》，载陶立璠、樱井龙彦主编《非物质文化遗产学论集》，学苑出版社 2006 年版，第 108 页。

② 王文章：《非物质文化遗产概论》，文化艺术出版社 2006 年版，第 61 页。

大生命力所在，成吉思汗祭祀中所诵读的《伊经桑》《苏勒德桑》等颂词完全以口传心授的方式流传至今，达尔扈特人通过亲自传授将祭祀一代代传承下来，成为蒙古族民间口头文学的源泉，祭祀中的礼仪习俗，成为如今蒙古族重要的礼仪习俗一代代传承习得。尽管现代的成吉思汗祭祀为适应时代变迁发生了新的变化，正如达尔扈特人说的那样，“如今的祭祀已经成为一种对历史的记忆”①，但是尽管是一种记忆也有它强大的生命力，作为一种文化记忆也有其重要性。今天的成吉思汗祭祀尽管已经成为一种类似现代化意义上的程式化的仪式，但是，其作为一个民族文化的核心，作为一个唤起人们对历史记忆的祭祀仪式，勾起人们对往昔的记忆，激发人们挖掘更多的传统文化。例如，近几年在恢复传统盛大祭祀的基础上恢复传统的那达慕大会，并试图恢复整个大伊金霍洛历史上成吉思汗祭祀时的草原盛会。

因此，作为一种有生命力的文化，无论其怎样变迁，总会在新的环境中找到合适的传承方式将一种文化传承下去。这是一种文化的强大生命力所在。

文化的创造者和传承者是民众，非物质文化作为一种活态的、活在民众生活中的文化，载体是民族或族群，就文化本身来说是属于该民族该群体的，因此，非物质文化具有很强的大众性。而从文化传承的角度来看，“任何一种非物质文化遗产都离不开特定的民族或族群，否则它就无法传承和发展。历史上许多民族的文化没有得到传承和延续，主要是因为承载该文化的民族在历史上消失，被其他民族同化或融合”②。成吉思汗陵是全体蒙古人心中的圣地，成吉思汗祭祀日子，是全体蒙古人的重要节日。历史上，每逢各大重要祭祀日子的到来，蒙古族同胞身着艳丽的蒙古袍，带着自己辛劳的收获，齐聚在大伊金霍洛，届时，盛大的那达慕大会也隆重开幕，人们在祭拜圣祖的同时，也在用他们特有的方式，感受着草原上的欢乐祥和。如今，几经破坏的成吉思汗陵换来新颜，几度中断的祭祀也逐步恢复，在现代化和全球化的背景下，成吉思汗祭祀也在新的环境中开始新的变迁，但是，无论时代怎么变迁，成吉思汗祭祀文化作为全体蒙古族人生活的一部分是不会改变的，因为这里不仅仅展示了蒙古族最真实的

① 与王卫东访谈内容，达尔扈特人，成吉思汗陵祭祀文化办主任。

② 何星亮：《非物质文化遗产的保护与民族文化的传承与发展》，载陶立璠、樱井龙彦主编《非物质文化遗产学论集》，学苑出版社2006年版，第90页。

生活，也是蒙古族精神的集中体现。

第三节　文化资源与伊金霍洛旗旅游业发展

2008—2012 年，伊金霍洛旗旅游资源得到较好的开发利用，旅游基础不断夯实，产业规模逐步扩大，产品档次进一步提升，全旗旅游业正蓄势待发，开始步入良性轨道。自 2008 年以来，伊金霍洛旗的 A 级景区从 3 家增加到 6 家；旅行社从 3 家增加到 8 家，其中增加国际旅行社 1 家；成吉思汗陵旅游区成功创建国家 AAAAA 级景区；苏泊罕大草原旅游区成功创建国家 AAAA 级景区；建成全国生态农业示范基地 1 处（天福祥生态园）；建成旅游专线 6 条；按照四星级以上标准建设饭店 5 家。通过努力，伊金霍洛旗被评为“最具影响力中国西部十大旅游休闲示范县”，伊金霍洛镇被评为“全国特色景观旅游名镇”，2011 年伊金霍洛旗荣膺“中国优秀文化旅游名县”“中国优秀民族特色旅游县”。2012 年，伊金霍洛旗预计全年接待游客 200 万人次，旅游收入突破 12 亿元，较 2008 年分别增长 43% 和 112%。

一　旅游发展成就

伊金霍洛旗旅游业发展的成就可总结为如下几点：

（一）科学编制规划，合理布局旅游发展空间

2008—2012 年，伊金霍洛旗坚持“旅游开发，规划先行”的原则，逐步形成了以全旗总体规划为基础，核心景区、景点规划为重点，其他规划为补充的旅游发展规划体系。编制完成了《伊旗文化旅游产业结构规划》《成吉思汗陵文化旅游产业园区控制性规划》《世界级蒙元文化旅游示范区建设工程规划方案》《天骄书画碑林院控制性详规》《苏布尔嘎草原旅游区控制性详细规划》《成吉思汗陵文化旅游产业园入口服务区初设方案》《苏布尔嘎旅游小镇控制性详细规划》，启动了《伊金霍洛旗旅游开发与实施规划》《乌兰木伦镇工业旅游规划与设计》编制工作，旅游发展空间布局不断优化。

（二）紧抓项目建设，夯实旅游发展基础

2008—2012 年，伊金霍洛旗新建续建旅游项目 16 个，有力夯实了旅游发展基础。一是以成吉思汗旅游景区创建国家 AAAAA 级旅游景区为载

体，加大了蒙元文化旅游带建设力度。完成了成吉思汗陵旅游区景观绿化；新建的蒙元陶瓷博物馆、成吉思汗博物馆、成吉思汗大酒店即将投入使用；阿镇—伊金霍洛镇、伊金霍洛镇—乌兰木伦镇旅游专线通车。二是继续完善旅游基础设施，提升阿镇游客集散服务功能。伊金霍洛全民健身中心、东山母亲公园、伊金霍洛国际那达慕会场、柳沟河公园已全面建设完成并投入使用；红海子湿地公园、“零坐标”广场、乌兰活佛府邸、蒙古源流文化产业园区、乌兰木伦滨河生态游憩带（包括索伦敖包沙丘）、掌岗图公园和万佳国际大酒店、伊金霍洛大酒店四个高端酒店项目等项目基本建设完工，集休闲购物、文化娱乐等功能为一体的华联购物中心已全面建设完成并投入使用。三是开福文化旅游区、乌兰木伦工业旅游区、鄂尔多斯宫（伊金霍洛旗游客集散中心）项目在积极推进中。

（三）规范发展乡村旅游，促进农牧民增收致富

2008年以来，伊金霍洛旗始终将扶持农牧家乐接待户有序发展和指导农庄牧庄高标准建设，推进乡村旅游向前迈进，作为农牧民增收致富的有效途径。一是积极跟进伊金霍洛旗100个农庄牧庄建设项目，天福祥生态农业示范基地，乌兰集团养殖示范基地等一批高标准、高档次的农牧庄建设已初具规模。二是开展“农（牧）家乐”旅游接待户（典型示范户）评定工作，制定实施了《伊金霍洛旗“农（牧）家乐”旅游典型示范户评定细则》，评出农牧家乐旅游接待户6家，市级“农（牧）家乐”典型示范户1户，旗级“农（牧）家乐”典型示范户1户。

（四）严格行业监管，全力营造健康稳定安全的旅游环境

2008—2012年，通过联合旗安检、公安消防、工商、卫生等部门联合执法，定期邀请市旅游执法大队开展旅游企业安全检查指导工作，形成了旅游联合安全检查机制。通过联合执法和年底排查，加大了旅游市场监管力度，旅游安全工作取得了显著成效，真正做到了“旅游安全，安全旅游”，确保了过去五年零安全事故和零旅游投诉。

（五）大力宣传促销，提升地区知名度

2008—2012年，通过各类媒体宣传和组织参与博览会、大型节庆节事活动等方式着力开展旅游宣传促销工作成效显著。借助鄂尔多斯亚洲艺术节、两届鄂尔多斯国际那达慕大会、伊金霍洛国际马拉松大赛、伊金霍洛中国首届马术大赛等节事活动，开展旅游宣传活动加强旅游参与，五年

来发放《天骄圣地》旅游宣传光盘，旅游宣传画册《游走伊金霍洛》，旅游交通图《伊金霍洛小导游》及旅游纪念品等宣传资料共计10万份，协办了伊金霍洛镇传统那达慕大会、主办了“苏泊罕游牧草原金秋体验季”旅游主题活动，加大了旅游推广力度。通过鄂尔多斯电台、《鄂尔多斯日报》、《鄂尔多斯旅游报》、伊金霍洛旗之窗网站及腾讯和新浪伊金霍洛旗旅游局官方微博扩大旅游资讯宣传渠道。同时积极参加了上级旅游主管部门组织参与的旅游博览会、交易会，卓有成效地提升了伊金霍洛旗的知名度和美誉度。

第四节　体育事业与体育文化产业

一　伊金霍洛旗体育事业发展历程

中华人民共和国成立前，伊金霍洛旗的体育事业既无专设机构也无兼管部门，学校虽有体育课的设置，但因缺乏师资，也是处于有名无实的状态。那时学生的活动项目多为赛跑、摔跤、围老虎、踢毛毽、滚铁环、跳方方等民间传统活动，缺乏组织领导和规范教育。

民国期间，广大农、牧民群众因战乱、饥饿，流传久远的赛马、摔跤、射箭等民间传统体育活动也无法开展。

中华人民共和国成立后，党和人民政府对体育事业十分重视。从1950年开始，郡、札两旗人民政府文教科开始兼管体育工作，至1952年毛泽东主席提出“发展体育运动，增强人民体质”的伟大号召，体育事业更加引起了整个社会的重视。1954年5月，伊克昭盟行署成立了体育运动委员会。1955年郡、札两旗相继成立了旗体育运动委员会（以下简称体委）。当时旗体委主任由旗长兼任，副主任由主管文教的副旗长及文教科的科长兼任，其他委员由旗委、政府各有关部门的主要负责人兼任，地方财政正式把体育经费纳入预算。每年拨付一定数额的活动经费，用于参加盟体委举办的各项运动会和综合运动比赛以及举办本旗的各类比赛活动。

随着旗体委的成立，根据体育发展的需要，各系统、各基层单位也相继成立了群众性的体育协会组织及单项运动队，如：教育系统成立了“钟声”体协；公检法系统成立了“前卫体协”；金融系统成立了“银鹰体协”；农牧系统成立了“丰收体协”；等等。从此，伊金霍洛旗的体育事业，上有行政领导（即体委），下有各系统、部门的群众体育组织及单位的单项运动队，为体育事业的蓬勃发展奠定了良好的组织基础。

1954—1959年是伊旗体育事业的鼎盛时期。无论农村、机关、学校几乎天天有各单项活动的比赛，篮球比赛遍及全旗，早操、“工间操”的活动，无论是单位大小，人数多少，上自单位领导，下至勤杂、炊事员，都能积极参加。各基层学校每年“六·一”国际儿童节都要举办球类比赛或田径运动会。旗直属各机关、企事业单位除平时举行小型友谊赛外，逢年过节还积极参加旗体委举办的各项运动会。

1960—1962年，国家处于三年经济困难时期，体育事业受到了一定的影响，活动逐渐低落。1963年以后，随着国民经济的恢复，体育活动又逐步开展起来。“文化大革命”期间，体育事业机构瘫痪，活动处于停滞状态。直至1972年为纪念毛泽东主席“发展体育运动，增强人民体质”题词发表20周年之时，才召开了全旗首届农、牧民运动会，打开了伊旗体育事业的新局面。

1979—1980年，伊旗政府拨款8万元，兴建了伊旗体育场。总面积27000平方米，1979年正式开工修建，1980年建成并投入使用。其中：400米田径场1处，标准足球场1处，灯光篮球场2处，排球场2处，羽毛球场1处，网球场2处，办公室60平方米，修练室128平方米，库房50平方米。

1953年后，遵照中共中央关于“结合实际情况开展群众性体育运动，并逐步地使之普及经常化”的指示，重点在城镇开展了体育运动。党政机关、企事业单位的干部、职工除坚持每天做早操、“工间操”外，业余日间或重大节日，开展篮球、排球友谊赛。农村条件较差，只能通过学校体育运动带动一般群众。党政机关、企事业单位都先后建起了自己的单项运动队（即当时的单位代表队）。有篮球队、排球队、乒乓球队等。20世纪50—60年代期间，全旗有系统或大单位的体育运动协会5个，篮球队31个，排球队7个。还根据盟体委的赛事需要，陆续组建过代表伊旗参赛的伊旗代表队。有篮球队、足球队、乒乓球队、田径队等。篮球队在50年代末60年代初是伊旗的强项，已进入全盟三强之列。1960年7月为参加盟体委举办的全盟足球选拔赛。伊旗也积极组队进行了一个月的集中训练，当年9月参加了盟选拔赛，取得了参赛11个队的第二名，并有5

名队员被选为盟足球代表队的主力队员，于1961年参加了在乌兰浩特举行的全区职工足球比赛，获得第四名。乒乓球活动在伊旗活跃了一段时间，但普及面不广，1963年在盟体委举办的全盟少年乒乓球锦标赛上，伊旗获少年甲组团体第二名，单元增同学获该组个人第二名。

党的十一届三中全会以后，由于广大人民群众的物质生活水平有了很大的提高，人们对强身健体的意识日趋加强。全旗各地的晨练点逐年增加，参加晨练的人数也日益增多，有跳舞的、练气功的、练剑的、散步的、慢跑的、跳迪斯科的，真是五花八门，应有尽有。截至1989年仅阿镇地区已有晨练点7处，参加晨练的人数已达600余人。

另外，在离退休老干部中开展了门球活动。他们战严寒、抗酷暑，一丝不苟地练习基本功，积极参加全盟、全区、全国的比赛活动。

农牧民群众的体育活动平时开展得较少。蒙古族传统的赛马、摔跤、射箭等活动的大型赛事，一般是在祭奠成吉思汗那达慕大会上，由政府举办。农牧民中，赛跑、摔跤、翻手、攀手臂等活动较为普遍。农民平时在田间地头自由组织活动，牧民多在喜庆宴会前后进行。

摔跤。正式活动要身着帆布铜钉的肥大跤服，头缠红、黄、蓝三色头巾，出场唱歌，开、收场跳跃。参加人数要求8、16、32、64、128……即依次类推的倍数均可。

赛马。男女老少都可参加，分“赛跑”和“赛走”两项。赛跑距离为5—10公里不等；“赛走”多在1000米左右。赛跑的骑手多是青少年；赛走的骑手都是成年人。赛跑的一次决出胜负；赛走的多为2—3次才能决出胜负。中华人民共和国成立初期，放牧骑马者聚集于荒野草地自由竞赛，迎、娶亲乘马上路也要一试高低。

农牧民青壮年相逢，往往开展翻手、攀手臂的比赛。翻手时，两人席地盘腿而坐，双手互相握紧，一人压，另一人翻，翻过来者为胜。攀手臂是坐、卧、立姿皆可。双方各出右或左手握紧，都向各自手掌的方向用力压，压倒对方者为胜。儿童间相聚，多为点羊粪珠珠、围老虎、下方、滚铁环、跳绳、踢毛毽、捉迷藏、赛跑等活动，以赛智力和腿、脚及手臂的能力。

20世纪60年代后，在基干民兵中广泛开展了军事训练。项目有投弹、射击和游泳等活动。这对农牧民群众的体育活动起到了一定的促进作用。

中华人民共和国成立后，学校体育活动的发展速度很快，从“三无”

（即无场地、无师资、无设备）到“三有”的过程。体现了党和政府及教育主管部门对学校体育的重视和关怀。

中华人民共和国成立初期，城乡小学根据各自的条件，以队列训练、做操、赛跑、跳绳、滚环、踢毛毽等项目为主要内容，开展了体育课和课外活动。

20世纪50年代末，新学校猛增，体育活动也逐渐活跃，中学以劳动卫国制（以下简称劳卫制）的标准项目作为体育课和课外活动的中心教材，小学体育除课堂教学外，课外活动也较为活跃。

“文化大革命”期间的1967—1968年，学校体育随着学校整个教学工作停滞了。场地废弃，器械损坏，教师、学生大都卷入派性斗争的洪流。1971年后，遵照周恩来总理关于恢复学生体育锻炼的指示，各项活动逐渐活跃起来。每年的“六·一”国际儿童节，全旗各中、小学都要举办田径运动会或球类比赛。学校无力举办的学区也要举办。1976年，伊旗教育局、体委曾联合发文，要求全旗各级各类学校推行《国家体育锻炼标准》，要求30%的学生达标。各学校先后建立了业余体育训练队，包括篮球、乒乓球、田径、武术等。

1978年后，针对学生因学习负担过重而出现体质下降、视力减弱的情况，学校体育工作一面坚持“三操”（早操、课间操、眼保健操）、“两课”（每周两节体育课）、“一活动”（每天一节课外活动）的锻炼制度，一面认真开展“达标”活动。自1986年施行《学校体育卫生工作条例》以来，学生参加体育锻炼的积极性明显提高。

20世纪70年代初至80年代中期，体委协同教育局，联合召开了多次体育教师和学校负责人参加的体育工作会议，并对体育教师进行了多次培训。

学校的篮球活动开展得最早，普及面最广，竞赛活动最为频繁，对机关干部、企事业单位职工起到了很好的带动作用。1961年，盟体委在伊旗举办的全盟首届少年篮球锦标赛中，伊旗少年篮球队在强手如林的情况下荣获冠军。

学校的田径运动在20世纪70年代初期是鼎盛时期，曾出现过郭彦刚、赵林、王素霞、白凤霞、张永清、王香琴、杨淑君、杨淑琴等不少田径项目的全盟冠军。他们所创造的全盟纪录有的至今未被刷新，伊旗曾在全盟中、小学生田径运动会上，被人们誉为“田径之乡”。

伊旗的武术项目也曾在全盟、全区风靡一时，旗一中的体育教师廉万春，根据自己的特长，除抓学校田径队的训练外，从20世纪60年代末到80年代初，先后培训了四期武术队员，参加过两次全区性的比赛，得到了全区武术界的好评。他培养的武术队员张彩琴在内蒙古师范大学毕业后，被留校担任校武术老师。

伊旗干部、职工及农牧民的体育训练多是以业余突击的方式进行，而且又多是为参加盟体委举行的竞赛，平时都是“以打代训”；而学校的体育训练则大多数都有学期训练计划或学年的训练计划。群众体育训练只能是临场聘请教练员，而各级学校的体育教师是学生体育训练的专职教练，对各项体育活动的开展和组织，技、战术的应用，优秀人才的发现和培养等都负有直接责任。

20世纪60—70年代，伊旗的乒乓球和武术两项活动在全盟占突出地位。60年代初期，盟体委在伊旗进行过全盟乒乓球男、女队训练，训练时间为45天，训练对象是少年甲、乙组的乒乓球伊盟代表队，队员中伊旗人居多数。70年代中期，内蒙古体委群体处在伊旗举办过全区武术教练员培训班，训练时间为一个月，训练对象是全区各旗市的武术教练员，训练人数37人，多数为伊旗教员。

为了提高伊旗篮球技术水平，1971年8月旗体委特邀自治区男、女篮球队为伊旗篮球爱好者做了两场表演。

篮球锦标赛，在伊旗举办的比赛项目中次数最多。“文化大革命”以前，全旗性的篮球比赛就进行过多次。“文化大革命”后期的1971年，旗体委和工会、团委、妇联共同举办了全旗工、农、兵、学、商各界代表队参加的篮球、乒乓球锦标赛。篮球队选出强队（学校代表队）参加了全盟比赛。以后每年在“五一”劳动节和“十一”国庆节都举行阿镇地区职工篮球赛。

足球比赛，一般参加的都是全旗中、小学生代表队。1985—1989年已历经九届。

阿镇地区职工排球赛已举行七届；中国象棋比赛，已举行八届；围棋比赛，已举行两届。

从20世纪70年代初开始，每年的元旦期间都要举行一次中、小学生越野赛，此项运动已举行过十九届。

1972年为庆祝毛泽东主席“发展体育运动，增强人民体质”题词发表20周年，伊旗体委举办了全旗农、牧民运动会。参加人数470人，参赛代表队数18个，比赛历时7天。农、牧民运动会原定每三年举办一次，后因多种原因而中断。伊旗中、小学生田径运动会，原定每两年举行一次，1974—1989年只召开过五届。

伊旗体育运动场地在20世纪50年代期间屈指可数。篮球场，只有一完小（当时称汉校）有2个、蒙校有1个。田径场地，除一完小有不足400米跑道的简陋场地外，其余学校都未开辟。1959年，伊旗第一中学建校后与一完小的田径场地合用，以后逐年修建逐步趋于规范。至1989年，全旗有400米跑道的简易田径场7个，篮球场98个（其中，灯光篮球场7个，硬化篮球场21个），简易排球场40个，标准足球场7个。

表4-4　　伊金霍洛旗1984—1989年度学校体育锻炼达标情况

年度	学校	学生总数	达标数	其中		备注
				良好	优秀	
1984	中	4102	4025	801	376	
	小	14724	12723	974	308	
1985	中	4152	3770	831	309	
	小	14980	12941	1012	309	
1986	中	4302	3831	867	347	
	小	15124	13001	1121	316	
1987	中	5251	4001	1231	351	
	小	15490	13056	1210	349	
1988	中	4490	4231	1223	367	
	小	15250	13171	1375	357	
1989	中	4393	4351	1311	378	
	小	15300	13841	1736	381	

资料来源：《伊金霍洛旗志》，内蒙古人民出版社1997年版，第262页。

表4-5　　伊金霍洛旗体育竞赛男子青年组成绩

项目	成绩	创造者	竞赛名称	日期	地点	备注
100米	12″	程秉晋	全区第三届运动会	1974.9	呼市	
200米	24″4	程秉晋	全区第三届运动会	1974.9	呼市	
400米	54″5	郭彦刚	全国田径分区赛	1972.6	呼市	
800米	2′7″8	章雄	全盟中小学生运动会	1988.6	东胜	
1500米	4′17″9	赵林	全区中长跑达标赛	1979.8	集宁	

续表

项目	成绩	创造者	竞赛名称	日期	地点	备注
3000 米	9′14″7	赵林	全区业休校田径运动会	1980. 6	包头	
5000 米	16′2″5	赵林	全区中长跑、投掷比赛	1988. 8	东胜	
10000 米	33′43″7	赵林	全区中长跑、投掷比赛	1988. 8	东胜	
110 栏	18″8	程秉晋	全区第三届田径运动会	1974. 9	呼市	
400 栏	1′5″	姚远强	全区大、中学生运动会	1985. 8	呼市	
4×400 米	3′51″9	一中队	全盟田径运动会	1988. 6	东胜	
4×200 米	1′46″	伊旗队	全盟中学生运动会	1977. 7	准旗	
4×100 米	49″	一中队	一中校运会	1987. 9	阿镇	
跳高	1. 65 米	赫德队	全旗第一届运动会	1972. 6	阿镇	
跳远	5. 91 米	呼风岐	全盟中小学生运动会	1986. 6	东胜	
三级跳远	12. 24 米	程秉晋	全盟青少年运动会	1973. 8	东胜	
铅球	9. 87 米	莫卫东	全旗职工运动会	1988. 9	阿镇	
铁饼	30. 84 米	莫卫东	全旗职工运动会	1989. 9	阿镇	
标枪	44. 04 米	赵青山	全盟运动会	1958. 8	东胜	
五项全能	2484 分	程秉晋	全区三运会	1974. 9	呼市	
十项全能	4662 分	程秉晋	全区三运会	1974. 9	呼市	

资料来源：《伊金霍洛旗志》，内蒙古人民出版社 1997 年版，第 263 页。

表 4-6　　伊金霍洛旗体育竞赛女子青年组成绩

项目	成绩	创造者	竞赛名称	日期	地点	备注
100 米	13″	杨淑君	全区第三届运动会	1974. 9	呼市	本组200米跑是全盟纪录
200 米	26″3	王淑霞	全区第三届运动会	1974. 9	呼市	
400 米	58″6	王淑霞	全区第三届运动会	1974. 9	呼市	
800 米	2′15″1	王淑霞	全盟中学生运动会	1973. 6	东胜	
1500 米	5′32″6	王淑霞	全区田径运动会	1972. 4	东胜	
3000 米	13′25″5	孙雪梅	全区田径运动会	1988. 6	东胜	
5000 米	21′51″4	赫敬东	全旗第五届小学生运动会	1984. 7	阿镇	
110 米栏	17″2	杨淑琴	全区第三届运动会	1974. 9	呼市	
4×100 米	52″4	一中队	全旗田径运动会	1973. 6	阿镇	
4×200 米	1′52″2	一中队	全旗田径运动会	1972. 6	阿镇	
跳高	1. 41 米	杨淑琴	全区第三届运动会	1974. 9	呼市	
跳远	4. 95 米	杨淑琴	会区田径运动会	1973. 8	呼市	
铅球	9. 92 米	刘宪梅	会旗田径运动会	1972. 6	阿镇	
五项全能	2928 分	杨淑琴	全区第三届运动会	1974. 9	呼市	

资料来源：《伊金霍洛旗志》，内蒙古人民出版社 1997 年版，第 263 页。

二　伊金霍洛旗体育事业发展现状

进入21世纪以来，伊金霍洛旗体育事业紧紧围绕《中华人民共和国体育法》和《全民健身条例》各项要求，坚持体育事业为人民服务，不断完善体育服务功能、开拓体育发展模式，逐渐由“办体育”向“管体育”转变，努力实现群众体育、竞技体育和体育产业协调发展，并取得了一定的成绩。2008年，伊金霍洛旗人民政府、伊金霍洛旗体育局先后被国家体育总局评为“全民健身先进单位”“全民健身先进集体”和“奥运火炬接力活动先进集体”。2009年，伊金霍洛旗分别被自治区体育局和国家体育总局评为“乒乓球运动之乡”和“全国全民健身先进单位”；同年，伊金霍洛旗体育局被中华人民共和国人力资源和社会保障部、国家体育总局评为“全国体育系统先进集体”，全自治区只有两家单位获此殊荣。2010年和2012年，伊金霍洛旗体育局连续两届被鄂尔多斯市委、市政府评为“鄂尔多斯国际那达慕大会先进集体”。

目前，全旗共有体育场地94处，国家高水平体育后备人才基地1个，省优秀运动队后备人才训练基地2个，体育社团组织15个，各级社会体育指导员387人，国家级农牧民健身工程11处、自治区级1处、市级1处，全旗体育人口达到总人口的39.6%。

伊金霍洛旗坚持贯彻实施国家和自治区提出的各项体育事业政策法规，紧紧围绕地区发展的中心任务，狠抓体育基础设施建设、大力发展群众体育、积极培养后备人才、努力探索体育产业发展道路。近年来，伊金霍洛旗群众体育事业蓬勃发展、竞技体育水平显著提升、体育产业迅速崛起，体育事业全面发展。

（一）体育基础设施日渐完善

进入21世纪以来，伊金霍洛旗高度重视体育基础设施建设，累计投入30亿元新建、改建、扩建了各类体育场馆。截至目前，全旗共有公共体育设施用地35.67万平方米，全旗常住人口25.9676万人，人均体育设施用地面积达到1.37平方米；100%的城市社区和70%的村安装了健身路径器材，且覆盖率逐年提升；完成了7个镇的11处“农牧民健身工程”以及伊金霍洛镇全民健身示范点、札萨克镇小型健身中心，各镇均建立了文体活动室，农村体育基础设施得到全面改观；建成了全市首家体育公园、鄂尔多斯国际那达慕运动场和国家级、自治区级曲棍球训练基地；建成了功能完善、设备先进，建筑面积达 4 万平方米的全民健身体育活动中心；建成了王府路社区、纳林高勒社区和通格朗社区三处自治区一流的社区体育文化活动中心；全旗各中小学均实现了标准化操场，体育活动设施逐年完善。33 万平方米的全民健身体育公园即将建成投入使用；100 平方公里的成吉思汗体育文化产业园区正在规划建设；国家鄂尔多斯射击射箭集训基地即将开工建设。全旗体育基础设施布局合理、日趋完善，极大地满足了伊金霍洛旗群众体育活动需求，也为伊金霍洛旗承办各级各类大型体育赛事和群众体育比赛提供了设施保障。

（二）群众体育事业日益繁荣

伊金霍洛旗体育工作始终以群众体育为生命线，积极倡导全民健身，不断增强群众体质。几年来，伊金霍洛旗始终以《全民健身条例》为指导，大力宣传“将健身意识融入每一个人的生活习惯”的理念，按照“亲民、便民、利民”的原则，紧紧围绕“建设好群众身边的体育场地，健全群众身边的体育组织，树立群众身边的健身典型，举办好群众身边的体育活动，做好群众身边的全民健身宣传”五个重要环节，以“健身快乐行”“百姓健身大讲堂”和全民健身“六进”活动（即全民健身进社区、进农村、进机关、进学校、进企业、进家庭）三大品牌活动为主线，积极在全旗推广全民健身。

一是组织举办各类群众体育活动。几年来，伊金霍洛旗成功组织举办了全旗第四届、第五届职工运动会、全旗首届老年人运动会、全旗首届干部职工环城赛以及 2012 年、2013 年两届伊金霍洛国际马拉松赛等大型群众体育比赛；利用中华传统节日，每年组织开展形式多样、内容丰富的民族民间趣味体育活动；注重发展民族体育，成功举办了两届鄂尔多斯国际那达慕大会和每年一届的伊金霍洛镇那达慕大会、苏布尔嘎镇那达慕大会等地方民族体育盛会，伊金霍洛旗群众体育基本实现了月月有比赛、周周有活动的良好局面，切实有效提高了全旗人民的身体素质和健康水平。

二是不断加强对体育社团的重视力度。加强引导和管理，不断实现体育协会成立合法化、管理规范化、活动经常化、成果共享化的“四化”建设。目前，全旗拥有各类单项体育协会 15 家，每家体育协会每年至少组织举办 3 次全旗群众体育比赛，并积极开办长期或短期单项体育培训班，为伊金霍洛旗培养体育后备人才、大力普及全民健身作出了巨大贡献。各协会每年积极参加全市、自治区乃至全国和国际各类体育比赛，不断加强交流，切磋技艺，提高了运动水平和群众参与体育活动的积极性。2012年，伊金霍洛门球协会代表中国参加了2012年第六届亚洲门球锦标赛，获得第五名的好成绩。

三是更加重视社会体育指导员队伍建设。近年来，伊金霍洛旗不断加大社会体育指导员的吸收和培养力度，大力促进“质”和“量”的同步提升，逐步在全旗建立了多处晨（晚）练站点，推广了广场健身操（舞），目前，通过全旗387名社会体育指导员的不懈努力和无私奉献，进行晨（晚）练和跳健身操（舞）已经成为全旗群众生活中必不可少的组成部分。

（三）竞技体育水平不断提升

一是认真做好后备人才培养工作。伊金霍洛旗始终秉承“体育人才是推动体育事业发展核心动力”的理念，加强传统体育项目学校、训练基地和训练网点的建设与指导，以学校体育为基础，以业余体校、体育协会、体育俱乐部为主线，加快后备人才培养步伐，完善教练员、运动员奖励办法。2011年，旗教育局和体育局联合命名了10所传统体育项目学校，不断完善规章制度、强化训练成果，确保其成为伊金霍洛旗体育后备人才的培养和输送源地。全力打造了民中（摔跤）和三完校（跆拳道）二处市级体育后备人才训练网点。充分发挥各单项体育协会作用，常年开办培训班，在青少年中广泛普及体育运动。依托国家、内蒙古自治区曲棍球训练基地优势，利用举办国际、国家曲棍球赛事的影响力，积极申报了国家曲棍球奥林匹克后备人才基地。目前，正在规划建设中国鄂尔多斯射击射箭集训基地和国家乒乓球队集训基地。

二是全力办好各级各类体育赛事。伊金霍洛旗成功承办了2012、2013年两届伊金霍洛国际马拉松赛、2012年国际田联竞走挑战赛总决赛暨全国竞走锦标赛、2012年国际拳击挑战赛、曲棍球国际邀请赛、大方·亚洲曲棍球冠军杯赛、2012年全国女子曲棍球锦标赛、自治区第十二届运动会曲棍球比赛、2012年首届中国马术大赛、全国马术三项赛冠军赛锦标赛、两届鄂尔多斯国际那达慕大会以及自治区青少年古典式摔跤锦标赛、青少年男子足球锦标赛、“凯创杯”乒乓球邀请赛、全区第七届少数民族传统体育运动会等国际国内多项重要赛事，均取得了圆满成功，受到社会各界一致好评。各大赛事的成功举办，提升了伊金霍洛旗的知名度和在国际国内的影响力，也为实现地区发展，促进经济结构转型作出了重要贡献。

进入 21 世纪以来，伊金霍洛旗获得了自治区级比赛金牌 17 枚、银牌 12 枚、铜牌 8 枚，获市级比赛一等奖 67 个、二等奖 53 个、三等奖 47 个，实现了竞技体育跨越式发展。

（四）体育产业稳步发展

一是充分发挥体育彩票龙头作用。作为伊金霍洛旗体育产业的龙头，体育彩票的发展显示出突飞猛进的势头。伊金霍洛旗体育彩票站点由 2007 年的 15 家发展到现在的 31 家，2012 年体彩销售额达到 3200 万元，体彩销售总额突破 1 亿元大关，为我市体彩事业作出了突出贡献。随着体育彩票销售额的逐年攀升，每年返还的体彩公益金也不断增加，为伊金霍洛旗完善全民健身基础设施、举办各类全民健身活动提供了资金保障。

二是积极推进体育产业园区规划建设。伊金霍洛旗从 2009 年起开始实施成吉思汗体育文化产业园区前期规划工作。成吉思汗体育文化产业园区正在申报国家级体育产业园区，目前，园区整体详规、控规已完成，其中，马主题公园已完成控规、详规、土地勘察和设计方案；鄂尔多斯射击射箭集训基地规划设计已完成，除林地外各项手续均办理完成，林地手续已由鄂尔多斯市审批完成，准备向自治区报批，已确定项目建成后作为国家级射击射箭集训基地；鄂尔多斯雪上项目运动中心正处于土地报批和施工图设计阶段。

三是鼓励新型体育产业发展。近年来，随着伊金霍洛旗经济社会的不断发展，体育用品经营场所、体育健身俱乐部等体育产业逐渐在伊金霍洛旗兴起，丰富了体育产业发展形势，从另一方面带动了全民健身事业的发展，也为伊金霍洛旗第三产业发展增添了新的活力。

进入 21 世纪，伊金霍洛旗边实践、边总结、边创新，积极解放思想，打破思维定式，具备了在体育荒漠中打造体育强旗的基础和条件，实现了从无到有、从莠到良的崭新跨越。然而，总体来讲，伊金霍洛旗体育事业仍存在一些不足，主要表现在以下几方面①。

（1）目前，教育部门与体育部门在学校体育教育方面的沟通联系有待进一步加强，还需探索如何促进双方协调配合，全面促进学校体育

① 千孟克：《21 世纪初中国少数民族地区经济社会发展综合调研汇报材料》，2013 年 7 月 18 日于伊金霍洛旗体育局。

发展。

（2）目前来讲，伊金霍洛旗群众的健身意识、健身积极性以及体育活动的参与度仍然不够，还需要做大量的、长期的宣传引导等工作来促进群众体育事业的繁荣发展。

（3）伊金霍洛旗竞技体育水平尚处于较低阶段，后备人才培养还处于起步阶段，还需在今后的工作中进一步探索更加有效的后备人才培养方式。

（4）体育产业化的形成发展是一个长期的过程，伊金霍洛旗目前尚处于雏形期，还需进一步探索出一条适合伊金霍洛旗的发展道路。

（5）体育场馆运营仍处于起步阶段，需要加强学习，促进场馆合理化运营。

（6）学校并没有开设有关民族体育的相关课程，在今后的发展过程中，是否可以在学校开设摔跤、射箭等民族体育课程，编制专门的教材，聘请专业教师为学生授课。

（7）体育部门的职能正在逐渐由“办体育”向“管体育”转变，体育协会将成为举办体育活动的主体，如何进一步规范体育协会管理，充分发挥作用，强化职能，是当前伊金霍洛旗急需解决的问题之一。

（8）学校体育设施节假日面向公众开放率偏低，导致体育场馆不能够合理利用，在一定程度上造成了资源浪费。

目前是伊金霍洛旗体育事业发展的关键时期，是伊金霍洛旗真正由“办体育”向“管体育”转变的过渡阶段。今后的工作以“转变职能、构建和谐体育队伍”为抓手，以加强体育基础设施建设为基础，以促进群众体育和竞技体育协调发展为重心，以倾力打造品牌赛事为手段，以培育地方民族特色体育项目为亮点，着力打造中国西部特色体育。据伊金霍洛旗体育局千孟克局长介绍①，伊旗今后将主要做好以下几方面工作。

（一）不断完善基础设施建设和管理

一是要积极推进在建和筹建项目规划建设进程。鄂尔多斯射击射箭集训基地除林业手续正在办理外，其他手续均已办理完成，且规划设计已完成，2014 年将投入 1 亿元完成该项目的基础工程和飞碟靶场项目建设。

① 千孟克：《21 世纪初中国少数民族地区经济社会发展综合调研汇报材料》，2013 年 7 月 18 日于伊金霍洛旗体育局。

全民健身体育公园作为伊金霍洛旗群众今后主要的户外活动场所，也将于今年下半年完成施工建设并投入使用。另外，积极完善成吉思汗体育文化产业园区各项前期手续，争取早日开工建设。

二是要合理利用现有体育场馆和体育设施。鄂尔多斯国际那达慕运动场已承接两届鄂尔多斯国际那达慕大会以及2012年首届中国马术大赛等多项民族体育赛事。从2013年起，伊金霍洛旗计划利用那达慕运动场的有利条件，将每年的5—9月打造成为“赛马季”，每周举办以走马比赛为主的赛马系列比赛。利用苏布尔嘎镇农牧民马术培训基地，开展骑手、马匹饲养员培训以及各类马术体验活动，大力发展地区民族体育，带动马产业和马文化的繁荣发展。

同时，借助伊金霍洛旗拥有的国家、自治区曲棍球训练基地和国家拳击跆拳道训练基地，积极促成曲棍球学校的建立，继续支持跆拳道协会举办青少年跆拳道培训班，在全旗乃至全市、全区青少年中培养曲棍球和跆拳道后备人才，打好这两项运动在青少年中的发展基础，并使之成为伊金霍洛旗特色运动项目。利用好伊金霍洛旗全民健身体育活动中心，借助乒乓球运动在伊金霍洛旗的群众基础，积极促成“刘伟乒乓球学校”的成立，加深伊金霍洛旗乒乓球运动群众基础，提升乒乓球运动水平。

另外，全面加强各类公共体育场馆和全旗体育设施管理的科学化、合理化，逐步提高体育设施面向公众的开放率，全面满足伊金霍洛旗群众的健身需求。

（二）切实促进伊金霍洛旗群众体育与竞技体育协调发展

一是要大力抓好学校体育工作。今后，要大力促进体育部门与教育部门的合作，不断深化学校体育教育体制改革，不断提高学生身体素质，从而带动全旗群众参与体育活动的积极性。将学校教育和体育后备人才培养有机结合，积极办好10所传统体育项目学校和体育后备人才训练网点，发挥体育协会作用，积极开办青少年培训班，利用曲棍球训练基地、国家拳击跆拳道训练基地和正在筹建的射击射箭集训基地、国家乒乓球队训练基地，大力培养高水平体育后备人才。通过以上措施，切实加强群众体育和竞技体育的发展基础，全面提高国民体质和伊金霍洛旗竞技体育水平。

二是要大力发展群众体育。群众体育从某种程度上是竞技体育的发展基础，只有群众的体育参与度增加了，竞技体育才会有更加深厚的群众基础。今后几年，在继续保持对群众体育事业高度重视的基础上，充分发挥体育协会和社会体育指导员的作用，有效利用元旦、春节、元宵节、“五一”劳动节、中秋节、国庆节等传统节日，特别要利用好8月8日“全民健身日”，积极开展各类群众体育活动，将全民健身融入人民群众的日常生活中去，全力推进全民健身“六进”活动，将全民健身渗透到社会各个角落，真正实现打造中国西部“体育强旗”的目标。

（三）大力推进体育产业化道路

实现体育产业化道路很漫长，目前，全国也尚未真正形成体育产业。作为少数民族地区，伊金霍洛旗要同时利用现有资源和场馆，争取早日推进体育产业化运作。一是要逐渐实现体育部门职能转变，体育部门真正成为体育事业的管理者和引导者。二是要合理规划发展道路，完善监管机制，建立健全规章制度，走体育产业法制化发展道路。不断完善管理和激励制度，加强宣传，发挥好体彩的龙头作用，规范体育产业发展秩序，促进体育产业健康、稳步向前发展。三是要积极做好成吉思汗体育文化产业园区的规划建设工作，利用体育产业园区优势，积极完成国家级体育园区的申报工作，大力引进体育休闲、户外拓展等健康消费方式，引导群众转变消费观念，从而增加体育产业经济结构比例，促进地区产业结构转型，并推动旅游业、餐饮业和服务业等第三产业全面发展。四是要推进体育场馆产业化运营。目前，伊金霍洛旗拥有总建筑面积38600平方米的全民健身体育活动中心、占地面积83公顷的国际那达慕运动场以及占地150亩的国家、自治区曲棍球训练基地，并正在建设中国鄂尔多斯射击射箭集训基地和国家乒乓球队训练基地，为更加合理利用各类体育场馆和基地，伊金霍洛旗正在探索一条科学合理的体育场馆产业化运营道路，以宣传部门作为纽带，加强宣传，充分发挥招商、旅游、文化、体育等部门职能作用，联动发展，计划通过招商引资引进曲棍球、马术等各类赛事及竞猜性产业项目、出租场地进行各类培训、举办大型文艺表演、开展各类运动体验、实现场馆全面运营，打造和宣传伊金霍洛旗文化底蕴，促进体育、文化、旅游、经济的协调发展，实现体育产业创收，促进地区经济结构转型。五是要全力打造品牌体育赛事。今后两年，以建设和发展成吉思汗体育文化产业园区为契机，改革和完善体育竞赛运作模式；积极引进和举办国内外高水平的体育赛事，在承接全国马术、曲棍球、马拉松等竞赛的基础上，积极承办国内外高水平赛事，培育和锻炼竞赛管理队伍。推动伊金霍洛旗各类体育竞赛活动的开展，逐步提高体育竞赛表演的商业化程度，鼓励社会各界承办体育赛事或以冠名、特许、指定、专营等方式赞助体育赛事，逐步建立竞赛合理机构和竞赛经纪人制度，带动相关的传媒、广告、赞助等行业的发展，使之成为伊金霍洛旗经济发展的一个新的增长点，提升城市的国内知名度和影响力，塑造伊金霍洛旗的国际化体育名片新形象。

第五章

民族教育与民族语文工作

第一节　伊金霍洛旗民族教育发展历程

一　20世纪上半期伊旗民族教育发展

中华人民共和国成立前的伊金霍洛旗分为札萨克旗和郡王旗。札萨克旗位于原伊克昭盟（现东胜市）南段，东临准格尔旗，西邻乌审旗，北靠郡王旗，南边与榆林和神木接壤，南北100公里，东西30公里。札萨克旗是伊克昭盟面积最小，人口最少的旗。郡王旗位于原伊克昭盟中部，南临札萨克旗和神木县，东邻准格尔旗，后靠东胜，东西115公里，南北45公里。

（一）寺院教育

过去，在蒙古族地区没有学校教育，佛教寺庙成为传播宗教、文化、医学的教育基地，比较系统地传承着天文地理、医学等各方面的知识。蒙古族地区寺院始建于明朝，到清朝时达到了鼎盛时期。清朝政府严厉控制蒙古族地区的蒙古人学习汉语，包括公文都不允许用汉文，违者受重刑。所以众多蒙古族子孙只能到寺庙里去当喇嘛学习藏文。偶尔也可学习蒙古文。这种进寺院念经获取文化知识的情况一直延续到了民国初年。札萨克旗大小寺庙共有10座，最鼎盛时期喇嘛有992人。郡王旗有36座寺庙，最多的时候喇嘛人数达到过1747人之多。最大寺院是伊克昭庙，依次是公尼召庙、陶亥召庙等。伊克昭始建于明朝万历年四十年（1613），是该旗修建最早规模最大的寺庙。寺院里喇嘛人数多时达300余人。公尼召庙喇嘛也有300余人，当时这些喇嘛和僧侣们的学习兴趣特别浓厚，也着实培养了一批优秀人才。例如，该庙五世活佛伊希丹森旺吉勒就是优秀学生，杰出的人才。他精通蒙、藏两种语言，从22岁就开始了文学创作。他潜心研究了藏经、藏医学和蒙古文学，是19世纪杰出的诗人、著名医学家。当时的活佛、喇嘛都是高级知识分子、有名望的行医者。如陶亥召庙的金巴喇嘛就是著名的蒙医学家。他的医术高超，1964年被命名为蒙医治疗肝病专家。他们都是寺院培养出来的人才。

（二）私塾教育

以前蒙古地区的商业属于旅蒙商，清末实施“移民实边”政策后，山西、陕西边界的农民们逐渐地涌入了新开垦的地区。“随着内地人民的日益增多，在蒙古族地区出现了蒙汉民族杂居的局面”，这种局面促进了蒙汉民族经济的交流，也迫使蒙汉民族互相学习。当地王公贵族和富庶人民为了培养后代识文断字请来先生在自己家里办起了私塾。最初以一家为单位办的私塾后来慢慢演变成了几家联合办一所私塾了。私塾请来的先生大多为有较高文化水平的失业生意人。私塾一般都是一间土房，师生一起坐在炕上学习。教材都是古代书籍，如《三字经》《百家姓》《千字文》等，难度更大的有《论语》《孟子》《诗经》《大学》等，教法主要以先生讲学生背诵为主。每年秋后开学，第二年春季农忙时放假，每年大概上七个月的学。学生们几乎都是学会与农牧业相关的文字、打算盘记账后便辍学。教书先生的酬劳由学生家长出，例如米面、肉和钱等。私塾没有固定场所，经常搬迁。1935年协理官布扎布在家设私塾，请了一位浩大先生，学生有9人。1939年王府设了私塾，请查干栋（金玉海）先生给王府的孩子们教书，学生有6人，其中有2名女孩。

（三）公办学校

民国26年（1937）震惊中外的七七事变（卢沟桥事变）后日本侵略者开始全面侵华，抗日战争爆发。当时，伊克昭盟为抗日战争的重要地区。国民党政府兴办学校，宣传学校教育的意义与当时抗日救国的宣传活动。使广大蒙古族青少年受到了学校教育。

这些由国民政府和当地开明人士倡导兴办的学校教育虽然已起步，但发展得并不顺利，到1949年春，全部停学关闭。

二　20世纪后半期及21世纪初伊旗民族教育发展

1949年夏，札萨克旗和郡王旗陆续和平解放。中华人民共和国成立后，发展民族教育成了他们教育工作的重点。人民政府首先把以前公办的学校都接管过来开课，改制成旗办小学。

1949年秋把国立小学改为札萨克旗小学，巴音吉日嘎拉为校长，教职工有9人，1—6年级的蒙、汉族学生共有近130名。1956年上半年，为了方便蒙古族孩子们入学，在查干淖尔又创办了一所公办蒙古族学校，招了40名学生，配有1名老师。从中华人民共和国成立前到1952年，蒙古族学生的食宿、服装、文具都由公家承担。到1952年，改成学生的助学金制度，每年根据学生的人数比例和家庭经济条件的不等，发放给学生。1953年开始给住宿生的40%的人，每人每月8元的标准发放补助，并由学校统一管理。

到1950年，郡王旗的蒙古族孩子们已在旗完小和初级小学就读。当时蒙古族学生有20多人，均已汉语授课，只有旗完小设有蒙语文课。1952年在苏布尔嘎复建初级蒙古族小学，招了31名学生，杨道尔吉老师任教。1953年秋，在阿拉坦席勒镇创建了蒙古族完小即阿拉坦席勒第一小学。奇忠义任校长，奇寿广任副校长，陶特木勒任教导主任。共5个教学班级，137名学生，其中72名为女生。学生的食宿、服装、书本均由国家承担。到1956时全旗蒙古族初级小学和完小各1所，在校生有315人（女生132人），高级小学毕业生14名，初级小学毕业生35名，蒙古族老师有13人（女老师有3人）。

1958年札萨克旗和郡王旗合并改名为伊金霍洛旗。合并后的伊金霍洛旗地处鄂尔多斯高原东南部，毛乌素沙漠东北边缘，东与准格尔旗、陕西省府谷县接壤，西与乌审旗、杭锦旗交界，东与东胜区毗连，南隔红碱淖与陕西省神木县相望，东西长120公里，南北宽61公里，总面积5600平方公里。境内资源富集，交通便捷，人文独特，是国家重要能源重化工基地之一，一代天骄成吉思汗的长眠之地，也是鄂尔多斯城市核心区的重要组成部分和周边地区的重要立体交通枢纽。

伊金霍洛旗辖有阿勒腾席热镇、札萨克镇、乌兰木伦镇、纳林陶亥镇、苏布尔嘎镇、红庆河镇、伊金霍洛旗镇7个镇，总人口15.9万人，居住着达斡尔、俄罗斯、白、黎、锡伯、维吾尔、壮、鄂温克、鄂伦春等民族。伊金霍洛旗的官方语言是蒙古语和汉语普通话，使用于正式场合。

表 5-1　　1958—2012 年伊金霍洛旗蒙古族学校人数

年份	学校	学生	教工	备注
1958	4（1 所为蒙汉合校）	502	32	
1962—1963	4（1 所为蒙汉合校）	216		
1964	7（1 所为蒙汉合校）	580		
1975	8（1 所为蒙汉合校）	630		
1979—1980	14（1 所为蒙汉合校）	730		1985 年因生源少关闭 3 所
1985	15（1 所为蒙汉合校）	791（415 名住生）		1988—1996 关闭 3 所、合并 3 所

资料来源：摘自《伊金霍洛旗蒙古族教育史》，内蒙古人民出版社 2013 年版。

第二节　民族教育发展的政策保障

伊金霍洛旗是鄂尔多斯地区民族教育发展较快的旗县之一。从 20 世纪 90 年代开始，该旗的民族类学校在旗党委和旗政府的领导下，采取各种具体的政策和措施，在民族教育的发展方面取得了良好的效果。下面，我们就来具体地介绍一下该旗的蒙语授课中学教育的发展状况。这对于我们全面了解伊金霍洛旗的民族教育的发展有着重要的意义。

伊金霍洛旗从 2004 年在鄂尔多斯市各旗县中率先实施了“四免两补”政策，实现了九年义务教育全免费工作，2010 年，伊金霍洛旗出台了《关于进一步加快民族教育工作的实施意见》，实施了民族幼儿园“两免一补”工作（免保教费与书本费，补助学金），将全旗民族学校幼儿至高中 15 年教育纳入“免费”教育体系中，同时按照幼儿每人 80 元、小学生每人 170 元、中学生每人 200 元标准发放民族学校助学金（按照 10 个月发放），切实解决民族学校学生在校期间的生活困难；按照不低于教职工年工资总额的 2%列入财政预算，首次设立民族学校教职工培训经费，以提高全旗民族学校教师业务水平，并按照正高级职称每人每月 250 元、副高级职称每人每月 200 元、中级职称每人每月 150 元、初级职称每人每月 100 元的标准为民族学校教师发放补助金，提高民族学校教师待遇；全面提高伊金霍洛旗户籍少数民族大学生奖励标准，中专生由每人每年800元提高到1650元、专科生由每人每年1000元提高到3300元、本科生由每人每年1200元提高到5500元、对考入全国“211工程”重点大学的少数民族学生奖励7700元、研究生由每人每年1500元提高到10000元。优先聘用从小学到高中接受蒙语授课、全日制大学本科及以上学历具有伊旗户籍的蒙古族毕业生到行政事业单位的事业岗位工作，并通过统一招聘考试，按不低于70%的比例择优聘用从小学至高中接受蒙语授课、全日制大专学历、具有伊旗户籍的蒙古族毕业生到事业单位工作，切实解决民族学校学生就业问题。通过多年的大力度投入，伊金霍洛旗的民族教育工作正在科学、健康、良性的轨道上快速前进。

为弘扬少数民族文化，传承蒙古族语言文字，加大伊金霍洛旗蒙古族人力资源开发力度，全面落实党和国家各项民族优惠政策，进一步促进民族团结，根据《内蒙古自治区人民政府关于进一步加强民族教育工作的意见》《内蒙古自治区蒙古语言文字工作条例》《鄂尔多斯市人民政府关于进一步加强民族教育工作的意见》和《鄂尔多斯市人民政府关于促进牧民增收牧区发展的紧急通知》精神，伊金霍洛旗制定了《中共伊金霍洛旗委员会伊金霍洛旗人民政府关于进一步加快民族教育发展的实施意见（试行）》。具体内容如下。

（一）指导思想

以科学发展观为指导，以办人民满意和发展需要的教育为目标，坚持优先重点发展民族教育，坚持改革求发展、创新促提高，全面贯彻党的教育方针和民族政策，认真落实民族教育有关法律法规和政策规定，充分发挥民族教育在建设“教育强旗”和促进经济社会又好又快发展方面的重要作用，培养和造就一大批具有较强社会适应能力、较高综合素质和创新精神的少数民族各类人才，为伊金霍洛旗实现跨越式发展提供人才支撑和智力保障。

（二）总体目标

建立健全科学有效的民族教育管理机制和运行机制，不断强化民族教育基础设施建设，提升民族教育办学质量，推进民族教育与全旗教育事业协调发展。至2012年，全旗民族教育整体发展水平力争进入自治区前列，基本建成布局结构合理、富有特色的现代民族教育体系。

（三）主要任务

1. 加快基础设施建设，不断改善民族教育办学条件

一是完善民族学校基础设施。重点加强公办寄宿制少数民族学校建设，改善寄宿条件，配齐配强实验室、语音室、多媒体教室、计算机教室、图书资料室、特色教育活动室等，实现民族学校优质化、标准化建设。结合全旗中小学校舍安全工程的实施规划，不断优化学校布局结构，推进民族教育集约化发展。

二是推进民族教育信息化进程。引导民族学校教师熟练运用本学科教育资源，提高教育信息化及其他现代教育科技手段的应用水平，发挥好现代教育技术在提高民族教育科学质量中的重要作用。

2. 完善办学体系，推进各级各类民族教育健康协调发展

一是积极发展民族学前教育。推进民族幼儿园蒙授班级的建设，积极开展蒙古语的启蒙教育；深化民族教育、特色教育，强化少数民族幼儿综合能力的培养。至2012年，力争将民族幼儿园办成标准化公办民族中心幼儿园，全旗蒙授学前教育普及程度要超过自治区平均水平。

二是进一步提高义务教育阶段民族学校办学水平。按照教育平台信息化、教学改革科学化、办学行为规范化的要求，推动民族基础教育健康快速发展。至2012年，力争使义务教育阶段民族学校在办学条件方面超过国家规定的标准，学校管理水平、素质教育发展等方面进入自治区前列，要在全鄂尔多斯市率先实现“双高普九”目标。

三是大力促进高中阶段民族教育发展。实施名校战略，打造民族教育品牌，吸引更多优秀生源，有效提升蒙古族中学高中部办学水平，为大中专院校和社会提供更多合格人才。至2012年，全面普及民族高中教育，伊金霍洛旗初中阶段民族学校毕业生升学率达到95%以上。

四是全面加强“双语”“三语”教学工作。开展特色教育课程，进一步推进民族教育教学创新，义务教育阶段民族学校学生要重点学习掌握蒙古语言文字，兼学汉语和外语。高中阶段民族学校学生要在学好蒙古语的基础上，加强汉语和外语学习。积极开展蒙古语言文字规范化示范学校创建活动，推行国家级“中国少数民族汉语水平等级考试”和“自治区蒙古语文应用水平等级考试”，提高少数民族学生的蒙古语和汉语应用能力。

3. 发展特色科研，深入挖掘蒙古语教学资源

一是加强蒙古语教学资源的建设、管理、研究、应用，通过各种奖励

措施引导教师深入挖掘蒙古语教学资源。至2010年，伊金霍洛旗建立一处集民族特色文化学习、实习、展示于一体的综合性示范基地。

二是广泛开展交流协作活动，积极引进优质民族教育资源。利用伊金霍洛旗民族学校特有的语言文化优势和地缘、人缘优势，与自治区各兄弟旗区同类学校开展多种交流协作活动。在继承民族优秀传统文化与吸收先进科学知识的学习交往中，进一步提升伊金霍洛旗民族学校的实力，扩大影响力。

4. 拓宽少数民族毕业生的就业渠道，加大少数民族人力资源开发力度

由旗人民政府出台相关的优惠政策，具有伊旗户籍，从小学到高中接受蒙语授课、参加全日制统考的大学本科以上学历的毕业生优先聘用到事业单位。旗人事劳动和社会保障局加强与各用人单位的沟通，引导和鼓励全旗各级事业单位每年按70%的比例择优录用蒙语授课大中专毕业生。

5. 加大经费投入，促进民族教育快速发展

一是完善民族教育助学体系。在认真落实伊金霍洛旗“四免两补”政策的基础上，提高民族学校学生助学金、考入大中专以上院校的蒙授学生奖学金标准；至2010年，伊金霍洛旗蒙授学校学生助学金标准幼儿每生每月提高到90元以上，小学生每生每月提高到180元以上，中学生每生每月提高到210元以上，每年实发10个月，每学年分两次发放。将伊金霍洛旗户籍考入大中专院校以上的蒙授考生在校期间的奖励标准调整为：中专每人每年1500元，大专每人每年3000元，本科每人每年5000元，重点大学每人每年7000元，研究生每人每年10000元。

二是增加公用经费投入。对民族教育的投入要切实做到《义务教育法》中关于“三个增长”的法定要求，并高于全旗对汉授教育投入的平均水平，至2010年，将民族中小学公用经费在伊旗汉授学校标准基础上提高70%，小学每生每年达到510元，初中每生每年达到850元，高中生每生每年达到2720元；设立民族教育专项补助金，每年按不低于一般性预算支出的0.1%安排，并随旗财政财力的增长逐年增加，主要用于解决全旗民族学校教学设施配套、师资队伍奖励和发展民族特色教育等。

6. 健全管理和运行机制，优化民族学校教师队伍

一是拓宽用人渠道，确保教职工编制名额，贯彻落实各项优惠政策，吸引更多优秀师范类毕业生、蒙授专业科目名师、名校长到民族学校任

教、任职。

二是加强对民族学校教师和校长的培训和管理。至2010年，培训经费不低于教职工年工资比例的2%，并列入财政预算；提高现有民族学校教师待遇，至2011年，民族学校教师正高级职称、副高级职称、中级职称、初级职称每人每月的补助金标准在现标准基础上各提高50元，退休人员、离岗退养人员每人每月补助金按在职相同职称的65%发放。按照《伊金霍洛旗中小学幼儿园校（园）长考核评价方案》《伊金霍洛旗骨干教师管理办法》，强化民族学校教师和校（园）长的考核和管理，切实发挥骨干教师的辐射带头作用，增强民族学校校长队伍建设。

三是完善用人机制。严格按照考核情况实行绩效工资，激发教职工工作热情。全力推行“末位转岗制”，采取多种形式，按适当标准分流民族学校教师，逐渐形成“能进能出、能上能下、结构合理”的人才任用良性机制。

（四）保障措施

1. 切实提高认识，加强组织领导。要从民族教育的特殊性着眼，充分认识民族教育在促进民族团结进步、维护国家统一和边疆繁荣稳定等方面的重要地位和作用。建立长效工作机制，成立全旗发展民族教育领导小组，负责定期召开全旗民族教育督查调度会议，研究部署民族教育整体工作，解决民族教育发展改革中的重大问题，切实推进民族教育各项优惠政策的落实，并由其统筹协调各方面工作；要把重视发展民族教育、确保民族教育投入、为民族教育排忧解难列为旗、镇两级领导干部贯彻落实科学发展观的工作内容。

2. 认真落实任务，形成工作合力。旗教育局、民族事务局负责根据伊金霍洛旗民族学校布局和学生数量调整情况，加强对民族教育工作的统一指导和管理。旗发展和改革局、规划建设环境保护局、人事劳动和社会保障局、国土资源局、公安局以及团委、妇联、工会等部门和人民团体，要充分发挥职能作用，认真落实国家、自治区、市关于支持少数民族经济社会发展的各项优惠政策，广泛开展教育帮扶工作和支教助学活动，积极支持和帮助伊金霍洛旗发展民族教育事业。旗财政局要加大民族教育的投入力度，强化民族教育专项资金的管理，确保民族教育各项经费投入及时到位。其他各有关部门要积极创造条件，关心支持民族教育工作，为民族教育改革发展创造良好的氛围。

3. 健全激励机制。由旗人民政府负责对民族教育改革发展、科学研究、培养少数民族人才以及捐资助学等方面成绩显著、贡献突出的学校、社会团体和个人进行及时表彰和大力宣传。对优秀教师、学科带头人以及长期在民族地区、民族学校工作并为民族教育作出突出贡献的模范人物，在职务晋升、职称评定时优先考虑，并对作出重要贡献的人才提高奖励标准。

4. 强化监管力度，采取了一些解决对策。全旗发展民族教育领导小组负责对民族教育进行专项督导评估，并负责督察对民族教育“优先重点”地位的落实情况、投入到位情况、目标责任的完成情况等，使伊金霍洛旗民族教育在法律法规的规范下健康协调发展①。针对民族教育发展过程中存在的问题，伊金霍洛旗政府部门采取了如下解决对策。

（1）加强教师的继续教育培训力度，全面提高教师素质。目前在岗的教师，有相当一部分学历与学识不相符，有的专业知识、业务水平及教学技能跟不上，这些或多或少地影响了伊旗民族教育事业发展的进程，阻碍了民族地区后备人才的培养。真正想提高民族基础教育教学质量，一味地鼓励老师们安心学习、潜心研究学问，只能治标不治本。只有提高教师自学的积极性，加强教育教学理论学习，提高自己的业务水平，有针对性地、有计划地进行各种形式的培训，才能根本上解决教师的素质问题，才能长久而卓越有效。

（2）促进教师合理流动。在目前教师人事工作中存在不少问题。处于教育行政部门和政府双重管理之下的教师的调动过程显得复杂和不合理。教师的工作调动不是有“特殊的原因”就是有“特殊的关系”。这种认识流动规则很难适应高速发展的动态社会，应该建立合理的教师流动体制，根据教师对教育的贡献和能力，工作需要进行教师资源配置；让年轻教师到基层锻炼的同时设法改善老教师的生活环境，实行城乡之间教师交流，实现机会均等；善于请进来，又敢于走出去，形成合理而又高效的流动体制。

（3）加大教育投入，提高办学效益。首先，要加大对民族教育的投入，以保证民族教育的正常发展。根据实际情况合理分配财政支出，扩大对民族教育的支付范围。

---

① 《中共伊金霍洛旗委员会伊金霍洛旗人民政府关于进一步加快民族教育发展的实施意见（试行）》，2010 年 4 月 16 日。

首先，提高民族地区教师的工资和福利待遇，让他们先“安家后立业”，没有生活压力、没有思想负担地全身心投入工作中去。这项政策对稳定教师队伍起到决定性作用。在此基础上应该进一步完善校园硬件设施的配备，有了舒适的学习环境，优秀的、有责任心的老师，就已经解决了生源流失的问题。

其次，优化教育资源。我们在走访中发现，目前的学校布局不合理，教育资源配置不合理。为了改变这种状况，必须先调整学校布局，教师比例和职称结构、学历结构趋于合理，保证教育教学活动的顺利开展。将人力、物力、财力集中起来，解决突出问题，稳步发展，合理利用教育资源。同时，将教学与研究结合起来，将管理与研究结合起来，在保证正常的教育教学情况下研究教学、研究管理，提高效率，提高办学质量，形成良性循环。

最后，要加大教育研究力度。要发展教育，需要对教育内部规律的了解，必须通过教育研究来解决。近几年对民族地区的教育研究很多，虽然对教育管理有着很大的推动作用，但是仍然有很多具体问题需要在教育教学过程中加以解决。地方研究人员必须从解决问题的角度出发，多进行实证性研究。一线教育教学人员要在教育教学过程中进行研究，解决他们所遇到的实际问题。实践证明，在民族地区进行教育行动研究效果很好。对于中小学教育，行动研究就是指教师在从事教学实践过程中，对自己的实践过程进行研究的一种研究方法。在伊金霍洛旗，教学研究者大多是一线教师，这种教育教学研究方法应该进一步深入进行。

第三节　幼儿园与小学教育发展状况

一　伊金霍洛旗幼儿园与小学总况

伊金霍洛旗现有小学、幼儿园共 38 所，其中小学 16 所、幼儿园 22 所。从 20 世纪 20 年代开始全旗共有 8 所蒙古族小学和 1 所蒙古族幼儿园，但在 20 世纪 90 年代开始在学区调整和机构改革浪潮中被合并成了 2 所蒙古族学校，2 所蒙古族幼儿园。即在阿勒腾席热镇的伊金霍洛旗蒙古族小学和伊金霍洛旗民族幼儿园；伊金霍洛镇的伊金霍洛蒙古族小学和伊金霍洛蒙古族幼儿园。我的本次调研以霍洛蒙古族小学和蒙古族幼儿园为重点调查对象。

表 5-2 伊金霍洛旗蒙古族幼儿园、小学统计

年限 / 校名	旗蒙小	霍洛蒙小	旗民族幼儿园	查干淖尔蒙小
建校年	1926 年	1939 年	1980 年	1956 年
现如今	旗蒙小	霍洛蒙小/霍洛蒙幼	旗民族幼儿园	2006 年合并

年限 / 校名	布尔台格蒙小	公尼召蒙小	苏布尔嘎蒙小	合同庙蒙小	巴音温都尔蒙小
建校年	1974 年	1979 年	1951 年	1975 年	1975 年
现如今	1996 年合并	1997 年合并	2003 年合并	1989 年合并	2001 年合并

资料来源：海青《伊金霍洛旗蒙古族教育史》，内蒙古人民出版社 2013 年版。

二 伊金霍洛旗民族幼儿园

伊金霍洛旗民族幼儿园始建于 1980 年，当时只有 1 个教学班，8 个学生 5 个教职工。建筑面积只有 300 平方米。1998 年开始招收汉族学生，2007 年因校舍不够用而搬迁到了旗防疫站临时办学，2009 年才搬到了现在的校址。2010 年晋升为“一类甲级幼儿园”。园舍占地面积 10605 平方米，建筑面积 6521.8 平方米，设有 16 个教学班，蒙语授课班 6 个，在校生 764 人，其中蒙古族学生有 167 人。正式教职工有 63 人，临时工有 25 人。学历合格率 100%。每个班级设有多媒体教学设备、终端广播系统之外，还有大型的游戏区、植物园、动物园、沙场等游戏场所。优雅的环境和功能齐全的教学楼，在现代化的外观设计中体现着自己民族的特色。随着幼儿园的教学条件的不断改善，幼儿园的入园率越来越高了。幼儿园始终坚持着“一切为了孩子”办园的宗旨，受到了家长和社会的好评。她们开设有音、体、美课，手工课、民族游戏课、民俗课等课程，体育课还教授安代舞、筷子舞和鄂尔多斯舞。在 2011 年被评为全区优秀示范幼儿园。

三 伊金霍洛蒙古族幼儿园

伊金霍洛蒙古族幼儿园是成吉思汗陵旅游区唯一的一所幼儿园。始建于 1993 年，当时是霍洛蒙古族小学附属幼儿园，大小 2 个班，共有 21 个学生，3 个教职工。2012 年 9 月独立出来成立了伊金霍洛蒙古幼儿园，

2013年10月搬迁现校址。幼儿园总投资为2990万元，按照自治区标准化示范园设计建设，教学楼总占地面积15000平方米，建筑面积7000平方米，户外活动场地8000平方米，设计12个教学班级。学校现有教学班7个，在校生140名（蒙古族有82名）。现有教职工25名，其中具有本科学历的有10人，专科学历的有13人，专任教师合格率100%。霍洛镇蒙古族幼儿园以“弘扬民族文化，开拓进取，团结奉献”为办园特色，培养着德、智、体、美全面发展的新一代幼儿。

幼儿园在管理方面制定了各项详尽的规章制度。园长带头作表率，严格遵守着各项规章制度，把幼儿园办成了放心、卫生的温馨家园。

1. 在安全方面组建了安全工作管理领导小组，制定了教工岗位职责、安全防护与检查制度、幼儿接交记录内容制度、幼儿园周边环境安全治理制度、幼儿园公共活动场所安全管理制度、幼儿园服药登记制度、幼儿园消防制度、录像监控设施管理制度等各项制度。（附有关制度）①

幼儿园安全制度

①幼儿园要注意房屋、场地、玩具、用具及运动器械的使用安全，定期检查，及时维修，避免触电、砸伤、摔伤、烫伤及火灾等重大事故发生。

②定期向幼儿及家长宣传安全知识，在幼儿园在危险的地方张贴醒目的安全警戒标志，提高幼儿的安全意识和自我保护的能力。

③加强教职工的职业道德教育，对幼儿坚持正面教育，严禁态度粗暴，动作生硬，体罚或变相体罚。

④认真贯彻卫生防疫部门下达的有关食品卫生的规定，严把食品的进园关和食品入口关，严防食品中毒事件的发生。

⑤幼儿园组织的各项活动都应以幼儿的安全为第一要素，进行认真细致的事先准备，考虑周详，严禁带幼儿到危险的地方开展活动。

⑥幼儿入离园严格实行安全接送制度，并由门卫加强管理，防止幼儿出大门走失，禁止外来人员来园玩耍、借宿。

2. 在卫生方面有：幼儿园健康教育制度、幼儿园预防疾病制度、幼儿园传染病管理制度、食品卫生监督制度、食品从业人员个人卫生制度、日常卫生消毒等细则。（附有关制度）②

---

① 伊金霍洛蒙古族幼儿园提供，2013年10月17日采访。

② 同上。

食品从业人员个人卫生制度

①必须规定取得有效健康证和食品卫生知识培训合格证后方可上岗操作，每年必须体检和培训一次。

②上岗时必须穿戴清洁统一的工作衣、帽，头发不露帽外。

③上岗前和便后，应洗手消毒，不得穿戴工作衣、帽进入厕所。

④操作直接入口食品，如熟食、盒饭、冷面制品等，应经过二次更衣并洗手、消毒、戴口罩后方可操作；操作时不得直接用手抓取食品，必须使用消毒后的餐具分装食品。

⑤测量中心温度和搬运熟食的工作人员必须佩戴工作口罩。

⑥操作时不吸烟，不对着食品打喷嚏、咳嗽和出现其他易污染食品、不卫生的动作。

⑦不留长指甲，不涂指甲油，不戴戒指等外露饰物；勤洗澡、勤换工作衣帽。

3. 为了提高教学质量，不断地进行教学教改的同时也制定了一系列的规章制度：有教师备课制度、教师教研工作制度、听课评课制度、上班制度、考勤制度等等。(附有关制度)①

伊金霍洛蒙古族幼儿园教师备课制度

①各班教师每学期在教研组长的组织下制订教学计划，再根据学期计划制订月、周、日、半日活动计划等。并把每周计划于每周五放学前交入保教处。

②教师集体备课与个人备课相结合，备课时不能大声喧哗，或闲聊一些私人的问题，以免影响他人，更不能查阅一些与教育教学无关的内容。

③教师以个人备课为主，因人施教，注意个体差异，根据幼儿的不同发展水平，设计不同的教学形式，用不同的方式教育幼儿。

④教学设计要以目标为指导，重难点突出，动静结合，在实施的过程中，还应根据具体的情况更新、调整活动内容，以便促进幼儿的发展。

⑤教师的教案保教主任要每月批阅一次，园长不定时抽查，每学期进行一次教案展览活动。

⑥作好课前的一切准备工作，明确做到五备：备教材、备教法、备幼儿、备教案、备教具、学具。

① 伊金霍洛蒙古族幼儿园提供，2013 年 10 月 17 日采访。

⑦教师备课后，注意把个人物品整理到位，椅子摆放到位，电脑关闭到位，最后一位离开的老师关闭一切电源。

⑧教师每月听课3—5节，认真填写听课记录及评议课后与老师及时交流，取长补短，共同进步，月末及时上缴个人的听课记录，由教研组长及时批阅，园长抽查。

⑨园内每学期组织一次教师公开课，个别老师的观摩课，课后进行及时的评议、总结，使教师的教学得到进一步的提升。

⑩教师的听、备课情况将作为教师工作的重要考核内容之一。

幼儿园课程设置非常合理，开设有：语言活动课、手工活动课、安全教育课、礼仪课、音体美课（没有器乐课）。

表5-3　汉大班第一周活动安排

时间＼星期	星期一	星期二	星期三	星期四	星期五
8：00—8：30	晨间活动	晨间活动	晨间活动	晨间活动	晨间活动
9：00—9：30	多远智能活动课	多远智能活动课	多远智能活动课	多远智能活动课	多远智能活动课
10：30—11：00	自主游戏活动	户外体育游戏	文明礼仪	音乐游戏	舞蹈
12：00—14：00	午睡时间				
14：50—15：20	手工	多远智能活动课	美术活动	多远智能活动课	多远智能活动课
15：40—16：10	安全教育活动	音乐	户外集体游戏活动	户外体育游戏活动	自主游戏活动

资料来源：伊金霍洛蒙古族幼儿园提供，2013年10月17日采访。

表5-4　蒙大班第一周活动安排

时间＼星期	星期一	星期二	星期三	星期四	星期五
8：00—8：30	晨间活动	晨间活动	晨间活动	晨间活动	晨间活动
9：00—9：30	语言活动	科学活动	语言活动	科学活动	语言活动
10：30—11：00	手工	户外集体游戏活动	健康	美术活动	自主游戏活动
12：00—14：00	午睡时间				
14：50—15：20	科学活动	音乐	音乐游戏	舞蹈	科学活动
15：40—16：10	安全教育活动	语言活动	自主游戏活动	文明礼仪	常识

资料来源：伊金霍洛蒙古族幼儿园提供，2013年。引文为原文，未做更正。

从课程表的比较我们不难看出，课程设置的科学性和合理性。老师们以开发智力、发展个性和特长、习惯养成为主，把学习融合游戏中，培养孩子最初的社会意识，在游戏过程中丰富他们的感性经验、集体意识和合作精神。幼儿园在积极发展民族学前教育，积极开展、深化民族教育、特色教育的同时，强化了师资队伍的优化。我们在采访时发现了苏老师一个人在教授汉蒙两个班级的音乐舞蹈课的情况，很显然她是一位蒙汉兼通的优秀老师。她每周 14 节课，全园蒙、汉小到大班的课都由她来承担，显然教学工作量非常之大。

从 2012 年开始她们又开设了民俗课，因没有当地民俗方面的教材，用的是锡林郭勒盟编写的教材。园长萨仁花告诉我们说："如今老师们正准备编写一套适合于幼教的鄂尔多斯民俗教材而忙碌。"① 幼儿园在常规教学基础上还积极开展了民族传统文化的传承，在音乐课教授孩子们学唱鄂尔多斯民歌、在民俗课上传授蒙古族各种习俗、在礼仪课上提高孩子们个人素质修养以及言谈举止。苏木政府出钱给每个孩子（包括汉族学生）和每位老师都做了美丽的蒙古族服装。在节假日穿着盛装的孩子们唱着悠扬的鄂尔多斯民歌、跳起欢快的筷子舞时，无形当中便培养孩子们热爱民族、热爱祖国的情感，陶冶了他们的情操。幼儿园在成陵管委会的协调下每年的成陵祭奠时都领孩子们去参观，让孩子们参加祭祀、了解成吉思汗、认知达尔扈特人、体会主人的快乐，很好地传承着这一民族文化的瑰宝。

四　伊金霍洛旗蒙古族小学

伊金霍洛旗蒙古族小学始建于 1926 年，1953 年正式成为蒙古族学校，是一所以母语为基础，三语教学为主的蒙古族完全小学。校园占地总面积 24265 平方米，校舍建筑面积 3735 平方米。现有 10 个教学班，在校学生 176 人，正式教职工 48 人，临时工 6 人，专任教师 36 人。本科学历的有 31 人，专科 5 人，其中有小学高级职称的老师 26 人，占全校专任教师 73%。设有计算机室、语音室、阅览室、舞蹈排练厅，配备了远程教育设备、完成了校园网络连接，学校藏书有 11900 册。学校在加强教学改革、教学研究的常规教学的基础上又增设了书法、舞蹈、音乐等兴趣活动

① 伊金霍洛蒙古族幼儿园园长萨仁花的采访，2013 年 10 月 17 日。

和民族传统文化教育、少先队活动等第二课堂。在音乐欣赏课结合学校承担课题，主要教授、欣赏鄂尔多斯民歌，民俗课老师们自己编写了一本民俗教材。虽说条件设施还可以，但按老师们的说法“依旗 43 所学校里是最薄弱的一所了”“但愿搬迁到新校区后有个显著的改观。”新校区从 2010 年开始动工修建，占地面积 25699 平方米，建筑面积 21351 平方米，预计 2014 年完工并搬迁。

五　伊金霍洛蒙古族小学

伊金霍洛蒙古族小学始建于 1939 年，绥远省教育厅派韩廷瑞负责建立的学校。建校最初借用喇嘛庙的房子当作教室招收了 80 余学生，教学班有 6 个，教职工有 9 个人（蒙古族 2 名）。2005 年 7 月随着成陵旅游开发的步伐其附近的各机关单位和家属区全部搬迁到了现在的新址。学校附设一所幼儿园，总占地面积 73306 平方米，建筑总面积 5158 平方米。学校现有教学班 6 个，在校生 62 名，教职工 26 名，其中专任教师 22 人；学历合格率 100%。校园的教学区、生活区和体育场都已绿化、硬化。学校不仅有实验室、计算机室、电教室、多媒体室、语音室、图书馆，还配备了远程教育设施和校园计算机网络连接。2010 年在旗党委政府和教育局的高度重视下，又新建了学生宿舍楼、教职工住宅楼、现代化食堂和体育馆。学校建立有自己的网站，设有校内网络的同时还有网络联谊、网校论坛、网络空间（包括家长空间和学生空间），保证了跨空间沟通、学习，充分利用了现代化远程教育教学设备。

学校在管理方面以“三个一流”（一流的学校管理、一流的教师队伍、一流的教学质量）为总目标，使教师队伍具有“三爱精神”（爱校如家、爱岗敬业、爱生如子）、“三特风范”（特别能吃苦、特别能奉献、特别能工作）、“三让意识”（让学生成才、让家长放心、让社会满意）、“三个负责”（对学校负责、对学生负责、对自己负责）的思想境界；使学生成为有理想、有志向，有正确的人生观、价值观，有创新思想和实践能力的有用人才。

学校在教育教学方面不断提高教学质量，真正落实素质教育，认真贯彻教改的基础上，在全校教职员工的共同努力下把德、智、体、美、劳教育和民族传统文化有机地结合了起来，开展“蒙古族传统文化教育系列活动”是他们办学的特点。学校开设了《伊金仓》《苏鲁锭仓》、蒙古摔跤、蒙古象棋、蒙古族传统音乐等13门兴趣课，大大提高了学生的学习兴趣，弘扬发展了民族传统文化的同时又把素质教育真正落实到了实处，也培养了学生对家乡的感情及民族的自豪感，使孩子们了解自己生长的环境、本民族的优秀文化，树立了健康积极的民族心理，增强了对民族文化的认同感。

“汉语应用能力与多元化的课程资源研究”实验是蒙古族小学的另一项办学特色，也是他们参加的第一项国家级（“十二五”）课题实验研究。通过此项实验提高了蒙古族学生的听、说、读、写、思、记能力，效果显著。为了迅速提高教师业务能力，利用业余时间，在教师中展开了以手抄报和楷书成长记录等一系列活动，为教育教学质量的提高打下了坚实的基础。

第四节　中学教育的发展

伊金霍洛旗是鄂尔多斯地区民族教育发展较快的旗县之一。从20世纪90年代开始，该旗的民族类学校在旗党委和旗政府的领导下，采取各种具体的政策和措施，在民族教育的发展方面取得了良好的效果。下面具体介绍该旗的蒙语授课中学教育的发展状况，以便更好地了解该旗近十年的民族教育发展状况。

一　蒙语授课中学教育的发展

伊金霍洛旗的蒙语授课中学教育产生于20世纪60年代。当时，学校的教学条件比较艰苦，因而伊旗的蒙语授课中学教育经历了一个曲折的发展过程。

1. 历史沿革

伊金霍洛旗的蒙语授课中学是在该旗的蒙语授课小学的基础上发展起来的。1969年，伊旗的阿拉腾席力蒙古族学校开始招收了该旗的第一批蒙语授课初中班。而在这之前，伊旗的蒙语授课初中生是在伊克昭盟第二中学（当时有蒙语授课班和汉文授课班）读书的。1975年，伊金霍洛旗的霍洛蒙古族小学校开始招收了三个年级的蒙语授课初中班。之后，于1977年，伊旗的查汗淖尔蒙古族小学招收了两个年级的蒙语授课初中班。1979年，伊金霍洛旗开始创办旗民族中学，并将霍洛蒙古族小学和查汗淖尔蒙古族小学的初中班逐步转移到了旗民族中学（1994 年转移完毕），从而结束了伊金霍洛旗没有民族中学的历史。据有关资料的记载，在伊旗民族中学初建时，全校共有 3 个初中班、两个高中班和 15 名教职工。其中初中班有 125 名学生，高中班有 55 名学生，专职教师有 13 人。[①] 受条件的限制，全校只有三排砖木结构的平房，一部分初中生仍就读于霍洛蒙古族小学。因此老师们也不得不在两个学校之间来回地进行教学。这表明，当时的办学条件还是比较艰苦的。到了 1980 年，学校完成了新的教室、办公室、宿舍、食堂等设施的建设，并将霍洛蒙古族小学的初中生全部转移到旗民族中学，从而结束了教师们在两地上课的历史。之后，学校于 1983 年开始招收三年制的高中班，并扩大了招生的规模。到 1985 年时，学校共有 4 个初中班，3 个高中班和 32 名教职工。其中初中生有 193 人，高中生有 84 人，教职工有 24 人。[②] 因此，学校的规模有了进一步的发展。在这之后，学校于 1995 年获得了世界银行的贷款资格，并于 1996 年盖起了面积为 2172 平方米的新的教学楼。因此，在这一年，学校的办学条件有了明显的改善。1996 年，学校开始招收四年制的初中班，并修建了学校的教学楼、礼堂、体育场等建筑和安装了远程教育系统、因特网系统等设施，从而改善了学校的办学条件和学习环境。因此，在 20 世纪 90 年代中期，学校的办学条件就有了明显的改观。1998 年，学校将名称改为“伊金霍洛旗蒙古族中学”，从而进入了一个新的发展时期。1999 年，学校开始实施了“两基达标”的目标，并在改善学校的教学设备和学生的实验工具等工作方面取得了明显的进展。2001 年，学校开始扩大招生规模，并招收了 9 个班级共 449 名中学生。[③] 同年，学校还盖起了电教楼、图书馆、宿舍楼等建筑，并于 2004 年完成了学校的备课系统的更新和建设。2005 年，学校又盖起单身宿舍楼和学生食堂楼，并完成了学校的电脑室、实验室、语音室、多媒体教研教室、多功能活动中心的建设且为每位教师购买了笔记本电脑。因此，在进入 21 世纪之后，学校的办学条件有了明显的变化。

目前，伊金霍洛旗蒙古族中学的占地面积有 52462 平方米，建筑面积有 7776 平方米，教学班级有 12 个，教职工有 5858 人；有现代化的教学

① 海青：《伊金霍洛旗蒙古族教育史》，内蒙古人民出版社 2013 年版，第 19 页。
② 同上。
③ 同上。

设备和良好的学习工作环境。因此，学校的教育事业已进入了一个新的发展阶段。

二 伊金霍洛旗蒙古族中学

伊金霍洛旗现有的蒙古族中学只有目前的伊旗蒙古族中学一所。因此，该旗的蒙语授课中学教育的规模还是比较小的。在过去的 10 多年里，伊金霍洛旗的蒙古族中学在各级党政领导的关怀和有关部门的大力支持下，经过历届校领导的团结奋斗，无私奉献，以及全体教职工的共同努力，现已成为办学条件优越，师资力量较为雄厚，教学成绩显著的全旗唯一一所蒙语授课完全中学。目前，伊金霍洛旗蒙古族中学的占地面积有 52462 平方米，建筑面积有 7776 平方米，教学班级有 12 个，学生有 202 名，教职工有 58 人；有现代化的教学设备和良好的学习工作环境。因此，该校的教育在伊金霍洛旗的民族教育和人才的培养体系中发挥着重要作用。

在过去的三十多年里，伊金霍洛旗蒙古族中学的学生规模一直处于不稳定的状态（见表 5-5）。在 2014 年，该校共有 202 名学生。这个数字虽然不如 2001 年的数字（449 人），但比起 1979 年的数字（180 人），还是一个不大不小的增长的数目。因此，该校的学生规模还是缓慢地增长的。

由于档案资料不全的原因，我们没有查到该校历年的班级和学生的数目，只找到了 1979 年、1985 年、1995 年、2001 年的部分数据和 2007 年以来的数据。但是我们可以从现有的数据中看出该校自建校以来的班级和学生人数的变动情况（见表 5-5）。

表 5-5 伊金霍洛旗蒙古族中学的学生人数变化情况

年份	班数	初中班	高中班	初中人数	高中人数	学生总数	增减人数
1979	5	3	2	125	55	180	0
1985	7	4	3	193	84	277	+97
1995	9	6	3	—	—	265	+65
2001	9	6	3	—	—	449	+184
2007	9	6	3	212	37	249	-200
2008	9	6	3	157	32	189	-60

续表

年份	班数	初中班	高中班	初中人数	高中人数	学生总数	增减人数
2009	9	6	3	140	36	176	-13
2010	9	6	3	121	38	159	-17
2011	9	6	3	130	51	181	+22
2012	9	6	3	137	51	188	+7
2013	9	6	3	139	62	201	+13
2014	12	6	6	139	63	202	+1

资料来源：伊金霍洛旗蒙古族中学提供的数据。

从表5-5的数据变化来看，在1985年，该校的学生总数比1979年增加了97名，其增长的比率为53.89%；2001年的总数比1979年增加了249名，其增长的比率为138.33%；2007年的总数比1979年增加了69名，其增长的比率为38.33%；2014年的总数比1979年增加了22名，其增长的比率为12.22%。因此，该校的学生规模在近三十年出现了缓慢的增长势头。这说明，它的学生规模是随着该校的办学条件的变化而发生变化的。根据表5-5显示的数据，在最近的四年里，该校的学生规模出现了连续增长的趋势。这种趋势之所以出现，是因为在过去的四年里，伊金霍洛旗有效地实施了民族教育优先发展的政策和少数民族毕业生返乡就业的政策。因此有不少的蒙古族家庭把自己的子女送到了伊旗蒙古族中学，从而提高了学生的数量。这表明，伊金霍洛旗采取的民族教育优先发展的政策和蒙古族毕业生返乡就业的政策是成功的。因此，它的学生规模也在不断地增长。据我们了解，在过去的三十多年里，伊金霍洛旗蒙古族中学送出去的初高中毕业生的人数情况如下（见表5-6）：

表5-6　伊金霍洛旗蒙古族中学的初高中毕业生的人数

年份	初中毕业人数	高中毕业人数	总人数	年份	初中毕业人数	高中毕业人数	总人数
1980	23	39	62	1998	62	16	78
1981	30	22	52	1999	无毕业生	23	23
1982	46	23	69	2000	93	19	112
1983	45	26	71	2001	97	22	119

续表

年份	初中毕业人数	高中毕业人数	总人数	年份	初中毕业人数	高中毕业人数	总人数
1984	44	39	83	2002	62	8	70
1985	46	无毕业生	46	2003	76	39	115
1986	46	33	79	2004	80	35	115
1987	48	18	66	2005	67	27	94
1988	89	15	104	2006	69	25	94
1989	77	16	93	2007	73	19	92
1990	79	无毕业生	79	2008	53	27	80
1991	47	23	70	2009	61	26	87
1992	52	17	69	2010	58	26	84
1993	43	35	78	2011	38	10	48
1994	47	15	62	2012	35	10	48
1995	54	11	65	2013	38	18	56
1996	60	15	75	2014	52	19	71
1997	72	16	88				
合计	948	363	1311	合计	1014	369	1383
总计	2694						

资料来源：海青《伊金霍洛旗蒙古族教育史》，内蒙古人民出版社2013年版、伊旗蒙古族中学的统计数据。

从表5-6的数据我们不难看出，在过去的三十多年里，该校毕业生的数量表现出了不稳定的状态。这说明，它的在校生的规模还是不稳定的。在今后的发展过程当中，这种情况可能还会持续一段时间，但总体上来看，该校的在校生的规模和毕业生的数量是增长的趋势。因此它的发展前景是被看好的。

在近三十多年来，伊旗蒙古族中学的师资力量也发生了明显的变化。据我们了解，在2014年，该校共有58名教职工。其中专职教师有47人，占教职工总数的81.03%；有研究生学历的有2人，占教职工总数的3.45%；有本科学历的有33人，占教职工总数的56.9%；有大专学历的有10人，占教职工总数的17.24%；有中专学历的有9人，占教职工总数的15.52%；有高中学历的有4人，占教职工总数的6.9%。另外，在专职教师当中，有特级教师职称的有1人，占专职教师总数的2.13%；有中教高级职称的有 10 人，占专职教师总数的 21.28%；有中教一级职称的有 21 人，占专职教师总数的 44.68%；有中教二级职称的有 13 人，占专职教师总数的 27.66%；有小教高级职称的有 2 人，占专职教师总数的 4.25%。[1] 因此，该校的师资力量目前有了很大的提高。

[2]在这里，我们没有找到该校历年的教职工的人数和它的变动情况。但是我们可以从现有的相关数据推测出该校师资力量的变动情况（见表 5-7）。

表 5-7　　伊金霍洛旗蒙古族中学师资力量变化

年份	教职工总数	专职教师	研究生学历	本科学历	专科学历	中专	高中	特级教师	中教高级	中教一级	中教二级	小教高级	区级学科带头人	区及教学能手	市级教学能手	旗级教学能手	旗级名优教师	教师合格率
1979	15	13	0	3	—	—	—	—	—	—	—	—	—	—	—	—	—	23%
1980	25	—	0	—	—	—	—	—	—	—	—	—	—	—	—	—	—	—
1997	51	36	0	12	13	—	—	—	—	—	—	—	—	—	—	—	—	70%
2007	48	44	0	25	10	7	6	0	7	16	18	3	0	0	0	0	0	100%
2008	49	45	0	26	9	7	7	0	8	15	19	3	0	1	0	0	0	100%
2009	51	46	0	28	9	7	7	0	8	18	16	2	0	1	0	0	0	100%
2010	51	44	0	28	9	7	7	0	8	19	15	2	0	1	0	0	0	100%
2011	58	46	0	33	10	8	7	0	9	20	15	2	1	1	1	0	0	100%
2012	60	46	1	33	10	9	7	0	9	20	15	2	1	1	1	0	3	100%
2013	58	47	2	33	10	9	4	1	10	21	13	2	1	1	2	3	3	100%
2014	58	47	2	33	10	9	4	1	10	21	13	2	1	1	2	3	3	100%

资料来源：伊金霍洛旗蒙古族中学提供的数据。

从表 5-6 的数据变化我们不难看出，在 2014 年，该校的教职工的总数比 1979 年增长了 43 人，其增长的比率为 286.67%；专职教师的人数比 1979 年增长了 34 人，其增长的比率为 261.54%；研究生学历的人数比 1979 年增长了 1 人，其增长的比率为 100%；本科学历的人数比 1979 年增长了 30 人，其增长的比率为 1000%；教师的合格率比 1979 年提升了

① 伊金霍洛旗蒙古族中学提供的数据。

② 同上。

77%，其提升的比率为 334.8%。而在 1979 年，该校的教职工的总数只有 15 人。因此，它的师资规模较小，在 15 名教职工当中，有专职教师资格的有 13 人，有大专以上学历的有 3 人，有大专以下学历的有 12 人。因此，它的师资合格率不高，其比率只有 23%。这说明，它的教学质量还是比较低的。在进入 21 世纪之后，它的这种情况开始发生了明显的变化。据我们的了解，在 2012 年，该校的教职工有 60 人。其中专职教师有 46 人，占教职工总数的 76.67%；研究生学历的有 1 人，占教职工总数的 1.67%（占专职教师总数的 2.17%）；本科学历的有 33 人，占教职工总数的 55%（占专职教师总数的 71.74%）；专科学历的有 7 人，占教职工总数的 11.67%（占专职教师总数的 15.22%）；高级教师职称的有 9 人，占教职工总数的 15%（占专职教师总数的 19.57%）；中学一级教师职称的有 20 人，占教职工总数的 33.33%（占专职教师总数的 43.48%）；中学二级教师职称的有 15 人，占教职工总数的 25%（占专职教师总数的 32.61%）；[①] 区级教学能手称号的有 3 人，占教职工总数的 5%（占专职教师总数的 6.52%）；市级教学能手称号的有 7 人，占教职工总数的 11.67%（占专职教师总数的 15.22%）；旗级教学能手称号的有 6 人，占教职工总数的 10%（占专职教师总数的 13.04%）；区级代课教师称号的有 1 人，占教职工总数的 1.67%（占专职教师总数的 2.17%）；市级代课教师称号的有 3 人，占教职工总数的 5%（占专职教师总数的 6.52%）；区级优秀教师称号的有 3 人，占教职工总数的 5%（占专职教师总数的 6.52%）；市级优秀教师称号的有 11 人，占教职工总数的 18.33%（占专职教师总数的 23.91%）。[②] 因此，该校的师资力量的状况发生了明显的变化。

伊金霍洛旗蒙古族中学的办学模式是由办学理念、办学宗旨、办学思想、办学目标等内容组成的。其中办学理念是指“深化改革、细化管理、提升质量、办出民族文化特色”学校的办学理念；办学宗旨是指“办家长满意的学校和民族发展需要的学校”；办学思想是指“传承蒙古族文化，用先贤之教诲知做人之道，为学生终生可持续发展奠定基础”的办学思路；办学目标是指“精华母语、强化汉语、优化外语”的目标。另外，学校还提出了“博学、励志、求实、笃行”等校训和“创新、求质、

① 伊金霍洛旗蒙古族中学提供的数据。

② 海青：《伊金霍洛旗蒙古族教育史》，内蒙古人民出版社 2013 年版，第 51—52 页。

团结、奋进”等校风标准。因此，这些内容体现出了伊旗蒙古族中学在未来的发展过程中的办学特色和办学方向。

三　升学率

伊旗蒙古族中学的升学率相对而言处于中上等水平。从旗教育局和旗蒙古族中学提供的数据来看，伊旗蒙古族中学的升学率一般保持在 60%以上。也就是说，它的升学率在同类学校当中是属于中上等水平的。根据伊旗教育局提供的数据，在以往的各类考试当中，伊旗蒙古族中学的考生主要靠的是音乐舞蹈、美术、体育类专业。之所以如此，是因为他们的基础功底比较差，因而不敢报考其他类专业，而只报考相对比较容易的或难度比较低的专业。这也就是说，他们在高中毕业之后，考上名牌大学或名牌专业的可能性是比较小的。至于谈到这种情况存在的原因，我们认为主要有三个方面：一是伊金霍洛旗的蒙古族人口比较少，全旗 17 万人口当中蒙古族的人口只有 1 万多人，且会懂蒙语的人不超过 8000 人。因此，这种数量上的劣势和不利的局面给学生的语言环境和升学率带来了负面的影响。二是伊金霍洛旗的蒙古族学生的学习成绩不如其他地方的学生，好的学生都让市蒙中、呼市蒙校和内蒙古师大附中给抢走了。因此，在这种情况下，剩下的只能是“学习不好的”或“三、四流的学生”。这也就是说，他们的升学率还是有限的。三是当地蒙古族中学的教学水平在同类学校中是比较低的。这种情况直接影响了当地的民族教育的发展和学生的升学率的提高。因此，上述情况的存在是有其主观和客观方面的原因的。

四　就业率

在近十年，伊旗蒙古族中学的毕业生的就业率还是比较高的。根据伊旗政府和伊旗教育局提供的资料，该旗政府于 2009 年出台了有关安排蒙古族毕业生的规定。在该规定中指出，从伊旗走出去的蒙古族毕业生如果大学毕业之后，拿到本科文凭或专科文凭返乡，那么该旗政府将按照规定安排 100%的本科生和 70%的专科生就业。因此，这项规定吸引了许多求职者的目光。从近五年的情况来看，伊金霍洛旗按照旗政府的规定，已经安排了蒙语授课本科生 65 名，蒙语授课专科生 152 名。因此，这项规定的实施，对蒙古族毕业生的就业起到了重要的推动作用。据我们的了解，在 2011 年，伊金霍洛旗通过招聘方式安排的蒙授本科毕业生和蒙授专科毕业生的人数总共有136名，而在2012年，伊金霍洛旗安置的蒙授本科毕业生和蒙授专科毕业生的人数也达到了36名。因此，通过上述政策的实施，伊金霍洛旗有效地缓解了本旗蒙授毕业生的就业压力，从而产生了良好的社会效果。目前，伊金霍洛旗是内蒙古自治区安置蒙授毕业生就业问题的最好的旗县。因此它们的政策对于鄂尔多斯市和内蒙古的蒙授毕业生的安置工作有重要的参考意义。①

五 存在的问题

伊旗蒙古族中学的教育环节中存在下列问题：

一是制度问题。在这方面，伊旗蒙中存在的最严重的问题就是能上能下的机制没有形成，教师没有危机意识。所谓能上能下机制，伊旗教育上也进行过尝试，即把一部分不适合教学的教师放到后勤，但基本上效果不大。在伊旗经济浮躁的大背景下，放到后勤的人还颇为得意，他们认为这样正好能清闲下来搞一下副业，一部分人还真是发家致富了，让一线教师大跌眼镜，甚至有点眼热，心里极度不平衡。其末尾淘汰制度，并没有触及全体教师的危机感，反而产生了心理失衡。“名师”战略笼络了家长，而让教师心理更失衡。本地教师很恼火，认为他们教的不比外地名师差，自己为何不是名师？所以，本地名师没有充分挖掘、没有与外来名师同等对待是一重大失误，应当把本地教师的潜力挖掘出来。

二是改革缺支撑。校长聘任制，貌似是伊旗教育改革的一大亮点，其实不然。其改革缺乏最根本的支撑。第一，缺乏制度支撑。改革是需要触碰一部分人的利益的，一个校长没有人事任免权，即使有了人事任免权，也是没有最终决策权的。没有一个完善的放权和管权体制，聘任的校长也好似笼中之虎，做起事来束手束脚，受多方制约，因此有形的无形的权力都在制约，所以一个校长能做的只能是在现有框架下进行调整，因而不能从根本上改变伊旗教育现状。第二，缺乏教育模式支撑。多元化教育、职业教育、特色教育、因材施教，似乎每个学校都有一些，都能面面俱到，其实不然，学校领导没有敢把其中一项作为全校重点来实施。教育的好坏的唯一标准就是学生的分数，没有人敢否定它。因此如何从伊旗的整体战略出发，制定出符合实际的相关模式是摆在伊旗教育界面前的重要课题

① 伊金霍洛旗政府提供的数据。

之一。

三是待遇问题。政治方面的待遇全部放开。比如，不仅不能禁止教师考副科，如果要是真带出了一两个北大清华学生还可以破格提拔副科。想调动的全部放开，只要有单位要，概不强留，强留之下，人不做事，即使发挥一些作用，也吊儿郎当，常发牢骚。因此，如何提高教师待遇，留住目前的有用的人才是伊旗蒙古族中学面临的重要问题之一。

四是教改问题。旗县的基础教育是有别于大城市的基础教育的，因此不能用大城市的教育模式来操作它，要学会改造差等生的教育方式，因为伊旗可能会长期处于这样的教育。因此如何面对差等生的教育是伊旗蒙古族中学目前面临的重要问题之一。

六　应采取的对策

为了解决好伊金霍洛旗的民族教育问题，我们认为，该旗的教育部门和蒙古族中学在未来的发展过程中应采取下列对策：

第一，要改变目前的用人制度。伊旗蒙古族中学的用人制度虽然有所改变，但权力因素的干扰仍然没有消失。加上学校在管理问题上的漏洞和体制问题上的弊端，教师们的竞争意识仍然比较淡薄，而且存在着责任意识不强的现象。因此要想改变目前的这种状况，伊旗蒙古族中学必须改变它们的用人机制，加快它们的人事制度改革。只有这样，学校才能够改变现状，促进它的教育事业的快速发展。

第二，要引进高水平的人才。伊旗蒙古族中学的师资队伍建设虽然取得了明显的效果，但符合需求的高水平的人并不多，现有的教学管理人员存在着教学水平低、责任性不强、知识结构不合理、竞争意识淡薄等现象。因此这种情况的存在严重影响了学校的教育事业的发展。为了解决好这一问题，伊旗蒙古族中学必须引进具有奉献精神的高水平的人才。只有这样，学校的教育事业才能够得到快速的发展。

第三，要提高学生的素质。伊旗蒙古族学生的基础功底比较差，语言环境存在着障碍。因此，这种情况的存在严重影响了他们的课程知识的接受和语言能力的提高。为了解决好这些问题，我们认为，伊旗政府和教育行政部门应当采取强有力的措施，解决好学生的话语权的问题和他们的基本素质提高的问题。只有这样，伊金霍洛旗的民族教育事业才能够得到健康的发展。①

第五节　蒙古语言文字工作

进入21世纪以来，伊金霍洛旗加大了蒙古语言文字工作管理工作力度，加强了翻译队伍建设，在旗四大班子和各镇人民政府配备了兼职或专职翻译人员，通过每年举办各类培训的方式，不断提高翻译人员的业务水平和翻译技巧；加强了党政机关蒙汉文字并用和并行工作，在旗四大班子、各镇人民政府和各人民团体的公文中严格要求执行蒙汉文并行并用，全旗各企事业单位牌匾，单位公章、文头、公用信件、信纸等均实行了蒙汉文并行并用；加大了社会市面用文蒙汉文并用工作管理力度，成立了社会市面用文并用管理中心，配备了专职检查人员和执法车辆。精心打造了蒙汉文并用管理样板街即阿勒腾席热街、阿镇电力街等街道；重点强化伊金霍洛旗境内旅游文化景点、国道、高速路沿线的蒙汉文并用管理，实现了鄂尔多斯飞机场广播汉、蒙、英三语播放的机制，使伊金霍洛旗社会市面用文管理工作始终保持在全市领先的良好态势。

2008年，伊金霍洛旗民族事务局深入学习贯彻党的十七届三中全会精神，以科学发展观统揽全局，以宣传贯彻各级民族工作会议精神、《民族区域自治法》《宗教事务条例》《内蒙古自治区蒙古语言文字工作条例》为主线，以各民族“共同团结奋斗、共同繁荣发展”为主题，以贯彻落实区、市、旗三级《关于进一步加强民族工作的决定》为重点，各项工作有条不紊地进行，具体工作业绩如下：

一、少数民族文化卫生发展工程，用于宣传和保护民族传统文化，抢救民族遗产

1. 安排20万元民族文化创作经费，激发少数民族群众的文化创作热情。

2. 安排蒙古语文工作和古籍整理经费10万元，伊金霍洛旗民族事务局组织人员撰写一本古籍文献资料《陶亥召》（蒙文）一书，并继续承担《母语》杂志的编写工作。

3. 继续加大投入编写《母语》杂志好的条件。

① 伊金霍洛旗政府提供的数据。

二、蒙古语文工作

1. 加大了对全旗蒙汉文翻译工作的检查督促力度，并积极承担了旗内各种会议和文件的蒙文翻译工作。

2. 成立社会市面用文蒙汉两种文字并用管理中心，加大了社会市面用文蒙汉两种文字并用的监管力度，并增加了人员编制。

3. 在奥运火炬传递期间，重点对火炬传递道路沿线、阿镇、矿区、成陵地区的市面蒙汉文进行审查，特别是对奥运火炬传递路线两旁的广告牌匾重新进行了校对，做到蒙汉文并用率百分之百、准确率百分之百。

4. 大力宣传《自治区蒙古语文工作条例》。通过下乡宣传党的民族语言政策以及《条例》内容，使党的民族语言政策更加深入人心。

5. 举办蒙古语标准音培训班，进一步强化伊金霍洛旗少数民族干部以及蒙古语文工作者的蒙语标准音发音。

6. 与40家制作企业制定每年审核100个牌匾的任务，并举办培训班以提高他们的牌匾制作能力。

7. 邀请内蒙古自治区知名蒙古语文教授，举办全旗蒙古语文翻译培训班，进一步提高了伊金霍洛旗的翻译水平。

8. 继续做好网上牌匾审批工作。截至9月，我局共翻译牌匾1173个，审核1207个。

9. 举办全旗首届蒙古语文教学研讨会，为全旗蒙语教师提供了一个交流经验、互相学习、共同探索蒙语教学快速发展新途径的平台①。

2010年，伊金霍洛旗民族工作紧紧围绕政府工作的总体要求，开展了一系列卓有成效的工作，圆满完成了上级下达的各项工作任务。根据首届鄂尔多斯国际那达慕大会筹备委员会工作安排，我局主要负责了开幕式少数民族民歌演唱热场活动的组织工作和民运会赛马、赛骆驼比赛项目队员及马匹、骆驼的后勤保障工作。为切实做好此项工作，伊旗民族宗教事务局制订了周密的工作计划和详细的任务分工，积极联系各镇和民族学校，组织了30名民族乐器演奏者和150名民歌演唱人员，为他们定做了节日蒙古袍等演出服装和道具。同时，我局选派精兵强将昼夜坚守在比赛场地，随时待命，为首届鄂尔多斯国际那达慕大会的圆满完成作出了杰出贡献，并获首届鄂尔多斯国际那达慕大会筹备委员的嘉奖。

① 伊金霍洛旗民族事务局：《伊金霍洛旗民族事务局二〇〇八年工作总结》。

2010 年蒙古语文工作情况如下：

一、落实蒙古语文工作经费情况。伊金霍洛旗党委、政府历来对学习使用蒙古语文工作非常重视，从经费方面给予了充分保证，2010 年旗财政预算安排了 5 万元。

二、加大检查整顿力度，规范社会市面用文蒙汉文并用工作。一是加强源头治理工作。今年举办了一次全旗制作企业负责人培训班，民族部门与制作企业负责人制定了《责任状》，明确了工作任务，并对制作企业操作人员进行了学习利用审批系统软件培训；二是为了以崭新的面貌迎接首届鄂尔多斯国际那达慕大会，伊金霍洛旗加大了对各旅游景点、阿镇城区部分街、路、巷门头牌匾和 210 国道、包茂高速、阿大线沿线的大型户外广告及路标，指示牌进行了排查整顿，拆除 16 个不符合标准的大型户外广告，限期整改了 156 块不规范牌匾，使阿镇主要街道街面牌匾，国道、高速、一级公路沿线牌匾的蒙汉并用效率达到 99%、规范效率达到 93%、准确率达到 95%。

三、加强了党政机关公文翻译工作。今年伊金霍洛旗在旗四大班子、公检法等部门配备了专职翻译人员，全旗各种大型会议材料、旗直各部门涉及的大政方针的文件和全旗所有的文头、公章等均用蒙汉两种文字印发和制作，其中旗委应发文件 49 个，实际下发 45 个，政府下发文件 69 个，实际下发译文 63 个，翻译率达 91%。在党代会、人大会、政协会等大型会议都实现现场口语同步翻译，翻译率达到了 100%。今年还主动承担了旗内大型活动及广场文艺演出的现场翻译工作。

四、积极开展了蒙古语文研究、学术交流及古籍搜集活动，编辑出版了第 23 期《母语》杂志。

五、加大学习使用蒙古语文工作。一是组织伊金霍洛旗翻译人员，参加自治区级翻译人员培训班；二是成功举办了全国第三届蒙古语文学术研讨会；三是我局经常下基层督促检查公文的翻译工作，了解公文翻译中存在的问题并现场改正；四是继续协助旗各大班子办公室和有关部门开展每周学习两句蒙古语会话活动。

六、古籍工作。今年伊金霍洛旗共安排古籍整理经费 10 万元。在掌握全旗古籍分布情况的基础上加强了古籍政策法规的宣传力度，搜集整理了《伊金霍洛旗地名志》《蒙古族装饰图案》、鄂尔多斯民歌珍藏版《圣主的两匹骏马》，大力推进伊金霍洛旗民族古籍、地方文献资料库工作[①]。

七、在旗委、政府的强大支持下，伊金霍洛旗成功申办了第三届中国蒙古语言学术研讨会。为圆满完成此次研讨会的各项工作，伊金霍洛旗民族事务局制定了经费预算，并组织完成了会议筹备，日程安排，组织接待等各项工作，使大会取得圆满成功。

伊金霍洛旗 2011 年蒙古语文工作情况如下：

一是加大了党政机关发文蒙汉文并行督促检查力度，加强了旗委、政府下发文件蒙汉文并行工作，协助各有关部门做好了文件、文头的蒙汉并用及旗内各类大型会议文件和其他文件的蒙文翻译工作，使伊金霍洛旗上半年各类文件翻译率达到了 91%以上。二是与规划、城建等部门密切合作，加强了全旗酒店、公共场所、旅游景点服务窗口的蒙汉并用专项整治。三是加强了蒙古语文学术讨论研究，举办了一期以如何发展地方民族特色文化为主题的研讨会。同时，加大了对全旗制作企业技术人员的培训工作，组织举办了制作企业培训会，邀请蒙克立公司技术人员对全旗 40 多家广告制作进行了业务培训，提高了伊金霍洛旗制作企业整体水平。四是组织全旗 40 名专兼职翻译人员参加了市级翻译培训班。五是全力搜集、整理地方古籍文献，出版了《蒙古鹿棋》一书[②]。

伊金霍洛旗 2012 年蒙古语文工作情况如下：

一是强化政策宣传。以全旗"三下乡"活动为契机，在少数民族聚居地区发放民族政策汇编、种养殖技术丛书、《伊金霍洛旗增收富民实施大纲》等科普、政策宣传单和手册共计 5650 份，起到了良好的宣传示范作用。二是加大执法检查力度，不断夯实伊金霍洛旗社会市面用文良好基础。成立了社会市面用文蒙汉文并用管理执法大队，配备执法用车，依法申请行政管理罚没许可，进一步加强了社会市面用文整治力度；在今年 4 月组织举办了全旗制作企业负责人培训暨表彰大会，与全旗 60 多家制作企业签订了责任状，明确了奖惩制度、规范了牌匾制作流程，从源头上杜绝不规范牌匾的产生，极大地提高了伊金霍洛旗各类牌匾制作的准确率；为迎接自治区蒙古语文工作经验交流现场会、国际那达慕大会的成功举办，与人大、城管、规划等 9 个部门联合对全旗各公共活动场所、旅游景点的 8000 多块牌匾进行了地毯式的整顿与检查，共发出限期整改通知书

① 伊金霍洛旗民族事务局：《汇报材料》，2010 年 12 月。

② 伊金霍洛旗民族事务局：《汇报提纲》，2011 年 12 月。

293个、强行拆除大型户外广告牌18块，使伊金霍洛旗社会市面蒙汉文并用率达到了100%，规范率达98%。三是加强监督，促进党政机关公文蒙汉并行工作。2012年10月，举办了全旗蒙古语文业务及翻译培训班，邀请全区知名教授讲解了翻译技巧、新名词术语翻译等适用课程，进一步提升了伊金霍洛旗翻译工作人员的整体业务水平；继续实施蒙古语文翻译人员岗位津贴发放机制，为全旗60名专兼职翻译按照职称发放了每人每月160—240元的岗位津贴，极大地提高了翻译人员的工作积极性，使伊金霍洛旗党政机关文件翻译率达到91%。大型会议笔译和口译率达到100%。四是加大古籍整理工作力度。搜集、编辑出版了《成陵达尔扈特部石灰庙档册》（下）、《达尔扈特地名故事》等地方古籍文献书，进一步丰富了伊金霍洛旗民族古籍资料库。五是注重学术研究，广泛普及推广蒙古语标准音。以全旗翻译人员为重点培训对象，举办了一期蒙古语标准音培训班，收到了良好的示范效果；以内蒙古词典编委会社会调查为契机，组织了伊金霍洛旗《蒙古民俗百科全书》的筹备工作研讨会。对民族传统文化及鄂尔多斯地区文化的搜集、保护、蒙汉文对应翻译等议题进行了研讨。

2013年，蒙古语文工作取得突出业绩。具体情况如下：

一是加大政策宣传。今年5月，以全旗“惠民五送”活动为契机，在少数民族聚居地区开展了民族、宗教、蒙古语文政策法律法规宣传活动。其间，散发蒙文宣传单4000多份，民族政策汇编150本，种养殖技术类书1000本，《伊金霍洛旗增收富民实施大纲（2012—2015）》500份。二是加强监督，促进党政机关公文蒙汉并行工作。加强了与党政两办及各镇党委、政府的联系，加大了对各镇正式文件蒙汉文并用工作的监督力度。同时，继续实施翻译人员岗位津贴发放制度，按照翻译人员职称，每月为他们发放160元、200元、240元工作津贴，激发广大翻译人员的工作积极性，使党政机关文件翻译率达到96%。大型会议笔译和口译率达到100%。三是进一步加强社会市面用文蒙汉文并用工作。近年来，在旗委、政府的大力支持下，伊金霍洛旗社会市面用文蒙汉文并用工作始终走在全市前列，为进一步巩固当前的优势，我局重点对主要旅游景点、公共活动场所广告牌匾进行了大力整治，实现了鄂尔多斯国际机场蒙、汉、英三种语言同时播音的先例；4月，组织举办了全旗牌匾制作企业培训大会，与各制作企业签订了责任状，明确了责任。四是加大了校园蒙古语文工作与古籍整理工作力度。今年3月，组织召开了全旗民族学校课程建设与改革研讨会，围绕如何提高民族学校教学水平开展了研讨；组织举办了“弘扬民族文化、赞美美丽家乡”主题演讲比赛和第二届“神骏之声”诗歌朗诵大赛，丰富校园文化，进一步增强了广大少数民族学生爱国、爱家乡的良好情操；出版了古籍整理书籍《伊金霍洛旗民族教育》和《旺定凝布》两部古籍文献书籍，进一步丰富了伊金霍洛旗古籍文件资料[①]。

近年，伊金霍洛旗利用各类媒体，不断宣传伊金霍洛旗民族工作所取得的成就，在内蒙古电视台播出了两期民族工作介绍、内蒙古电台蒙语频道播出20条新闻，《鄂尔多斯日报》蒙文版刊登了伊金霍洛旗民族工作介绍3条，旗及报纸新闻宣传3条，并在报刊上发表了《伊金霍洛旗民族工作调研》《关于公文翻译的几点思考》及《转移农牧民工作的几点思考》3篇调研报告。按时征订了《中国民族报》《中国民族》《中国宗教》和蒙古语文工作理论及业务知识刊物。近年，伊金霍洛旗按照建设民族文化大旗的要求，加快民族文化事业和文化产业发展，全旗7个镇均已建成多功能文化活动室，嘎查村一级的文化设施建设深入推进。伊金霍洛旗深入实施了“四项文化工程”，创作推出了《圣地天歌》《银鞭》《牧人眷恋》等一大批优秀民族文艺精品，乌兰牧骑连续11年蝉联自治区第一，成吉思汗陵祭祀列入全国非物质文化遗产保护名录，自编自演的《鄂尔多斯婚礼》饮誉中外。为了鼓励少数民族文化创作者的创作热情，伊金霍洛旗每年安排民族文化创作专项经费20万元，支持和鼓励开展蒙古语文研究和蒙古族古籍文献资料整理工作，出版了《伊金霍洛旗地名志》《伊金霍洛旗寺庙》《伊希丹金旺吉拉诗歌手抄本》等地方古籍文献，收集整理鄂尔多斯民歌伊金霍洛支的多首歌曲；2010年，伊金霍洛旗成功举办了全国第三次蒙古语文学术研讨会，有力地促进了蒙古语文学术研究与思想交流工作；每年夏季，协助各少数民族聚居地区组织举办珠拉格、乌那根乃日等传统那达慕大会，开展民族文化建设工作。同时，从2012年开始举办了伊金霍洛旗蒙古族传统祭火仪式，传承和发展民族传统文化；结合核心工作，开展了两期民族乐器培训班，组织培训学员免费掌握民族乐器演奏技巧的同时帮助他们成立了牧家乐、农家乐实体，同时，组建了神骏之声原生态鄂尔多斯民歌艺术团、老年艺术合唱团等民间艺术团体，进一步加强了民族文化的宣传与保护工作。

① 伊金霍洛旗民族事务局：《伊金霍洛旗民族事务局2013年工作总结》，2013年11月17日。

第六章

经济发展现状与展望

21 世纪初前 10 年，伊金霍洛旗人民在党和政府的正确领导下，认真落实党的基本路线和各项方针政策，立足当地实际，抢抓机遇，在科学发展观中推进跨越，在把握规律中构建和谐，全旗国民经济呈现出了速度快、效益好、活力强的良好发展势头。地区国民生产总值连续十年保持了持续增长，总体经济实力位居西部百强县市第 5 位，成为全国县域经济基本竞争力提升速度最快的百强县市之一。

伊金霍洛旗矿产资源丰富，现已探明的有煤炭、天然碱、泥炭、石英砂、石灰岩及黏土等。煤炭已探明总储量 139.15 亿吨。是神府—东胜煤田的主要产区，矿点主要分布在布连、布尔台格、新庙、纳林陶亥 4 个乡，是全国的重要能源基地之一，已成为国家重点开发建设地区。煤田成煤于中生代侏罗纪，煤质特优，煤种属不粘结煤，煤系地层平均厚度 190.16 米，可采组层厚度 19.67 米，具有低灰（10%左右）、低硫（0.31%—0.8%）、低磷、发热量高（6900—7200 大卡/公斤）、埋藏浅、易开采等特点，是极好的动力和化工用煤。有天然碱湖 7 处，总面积 5 平方公里。主要位于西北地区。最高年产量 3500 吨，碱湖都是以碳酸盐为主体生石盐、硫酸盐的卤水湖，经取样化验湖水组成是：比重 1.076 克/立方厘米：碳酸铜 5.5%，碳酸氢钠 1.68%，硫酸钠 0.67%，氯化钠 7.75%，总盐 15.6%，生产方式以日晒碱（原碱）为主。泥炭矿点有 10 处，主要分布在东部地区。纤维量为 47.2%—86.7%，发热量 1.142—2.3397 卡/公斤，含有机质 25%—40.2%，总腐殖酸 1.19%—24.7%，含有氮、磷、钾元素。石英砂储量约 1800 万吨。一般含二氧化硅在 98%以上，矿床埋藏较浅，宜于露天开采。石灰岩有矿点 2 个。矿体储量稳定，质量较好。氧化钙含量在 50%以上。露头岩层厚度分别是 1—1.2 米和

1—1.5米，覆盖厚度1—6米和1—1.5米。都有多年开采的历史，但年产量不过5000吨。黏土资源丰富，遍布全旗各地，是建材工业的主要原料，集中分布的有2处，在布尔台格和布连乡。样品分析结果是：二氧化硅58.25%、三氧化二铝7.63%、三氧化二铁4.75%、氧化钙9.29%、氧化镁2.85%、烧失量12.03%。

第一节　经济发展总体水平

在“十五”和“十一五”期间，伊金霍洛旗的综合经济实力发生了令人瞩目的变化，连跨几个大台阶。2000年国民生产总值突破20亿元，2004年突破50亿元，2006—2011年每年平均增加100亿元，2011年达到563.95亿元。GDP增长率平均27.1%，最高为2003年的41.6%，最低为2011年的14.2%。人均GDP从2000年的15792元增加到2011年的243083元，增加了15.4倍，尤其2007年开始以每年3万元高速增加，发展程度惊人，成为全国人均GDP最高的地区（见图6-1）。

21世纪初的前10年，伊金霍洛旗的经济发展比起20世纪90年代的增长速度令人震惊。地区生产总值1992年才1.6亿元，而到了2005年达到93.98亿元，是1992年的58倍多。第一产业生产总值1992年0.726亿元，1999年增加2.6倍，2005年达到了3.72亿元，是1992年的5.1倍。第二产业是发展和增速最快的产业，如1992年伊金霍洛旗第二产业产值不足0.5亿元，1999年达到6.78亿元，2005年达到37.78亿元。“十五”期间，第三产业也得到了快速发展，1992年第三产业才0.45亿元，1999年为8.38亿元，2005年增加到52.48亿元。

“十五”期间，伊金霍洛旗充分发挥资源和区位优势，以改革开放为动力，以重大项目为支撑，以培育主导产业为突破，认真贯彻“城乡统筹、三化互动、构筑四大产业、实现三个翻番”的总体发展思路，经济社会取得了长足发展，提前完成“十五”计划确定的主要发展目标，为“十一五”经济社会持续、快速、健康发展奠定了坚实的基础。“十一五”期间狠抓发展第一要务，综合实力跨入全国县域前列。2010年地区生产总值完成473亿元，是2006年的3.6倍，人均达到41963美元，成为全国人均 GDP 最高的地区。财政收入完成 110 亿元，是 2006 年的 5 倍多，年均递增 23.2%，人均财政收入达到 65813 元，位列全区第一。县域经济基本竞争力由 2006 年的全国第 86 位跃升为第 37 位。

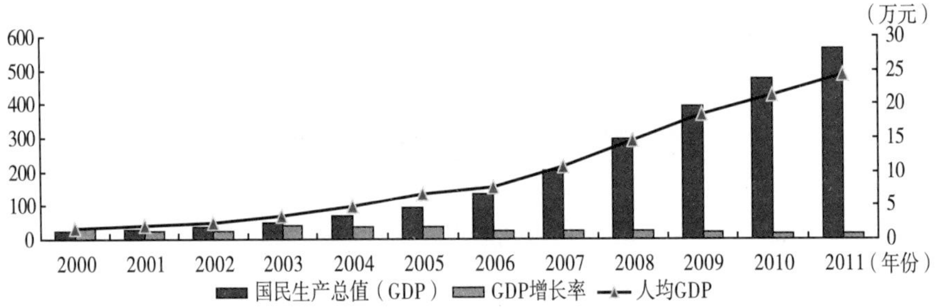

图 6-1 伊金霍洛旗国民经济发展状况及总体水平

资料来源：《伊金霍洛统计年鉴 2001—2011 年》

2000—2011 年，伊金霍洛旗实施对经济结构的战略性调整，明确提出着眼于第一产业调优、第二产业调强、第三产业调快，着重从产品结构、产业结构、城乡结构、所有制结构和人才结构五个方面进行全面调整。明晰的思路、切实的措施，使结构调整在十年中取得了显著成效，并在经济社会发展中发挥着积极而重要的作用。特别是“十一五”期间，坚持将项目建设作为引领产业结构转型的重要突破口，大力发展资源深加工项目和装备制造业项目，汇能煤制气、神华煤制油、中煤集团煤机制造业等一批重点项目落地建成。大力发展文化旅游、物流、金融商贸等第三产业。

三次产业结构从 2000 年的 10∶40∶60 调整为 2005 年的 4∶41∶55，显现出一产调优、二产调强、三产调快特点。到 2011 年的 1∶65∶34，第一产业比重下降 9 个百分点，第二产业上升 25 个百分点，第三产业下降 26 个百分点。三次产业中以煤炭开发和化工业为主的工业经济占据主导地位。第一产业增加值由 2000 年的 2.2 亿元上升到 2005 年的 3.7 亿元，2011 年的 6.65 亿元，而贡献率由 2000 年的 5.1%下降到 2005 年的 1.6%，2011 年的 1.2%，表明第一产业发展相对滞后。第二产业贡献率由 42.7%增加到 2005 年的 48.6%，2011 年的 64.5%，以“工业富旗”战略得到有效实施，为服务业的发展提供了广阔的空间。到 2006 年为止第三产业贡献率最大，占 51.8%，而 2007 年开始逐渐下降，到了 2011 年只占 34%，下降 17 个百分点，表明 2007 年后第三产业发展相对滞后(见图6-2)。

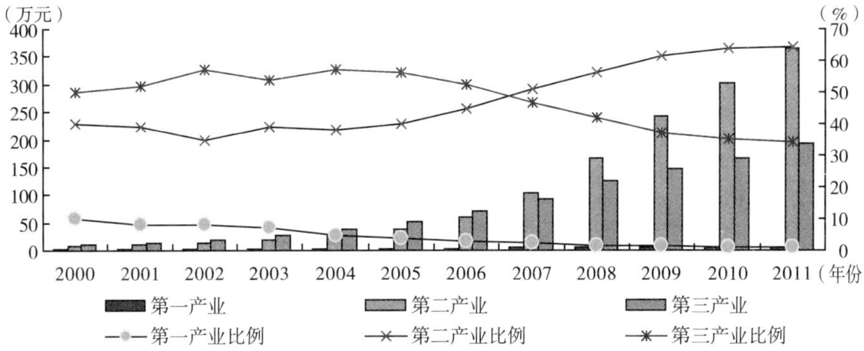

图6-2　伊金霍洛旗三次产业结构

资料来源:《伊金霍洛统计年鉴2001—2011年》。

2012年,全旗上下齐心协力,积极应对复杂形势,有效化解发展难题,经济运行呈现“总量增长、增速回温”的态势。全年完成地区生产总值635.62亿元,同比增长10%,比2007年增加2.16倍。其中第一产业实现增加值7.14亿元,同比增长3.5%,比2007年增加0.6倍;第二产业实现增加值398.82亿元,同比增长7.2%,其中工业增加值364.23亿元,建筑业增加值398.82亿元,2007年增加2.8倍;第三产业实现增加值229.66亿元,同比增长15.5%,比2007年增加1.5倍。

城乡居民收入和生活水平显著提高。1996年城镇居民人均可支配收入3144元(之前数据不全),进入21世纪,2000年突破5000元,2002年突破了6000元;城镇居民人均消费支出1997年为3461元,2000年突破4000元,2002年突破6000元;恩格尔系数为1997年28%,1999年26%,2003年下降到23%。农村居民人均纯收入1990年为543元,1992年突破600元,1995年突破1000元大关,2003突破了3000元,2005年突破了5000元;农村居民恩格尔系数为1996年21.2%,1998年13.4%,2001年上升到58%,2005年下降到23.5%。

2005年,城镇居民人均可支配收入突破10000元,达到11020元,比2000年增加6008元,增长119.9%,年均增长17.5%;农牧民人均纯收入4742元,比2000年增加2404元,增长102.8%,年均增长19.3%。城乡居民储蓄存款余额由2000年的5.8亿元,增加到2005年的18.8亿元,增长244.1%,年均增长34.2%。2005年城镇居民人均可支配收入11020元，比上年增加2212元，增长25.1%。农村居民人均纯收入4742元，比上年增加756元，增长19%。城镇居民人均消费性支出10037元，增长44.6%，农村居民人均生活消费总支出3403元，增长77.5%。2006年，城镇居民人均可支配收入13598元，比上年增加2578元，增长23.4%。农牧民人均纯收入5446元，比上年增加704元，增长14.8%。城镇居民人均消费性支出10770元，增长7.3%，农牧民人均生活消费总支出3588元，增长8.4%。2007年，城镇居民人均可支配收入17381元，增长27.8%。农牧民人均纯收入6301元，增长14.8%。城镇居民人均消费性支出15412元，增长7.3%，其中食品消费支出4602元，同比增长54.4%。农牧民人均生活消费总支出3743元，增长1.5%，其中食品消费支出944元。

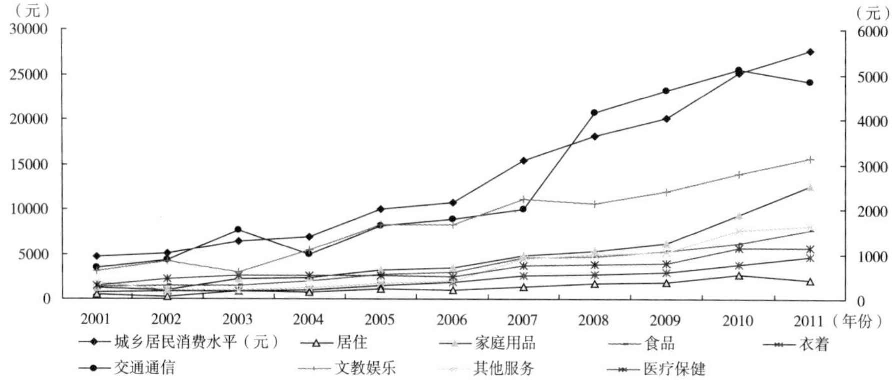

图6-3　伊金霍洛旗城乡居民消费情况

资料来源：《伊金霍洛统计年鉴2001—2011年》。

2008年，城镇居民人均可支配收入20401元，增长17.4%。农牧民人均纯收入7262元，增长15.3%。城镇居民人均消费性支出18153元，增长17.8%。农牧民人均生活消费总支出4840元。2009年农村居民人均纯收入7959元，比上年同期增加697元，增长9.6%；城镇居民人均可支配收入23098元，比上年增加2697元，增长13.2%。全年农牧民人均生活消费性支出4937元，比上年增长2%，其中食品消费支出1621元，占消费总支出的比重为32.8%；城镇居民人均消费支出20143元，增长11%，其中食品消费支出5316元，占26.4%。2010年农村居民人均纯收入8774元，比上年同期增加815元，增长10.2%；城镇居民人均可支配收入26684元，比上年增加3586元，增长15.5%。全年农牧民人均生活消费性支出6710元，比上年增长35.9%，其中食品消费支出2126元，占消费总支出的比重为31.7%；城镇居民人均消费支出25134元，增长24.8%，其中食品消费支出6485元，占25.8%。2011年农村居民人均纯收入10098元，比上年同期增加1324元，增长15.1%；城镇居民人均可支配收入30566元，比上年增加3882元，增长14.5%。全年农牧民人均生活消费性支出9841.5元，比上年增长20.8%，其中食品消费支出3176.4元，占消费总支出的32.3%；城镇居民人均消费27655元，增长10%，其中食品消费支出7629.7元，占27.6%。2012年，农牧民人均收入11452元，比上年增加1354元，增长13.4%；城镇居民人均可支配收入34586元，比上年增加4020元，增长13.2%。全年农牧民人均生活消费性支出10170元，比上年增长3.3%，其中食品消费支出3663元，占消费总支出的比重为36%；城镇居民人均消费支出28959元，增长4.7%，其中食品消费支出7681元，占26.5%。

2008年后，交通通信和文化娱乐消费支出明显加快。2001年700元，2008年交通通信消费支出4157元，是2001年700元的近6倍，2010年增加到5112元。文化娱乐消费支出在2001年605元，2004年突破1000元，2007年突破2000元，2011年突破3000元。

第二节　伊金霍洛旗固定资产投资情况

20世纪90年代，伊金霍洛旗固定资产投资因为地区生产总值较低和财政收入不足等原因，投资总额较少。如全社会固定资产投资总额1991年才724万元，全部用于城乡50万以上固定资产投资。1993年全社会投资额增加到3281万元，但还是全部投入了城乡50万元以上的项目上，这种投资结构一直持续到1995年。到了1996年全社会固定资产投资额突破5000万元大关，并把投资方向从城乡50万以上固定资产投资，一部分投资了50万以下投资项目上。1998年全社会固定资产投资额达到3.47亿元，城乡50万以上投资额占7.7%，50万以下投资额占92.3%，重点建设中小企业改造和基础设施建设。2000年后固定资产投资大幅度增加，并且重点放在重大项目和基础设施建设。

“十五”以来，伊金霍洛旗充分利用资源优势和区位优势，不断加大招商引资力度，扩大对外开放水平，大力实施工业结构项目调整，大力推进以交通、城镇建设和农牧业基础设施建设，固定资产投资保持高位运行。“十五”期间全社会固定资产投资累计完成153.2亿元，年均增长41%，是“九五”时期的10.6倍，五年期间累计引进内资项目177个，外资项目11个。“十一五”期间坚持项目建设作为引领产业结构转型的重要突破口，实施投资50万元以上项目658个，完成固定资产投资917亿元，是“十五”期间的6倍。大力发展了资源深加工项目和装备制造业项目（见表6-1）。

表6-1　　伊金霍洛旗社会固定资产投资情况（按登记注册类型）

（单位：万元）

	国有企业	集体企业	股份合作企业	股份有限公司	有限责任公司	集体联营	其他企业
2001	18400	—	—	1800	17860	—	—
2002	54041	—	—	3184	25239	—	—
2003	161550	120	—	650	1400	120	
2004	196435	3313	5694	6940	159311	3313	120
2005	389118	4560	12700	69251	101622	4560	28305
2006	609078	9433	19835	105707	209400	—	50769
2007	718405	916	9034	135335	408329	—	43851
2008	701906	12114	19675	562762	265817	84871	4002
2009	751324	46300	—	214564	836425	—	302596
2010	526328	—	—	279450	1066327	—	599449
2011	796530	—	—	229029	611384	—	

注：“—”代表没有数据。

资料来源：《伊金霍洛统计年鉴2001—2011年》。

2001—2003年的三年间，伊金霍洛旗的社会固定资产投资主要集中在国企改造、建筑工程、设备工器具购置和采矿业、制造业以及基础设施建设等方面。按登记注册类型看累计投资28.43亿元；按资金来源看国家预算内资金累计8.19亿元，国内贷款总额累计3.92亿元，自筹资金14.9亿元，其他来源3.79亿元；按构成划分建筑工程48.24亿元，安装工程0.57亿元，设备工器具购置0.74亿元，其他费用0.94

亿元。按行业划分农牧林渔业总投资累计 1. 32 亿元，采矿业 8. 96 亿元，制造业 3 亿元，水电供应和交通运输、邮电通信等基础设施建设投资累计 9. 8 亿元。按行业划分，水利环境建设和公共管理业建设投资累计完成了 4. 15 亿元。

2004 年，项目投资重点集中在基础设施建设、生态环境建设和社会事业建设方面。按投资隶属关系看，中央投资完成 9. 6 亿元，地方投资完成 28 亿元；从投资行业划分看，第二产业投资仍是重点，共投资 41 亿元，占限额以上固定资产投资的 60. 7%，同比增长 61. 7%。另外交通运输和公共设施管理业共完成投资 33. 1 亿元。2005 年，项目投资重点集中在优势产业建设、基础设施建设、生态环境建设和社会事业建设方面，共有 50 万以上施工项目 129 个，完成固定资产投资 67. 1 亿元，增长 82. 6%。按投资隶属关系看，中央投资完成 18. 6 亿元，同比增长 158%，地方投资完成 48. 5 亿元，同比增长 64. 2%。从投资行业划分看，第二产业投资仍是重点，共投资 40. 1 亿元，占限额以上固定资产投资的 60. 7%，同比增长 61. 7%。另外，交通运输和公共设施管理业共完成投资 22. 6 亿元。

表 6-2　伊金霍洛旗社会固定资产投资情况（按资金来源）（单位：万元）

	国家预算内资金	国内贷款	利用外资	自筹资金	其他来源
2001	6662	21920	—	17158	—
2002	19621	13270	—	24985	22614
2003	55620	4000	—	107026	15274
2004	96224	14713	—	275097	19203
2005	195826	71095	—	499610	29004
2006	40815	—	—	1375633	500
2007	6300	—	1350303	5670	3778
2008	8168	4165	—	1665359	3460
2009	46727	347809	6483	2397409	110764
2010	38460	257483	—	2899693	24155
2011	90483	103339	—	2274610	38346

注：“—”代表没有数据。

资料来源：《伊金霍洛统计年鉴 2001—2011 年》。

2006 年，固定资产投资已经进入一个新的较快增长期。50 万元以上施工项目共有 110 个，完成固定资产投资 106. 5 亿元，增长 64. 4%。按投资的隶属关系分，中央投资完成 54.8 亿元，同比增长 194.6%，地方投资完成 51.7 亿元，同比增长 12%。从投资行业划分看，第二产业仍是投资项目的重点，共完成投资 92.3 亿元，占限额以上固定资产投资的 86.7%，同比增长 130%。另外，基础设施建设投资和交通运输、公共设施管理业共完成投资 12.1 亿元。2007 年，全社会固定资产投资总额 150.5 亿元，比上年增长 34.5%。城乡 50 万以上项目 130 个，完成固定资产投资 149.5 亿元，增长 40.4%。从投资主体看，内资单位投资 148.7 亿元，其中国有经济单位投资 71.8 亿元，增长 17.4%。按项目隶属关系看，地方项目完成投资 76.2 亿元，增长 47.3%；中央项目完成投资 73.3 亿元，增长 34.2%。在固定资产投资中，第一产业投资 9751 万元，增长 121.5%；采矿业投资 55.7 亿元，增长 78.5%；制造业投资 49 亿元，增长 48%；电力、燃气及水的生产供应业投资 13.1 亿元；交通运输业投资 10.5 亿元，增长 42.8%；水利、环境和公共设施管理业完成投资 9.5 亿元，增长 185.2%。全年房地产开发投资 8.2 亿元，同比增长 139%。2008 年全社会固定资产投资总额 172.1 亿元，比上年增长 14.3%。城乡 50 万元以上项目 71 个，完成固定资产投资 170 亿元，增长 19.7%。从投资主体看，内资单位投资 170 亿元，其中国有经济单位 70.2 亿元，降低 2.3%。按项目隶属关系分，地方项目完成投资 96.7 亿元，增长 26.1%；中央项目完成投资 73.4 亿元，增长 11.3%。从投资的结构看，第一产业投资 3.7 亿元，增长 281.8%；第二产业投资 148.8 亿元，增长 34.8%；第三产业投资 17.6 亿元，降低 42.9%，三次产业投资结构调整为 2.2∶10.3∶87.5。

表 6-3　伊金霍洛旗固定资产投资情况（按构成划分）　（单位：万元）

	建筑工程	安装工程	设备工器具购置	其他费用
2001	224721	1955	4598	9036
2002	78225	1301	2829	392
2003	179488	2432	—	—
2004	380450	4277	19465	300
2005	534461	17073	45203	50771
2006	849972	131690	75866	7509
2007	1209623	132529	140747	12146
2008	634723	182995	804734	77987
2009	1813591	8339	242553	134606
2010	2224363	20186	273489	82128

续表

	建筑工程	安装工程	设备工器具购置	其他费用
2011	2557654	12220	429577	97880

注："—"代表没有数据。

资料来源：《伊金霍洛统计年鉴 2001—2011 年》。

2009 年，50 万以上投资完成 219.9 亿元，同比增长 29.3%。投资分建设性质看，新建项目投资 218.1 亿元，同比增长 38.3%；扩建项目投资 1.6 亿元，下降 74.7%；改建项目投资 0.2 亿元，下降 96.1%。分构成看，建筑工程投资 181.3 亿元，同比增长 185.7%；按章工程投资 0.8 亿元，下降 95.4%；设备工器具购置投资 24.3 亿元，下降 69.9%；其他费用 13.5 亿元，增长 72.6%。分产业看，第一产业投资 8.2 亿元，同比增长 119.5%；第二产业投资 123.3 亿元，下降 17.1%；第三产业投资 88.5 亿元，增长 403.6%，三次产业投资结构调整为 3.7∶56.1∶40.2，全年房地产开发投资 33.2 亿元，同比增长 501.9%。2010 年，全社会固定资产投资完成 260 亿元，同比增长 18.2%。投资分构成看，建筑工程投资 222.4 亿元，同比增长 25.8%；安装工程投资 2 亿元，下降 142.1%；设备工器具购置投资 27.3 亿元，增长 12.8%；其他费用 8.2 亿元，下降 39%。分产业看，第一产业投资 22.9 亿元，同比增长 181%；第二产业投资 127.3 亿元，增长 3.2%；第三产业投资 109.8 亿元，增长 24.1%，三次产业投资结构调整为 8.8∶49∶42.2，全年房地产开发投资 62.8 亿元，同比增长 88.9%。

表 6-4　　伊金霍洛旗固定资产投资情况（按行业划分）　（单位：万元）

	农林牧渔业	采矿业	制造业	水电气生产供应	建筑业	交通运输仓储、邮政	信息传输计算机服务和软件
2001	1359	19260	400	2374		650	
2002	6745	15052	13385	5950		6870	
2003	5058	55250	16200	3800	500	77585	500
2004	3695	96490	78962	87500	160	84800	160
2005	22653	107428	208524	65740		179308	
2006	4403	312074	514621	95777	500	73749	
2007	9751	556962	490046	130680		105323	18000
2008	37224	881707	510533	95310	10958	37004	
2009	81718	476011	516105	240637		123646	

续表

	农林牧渔业	采矿业	制造业	水电气生产供应	建筑业	交通运输仓储、邮政	信息传输计算机服务和软件
2010	229412	379372	419887	428675	44810	141443	1104
2011	37794	176288	962503	377069	77788	207030	

注："—"代表没有数据。

资料来源：《伊金霍洛统计年鉴2001—2011年》。

表6-5　　伊金霍洛旗固定资产投资情况（按行业划分续）　（单位：万元）

	批发零售	住宿餐饮	金融业	房地产业	教育	水利环境公共设施	卫生社保福利事业	文体娱乐	公共管理与社会组织
2001					2870	10845			302
2002	765		300		2267	3592	50		6167
2003			120		198	17662	300	70	2977
2004	560				345	14408	251		28366
2005	1530	80	600	4010	4266	47016		363	3760
2006	1670			15275		33354	2800	100	10338
2007		500		82375		95126			6282
2008				55213		55979	2832		2927
2009		7169		332312		358682		31954	25958
2010		13094		627773	39974	41097		170856	62669
2011	576			812225	126091	308282	2691	1134	7860

资料来源：《伊金霍洛统计年鉴2001—2011年》。

2011年，全社会固定资产投资完成309.73亿元，同比增长19.1%。投资分构成看，建筑工程投资255.77亿元，同比增长15%；安装工程投资1.22亿元，下降39.5%；设备工器具购置投资42.96亿元，增长57.1%；其他费用9.79亿元，增长19.2%。分产业看，第一产业投资3.78亿元，同比下降83.5%；第二产业投资159.36亿元，增长25.2%；第三产业投资146.59亿元，增长33.5%；三次产业投资结构调整为1.2：5.5：47.3，全年房地产开发投资81.22亿元，同比增长29.4%。

在2001—2011年的10年期间，国有企业投资累计完成了49.23亿元，股份有限公司投资完成160.87亿元，有限责任公司370.31亿元，按登记注册类型合计总投资额达到1150亿元；按资金来源看累计完成投资1460.88亿元，其中中央投资60.49亿元，国内贷款83.78亿元，利用外资135.68亿元，自筹资金1154.23亿元，其他来源26.71亿元；按工程划分，投资总额达到 1371.41 亿元，其中建筑工程完成 1068.73 亿元，安装工程 51.5 亿元，设备工器具投资 203.91 亿元，其他费用 47.28 亿元；按行业划分投资总额达到 1346.15 亿元，其中农牧林业投资额 43.98 亿元，采矿业 307.59 亿元，制造业 373.12 亿元，水电气生产供应业投资 153.35 亿元，建筑业 13.47 亿元，交通运输、仓储、邮政投资 103.74 亿元，房地产业 192.92 亿元，水利环境公共设施投资完成 98.6 亿元，公共管理业 15.96 亿元，文教卫生和其他服务业投资完成 25.21 亿元。

第三节　伊金霍洛旗财政、金融情况

2004 年，财政收入首次突破 5 亿元大关，达到 6.6 亿元，跨越了两个亿元级台阶；2005 年财政收入又突破了 10 亿元大关，达到 13.6 亿元，跨越了 7 个亿元级台阶，同比增长 106.5%，实现了当年翻番，是“九五”末 1.64 亿元的 8.3 倍，其中：地方财政收入完成 6.87 亿元，同比增加 3.07 亿元，增长 80.6%；上划中央收入完成 6.68 亿元，同比增长 3.92 亿元，增长 142.2%。财政收入总量全市排第三，全区排第五，人均可用财力全市排第一。“十五”期间财政收入累计完成 29.8 亿元，比“九五”期间财政收入总和的 5.43 亿元纯增 24.37 亿元，增长了 4.5 倍，年均增长 61.3%，比“九五”期间提高了 31.1 个百分点；地方可用财力增长了 3.3 倍，年均增长 56.2%，比“九五”时期提高了 29.9 个百分点。提前两年实现了“十五”计划目标（见表 6-6、图 6-4 和 6-5）。

表 6-6　　财政收入构成　　（单位：万元）

	财政收入	地方财政收入	一般预算收入	税收收入	增值税	营业税	企业所得税	个人所得税	资源税	非税收入
2006	206678	92700	83617	72867	18688	16121	12672	2278	13702	10750
2007	308999	125096	117936	106292	28528	16657	22849	4124	19454	11644
2008	508999	204777	204777	166823	44487	19832	42524	6878	21401	37954
2009	800009	308751	308751	272420	67762	31894	70252	11369	30660	36331
2010	1095789	432831	432831	378339	84700	53703	96307	22064	36328	54492
2011	1811518	665482	665482	582483	153464	85075	137506	50300	42811	82999

资料来源：《伊金霍洛统计年鉴 2001—2011 年》。

2005 年，全旗财政总收入 13.6 亿元，同比增长 105.4%，按照税收来源划分，第一产业完成412万元，第二产业完成10.45亿元，第三产业完成3.06亿元。其中地方财政收入完成6.9亿元，同比增长81%，当年财政支出8.3亿元，同比增长54.9%，其中农牧业支出2261万元，科学支出11万元，科技三项费支出848万元，教育支出6352万元。

2006年全旗财政总收入达到20.7亿元，同比增长52.5%，其中地方财政收入完成9.3亿元，同比增长34.9%，当年财政支出10.9亿元，同比增长31%，其中农牧业支出2881万元，科技三项支出1558万元，教育支出8619万元。

2007年，全旗财政总收入累计完成30.9亿元，增长了49.5%；地方财政收入完成12.51亿元，增长了34.9%；上划中央财政收入完成15.96亿元，增长了62.6%；上划自治区财政收入完成2.44亿元，增长了53.5%；在地方财政收入中，一般预算收入完成11.79亿元，增长41%；第二产业完成20.84亿元，第三产业完成10.06亿元；三次产业对比财政收入的贡献比例为0：67.4：32.6。全旗财政支出完成12.79亿元，增长17.3%；一般公共服务1.63亿元，同比减少15.8%；公共安全0.31亿元，同比增长28.9%；教育1.74亿元，同比增长41.2%；科学技术0.20亿元，同比增长16.9%；文化体育与传媒0.11亿元，同比增长39.5%；社会保障和就业1.16亿元，同比增长85.6%；医疗卫生0.74亿元，同比增长65.2%；环境保护0.68亿元，同比下降25%；城乡社区事务3.47亿元，同比增长20.2%；农林水事务0.97亿元，同比增长3%；交通运输0.37亿元，同比下降3.2%；工商业金融等事务0.21亿元，同比增长36.8%；其他支出0.49亿元。

2008年，全旗财政收入50.9亿元，比上年增长了68.6%。其中，地方财政收入20.48亿元，增长73.6%；上划中央财政收入26.6亿元，增长66.8%；上划自治区财政收入3.81亿元，增长56.5%。在地方财政收入中，税收收入16.68亿元，同比增长56.9%；非税收收入3.8亿元，增长226%。分产业看，第二产业42.81亿元，第三产业8.09亿元。三次产业对财政收入的贡献比例为0：84.1：15.9。全年政府财政支出26.32亿元，比上年增长98.4%。其中，地方预算支出（一般预算支出）18.98亿元，增长57.3%，基金支出7.34亿元，增长510%。在一般预算支出中，一般公共服务2.3亿元，增长57.8%；公共安全0.44亿元，增长42.1%；教育1.83亿元，增长5.3%；科学技术0.21亿元，增长6.9%；文化体育

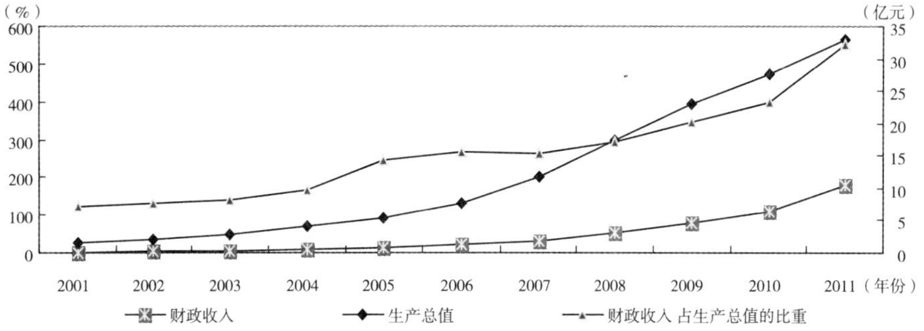

图 6-4　伊金霍洛旗财政收入占生产总值的比例

资料来源：《伊金霍洛统计年鉴 2001—2011 年》。

与传媒 0.21 亿元，增长 87.9%；社会保障和就业 1.71 亿元，增长 41.7%；医疗卫生 0.67 亿元，下降 5%；环境保护 0.71 亿元，增长 5.3%；城乡社区服务 7.27 亿元，增长 109.7%；农林水务 1.48 亿元，增长 47.6%；交通运输 0.90 亿元，增长 145.5%；工商业金融等事务 0.79 亿元，增长 281.5%；其他支出 0.46 亿元，下降 6%，其中住房改革支出 0.14 亿元，增长 16.5%。

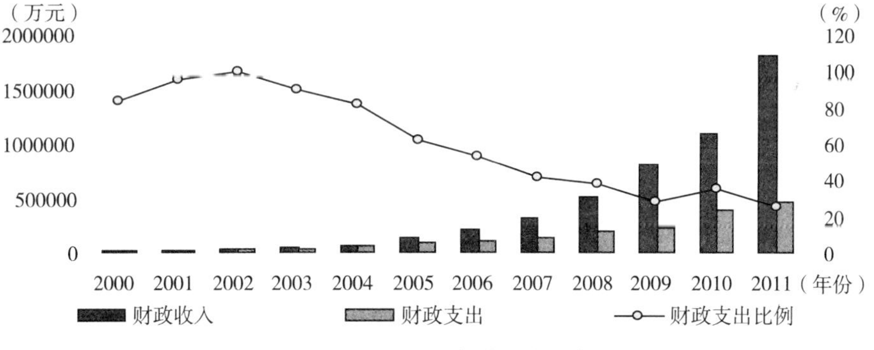

图 6-5　伊金霍洛旗财政收支情况

资料来源：《伊金霍洛统计年鉴 2001—2011 年》。

2009 年，全旗财政收入 80 亿元，同比增长 57.2%。其中一般预算收入 30.9 亿元，同比增长 50.8%，占财政总收入的 38.6%。在一般预算收入中，税收收入 27.2 亿元，非税收入 3.6 亿元。上划中央税收 42.8 亿元，比上年增长 60.8%；上划自治区税收 6.33 亿元，比上年增长 66.1%。按产业分，第二产业税收 69.2 亿元，比上年增长 61.7%，第三产业税收 10.79 亿元，比上年增长 33.4%，三次产业对财政收入的贡献比例为

0∶86.5∶13.5。全年财政总支出22.3亿元，同比增长17.6%。其中，一般公共服务支出3.4亿元，同比增长47%；教育支出3.3亿元，增长77.8%；农林水事务支出2.9亿元，增长95.9%；采掘信息等事务支出1.3亿元，增长81.4%。

表6-7　　伊金霍洛旗上划自治区税收收入　　（单位：万元）

	增值税	营业税	企业所得税	个人所得税	资源税	合计
2006	4672	4030	3168	570	3426	15866
2007	7583	4428	6074	1096	5171	24352
2008	12547	5594	11994	1940	6036	38111
2009	20241	9527	20984	3396	9158	63306
2010	26747	16959	30413	6967	11472	92558
2011	51155	28358	45835	16767	14270	156385

资料来源：《伊金霍洛统计年鉴2006—2011年》。

2010年，全旗财政总收入109.6亿元，同比增长37%。其中，一般预算收入43.3亿元，同比增长40.2%，占财政收入的39.5%。在一般预算收入中，税收收入37.8亿元，同比增长38.9%；非税收收入5.4亿元，增长50%。财政总收入中上划中央税收57亿元，比上年增长33.3%，上划自治区税收9.26亿元，比上年增长46.2%。按产业看，第二产业税收92.16亿元，比上年增长33.2%；第三产业税收17.42亿元，比上年增长61.4%，三次产业对财政贡献比例为0∶84.1∶15.9。全年财政总支出38.9亿元，同比增长73.2%。其中，一般公共服务支出4.3亿元，同比增长68.5%；公共安全支出1.2亿元，增长83%；教育支出4.3亿元，增长30.8%；社会保障和就业支出2.9亿元，增长88.6%；医疗卫生支出1.5亿元，增长31.2%；环境保护支出2亿元，增长26.8%；农林水事务支出3.8亿元，增长25.5%；交通运输支出1.2亿元，增长190.3%；住房保障支出1.5亿元，增长855.4%。

表6-8　　伊金霍洛旗上划中央税收收入　　（单位：万元）

	增值税	消费税	企业所得税	个人所得税	合计
2006	70080	1	23761	4270	98112
2007	108335	2	43385	7829	159551

续表

	增值税	消费税	企业所得税	个人所得税	合计
2008	171104	3	81776	13228	266111
2009	264008	4941	136855	22148	427952
2010	336698	75	190079	43548	570400
2011	613856	185	275011	100599	989651

资料来源：《伊金霍洛统计年鉴 2006—2011 年》。

2011 年，全旗财政收入 181. 15 亿元，同比增长 65. 3%。其中，一般预算收入 66. 55 亿元，同比增长 53. 8%，占财政总收入的 36. 7%。在一般预算收入中，税收收入 58. 25%，同比增长 54%；非税收收入 8. 3 亿元，增长 52. 3%。财政总收入中，上划中央税收 98. 97 亿元，比上年增长 73. 5%，上划自治区税收 15. 64 亿元，比上年增长 69%。按产业分，第二产业税收 129. 48 亿元，比上年增长 40. 5%，第三产业税收 51. 67 亿元，比上年增长 196. 7%。全年全旗财政总支出 46. 23 亿元，同比增长 19. 5%。其中，一般公共服务支出 6. 23 亿元，增长 44. 8%；公共安全支出 2. 03 亿元，增长 75%；教育支出 5. 88 亿元，增长 37. 7%；社会保障和就业支出 3. 74 亿元，增长 28. 6%；医疗卫生支出 1. 76 亿元，增长 16. 1%；环境保护支出 0. 77 亿元，下降 61. 2%；农林水事务支出 4. 65 亿元，增长 23. 4%；交通运输支出 1. 42 亿元，增长 16. 8%；住房保障支出 2. 3 亿元，增长 54. 4%。

2012 年全旗财政收入 183. 04 亿元，比上年增长 1. 0%，其中一般预算收入 59. 32 亿元，增长 22. 0%，占财政总收入的 32. 4%。在一般预算收入中，税收收入 45. 87 亿元，增长 13. 7%，非税收入 13. 45 亿元，增长 62. 1%。全旗财政总支出 67. 27 亿元，比上年增长 45. 5%。其中，一般公共服务支出 7. 37 亿元，增长 18. 3%；公共安全支出 2. 12 亿元，增长 4. 7%；教育支出 7. 12 亿元，增长 21. 2%；社会保障和就业支出 4. 42 亿元，增长 18. 2%；医疗卫生支出 2. 49 亿元，增长 41. 9%；节能环保支出 1. 58 亿元，增长 106. 1%；农林水事务支出 6. 81 亿元，增长 46. 5%；交通运输支出 1. 66 亿元，增长 16. 9%；住房保障支出 2. 19 亿元，下降 4. 6%；其他支出 31. 49 亿元，增长 80. 3%。

表 6-9　伊金霍洛旗金融机构人民币信贷资金平衡表：按资金来源

（单位：万元）

项目	2006	2007	2008	2009	2010	2011
各项存款余额	454733	484690	829535	1321656	1639062	2050033
企业存款	152385	134425	256668	379493	422833	987501
财政存款	2767	13977	9	74798	64873	
机关团体存款	17794	35771	44312	30753	29654	
储蓄存款	219719	248509	442625	614992	772998	1048654
农业存款				123161	178175	

资料来源：《伊金霍洛统计年鉴 2006—2010 年》。

2005 年金融机构围绕产业建设，生态建设和基础设施建设这个中心。全年金融机构各项存款余额 31 亿元，比年初增长 82.4%，各项贷款 8.3 亿元，比年初增长 9.2%。2006 年，全年金融机构各项存款余额 45 亿元，比年初增长 45%，各项贷款 11.2 亿元，比年初增长 34.9%。2007 年各项存款余额 48.47 亿元，比上年增长 6.6%；各项贷款余额 16.63 亿元，增长 32.7%。2008 年各项存款余额 82.95 亿元，比上年增长 71%；各项贷款余额 30.39 亿元，增长 82.7%。2009 年，全旗金融机构人民币各项存款余额 132.2 亿元，比年初增加 44.7 亿元，增长 51.1%。其中企业存款 37.95 亿元，比上年增长 47.9%；储蓄存款 61.54 亿元，比上年增长 33.8%。各项贷款余额 61.5 亿元，比年初增加 31 亿元，增长 101.6%。其中短期贷款 41.33 亿元，比上年增长 101.9%；中长期贷款 20.21 亿元，比上年增长 101%。

表 6-10　伊金霍洛旗金融机构人民币信贷资金平衡表：按资金运用

（单位：万元）

项目	2006	2007	2008	2009	2010	2011
各项贷款合计	112104	166320	303906	615433	984457	1270004
短期贷款	75126	96465	203353	413338	503793	637881
工业贷款	13809	4651	12992	14292		
商业贷款	79	1555	2155	3676		

续表

项目	2006	2007	2008	2009	2010	2011
农业贷款	9216	66602	140728	293984		
中长期贷款	36978	69855	100553	202095	480664	632121

资料来源：《伊金霍洛统计年鉴 2006—2010 年》。

2010 年，全旗金融机构人民币各项存款余额 163.9 亿元，比年初增加 31.7 亿元，增长 24%。其中，企业存款 42.28 亿元，比上年增长 11.4%，储蓄存款 77.3 亿元，比上年增长 25.7%。

各项贷款余额 98.4 亿元，比年初增加 31 亿元，增长 60%。其中短期贷款 50.38 亿元，比上年增加 26.1%，中长期贷款 48.1 亿元，比上年增长 122.6%。

表 6-11　伊金霍洛旗金融机构现金收入与支出　（单位：万元）

项目	2006	2007	2008	2009
收入总计	2228631	3056919	4768460	388175
商品销售收入	3328	93974	161677	17406
服务业收入	788	16467	85604	3967
储蓄存款收入	222177	238148	3845631	307945
支出总计	2330827	3309673	5019659	432603
工资性支出	31007	232695	375868	9995
行政事业管理费支出	1094	46970	80746	8371
储蓄存款支出	221150	2521707	3816128	349094

资料来源：《伊金霍洛统计年鉴 2006—2010 年》。

2011 年，全旗金融机构人民币各项存款余额 205 亿元，比年初增加 41.1 亿元，增长 25.1%。其中，企业存款 98.75 亿元，比年初增长 133.5%，储蓄存款 104.87 亿元，比年初增长 35.7%。各项贷款余额 127 亿元，比年初增加 28.55 亿元，增长 29%。其中，短期贷款 63.79 亿元，比年初增长 26.6%，中长期贷款 63.21 亿元，比年初增长 31.5%。2012 年年末，全旗金融机构人民币各项存款余额 266.91 亿元，比年初增加 61.9 亿元，增长 30.2%；各项贷款余额 159.51 亿元，比年初增加 32.51 亿元，增长 25.6%。其中，单位存款 116.14 亿元，比年初增长 17.6%；

个人存款 149.75 亿元，比年初增长 42.8%；各项贷款余额中短期贷款 82.79 亿元，比年初增长 29.8%；中长期贷款 76.71 亿元，比年初增长 21.4%。

第四节 伊金霍洛旗就业与就业人员工资情况

回顾 20 世纪 90 年代，伊金霍洛旗在岗职工人数和平均工资，比起 21 世纪初的前 10 年差距很大。1991 年全旗在岗职工年平均人数 9897 人，不足万人，平均工资才 1891 元。其中国有单位在岗人数为 7334 人，平均工资为 1979 元，集体单位在岗人数 2563 人，平均工资为 1750 元。是以国有单位为主，集体单位和其他行业尚未发达状态。到了 1997 年全旗在岗人数增加到 12175 人，平均工资提高到 4476 元。其中，国有单位在岗人数突破万人的 10361 人，平均工资突破 6000 元，集体单位在岗人数从 1991 年减少到 1749 人，1999 年减少到 396 人，平均工资 4446 元，1999 年突破了 7000 元；其他单位在岗人员从无到有达到 124 人，平均工资 3468 元。1999 年迅速增加到 2185 人，平均工资也突破了 7000 元。

2005 年，全旗各类单位从业人员 18280 人，比 2001 年增加 3681 人。其中，按企事业机关单位分，企业从业人员 10990 人，增加 2733 人；事业单位 4101 人，增加了 813 人；机关单位 3189 人，增加了 135 人。按照国民经济行业分，农牧林渔业从业人员 931 人，比 2001 年增加 316 人；采矿业 8902 人，增加 2239 人；公共管理与社会组织 2961 人，增加 270 人；教育行业 1835 人，增加 235 人；卫生社保与社会福利 508 人，减少 12 人；水利环境和公共设施 714 人，增加 714 人；其他服务行业从业人员 2069 人，减少 441 人。

2006 年，全旗各类单位从业人员 18684 人。其中，按企事业机关单位分，企业从业人员 10886 人，事业单位 4343 人，机关单位 3475 人。按照国民经济行业分，农牧林渔业从业人员 744 人，采矿业 8735 人，公共管理与社会组织 3272 人，教育行业 2129 人，卫生社保与社会福利 519 人，水利环境和公共设施 812 人，其他服务行业从业人员 2473 人。2007 年，全旗各类单位从业人员 19985 人。其中，按企事业机关单位分，企业从业人员 11828 人，事业单位 4533 人，机关单位 3624 人。按照国民经济行业分，农牧林渔业从业人员 777 人，采矿业 9756 人，公共管理与社会组织 3403，教育行业 2106 人，卫生社保与社会福利 534 人，水利环境和公共设施 867 人，其他服务行业从业人员 2542 人。2008 年，全旗各类单位从业人员 24350 人。其中，国有单位从业人员 10937 人，比上年增加 514 人，增长 4.9%，占年末从业人员总数的 44.9%；城镇集体单位 532 人，减少 47 人，降低 8.1%，占 2.2%；其他单位 12881 人，增加 3898 人，增长 43.4%，占 52.9%。

2009 年，全旗城镇单位从业人员 26446 人。其中，国有单位从业人员 11505 人，比上年增加 568 人，增长 5.2%，占年末从业人员总数的 43.5%；城镇集体单位 665 人，增加 133 人，增长 25%，占 2.5%；其他单位 14276 人，增加 1395 人，增长 10.8%，占 53.9%。

2010 年，全旗城镇单位从业人员 29821 人，比上年增加 3375 人。其中，国有单位从业人员 12905 人，比上年增加 1400 人，增长 12.2%，占年末从业人员总数的 43.3%；城镇集体单位 758 人，增加 93 人，增长 14%，占 2.5%；其他单位 16158 人，增加 1882 人，增长 13.2%，占 54.2%。

2011 年，全旗城镇单位从业人数 43156 人，比上年增加 13335 人，增长 44.7%。其中，国有单位从业人员 13832 人，比上年增加 927 人，增长 7.2%，占年末从业人员总数的 32.1%；城镇集体单位 998 人，增加 240 人，增长 31.7%，占 2.3%；其他单位 28326 人，增加 12168 人，增长 75.3%，占 65.6%（见表 6-12）。

表 6-12　伊金霍洛旗分行业城镇单位年末就业人员　（单位：人）

指标名称	2001	2002	2003	2004	2005	2006	2007	2008	2009	2010	2011
总计	14599	13974	14785	18689	18280	18684	19985	24350	26446	29821	43156
按企事业机关分											
企业	8257	7410	8279	11724	10990	10866	11828	15682	17243	19164	30777
事业	3288	3772	3668	3922	4101	4343	4533	4556	4627	5336	5952
机关	3054	2792	2838	3043	3189	3475	3624	4112	4576	5321	6427
按国民经济行业分											
农、牧、林、渔业	615	678	802	905	931	744	777	729	660	738	694
采矿业	6663	6219	6598	9727	8902	8735	9756	13753	15194	17112	28889
制造业	388	238	539	486	742	615	519	357	387	216	
水电气生产和供应业	102	104	113	121	122	400	418	462	513	548	494

续表

指标名称	2001	2002	2003	2004	2005	2006	2007	2008	2009	2010	2011
交通运输、仓储邮政	384	384	282	404	153	136	143	135	135	142	138
信息软件服务业			57	126	77	80	154	158	108	66	63
批发和零售业	230	151	160	162	203	205	227	217	191	191	190
金融业	824	613	782	810	780	667	686	675	790	962	1072
房地产业	18	18		21	26	26	27	31	35		
租赁和商务服务业			41	20	15	15	15	12	15	15	15
科研技术服务和地质勘探			72	139	180	185	196	143	154	27	48
水利环境和公共设施			537	428	714	812	867	1008	960	1242	1660
教育	1600	1794	1576	1962	1835	2129	2106	2212	2317	2499	2793
卫生社保和社会福利	520	524	503	452	508	519	534	477	488	643	843
文化、体育和娱乐业			128	144	131	144	157	161	161	173	148
公共管理和社会组织	2691	2576	2577	2782	2961	3272	3403	3820	4338	5247	6109

资料来源：《伊金霍洛统计年鉴 2000—2011 年》。

"九五"期间，伊金霍洛旗各类单位在岗职工工资有大幅度提高，人民生活水平有了显著改善。2005 年，各类单位在岗职工年平均工资 23452 元，比 2001 年增加 12329 元，增长 110.8%。按企事业机关分，企业单位在岗职工工资 26572 元，比 2001 年增加 14501 元，增长 120%；事业单位在岗职工工资 18220 元，比 2001 年增加 8340 元，增长 84.4%；机关单位在岗人员工资 19427 元，比 2001 年增加 9529 元，增长 96.3%。

2006 年，各类单位在岗职工年平均工资 34057 元，比上年增加 10605 元，增长 45.2%。按企事业机关分，企业单位在岗职工工资 41888 元，比上年增加 15316 元，增长 57.6%；事业单位在岗职工工资 22622 元，比上年增加 4402 元，增长 24.2%；机关单位在岗人员工资 24190 元，比上年增加 4763 元，增长 24.5%。2007 年，各类单位在岗职工年平均工资 38582 元，比上年增加 4525 元，增长 13.3%。按企事业机关分，企业单位在岗职工工资 44853 元，比上年增加 2965 元，增长 7%；事业单位在岗职工工资 31255 元，比上年增加 8633 元，增长 38.2%；机关单位在岗人员工资 27759 元，比上年增加 3569 元，增长 14.8%。2008 年，城镇在岗职工平均工资 42657 元，比上年增加 4075 元，增长 10.7%。其中，国有单位在岗职工平均工作 37303 元，增加 7621 元，增长 25.7%；城镇集体在岗职工平均工资39792元，增加6450元，增长19.3%；其他单位在岗职工平均工资47336元，减少2247元，下降4.5%。2009年，城镇在岗职工平均工资46256元，比上年增加3599元，增长8.4%。其中，国有单位在岗职工平均工资47267元，增加9964元，增长26.7%；城镇集体在岗职工平均工资39294元，减少498元，下降1.3%；其他单位在岗职工平均工资45773元，减少1563元，下降3.3%。

2010年，城镇在岗职工平均工资54800元，比上年增加8544元，增长18.5%。其中，国有单位在岗职工平均工资54408元，增加7141元，增长15.1%；城镇集体在岗职工平均工资54993元，增加15699元，增长40%；其他单位在岗职工平均工资55107元，增加9334元，增长20.4%。

2011年，城镇单位在岗职工平均工资59356元，比上年增加4556元，增长8.31%。其中，国有单位在岗职工平均工资63885元，增加9477元，增长17.4%；城镇集体单位在岗职工平均工资68637元，增加13644元，增长24.8%；其他单位在岗职工平均工资60172元，增加5065元，增长9.2%（见表6-13）。

表6-13　分行业城镇单位在岗职工平均工资　（单位：元）

指标名称	2001	2002	2003	2004	2005	2006	2007	2008	2009	2010	2011
全部单位总计	11123	12683	16399	20344	23452	34057	38582	42657	46256	54800	59356
按企事业机关分											
企业	12071	13525	18781	22937	26572	41888	44853	44960	46563	54995	57272
事业	9880	11657	12954	15706	18220	22622	31255	37789	48019	57582	68072
机关	9898	11833	13900	16331	19427	24190	27759	39248	43324	51263	61543
按国民经济行业分											
农、牧、林、渔业	8623	10516	12278	15099	16076	22328	25290	35722	46814	48657	59208
采矿业	8617	13802	20345	24527	28328	45813	48462	46769	46740	55129	57047
制造业	12596	7765	10699	14449	18406	25414	24154	28824	38360	51009	
水电气生产和供应业	15186	29259	19522	24314	35516	28940	31852	26223	38604	52026	61644
交通运输、仓储和邮政	10089	9261	7840	12705	15464	17809	26420	37630	54052	53049	60710
信息软件服务业			12982	14079	21234	20127	18320	24044	61250	57000	58810
批发和零售业	6139	11709	10856	11247	13586	10000	14145	21839	46780	49613	57226
金融业	5156	15373	14969	17699	18613	31321	36885	44274	49522	56471	61622
房地产业	13222	10667		16048	18846	23808	26926	43759	61600		

续表

指标名称	2001	2002	2003	2004	2005	2006	2007	2008	2009	2010	2011
租赁和商务服务业			12756	12550	21933	24867	26933	34417	41933	54667	61133
科研技术服务和地质勘探			14375	13626	18456	21978	27046	42028	54448	54593	61292
水利环境和公共设施管理业			9827	11717	12101	17077	33196	26305	46610	42227	52580
教育	10626	12892	14498	16647	20356	24731	33731	43204	49529	65076	74894
卫生社保和社会福利	9894	10735	12839	14668	21157	26835	29231	36983	44947	70696	77123
文化、体育和娱乐业			12664	17757	19611	21944	26962	41391	48447	53462	61771
公共管理和社会组织	9857	11797	13958	16390	19869	24174	27581	39341	42720	51112	61613

资料来源：《伊金霍洛统计年鉴 2000—2011 年》。

2012 年年末，全旗城镇单位从业人员 40600 人，比上年减少 2556 人，下降 5.9%。其中，国有单位从业人员 16707 人，增加 2875 人，增长 20.8%，占年末从业人员总数的 41.2%；城镇集体单位 1033 人，增加 35 人，增长 3.5%，占 2.5%；其他单位 22860 人，减少 5466 人，下降 19.3%，占 56.3%。全年城镇单位在岗职工平均工资 81466 元，比上年增加 22110 元，增长 37.2%。其中，国有单位在岗职工平均工资 67808 元，减少 560 元，下降 0.8%；其他单位在岗职工平均工资 94600 元，增加 37628 元，增长 66%。

第五节　伊金霍洛旗农牧业发展情况

进入 21 世纪以来，伊金霍洛旗把“三农”问题作为全部工作的重中之重，以农牧业增效、农牧民增收、农牧区繁荣为中心，大力调整农牧业内部结构。坚持“多予、不取、放活、提高”的方针，在总结历史经验的基础上，提出三调（调思路、调布局、调结构）、三抓（抓基础、抓示范、抓龙头）和减人增效留空间的发展战略。坚持把加强基础设施建设作为推进农牧业发展的根本措施，全旗保灌面积平均每年以 2 万亩的速度递增，累计达到了 34 万亩，人均水浇地 3 亩以上。不断深化结构调整，农牧业实现了以种植业为主到以养殖业为主的历史性转变，粮食作物、经济作物、饲料作物种植结构调整到 14 : 7 : 79（粮食生产稳定在 1 亿斤左右）。畜牧业占第一产业的比重由 2000 年的 46%提高到 2005 年的 52%。坚持因地制宜、分类指导的原则，确立并重点发展肉羊、白绒山羊、小尾寒羊、奶牛四大主导畜种。按照集中连片、整体推进的方法推行小区化养殖，建成标准化养殖小区 132 个，成为自治区推广的有效模式。启动实施了农牧业十大体系中的良种繁育体系、动物防疫体系、农牧业科技创新与应用体系、农牧业机械化服务体系、组织化体系的配套建设，为农牧业产业化发展提供了有力的保障。把良种繁育体系建设作为推进畜牧业发展的一项革命性措施，新建人工配种站 206 处，大大加快了畜种改良进程。2005 年全旗农牧业总产值 6.1 亿元，增加值 3.7 亿元，分别比“九五”末增长 85.2%和 68.2%。

“十五”期间，现代农牧业发展迈上新台阶，以发展现代农牧业和城郊经济为重点，推动农牧业生产方式由传统粗放型向现代集约型转变。先后引进博业、建宁等企业建设现代农业示范基地 2.5 万亩，设施农业 7153 亩。倡导和支持农牧民组建合作社、协会等各类合作经济组织 22 个，农牧民组织化程度不断提高。大力实施“转移、收缩、增效”战略，累计转移农牧民 9700 户 27000 人。积极推进规模化养殖和标准化养殖小区建设，养殖规模逐年扩大，经济效益稳步提高。2010 年农牧业总产值达到 9.33 亿元，比 2005 年增加 3.19 亿元，增长 51.9%。其中，农业产值增长 36.3%；林业产值增长 41.6%；牧业产值增长 83.3%；农牧林服务业产值增长 376.7%；渔业产值降低 46%。

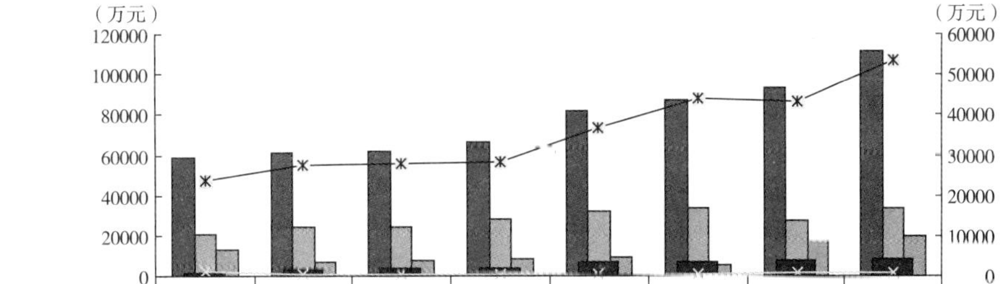

	2004	2005	2006	2007	2008	2009	2010	2011
总产值	58705	61431	61600	66770	81650	87147	93310	111684
农业产值	20452	24659	24220	28070	31760	33951	27865	33474
林业产值	12621	7148	7400	8090	9510	5476	17868	19500
服务业产值	771	1674	1790	2010	3280	3439	3675	4350
牧业产值	23566	27423	27910	28320	36740	43799	43203	53459
渔业产值	1295	527	280	280	360	482	699	901

图 6-6　伊金霍洛旗农牧业产值及构成

资料来源：《伊金霍洛统计年鉴 2004—2011 年》。

“九五”期间，农牧业机械化程度快速提高。2005 年全旗拥有农牧业机械总动力17.4万千瓦，比2001年增加8.48万千瓦。农用拖拉机4756台，比2001年增加1154台。其中大中型（20马力以上）拖拉机24台，减少70台；小型拖拉机4732台，增加1224台；拥有播种机，农用排灌机械，农用水泵，节水灌溉类机械等4324台，增加1781台；农用运输车6502台，增加3216台。全年农作物机耕面积32万亩，比2001年增加10万亩；机播面积25万亩，增加14.8万亩；机收面积10.5万亩，增长10.5万亩。

表6-14　　伊金霍洛旗农牧业机械拥有量总动力　　（单位：台）

	拖拉机			拖拉机配套农具			农用运输车
	总数	大中型	小型	总数	大中型	小型	
2001	3602	94	3508	2543	18	2525	3286
2002	3659	103	3556	3193	38	3155	4031
2003	4841	16	4825	3492	42	3450	4480
2004	4675	16	4659	3941	58	3883	5621
2005	4756	24	4732	4324	67	4257	6502
2006	4773	26	4747	4395	69	4326	6782
2007	4827	67	4760	4553	84	4469	6560
2008	2343	598	1745	2911	124	2787	5108
2009	3288	2064	1224	3922	2348	1574	5183
2010	2988	2078	910	3956	2420	1536	5236
2011	3101	2190	911	4217	2588	1692	5230

资料来源：《伊金霍洛统计年鉴2001—2011年》。

2006年年末，全旗拥有农牧业机械总动力18.05万千瓦，农用拖拉机4773台，其中大中型（20马力以上）拖拉机26台，小型拖拉机4747台；拥有播种机，农用排灌机械，农用水泵，节水灌溉类机械等4395台；农用运输车6782台。全年农作物机耕面积36万亩，机播面积24万亩，机收面积4万亩。2007年年末，全旗拥有农牧业机械总动力26.95万千瓦，农用拖拉机4827台，其中大中型（20马力以上）拖拉机67台，小型拖拉机4760台；拥有播种机，农用排灌机械，农用水泵，节水灌溉类机械等4553台；农用运输车6560台。全年农作物机耕面积39万亩，机播面积24万亩，机收面积5万亩。2008年年末，全旗拥有农牧业机械总动力29.6万千瓦，农用拖拉机2343台，其中大中型（20马力以上）拖拉机 598 台，小型拖拉机 1745 台；拥有播种机 172 台，农用排灌机械 6640 台，农用水泵 5945 台，节水灌溉类机械 240 套；拥有温室 17.9 万平方米，农用运输车 5108 台。全年农作物机耕面积 40 万亩，占 95.2%，机电灌溉面积 30 万亩，机播面积 25 万亩，占 55%，机收面积 6 万亩，占 0.02%。2009 年年末，全旗拥有农牧业机械总动力 26.2 万千瓦，农用拖拉机 3302 台，其中大中型（20 马力以上）

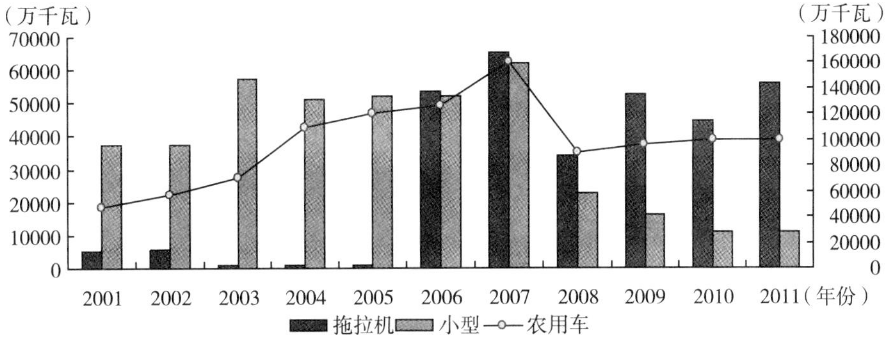

图 6-7　伊金霍洛旗农牧业机械总动力

资料来源：《伊金霍洛统计年鉴 2001—2011 年》。

截至 2011 年年末，全旗拥有农牧业机械总动力 27.5 万千瓦，农用拖拉机 3101 台，其中大中型（20 马力以上）拖拉机 2190 台，小型拖拉机 911 台；拥有播种机 193 台，农用排灌机械 6640 台，农用水泵 6020 台，节水灌溉类机械 240 台，农用运输车 5230 台。全年农作物机耕面积 40 万亩，机电灌溉面积 30.4 万亩，机收面积 6 万亩（见表 6-14 和图 6-7、图 6-8）。2012 年年末，全旗农牧业机械总动力 27.95 万千瓦，拥有农用拖拉机 3220 台，其中大中型拖拉机 2306 台，小型 914 台。播种机 195 台，农用排灌动力机械 6640 台，农用水泵 5957 台，节水灌溉类机械 240 台；拥有温室 17.9 万平方米，农用运输车 5300 台。全年农作物机耕面积 40 万亩，机播面积 33 万亩，机电灌溉面积 30 万亩，机收面积 6 万亩。

“九五”期间伊金霍洛旗农牧业取得了快速发展，2005 年，全旗农作物播种面积 32163 公顷，比 2001 年增加 6275 公顷，增加 24.2%。其中，粮食作物播种面积 18079 公顷，减少 10.6%，经济作物播种面积 2155 公顷，比 2001 年减少 2147 公顷，降低 50%。其他农作物播种面积合计 11929 公顷，增加 10565 公顷，增长 245.6%。在粮食作物中，谷物播种面积 15241 公顷，占粮食作物播种面积的 84.3%，比 2001 年减少 32.7%；

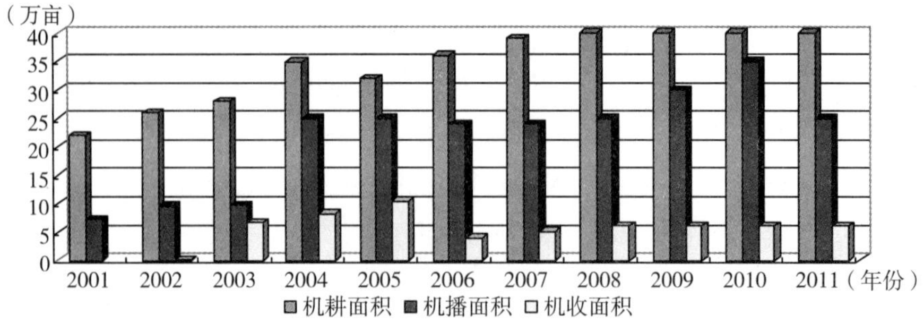

图 6-8 伊金霍洛旗农牧业机械化作业情况

资料来源：《伊金霍洛统计年鉴 2001—2011 年》。

豆类 462 公顷，占 2.6%，比 2001 年降低 8.3%；薯类 2177 公顷，占 12%，比 2001 年降低 30%。全年粮食产量合计 104275 吨，增加 48908 吨，比 2001 年增长 88.3%。其中谷物 94033 吨，增长 103%，豆类 774 吨，增长 150%，薯类 9087 吨，增长 11.2%。全年油料产量合计 2819 吨，增加 22.2%。

2006 年，全旗农作物播种面积 33487 公顷，其中粮食作物播种面积 15701 公顷，比上年减少 2378 公顷，经济作物播种面积 1852 公顷，油料作物播种面积 851 公顷，其他农作物播种面积合计 15934 公顷，增加 4005 公顷。全年粮食产量合计 7.7 万吨。2007 年，全旗农作物播种面积 34033 公顷，其中粮食作物播种面积 18565 公顷。其中，油料作物播种面积 429 公顷，其他农作物播种面积合计 14793 公顷。全年粮食产量合计 98068 吨，全年油料产量 683 吨，甜菜产量 336 吨，蔬菜产量 5413 吨，其他农作物产量 857900 吨，其中青饲料产量 857707 吨。2008 年，全旗农作物播种面积 33867 公顷，其中粮食作物播种面积 19270 公顷，比上年增加 705 公顷，油料作物播种面积 267 公顷，减少 162 公顷，其他农作物播种面积合计 14077 公顷，减少 716 公顷。全年粮食产量合计 91500 吨，其中油料产量 450 吨，比上年减少 233 吨，甜菜产量 111 吨，蔬菜产量 5317 吨，其他农作物产量 765996 吨，其中青饲料产量 765896 吨。

2009 年，全旗农作物播种面积 32522 公顷，其中粮食作物播种面积 19460 公顷，油料作物播种面积 88 公顷，其他农作物播种面积合计 12974 公顷。在粮食作物中，谷物播种面积 15656 公顷，占粮食作物播种面积的 80.5%；豆类 235 公顷，占 1.2%；薯类 3569 公顷，占 18.3%。全年粮食产量合计80000吨，其中谷物59725吨，豆类398吨，薯类19877吨。全年油料产量合计124吨，蔬菜产量8961吨，瓜类产量269吨。2010年，全旗农作物播种面积32533公顷，其中粮食作物播种面积19460公顷，油料作物播种面积81公顷，其他农作物播种面积合计12790公顷。在粮食作物中，谷物播种面积16120公顷，占粮食作物播种面积的82.8%；豆类138公顷，占0.7%；薯类3202公顷，占16.5%。全年粮食产量合计81409吨，其中谷物65511吨，豆类204吨，薯类15694吨。全年油料产量合计108吨，蔬菜产量6667吨，瓜类产量203吨。

2011年，全旗农作物播种面积31891公顷，其中粮食作物播种面积21621公顷，经济类作物播种面积269公顷，其他农作物播种面积合计10001公顷。在粮食作物中，谷物播种面积18806公顷，占粮食作物播种面积的87%；豆类96公顷，占0.4%；薯类2719公顷，占12.6%（见表6-15）。全年粮食产量合计95500吨，其中谷物76966吨，豆类119吨，薯类18415吨。全年油料产量合计23吨，蔬菜产量9671吨，瓜类产量699吨。2012年，全年农作物播种面积31526公顷，其中粮食作物播种面积21589公顷，经济类作物播种面积261公顷，其他农作物播种面积合计9676公顷。在粮食作物中，谷物播种面积18886公顷，豆类6公顷，薯类2697公顷。全年粮食产量104831吨，其中谷物83295吨，豆类17吨，薯类21519吨。全年油料产量149吨，蔬菜产量2150吨，瓜类产量3657吨。

表6-15　农作物播种面积　（单位：公顷）

	总面积	粮食作物								经济作物	油料作物	其他作物
			谷物					豆类	薯类			
				玉米	谷子	糜黍	荞麦					
2001	25888	20222	15921	9750	436	4878	857	504	3115	4302		1364
2002	29719	22318	18297	11029	372	4236	2660	501	2980	4083		3318
2003	26598	14934	11920	9433	224	1848	415	313	2441	5288		6376
2004	32634	19476	16662	14126	262	1872	402	335	2307	2891		10267
2005	32163	18079	15241	13597	157	1285	202	462	2177	2155		11929
2006	33487	15701	12788	11447	74	1045	138	448	2465	1852	851	15934
2007	34033	18565	15245	13515	95	1348	139	502	2818	675	429	14793
2008	33867	19270	15614	13908	139	1290	166	434	3222	520	267	14077

续表

	总面积	粮食作物								经济作物	油料作物	其他作物
			谷物					豆类	薯类			
				玉米	谷子	糜黍	荞麦					
2009	32522	19460	15656	14600	97	746	175	235	3569	300	88	12762
2010	32533	19460	16120	15200	67	757	74	138	3202	283	81	12790
2011	31891	21621	18806	17741	9	635	421	96	2719	269	20	10001

资料来源：《伊金霍洛统计年鉴 2001—2011 年》。

2006 年，肉类总产量 16064 吨，奶类产量 18795 吨，其中，牛奶产量 14135 吨。2007 年，肉类总产量 14291 吨，奶类产量 16215 吨，其中，牛奶产量 12135 吨。2008 年，肉类总产量 10191 吨，比上年减少 28.7%。其中，猪肉产量 5002 吨，增长 11.7%；牛肉 480 吨，减少 73.6%；羊肉 4424 吨，减少 44%。奶类产量 6688 吨，比上年减少 58.8%，其中牛奶 4006 吨，占 67%。

2009 年，肉类产量 13075 吨，其中，猪肉产量 4469 吨，牛肉 644 吨，羊肉 6262 吨，分别占肉类总产量的 34.2%、4.9%、47.9%。奶类产量 30012 吨，其中牛奶 27127 吨，占 90.4%。

2010 年，肉类总产量 15235 吨，其中，猪肉产量 5038 吨，牛肉 807 吨，羊肉 8384 吨，分别占肉类总产量的 33.1%、5.3%、55%。奶类产量 17485 吨，其中牛奶 14419 吨，占 82.5%。

2011 年，肉类总产量 20590 吨，其中，猪肉产量 5725 吨，牛肉 1664 吨，羊肉 13132 吨，分别占肉类总产量的 27.8%、8.1%、63.8%。奶类产量 18453 吨，其中牛奶 15007 吨，占 81.3%（见图 6-9）。2012 年肉类总产量 10542 吨，其中猪肉产量 3299 吨，牛肉 880 吨，羊肉 4168 吨，分别占肉类总产量的 31.3%、8.3%和 39.5%。奶类产量 12778 吨，其中牛奶 11151 吨，占 87.3%。

2006 年，牧业年度全旗牲畜存栏头数达 148.43 万头（只）。其中大牲畜 3.11 头，羊 133 万只，生猪 12.32 万头。2007 年，牧业年度全旗牲畜存栏头数达 136.99 万头（只）。其中大牲畜 2.27 万头，羊 125.52 万只，生猪 9.21 万头。2008 年，牧业年度全旗牲畜存栏头数达 80.2 万头（只）。其中大牲畜 1.2 万头，羊 64 万只，生猪 4.8 万头。2009 年，牧业年度全旗牲畜存栏头数达 70.1 万头（只）。其中大牲畜 13674 头，羊

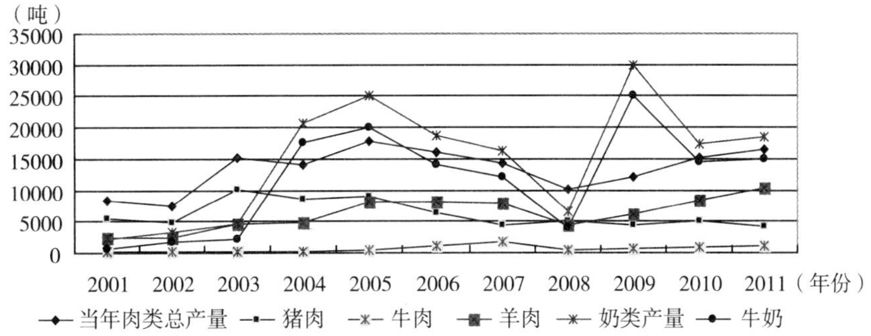

图 6-9　伊金霍洛旗畜产品产量

资料来源：《伊金霍洛统计年鉴 2001—2011 年》。

737049 只，生猪 50811 头。2010 年，牧业年度全旗牲畜存栏头数达 56 万头（只）。其中大牲畜 1.3 万头，羊 50.3 万只，生猪 4.5 万头。2011 年，全旗牧业年度牲畜存栏 50.8 万头（只），其中大牲畜 1.1 万头，小牲畜（羊）45 万只，生猪 4.6 万头（见图 6-10）。2012 年，全旗牧业年度牲畜存栏 39.6 万头（只），其中大牲畜 1.1 万头，小牲畜（羊）35 万只，生猪 3.5 万头。

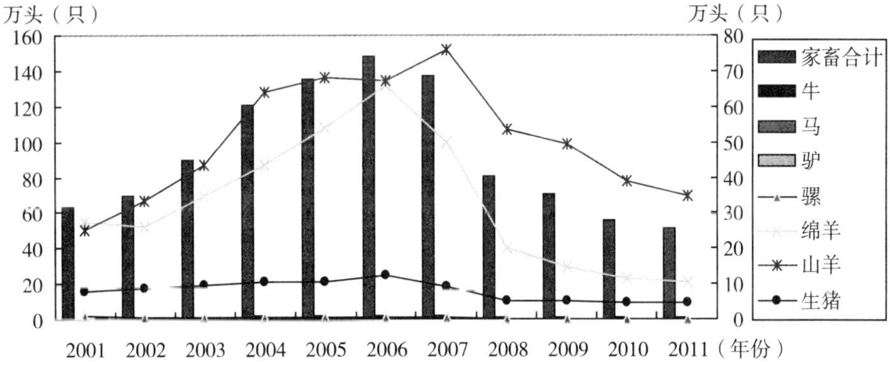

图 6-10　伊金霍洛旗牧业年度牲畜存栏情况

资料来源：《伊金霍洛统计年鉴 2001—2011 年》。

2006 年，良种及改良种畜总头数 147.1 万头（只），占牲畜总头数的比重为 99.5%；2007 年，良种及改良种畜总头数 134.2 万头（只），占牲畜总头数的比重为 99.5%；2008 年，良种及改良种畜总头数 79.9 万头（只），占牲畜总头数的比重为 99.7%；2009 年，良种及改良种畜总头数 69.7 万头（只），占牲畜总头数的比重为 99.4%。

2010 年，良种及改良种畜总头数 55.9 万头（只），占牲畜总头数的比重为 99.8%；2011 年，牧业年度良种及改良种牲畜 50.7 万头（只），牲畜良种及改良率 99.8%（见图 6-11）；2012 年牧业年度良种及改良种畜 39.5 万头（只），牲畜良种及改良种率 99.8%。

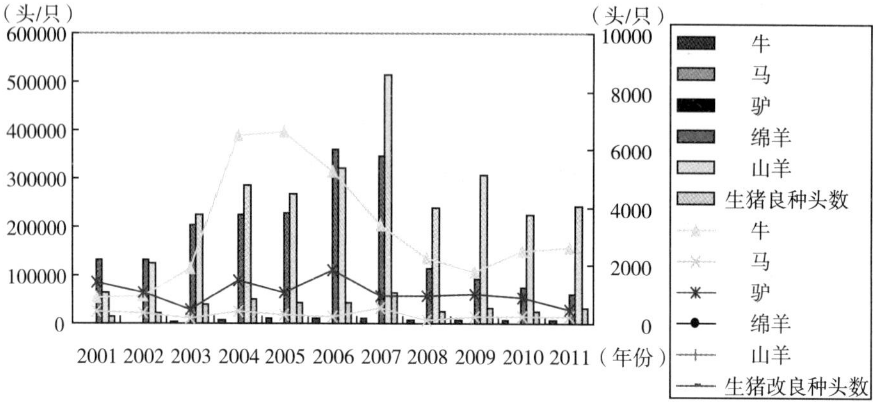

图 6-11　伊金霍洛旗牲畜改良情况

资料来源：《伊金霍洛统计年鉴 2001—2011 年》。

第六节　伊金霍洛旗工业经济发展情况

21 世纪以前伊金霍洛旗工业经济是三次产业中最薄弱的环节，1990 年工业现价产值为 5627 万元，1992 年突破 6000 万元大关，工业增加值 3347 万元，工业增加值递增 12.5%。工业产值中原煤生产量 82 万吨，砖 8046 万块。1993 年工业总产值突破了 1 亿元大关，工业增加值递增 27.6%，原煤产量突破 200 万吨，1998 年工业产值突破 10 亿元大关的 11.85 亿元，原煤产量突破 750 万吨，除了原煤还发展了人造板、炸药制造以及砖的生产。

“十五”以来，伊金霍洛旗强力实施“工业富旗”战略，立足资源优势，以市场为导向，以产业升级和竞争力提升为战略重点，加大工业结构调整力度，积极推进新型工业化进程，加快优势支柱产业发展，走循环经济发展之路，增强工业经济发展活力，提高工业经济质量效益。2005 年，工业总产值完成 61.3 亿元，是 2000 年的 3.9 倍，年均增长 31.5%，工业增加值完成 30.7 亿元，是 2000 年的 4.3 倍，年均增长 34%，工业增加值占地区生产总值的比重达到 32.7%，比 2000 年提高了 2.8 个百分点，拉动地区生产总值增长 8.5 个百分点。规模以上工业企业实现主营业务收入 55.1 亿元，增加值 25.7 亿元，利税 14.7 亿元，分别是 2000 年的 4.7 倍、5.1 倍和 10.3 倍。工业综合效益指数达到 381.1%，创历史最高水平。"十一五"期间，伊金霍洛旗坚持新型工业化道路，化工、机械制造等非煤产业日渐壮大，初步形成阿拉坦席勒现代装备制造业，乌兰木伦煤化工和汇能煤电煤化工"三大基地"，煤制油等煤化工产业和装备制造等非煤产业日渐壮大。规模以上工业企业由"十五"末的 20 户发展到 63 户，实现增加值 245 亿元，是"十五"末的 8.3 倍。第二产业完成投资 130 亿元，增长 5%，实现工业增加值 263 亿元，增长 19%。

表 6-16　伊金霍洛旗规模以上工业企业主要经济指标　（单位：亿元）

指标名称	2001	2002	2003	2004	2005	2006	2007	2008	2009	2010	2011
企业单位数（个）	11	12	15	19	20	36	55	56	62	52	53
工业总产值	9.48	12.55	19.29	33.07	50.43	74.63	153.58	286.74		537.13	764.62
从业人员数（万人）	0.57	0.58	0.73	0.94	0.72	1.00	1.44	2.14	2.39	3.90	4.13
资产总计	30.01	34.84	41.42	83.22	106.21	142.26	224.63	446.73	639.46	917.92	1043.98
负责总计	25.57	26.97	31.67	71.56	85.45	51.99	68.65	129.79	203.88	261.92	261.94
所有者权益合计	4.44	7.87	9.75	11.65	20.76	90.27	155.97	316.94	435.58	656	777.63
主营业务收入						80.01	156.3	290.88	377.64	544.99	794.12
营业费用						3.38	9.61	15.72	19.84	16.19	
管理费用	0.45	0.59	0.91	1.7	1.33	2.62	9.35	15.18	18.22	28.41	
财务费用	1.12	1.92	1.64	1.34	1.88	1.44	1.71	1.91	1.35	4.91	
利润总额	0.37	0.67	0.83	1.9	7.75	14.73	63.87	132.89	157.97	218.2	292.62
亏损企业亏损总额						0.02	0.13	0.85	0.21	13.29	1.28
本年应交增值税	0.70	0.78	1.41	2.73	4.59	6.19	16.56	30.35	34.91	68.02	80.82

资料来源：《伊金霍洛统计年鉴 2001—2011 年》。

2006 年，全部工业增加值 46.9 亿元，比上年增长 33.1%。其中，规模以上工业总产值 39.1 亿元，比上年增长 32.5%。完成原煤产量 5811 万吨，同比增长 20.2%。全旗 36 户规模以上工业企业，实现主营收入 80 亿元，增长 39.6%，实现利税 25.3 亿元，增长 64.6%。全年工业经济综合效益指数为 453.4%，比上年提高 93.3 个百分点。2007 年，全部工业增加值 169.31 亿元，增加值 85.85 亿元，分别比上年增长 46.7%和 30.4%。

其中，规模以上工业总产值151.8亿元，增加值77.55亿元，分别比上年增长53.7%和36.3%，完成原煤产量6027万吨，同比增长11.3%。在规模以上工业增加中分经济类型看，国有企业增加值增长82.4%；集体企业增长78.8%；股份合作企业增长110.1%；股份制企业增长33%；外商及港澳台投资企业增加值增长29.7%，其他经济类型企业增加值增长151.9%。规模以上工业企业经济效益综合指数794.59，比上年同期提高331.8个百分点；实现利润63.9亿元，比上年增长3.3倍，全年36户规模以上工业企业产品销售率达到99.7%。

表6-17　　伊金霍洛旗主要工业产品产量

指标名称	单位	2001	2002	2003	2004	2005	2006	2007	2008	2009	2010	2011
原煤	万吨	1267	1865	2731	4697	5323	5953	7079	10174	12726	15129	18800
规模以上企业	万吨	1160	1592	2439	4075	4700	5811	6627	9596	11713	14944	17621
发电量	万千瓦时						63675	86740	105242	94575	116369	120851
砖	万块	5394	6078	8589	2280	2343		1992	2561	1479	3086	16727
焦炭	万吨				3	7				5	4.1	
水泥	万吨					3	6.7	7.1	43.2	63.8	75	105.5
炸药	吨	1800	3500	4500	6000	5600		6936.3	7861	7560	8244	
人造板	立方米	28967	36899	44802	28202	36035	27694	25969	24612	18011		19173

资料来源：《伊金霍洛统计年鉴2001—2011年》。

2008年，全部工业增加值149.42亿元，比上年增长30.6%。其中，规模以上工业增加值140.6亿元，增长27.2%。在规模以上工业增加中分经济类型看，国有企业增加值增长23.4%；集体企业增长262.9%；股份合作企业增长363.1%；股份制企业增长22.8%；外商及港澳台投资企业增加值降低58%，其他经济类型企业增加值增长93.7%，国有及国有控股企业增加值增长11.7%。分行业看，煤炭开采业增加值增长29.3%；化学原料及化学制品增长18%；非金属矿物制品业增长12.5%；炼焦业增长52.8%。煤炭产量10174万吨，同比增长43.7%。其中，规模以上工业企业完成9596万吨，同比增长26.6%。56户规模以上工业企业累计实现销售收入254.5亿元，同比增长67.7%；实现利润118亿元，同比增长95.8%，受金融危机影响，规模以上工业企业亏损额明显增加，由上年的616万元上升至6718万元，增长9.9倍。全年56户规模以上工业企业产品销售率达到99.1%。2009年，全部工业增加值221.1亿元，同比增长

24%。其中，规模以上工业增加值205亿元，增长24.5%。规模以上工业增加值分经济类型看，国有企业增加值3.1亿元，同比增长52%；集体企业增加值3.7亿元，增长36%；股份合作企业增加值0.4亿元，增长154%；股份制企业增加值186.2亿元，增长24%；其他经济类型企业增加值11.6亿元，增长28%。分行业看，煤炭开采业和洗选业增加值200.9亿元，同比增长25%；人造板制造业增加值0.09亿元，下降41.7%；化学原料及化学制品制造业增加值0.6亿元，增长12.9%；非金属矿物制品业增加值1.3亿元，增长44.1%；结构性金属制品业增加值0.2亿元，增长120%；矿山、冶金专用设备制造业增加值0.4亿元，增长50.7%；电力、热力的生产和供应业增加值1.3亿元，下降6.6%；炼焦业增加值0.3亿元，下降62.2%。58户规模以上工业企业累计实现销售收入361.7亿元，同比增长27.9%；实现利润150.7亿元，同比增长16.1%，利税199.4亿元，增长21%。

2010年，全部工业增加值276.7亿元，同比增长16.2%。其中，规模以上工业总产值543.7亿元，增长32.5%。规模以上工业总产值分经济类型看，国有企业总产值41.6亿元，同比增长6倍；集体企业总产值0.6亿元，下降28.1%；股份合作企业总产值2亿元，增长1.7倍；股份制企业总产值446.9亿元，增长18.4%；外商及港澳台商投资企业总产值5.9亿元，增长1.9倍；其他经济类型企业总产值46.7亿元，增长1倍。分行业看，煤炭开采业和洗选业总产值510亿元，同比增长26.6%；石油加工、炼焦及核燃料加工业总产值25.7亿元，增长51.8%；化学原料及化学制品制造业总产值1.3亿元，增长13.2%；非金属矿物制品业总产值3.2亿元，增长27.1%；金属制品业总产值0.3亿元，下降15.5%；通用设备制造业总产值0.1亿元，增长31.1%；专用设备制造业总产值0.1亿元，下降70.1%；电力、热力的生产和供应业总产值2.9亿元，增长18.8%。63户规模以上工业企业累计实现销售收入497.6亿元，同比增长42.5%；实现利润212.6亿元，同比增长38.2%，利税28.9亿元，增长39.9%。

表6-18　伊金霍洛旗规模以上工业企业单位数和总产值

（单位：个/亿元）

指标名称	2001	2002	2003	2004	2005	2006	2007	2008	2009	2010	2011
企业单位数	11	12	15	19	20	36	55	56	62	52	53

续表

指标名称	2001	2002	2003	2004	2005	2006	2007	2008	2009	2010	2011
国有控股企业	5	4	4	6	5	10	3	5	3	3	5
重工业	8	9	12	17	18	34	55	56	62	52	53
国有企业	3	3	3	5	3	4	2	2	2	2	4
集体企业						3	5	5	5	5	3
有限责任公司	4	5	6	9	12	17	23	27	30	22	26
股份有限公司							2	2	4	4	1
私营企业	3	3	5	4	4	9	19	19	20	18	13
其他企业						3	4	1	1	1	2
采矿业	6	6	8	8	8	22	44	44	51	46	47
制造业	4	5	6	10	11	11	8	9	8	3	3
水电气生产和供应企业	1	1	1	1	1	3	3	3	3	3	3
工业总产值（亿元）	9.48	12.55	19.29	33.07	50.43	74.63	153.58	286.74	404.77	537.13	764.62
国有控股企业	6.74	9.78	14.89	25.87	31.59	41.27	86.07	157.36	218.67	277.07	346.66
重工业	9.25	12.48	19.22	32.99	49.72	74.59	153.58	286.74	407.77	537.13	764.62
国有企业	0.3	0.37	0.48	1.57	0.84	1.11	2.23	3.48	5.93	40.21	90.04
集体企业						0.67	1.01	4.62	7.04	13.06	11.97
有限责任公司	8.59	11.71	17.21	30.62	48.7	69.84	136.82	250.68	341.27	372.01	538.85
股份有限公司							1.86	4.39	13.25	29.86	2.34
私营企业	0.21	0.34	1.42	0.47	0.45	1.45	10.16	23.35	35.25	75.86	77.45
其他企业						1.56	1.52	0.23	2.03	6.13	1.27
采矿业	8.61	11.72	18.19	31.57	48.31	71.98	147.71	281.11	398.46	505.88	702.93
制造业	0.86	0.82	1.09	1.47	2.1	1.55	3.15	3.49	4.09	28.41	58.94
水电气生产和供应企业	0.01	0.01	0.01	0.02	0.02	1.10	2.72	2.14	2.21	2.83	2.74

资料来源：《伊金霍洛统计年鉴 2001—2011 年》。

2011 年，工业增加值 333.26 亿元，同比增长 15.6%。全年规模以上企业工业总产值 764.72 亿元，增长 43%。规模以上工业总产值分经济类型看，国有企业总产值 74.03 亿元，同比增长 84.1%；集体企业总产值 1.05 亿元，增长 88.5%；股份合作企业总产值 2.34 亿元，增长 15.6%；股份制企业总产值 612.8 亿元，增长 39.3%；外商及港澳台商投资企业总产值 9.69 亿元，增长 65%；其他经济类型企业总产值 64.82 亿元，增长 40.8%。分行业看，煤炭开采和洗选业总产值 690.25 亿元，同比增长

37.4%；饮料制造业总产值11.1亿元，增长100%；木材加工及木、竹、藤、棕、草制品业总产值0.29亿元，增长100%；石油加工、炼焦及核燃料加工业总产值55.25亿元，增长118.8%；化学原料及化学制品制造业总产值0.6亿元，下降39.6%；非金属矿物制品业总产值4.22亿元，增长30.2%；电力、热力的生产和供应业总产值3.02亿元，增长4.7%（见表6-14、表6-15、表6-16、表6-17）。2012年，全旗53户规模以上工业企业累计实现销售收入793.43亿元，同比增长46%；实现利润297.2亿元，同比增长34.2%，利税408.1亿元，增长32.7%。2012年全旗完成工业总产值777.07亿元，比去年同期增长7.9%，是2008年的2.7倍。其中，规模以上工业企业完成总产值739.29亿元，比同期增长5.2%，是2008年的2.7倍。完成工业增加值381.23亿元，现价同比增长8.92%，完成目标任务380亿元的100%，是2008年的2.54倍。其中，规模以上工业企业完成工业增加值364.32亿元，现价同比增长8.75%，是2008年的2.6倍。完成工业固定资产投资170亿元，完成全年目标任务170亿元的100%，是2008年的1.13倍。规模以上工业总产值分经济类型看，国有企业总产值87.31亿元，同比增长12.5%；集体企业总产值1.21亿元，增长15.3%；股份合作企业总产值0.98亿元，下降57.9%；股份制企业总产值608.15亿元，增长9.7%；外商及港澳台商投资企业总产值12.73亿元，增长31.4%；其他经济类型企业总产值28.92亿元，下降50%。分行业看，煤炭开采业和洗选业总产值663.43亿元，增长5.6%；酒、饮料和精制茶制造业总产值9.0亿元，下降18.2%；木材加工及木、竹、藤、棕、草制品总产值0.15亿元，下降45.8%；石油加工、炼焦和核燃料加工业总产值59.94亿元，增长8.5%；化学原料及化学制品制造业总产值0.64亿元，增长7.6%；非金属矿物制品业总产值3.26亿元，下降43.6%；电力、热力、燃气及水生产和供应业总产值3.26亿元，增长8%；医药制造业总产值0.42亿元。

表6-19　　伊金霍洛旗的规模以上工业从业人员年均人数　　（单位：人）

指标名称	2001	2002	2003	2004	2005	2006	2007	2008	2009	2010	2011
总计	5678	5792	7329	9383	7224	9961	14432	21399	23900	39000	41300
按登记注册类型分											
国有企业	508	537	535	1930	608	548	523	556	900	2500	2900

续表

指标名称	2001	2002	2003	2004	2005	2006	2007	2008	2009	2010	2011
集体企业						310	343	618	700	600	500
股份合作企业						180	220				100
有限责任公司	3100	4925	6356	7208	6370	8157	10480	16015	17600	30500	34000
股份有限公司							481	510	1300	1700	1200
私营企业	189	303	405	211	181	701	2120	3615	3300	3300	2000
其他企业						65	265	85			
按登记轻重工业分											
轻工业	217	186	195	148	138	108					
重工业	5428	5606	7134	9235	7055	9853	14432	21399	23900	39000	41300
按工业行业分											
煤炭开采和洗选业	4745	6076	6704	8522	6262	8690	12975	20124	22700	36400	38700
木材加工制造业	330	240	225	225	225	210	280	115			
石油炼焦核燃料加工业			128	239	205	168	146	116		1700	1800
化学原料制品加工业	258	225	203	215	42	220	160	30			
非金属矿物制品业					42	60	63	114		200	100
金属制品业					65	75	71	110			
通用设备制造业											
专用设备制造业	30	27	33	34	65	65	65	100			
电力热力生产供应业	33	33	36	40	40	365	672	690	700	700	700

资料来源：《伊金霍洛统计年鉴 2001—2011 年》。

2012 年全旗原煤产量完成 19217 万吨，比去年同期增长 0.4%，是 2008 年的 2.13 倍。其中，规模以上煤炭开采类企业原煤产量完成 17201 万吨，比去年同期增长 0.3%，是 2008 年的 1.92 倍。水泥产量完成 81 亿吨，比去年同期减少 27%，是 2008 年的 11.9 倍。发电量完成 12.89 亿度，比去年同期增长 17.2%，是 2008 年的 1.43 倍。2008 年以来，全旗建设亿元以上重点工业项目 51 个，其中煤转化项目 18 个、装备制造项目 26 个、其他项目 7 个。

表 6-20　　伊金霍洛旗的规模以上工业企业资产总计　　（单位：亿元）

指标名称	2001	2002	2003	2004	2005	2006	2007	2008	2009	2010	2011
总计	30.01	34.84	41.42	83.22	106.21	142.26	224.63	446.73	639.46	917.92	1043.98
按登记注册类型分											
国有企业	1.35	2.31	2.50	3.52	2.90	3.77	4.04	5.87	13.30	134.96	136.57
集体企业						0.54	1.26	4.91	7.44	8.50	5.92
股份合作企业						1.95	0.20				0.44
有限责任公司	27.74	31.58	37.25	79.19	102.61	128.04	199.40	404.69	554.34	686.70	826.78
股份有限公司							3.97	5.30	16.41	20.92	14.16
私营企业	0.81	0.85	1.54	0.29	0.39	7.54	14.52	25.45	34.52	50.54	40.19
其他企业						0.41	1.24	0.51	13.45	16.30	4.43
按登记轻重工业分											
轻工业	0.30	0.32	0.43	0.77	0.28	0.29					
重工业	29.71	34.52	40.99	82.95	105.92	141.96	224.63	446.73	639.46	917.92	1043.98
按工业行业分											
煤炭开采和洗选业	28.40	33.82	39.90	81.32	103.61	132.11	210.73	430.12	622.03	782.15	920.18
木材加工制造业	0.52	0.68	0.85	0.84	0.96	0.88	0.33	1.48	0.82		
石油炼焦核燃料加工业			0.05	0.36	0.44	0.80	0.72	1.53	1.78	119.41	107.76
化学原料制品加工业	0.29	0.12	0.24	0.21	0.08	0.26	0.19	0.08	0.17		
非金属矿物制品业					0.13	0.13	0.13	1.11	1.49	1.77	1.82
金属制品业					0.24	0.39	1.16	0.55	0.63		
通用设备制造业									0.21		
专用设备制造业	0.11	0.11	0.13	0.22	0.31	0.41	0.27	0.54	0.07		
电力热力生产供应业	0.013	0.014	0.10	0.12	0.12	7.14	10.21	11.32	12.26	14.59	14.23

资料来源：《伊金霍洛统计年鉴 2001—2011 年》。

表 6-21　　伊金霍洛旗的规模以上工业企业负债合计　　（单位：亿元）

指标名称	2001	2002	2003	2004	2005	2006	2007	2008	2009	2010	2011
总计	25.57	26.97	31.67	71.56	85.45	51.99	68.65	129.79	203.88	261.92	261.94
按登记注册类型分											
国有企业	1.10	1.30	1.40	1.80	1.46	1.56	1.48	1.99	6.38	11.66	12.04
集体企业						0.13	0.38	0.74	3.31	2.82	1.12
股份合作企业						0.86	0.02				0.35
有限责任公司	23.74	25.02	29.48	69.54	83.69	42.94	57.00	112.81	160.60	200.09	206.13

续表

指标名称	2001	2002	2003	2004	2005	2006	2007	2008	2009	2010	2011
股份有限公司											112.05
私营企业	0.66	0.59	0.75	0.10	0.14	6.23	8.91	12.79	18.52	30.54	7.32
其他企业						0.26	0.22	0.30	8.84	9.36	23.16
按登记轻重工业分											
轻工业	0.22	0.21	0.22	0.05	0.05	0.09					3.76
重工业	25.35	26.76	31.45	71.51	85.40	51.90	68.65	129.79	203.88	261.92	261.94
按工业行业分											
煤炭开采和洗选业	24.41	26.31	30.86	70.55	84.22	44.13	58.53	116.31	189.86	242.15	239.66
木材加工制造业	0.55	0.47	0.52	0.48	0.50	0.52	0.77	1.21	0.57		
石油炼焦核燃料加工业			0.02	0.28	0.26	0.49	0.53	1.36	1.62	6.00	7.9
化学原料制品加工业	0.24	0.09	0.15	0.07	0.03	0.13	0.08	0.06	0.09		
非金属矿物制品业					0.08	0.05	0.06	0.31	0.33	0.75	0.60
金属制品业					0.06	0.12	0.53	0.37	0.49		
通用设备制造业									0.11		
专用设备制造业					0.16	0.26	0.08	0.31	0.04		
电力热力生产供应业					0.01	6.20	8.07	9.86	10.76	13.02	13.77

资料来源：《伊金霍洛统计年鉴2001—2011年》。

表6-22 伊金霍洛旗的规模以上工业企业主营业收入 （单位：亿元）

指标名称	2001	2002	2003	2004	2005	2006	2007	2008	2009	2010	2011
总计	8.74	12.08	19.56	34.25	55.20	80.01	156.30	290.88	377.64	544.99	794.12
按登记注册类型分											
国有企业	0.27	0.29	0.35	1.74	0.78	1.14	2.22	4.11	6.11	38.15	88.88
集体企业						0.67	0.97	4.96	6.86	13.06	11.95
股份合作企业						1.11	0.35				2.34
有限责任公司	8.01	11.30	17.77	31.64	53.46	73.63	138.16	254.52	314.21	381.96	568.10
股份有限公司							2.71	3.57	13.25	29.86	35.11
私营企业	0.33	0.06	1.27	0.47	0.06	2.94	10.75	23.39	35.24	75.83	76.64
其他企业						0.52	1.15	0.33	1.97	6.13	1.44
按登记轻重工业分											
轻工业	0.17	0.11	0.06	0.07	0.17	0.04					
重工业	8.57	11.42	17.50	34.19	55.03	79.97	156.30	290.88	377.64	544.99	794.12

续表

指标名称	2001	2002	2003	2004	2005	2006	2007	2008	2009	2010	2011
按工业行业分											
煤炭开采和洗选业	8.06	11.72	18.81	32.76	53.10	77.07	151.29	285.67	370.60	514.73	734.58
木材加工制造业	0.24	0.30	0.33	0.23	0.29	0.23	0.36	0.32	0.18		
石油炼焦核燃料加工业			0.07	0.53	0.67	0.31	0.42	0.65	0.62	24.63	52.90
化学原料制品加工业	0.15	0.02	0.12	0.27	0.20	0.27	0.25	0.23	0.22		
非金属矿物制品业					0.01	0.16	0.19	1.35	2.51	2.85	3.74
金属制品业	0.12				0.22	0.31	0.89	0.13	0.91		
通用设备制造业									0.06		
专用设备制造业		0.13	0.17	0.40	0.43	0.52	0.36	0.39	0.27		
电力热力生产供应业	0.01	0.01	0.01	0.02	0.02	1.12	2.54	2.15	2.27	2.78	2.89

资料来源：《伊金霍洛统计年鉴 2001—2011 年》。

表 6-23　　伊金霍洛旗的规模以上工业企业利润总额　　（单位：亿元）

指标名称	2001	2002	2003	2004	2005	2006	2007	2008	2009	2010	2011
总计	1.29	1.74	2.77	5.58	14.68	14.73	63.87	132.89	157.97	218.20	292.62
按登记注册类型分											
国有企业	0.04	0.05	0.06	0.30	0.44	0.41	0.69	1.83	2.17	-6.31	23.13
集体企业						0.08	0.27	2.05	2.43	4.75	4.00
股份合作企业						0.05	0.08				0.43
有限责任公司	1.12	1.65	2.57	5.20	14.10	13.39	58.66	118.92	134.82	175.93	215.79
股份有限公司							0.73	1.53	7.31	14.25	16.71
私营企业	0.00	0.03	0.12	0.04	0.06	0.71	3.19	8.53	10.13	26.98	27.81
其他企业						0.09	0.24	0.03		2.60	0.15
按登记轻重工业分											
轻工业	0.01	0.00	0.01	0.01	0.01	0.00					
重工业	1.28	1.74	2.77	5.57	14.67	14.73	63.87	132.89	157.97	218.20	292.62
按工业行业分											
煤炭开采和洗选业	0.58	1.70	2.62	5.44	14.41	14.33	63.51	133.48	156.50	230.79	288.88
木材加工制造业	0.01	0.03	0.11	0.04	0.04	0.00	-0.07	-0.15	-0.03		
石油炼焦核燃料加工业			0.01	0.04	0.06	0.00	-0.01	-0.01	-0.07	-13.15	0.00
化学原料制品加工业	0.01	21.00	2.00	102.00	72.00	0.01	0.00	0.00	0.00		
非金属矿物制品业					0.01	0.01	0.01	0.03	1.39	0.38	0.26

续表

指标名称	2001	2002	2003	2004	2005	2006	2007	2008	2009	2010	2011
金属制品业					0.04	0.01	0.02	0.01	0.07		
通用设备制造业											
专用设备制造业		0.01	0.02	0.04	0.09	0.09	0.04	0.04	0.07		
电力热力生产供应业	0.00	0.00	0.01	0.00	0.00	0.27	0.36	0.50	0.04		

资料来源:《伊金霍洛统计年鉴 2001—2011 年》。

第七节 伊金霍洛旗商贸流通发展情况

在“十五”期间,伊金霍洛旗商贸流通发展较快,呈现出消费、服务、批发零售业全面繁荣局面。2001 年全社会销售品零售额为 3.41 亿元,到了 2005 年增加到 11.36 亿元,增长了 3.3 倍;城镇零售额比 2001 年的 2.01 亿元增长到 7.28 亿元,增长 3.6 倍;乡村零售额从 2001 年的 1.39 亿元增加到 4.08 亿元,增长 2.94 倍;住宿餐饮业从 2001 年的 0.38 亿元增加到 2.53 亿元,增长 6.7 倍。

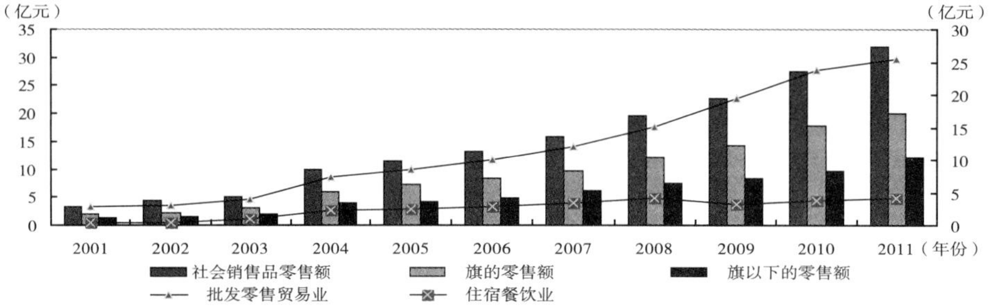

图 6-12 伊金霍洛旗社会消费品零售额

资料来源:《伊金霍洛统计年鉴 2001—2011 年》。

2006 年,社会消费品零售总额 13.2 亿元,同比增长 13.2%。按经营地统计,城镇消费品零售额 8.3 亿元,同比增长 16.1%;乡村消费品零售额 4.9 亿元,增长 13.8%。按消费形态统计,商品零售额 10.0 亿元,同比增长 15.9%;餐饮收入额 2.8 亿元,增长 14.0%;其他行业零售额合计 0.4 亿元,增长 8.5%。2007 年,社会消费品零售总额 15.8 亿元,同比增长 20.0%。按经营地统计,城镇消费品零售额 9.7 亿元,同比增长 16.8%;乡村消费品零售额 6.1 亿元,增长 25.5%。按消费形态统计,商品零售额12.1亿元，同比增长20.5%；餐饮收入额3.3亿元，增长20.2%；其他行业零售额合计0.4亿元，增长9.2%。2008年，社会消费品零售总额19.7亿元，同比增长24.4%。按经营地统计，城镇消费品零售额12.2亿元，同比增长25.5%；乡村消费品零售额7.5亿元，增长22.6%。按消费形态统计，商品零售额15.0亿元，同比增长24.5%；餐饮收入额4.2亿元，增长25.3%；其他行业零售额合计0.52亿元，增长15.8%。

2009年，社会消费品零售总额23.2亿元，同比增长18.0%。按经营地统计，城镇消费品零售额14.5亿元，同比增长19.5%；乡村消费品零售额8.7亿元，增长15.6%。按消费形态统计，商品零售额17.6亿元，同比增长17.3%；餐饮收入额5.1亿元，增长21.7%；其他行业零售额合计0.6亿元，增长7.5%。2010年，社会消费品零售总额27.5亿元，同比增长21.3%。按经营地统计，城镇消费品零售额17.8亿元，同比增长23.8%；乡村消费品零售额9.7亿元，增长16.8%。按消费形态统计，商品零售额23.7亿元，同比增长22.2%；餐饮收入额3.8亿元，增长15.4%。2011年，社会消费品零售总额32亿元，同比增长17.6%，按经营地统计，城镇消费品零售额19.94亿元，同比增长16.7%；乡村消费品零售额12.06亿元，增长19.1%。2012年年末，全社会消费品零售总额37亿元，比上年增长15.6%。按经营地统计，城镇消费品零售额22.59亿元，比上年增长13.3%；乡村消费品零售额14.41亿元，增长19.4%。年末全旗拥有星级酒店1家，各类旅行社10家，全年旅游景点接待游客197.3万人次，比上年增长10.8%；实现旅游收入13亿元，增长20.4%。

第八节　建筑、交通、旅游与邮电业务发展情况

21世纪以来，伊金霍洛旗把第三产业作为提升旗域经济的重要举措，重点在交通运输和旅游上谋求突破。大力构筑全市立体交通枢纽，“十五”期间投入5亿元，建成全区第一条由旗县自行修建的阿大一级公路。210高速、东乌铁路、鄂尔多斯飞机场、巴图塔集装站、成陵旅游专线等一大批交通运输类项目建成。提出了“十万个轮子转起来，带领群众奔小康”战略目标。2005年，全旗公路总里程达到1582公里，比“九五”期间增加了873公里。客运周转量达到3123万人/公里，比2000

年增加 973 万人/公里；货运周转量达到 69585 万吨/公里，比 2000 年增加 35135 万吨/公里。交通运输业完成增加值 15.7 亿元，占三产增加值的 29.9%；成陵旅游新区开发建设投入资金 2.3 亿元。2005 年，全旗累计接待游客 90.1 万人，比 2000 年增加了 69.2 万人，实现旅游收入 28700 万元，比 2000 年增加了 28035 万元。2005 年，全旗第三产业增加值达到 52.5 亿元，与 2000 年相比翻了两番多，按可比价格计算，年均增长 34.6%。第三产业增加值占地区生产总值的比重达到 55.8%，比 2000 年提高了 5.8 个百分点。

2007 年，全部建筑业增加值 17.1 亿元，比上年增长 28.3%。有建筑业资质等级的总承包和专业承包建筑业企业 3 个。全年全旗建筑企业房屋施工面积 20.9 万平方米，竣工面积 20.8 万平方米。全年具有建筑业资质等级的建筑业实现利润 4027 万元，实现税金 73 万元。实现工程结算收入 41318 万元。2008 年建筑业增加值 18.41 亿元，比上年增长 1.1%。全旗有建筑业资质等级的建筑施工企业 4 个。2009 年建筑业增加值 20.5 亿元，同比增长 15.9%。年末全旗具有资质等级的总承包和专业承包建筑企业 7 个，实现利润 0.27 亿元。全年全旗建筑企业房屋施工面积 34.7 万平方米，竣工面积 33.9 万平方米。2010 年建筑业增加值 24.3 亿元，同比增长 11.7%。年末全旗具有资质等级的总承包和专业承包建筑企业 7 个。全年全旗建筑企业房屋施工面积 16.8 万平方米，竣工面积 16.8 万平方米。2011 年，全部建筑业增加值 30.26 亿元，同比增长 15.3%。年末全旗具有资质等级的总承包和专业承包建筑业企业 6 个。全年全旗建筑企业房屋施工面积 47 万平方米，竣工面积 27.4 万平方米。

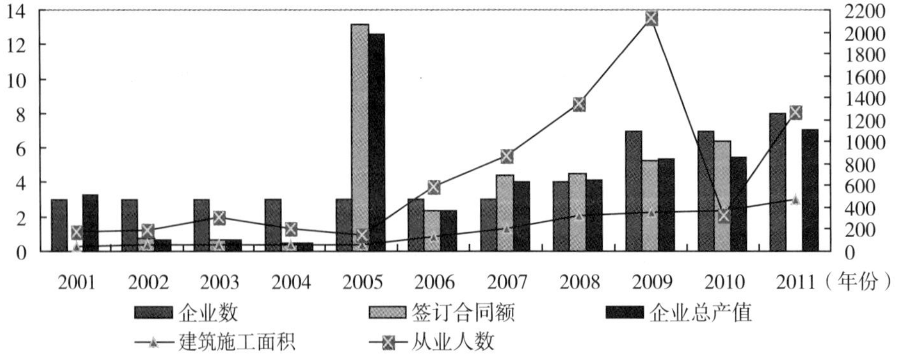

图 6-13 伊金霍洛旗建筑企业生产情况

资料来源：《伊金霍洛统计年鉴 2001—2011 年》。

“十五”时期，随着基础设施的完善和人民消费水平的提高，信息交流方式发生了飞跃性变化，无线电话和互联网上的电子邮件、数据传输等先进快捷的交流方式快速发展。全旗各镇市内电话实现了程控化，现代化的邮电通信网已形成，移动通信实现了无盲区。移动电话已达到 6 万部，每百户拥有移动电话 118 部，互联网户达到 1362 户。

2009 年，邮电通信业务收入 446. 3 万元，发送函件 13. 4 万件，特快专递 2. 4 万件；定销报刊 475. 6 万份，杂志 22. 7 万份；办理汇兑 6. 5 万笔。2010 年，全旗邮政业务总量完成 586. 8 万元，邮寄包裹 0. 8 万件，定销报纸 256. 3 万份，杂志 13. 4 万份，办理汇兑 12 万笔。邮政储蓄年末余额 9563. 2 万元。2011 年，邮电业务总量完成 624 亿元，邮寄包裹 0. 9 万件，定销报纸累计份数 313. 9 万份，杂志累计份数 14. 2 万份，办理汇兑 17. 3 万笔，邮政储蓄年末余额 13837. 7 万元。2012 年邮政业务总量 689 万元，邮政业全年完成邮政包裹业务 1. 1 万件，定销报纸累计份数 251. 8 万份，杂志累计份数 19. 8 万份，办理汇兑 18. 7 万笔。邮政储蓄年末余额 22048 万元。

表 6-24　　伊金霍洛旗交通 · 邮电主要经济指标

	2001	2002	2003	2004	2005	2006	2007	2008	2009	2010	2011
公路通车里程（公里）	731	905	1001	1028	1150	1683	1803	1909	2143	2233	2341
公路货运量（万吨）	489	2507	514	780	921	824	825	6256	6260	8171	6380
货运周转量（百万吨/公里）	378	383	385	589	696	594	594	4599	4601	6210	4756
公路客运量（万人）	37	38	39. 7	40	41	43	42	42	130	131	132
客运周转量（万人/公里）	2950	2964	3058. 9	3060	3123	3076	2947	3003	9230	9231	9340
邮电业务总量（万元）	1209	1481	1769	1893	2095	684	670	728	504	587	624

资料来源：《伊金霍洛统计年鉴 2001—2011 年》。

21 世纪开始以来伊金霍洛旗交通运输业发展显著，全旗公路通车里程在 2001 年的 731 公里的基础上于 2003 年突破 1000 公里，2007 年比 2001 年增加 1072 公里，增长 147%；货运量 2007 年达到 825 万吨，比 2001 年增加了 336 万吨，货运周转量比 2001 年 37800 万吨/公里增加到 59400 万吨/公里，增长了 57%；客运量 2007 年达到 42 万人次，比 2001 年增加了 5 万人次。2008 年，旗县道路建设上，总投资 1. 65 亿元，完成新西线伊金霍洛旗境内 66. 8 公里改造工程，阿新线和阿大线等公路建设。2009 年，全旗境内公路达到 2143 公里，比上年末增加 234 公里。全年公路完成客运量130万人次，客运周转量9230万人/公里；货运量6260万吨，货运周转量460110万吨/公里。2010年，全旗境内公路达到2233公里，比上年末增加90公里。全年公路完成客运量131万人次，客运周转量9231万人/公里；货运量8171万吨，货运周转量620980万吨/公里。2011年，全旗境内公路总里程达到2341公里，比上年末增加108公里。全年公路完成客运量132万人次，客运周转量9340万人/公里；货运量6380万吨，货运周转量475600万吨/公里。2012年年末，全旗境内公路总里程2400公里，比上年末增加59公里。全年公路旅客运输总量133万人次，旅客运输周转量9580万人/公里；货物运输总量6416万吨，货物运输周转量482352万吨/公里。年末全旗铁路总里程232公里。境内鄂尔多斯机场全年完成旅客吞吐量180.1万人次，货邮吞吐量9752吨，保障运输飞行19611架次。

2007年进一步修编完善了旅游业发展总体规划，以自治区60大庆和全市创建中国优秀旅游城市为契机，加强了旅游景区管理，提升旅游景区服务功能，旅游业直接从业人员达到6937人，游客接待量128万人次，实现旅游业收入3.9亿元。2008年，积极开发利用和保护民族文化资源，大力发展文化旅游业，编制完成了《伊金霍洛旗文化旅游产业结构规划》《成吉思汗文化旅游产业园区控制性详细规划》《世界级蒙元文化旅游示范区工程规划方案》，规划完成成吉思汗博物馆、蒙元陶瓷博物馆等文化旅游景点。在着力打造成吉思汗人文旅游品牌、扩大民族文化影响力的同时，神海子、柒盖淖等旅游度假村的建设，推进了特色旅游业。全年旅游业从业人员达到7121人，游客接待量132万人次，同比增长54.6%；实现旅游业收入6.8亿元，增长72.6%。2009年，全旗拥有星级酒店3家，各类旅行社5家。全年旅游景点接待游客142万人次，同比增长8.0%；实现旅游收入8.5亿元，增长24%。2010年，全旗拥有星级酒店3家，各类旅行社8家。全年旅游景点接待游客175万人次，同比增长23.2%；实现旅游收入10.2亿元，增长20.4%。2011年，全旗拥有星级酒店1家，各类旅行社10家。全年旅游景点接待游客178万人次，同比增长1.7%；实现旅游收入10.8亿元，增长5.9%。

第九节　伊金霍洛旗经济发展简要评价

一　新世纪初经济发展总体评价

21世纪初，伊金霍洛旗已成为内蒙古自治区经济发展速度最快、效益最好的地区。伊金霍洛经济是以工业为主体的经济，从该旗工业发展历程可以看到“鄂尔多斯经济现象”的形成过程。2012年，伊金霍洛旗在全国县域经济基本竞争力百强县的位次由第29位跃升到第23位，荣获“全国最具投资潜力区县级城市”和“全国生态文明示范工程试点旗”等荣誉称号。肯定成绩的同时，我们也要清醒地认识到经济发展过程中还存在一些发展不平衡、不协调、不可持续问题。如经济发展对能源市场的依存度过大，容易受宏观经济形势波动的影响；现代服务业和高新技术产业没有形成规模，三次产业互动能力不强，产业之间、区域之间、城乡之间统筹协调发展任务艰巨；招商引资虽然成效显著，但是签约项目落地率低、开工项目进展缓慢；地方可用财力不足，财政增长速度放缓，政府性债务压力加大等现实问题。世界各国产业结构的演变和相关理论研究表明，产业结构的演进有其内在规律性，是一个从低级向高级递进的过程。随着经济发展和收入水平提高，第一产业比重逐渐缩小，农牧业比重在产业结构当中逐年下降，虽然农村牧区劳动力向城镇转移速度较快，但他们的就业大多数在矿产或制造业领域，或是饮食业等简单服务型行业。从另一角度看，依靠资源型发展毕竟是短暂而不可持续的，农牧业作为传统产业在伊金霍洛旗成为最弱势环节，经济社会矛盾的缓冲领域，一旦遇到经济波折、资源枯竭时会出现不可估计的问题。第二产业比重在工业化初期趋于上升，随着工业化的进行，第二产业的比重会趋于稳定，到工业化后期，该比重下降的趋势；第三产业比重逐渐增加，最终超过第一、第二产业，成为规模最大的产业。近十年来，伊金霍洛旗在单一资源主导的发展方式下三次产业结构1∶64∶35，第一产业比重过小，第二产业过大，需要扶持和保护第一产业。

转变经济发展方式是指按照集约型增长和全面协调可持续发展的要求，逐步实现包括调整经济结构、优化升级产业、节约能源资源、保护改善环境、合理分配收入、不断提高人民生活水平和生活质量等在内的经济发展方式的总体转型。新形势下的伊金霍洛旗，要推进经济发展方式的总体转型，必须以坚持经济结构战略性调整作为主攻方向，优化三次产业结构，在发展非公有制经济的基础上，以科技进步和创新作为重要支撑，改造传统产业，延伸产业链。

很明显，要充分发挥西部民族地区的资源优势，变潜在的资源优势为显示的经济优势，关键是要加快工业化进程，大力发展加工制造业，而不能单纯依靠发展矿产采掘和原料初加工业，走“卖资源”“卖原料”的路子。从伊金霍洛旗近十年的发展经验看，一个地区单纯依靠采掘和原料工业的发展，走“卖原料”的路子，往往是难以启动整个地区经济增长的，还会陷入“资源的诅咒”。一方面，在以资源型产业为主的地区，由于产业链条较短，加工层次低，主导产业与基础产业的联系比较偏离，没有按照产业结构协调发展原理形成紧密的区域性发展综合体，难以实现社会经济的协调发展；另一方面，一个产业结构过于单一且以资源型产业为主导的地区，也容易因地区资源的枯竭和市场需求的变化，造成地区经济增长不稳定，形成大起大落的局面，严重时甚至会产生地区经济的结构性衰退。伊金霍洛旗在工业化推进过程中始终扮演了产业链上游角色。虽然获得了较快速度提高的 GDP 总量，但经济发展对资源依赖性较强。有专家指出，资源型和重化工为主的经济结构将在一定程度上制约经济的快速发展。其实伊金霍洛旗资源优势不仅仅是矿产资源，还有丰富的畜产品原料资源和民族文化传统产业以及旅游资源，这些绿色资源至今未能充分发挥其优势。要将这些资源优势转化为显示的经济优势，就必须采用世界先进技术和管理经验，积极开展资源综合利用和精深加工增值，大力发展加工制造业，特别是通过改造提升传统产业，把民族地区工业化在依靠科技进步的基础之上，大力发展清洁能源加工与绿色畜产品加工业是加快牧区的工业化进程，这是充分发挥其资源优势的根本途径。

自人类社会产生以来，发展问题就一直是地球上各个不同区域、不同民族和国家始终关注的首要问题。在 20 世纪 70 年代以前，发展几乎总是被视为一种经济现象，即迅速取得国民生产总值和人均国民生产总值的增长，或者以就业或其他经济机会的形式，通过“利益扩散”惠及于广大社会成员，或者为不断增长的经济和社会福利更为广泛地分配创造必要的条件。20 世纪 80 年代，以美国、加拿大和联邦德国等国盛行的新古典学派对主要的正统发展理论的挑战是以自由市场问题、公共选择问题和支持市场问题。他们认为只有市场才是有效的，政府所做的一切都是错误的，政府在“无选择”（市场支持）干预，例如投资于物资部门、社会基础设施、保健服务、教育机构以及私人企业提供一个适宜的环境，来促进市场运行发挥作用。20世纪80年代末到90年代初，若干新古典学派和制度学派的经济学家开始提出新增长理论。新增长理论为分析内生性增长提供了一个理论框架，支配生产过程的体系比外部力量体系对决定国民生产总值的持续增长发挥着更为重要的作用。1998年，美国经济学家约瑟夫·斯蒂格利茨提出社会转型的发展理论，认为发展代表一种社会的转型，从传统的关系、传统的思维方式、传统的对待健康和教育的方式、传统的生产方式转变为更“现代”的方式。这些变化的关键是转向“科学”的思维方式，识别影响结果的关键变量，依靠可获得的数据进行推断，认识到我们所知道的和不知道的东西。转型本身不是终极目标，但是转型是实现其他目标的手段；与发展联系在一起的转型使个人和社会能够更多地控制自己的命运；发展通过拓宽人们的视野和减轻其孤立感，从而丰富人们的生活；发展减少了疾病和贫困带来的痛苦，不仅延长了寿命，也提高了生命的活力。很多旧的发展战略都只注意到了转型的一些细节，却因为没看到更为广泛的内容而失败了，大多数发展战略都狭隘地集中在了经济因素上。经济因素是重要的，毕竟区分发达国家和欠发达国家的一个特征是发达国家具有较高的人均GDP。但关注经济因素不仅混淆了手段和目标，而且混淆了原因和结果。之所以混淆了目标和手段，是因为更高的GDP本身不是目标，只是改善生活水平和实现更美好社会的一个手段，更美好的社会应该伴随少的贫困，更好的健康状况和更高的教育程度。

近年来，伊金霍洛旗的发展与全国各地同样也是以经济增长为目标的结果。但是发展当中片面地追求地区GDP和人均GDP，应该坚持充分发挥市场配置资源的基础性作用。紧紧抓住发展这个第一要务，大力促进产业、产品结构优化升级，不断提高工业经济运行质量和效益，奋力实现工业经济总量的突破性增长。按照统筹城乡发展的要求，以农牧业现代化、农村牧区现代化为重要内容，把经济结构战略性调整作为加快转变经济发展方式的主攻方向。加强农牧业基础地位，提升制造业核心竞争力，发展战略性新兴产业，加快发展服务业，促进经济增长向依靠第一、第二、第三产业协同带动转变。统筹城乡发展，积极稳妥地推进城镇化，加快推进社会主义新农村建设，促进区域良性互动、协调发展。

调整产业结构，推进产业转型升级，既要着眼做大总量，又要注重增强长期发展后劲，着力构建传统产业新型化、新兴产业规模化、支柱产业多元化的发展格局。改造提升传统产业，加强技术改造和创新，采用新技术、新装备、新工艺，提高产业技术含量，向长链条、高附加值方向转变。调整优化产品结构。推动企业兼并重组，提高产业集中度。大力发展新兴产业，加快煤炭延伸转化，加快发展非煤产业，使其成为新的经济增长点。多元发展支柱产业，依托现有龙头企业，引进先进技术装备，提高产业规模效益，形成新的支柱产业。伊金霍洛旗是资源富集区，产业结构中资源型产业占据绝对地位。地处北部边疆，生态环境脆弱是该旗的主要特点。随着经济社会发展生态环境对经济增长的约束力明显增大，生态建设和环境保护情况关乎决定经济社会可持续发展能否实现。因此，在经济运行中要更加注重生态建设和环境保护，确保国家生态安全，确保可持续发展。

二 伊金霍洛旗经济发展展望

2013 年内蒙古自治区政府提出“8337”发展思路，做强县域经济，统筹城乡发展，全面建成小康社会。县域经济是国民经济的重要组成部分和基本单位，既是城镇经济与农村牧区经济的结合部，又是工业经济与农牧业经济的交汇点。进入 21 世纪以来，伊金霍洛旗以煤炭开采为主发展了资源型产业，经过了“黄金十年”，进入了全国百强县和西部百强县行列。然而，随着国家经济社会发展战略的调整，以实现“稳中有进、稳中提质”作为今后发展的总目标，转变发展方式，进行产业升级，经济转型是不可逾越的实施。对此伊金霍洛旗抓住机遇、发挥基础，在进一步改善产业结构的同时大力发展县域经济是今后发展的主线。

（一）大力发展县域经济

伊金霍洛旗县域经济处于转型发展的重要机遇期，既面临着发展机遇，也面临诸多挑战。

自治区确定的“8337”发展思路，综合考虑了国家优化能源结构、促进清洁低碳等政策，突出了区域产业发展的方向和重点，特别是推进“五大基地”建设思路的提出，有利于伊金霍洛旗资源、区位、人文、生态、文化等优势加快转化为产业优势和经济优势，将有效拉动产业发展和基地建设。从国际形势看，今年以来虽然世界经济缓慢复苏，但受欧债危机影响，经济形势依然复杂严峻，发展中不确定、不稳定因素仍然较多。

从国内发展趋势看，尽管经济回暖的积极因素不断增多，但回升动力还不是十分强劲。尤其是工业经济发展仍将面对复杂形势和困难挑战，国内市场需求不足和部分产品供大于求矛盾突出，企业生产成本上升和产品价格偏低的问题并存，工业经济发展进入转型升级的关键时期。

从伊金霍洛旗现有基础看，经济发展已经由高速增长期逐渐转向稳定增长期，发展不平衡、不协调、不可持续问题仍然存在，发展不够充分仍是当前发展中的主要问题。创新驱动能力不足，经济增长方式粗放，产业层次较低，缺乏高端产业和高端产品是主要瓶颈问题。资源型产业所占比重较大，第一产业逐渐萎缩，第三产业水平低劣，没有形成多元发展、多级支撑的产业体系。深入贯彻落实党的十八大精神，按照自治区“8337”发展思路，牢牢把握转型发展和富民强旗两大任务，继续实施“文化塑旗”“人才强旗”两大战略，推动信息化和工业化深度融合、工业化和城市化良性互动、城市化和农牧业现代化相互协调，以率先建成全面小康社会为目标，培育发展优势特色产业，加快发展非公有制经济，大力改善基础设施和生态环境，持续提高城乡居民收入水平、民生保障水平和基本公共服务水平，不断增强发展的活力和动力，推动县域经济健康、协调、可持续发展。

（二）保护和提升传统农牧业

根据资源状况、区位条件、产业基础因地制宜构筑特色产业集群，以加快形成具有比较优势、适应市场需求、可持续的产业发展新体系建设为主要目标，坚持多元联动发展策略，支持和引导非公有制经济发展，大力扶持中小企业发展，充分激发各类市场主体活力，合力推动县域经济发展是实现城乡统筹发展，生态保护，保障和改善，扩大城乡就业，持续增加居民收入，不断提高城乡居民物质文化生活水平的根本任务。优化区域经济布局，努力打造各具特色的县域经济主体，做优煤炭产业、做精煤转化产业、做大装备制造等非煤产业的同时，大力发展现代农牧业发展进程，着力发展精品种养殖业，大力发展特色种养殖业，大力发展农牧场经济，改造传统产业，提升第一产业的主要途径。与此同时，全面推进文化产业园区建设进程，培育壮大特色旅游产业，积极推进服务业发展，发展生产、生活性服务业，加快推进城镇建设，构建推动县域经济发展的增长极。加强农村牧区基础设施建设，全面优化统筹发展环境，加强水资源保护力度，大力发展循环经济是产业结构优化升级，全面实现社会主义小康社会的重要保障。“三农三牧”是伊金霍洛旗现代化建设中亟待解决的问题，是经济转型、转变发展方式的重要任务。无论发展现代煤电产业，还是现代制造业和服务业，传统基础产业农牧业都是息息相关，是发展县域经济的重要环节。众所周知，21世纪以来伊金霍洛旗始终依托丰富的煤炭资源的开发赢得了地区生产总值的飞速增长，也促进了传统农牧业的改造和带动了服务业的发展。但是与快速增长的工业企业和服务业比较，农牧业发展相对滞后，甚至被边缘化。农牧业是国民经济的基础，农牧业发展是地区经济稳定持续发展的前提条件。目前全国统一认识到，过度依赖投资增长的模式越发显现不稳定性和不可持续性，在拉动经济增长的“三驾马车”中，投资乏力、出口倒拉的状态下，只有消费将成为今后一个时期拉动全国经济增长的潜力所在。发展“三农三牧”，带动农牧民增收才能使庞大的消费群体和潜在的消费市场转变为显示的购买力，拉动经济增长。只有不断提升农牧业生产、加工、销售与服务一体化水平，逐步形成产前、产中、产后有效衔接的部门参与、多领域协调的现代化生产体系，才能够改变农村牧区经济的单一化格局，成为县域经济发展的新动力。

（三）支持非公有制经济发展

非公有制经济是市场经济最有活力的组成部分，是推动经济持续健康发展的重要力量，是一个地区经济发展活力和繁荣程度的重要标志，在稳定增长、调结构、惠民生等方面发挥着不可或缺的重要作用。虽然21世纪初伊金霍洛旗非公有制经济发展较快，规模总量持续扩张和企业素质有所提高，但非公有制经济总体发展水平偏低，企业竞争力不强，产业布局不均衡，“一煤独大”的特征仍然比较明显。非公有制企业进入高新技术和现代制造业以及教育科技领域甚少，产业层次不高，产业不均衡等特征分布在第二产业领域，80%以上个体户主要分布在服务业。伊金霍洛旗非公有制经济服务环境亟待优化是关系到今后一个时期经济发展的重点任务。因为“融资难、融资贵”问题仍然比较突出，配套金融服务不足仍是制约伊金霍洛旗经济发展的突出问题。在非公有制经济政策落实上仍存在较多问题，在市场准入方面，一些产业和行业准入门槛仍然较高，金融、交通、社会事业等领域进入阴性壁垒仍然存在。在发展观念上，由于受传统观念和体制的束缚，长期以来非公有制经济为得到平等的国民待遇，面临着市场竞争压力加剧。生产要素成本上升压力，土地供应趋紧，劳动成本上升与用工短缺并存，导致非公有制企业经营成本不断提高。同时，面临着资源环境约束和节能减排双重压力以及产业链低端、资源依赖性强、产品附加值低，行业产能过剩，重复建设现象突出等问题。从企业发展内部环境看，中小非公有制企业普遍存在缺乏资金、人才、信息的状况，自我创新、自我发展能力受限。因此，按照自治区“8337”发展思路，转变发展方式为主线，以扩大总量、优化结构、提升素质为主要任务，打破行业垄断、降低市场准入门槛，拓宽非公有制经济进入行业和领域，加强企业自我发展能力建设，大力培育特色产业集群和基地，优化发展环境，加强融资、政务、信用、科技、人才等服务才能推动非公有制经济快速健康发展。

（四）优化产业结构，转变发展方式

21 世纪以来，伊金霍洛旗经济保持快速增长，但增长过多依赖资源开发与投资拉动，企业利润和财政收入增长都建立在高速增长基础上，经济增长的质量不高。特别是近两年，受国家增长阶段转换及资源市场需求回落等影响，伊金霍洛旗经济增速呈放缓态势。在这种形势下，如果不尽快扭转粗放型发展方式和低效率性生产方式，就会面临巨大的发展障碍。党的十八大提出“要把推动发展的立足点转到提高质量和效益上来”。为此，伊金霍洛旗经济发展必须适应国内外经济形势的新变化，经济增长不是依赖资源，而是依托资源，转变发展方式，发展现代产业和服务业的同时大力推进节约资源和循环经济，依靠科技进步和管理创新才能进一步加快地区经济发展。具体来讲，提高工业经济的核心竞争力，必须改变工业主导大而不强，投资效率偏低，产业结构不合理局面，依托经济增长的科技支撑体系。调整产业结构是保持经济平稳快速增长的必由之路，也是提高增长质量和效益的迫切要求。要围绕自治区“8337”发展思路以技术创新为动力，改造提升传统产业，大力发展战略性新兴产业、加快发展文化旅游业，按照“以煤为基，多元发展”的原则，加大煤炭转化力度，以煤焦化、煤制清洁燃料和化工原料等技术路径，推进煤炭清洁利用和深加工。与此同时，发挥鄂尔多斯高原的绿色无污染农牧业资源优势，大力发展现代农牧业，提高乳、肉、绒、粮油等农畜产品精深加工和产业化水平，围绕“草原文化”发展壮大旅游业。按照新型工业化的要求，调整投资结构，大力推进信息化和工业化深度融合，优化投资结构，做强优势特色产业是伊金霍洛旗加快推进产业多元化、产业延伸、产业升级的基本要求。

第七章

资源环境与生态建设

第一节　伊金霍洛旗生态环境

一　地势地貌与气候特点

伊金霍洛旗，为内蒙古自治区下辖旗，隶属鄂尔多斯地级市管辖。伊金霍洛旗位于内蒙古自治区西南部，地处鄂尔多斯高原东南部、毛乌素沙地东北边缘，东与准格尔旗相邻，西与乌审旗接壤，南与陕西省榆林市神木县交界，北与鄂尔多斯市府所在地康巴什新区隔河相连。总面积5600平方公里，辖7个镇（分别为阿勒腾席热镇、纳林陶亥镇、乌兰木伦镇、伊金霍洛镇、札萨克镇、苏布尔嘎镇和红庆河镇）138个行政村。

伊金霍洛旗地理坐标为东经108°58′—110°25′，北纬38°56′—39°49′，地处亚洲中部干旱草原向荒漠草原过渡的半干旱、干旱地带。全旗地形地貌基本呈西高东低，由西向东倾斜，海拔在1070—1556米之间。东部属晋陕黄土高原的北缘水蚀沟壑地貌，中部为坡梁起伏的鄂尔多斯高原，西部是风沙地貌比较发育的毛乌素沙地。

气候特征方面，伊金霍洛旗属温带大陆性气候，大陆度69%，干旱、风大、少雨、寒冷、温热、温差大，是温带干旱草原向荒漠草原的过渡地带。全旗年降雨量340—420毫米，由东南向西北逐渐递减；全旗年平均气温6.2℃，极端最低气温-31.4℃，极端最高气温36.6℃，无霜期限130—140天；常年风大沙多，蒸发旺盛，全年蒸发量2163毫米，是降雨量的7倍。

全旗土壤呈地带性分布，14个土类、29个土属、59个土种。以风沙土和栗钙土为主，其次有草甸土、黄绵土、黑垆土、盐土等。东部分布的粗骨土、风沙土、栗钙土面积较广，潮土、沼泽土和盐土则零星分布于河床两岸和低洼地区；中部鄂尔多斯高原区主要分布着栗钙土、粗骨土、风沙土和一定数量的草甸土和盐土，潮土分布于滩地；西部毛乌素沙区主要分布着风沙土和相当数量的潮土和栗钙土。全旗土壤总面积534560公顷，占总面积的95%，各土类具体分布情况为栗钙土占15%，粗骨土占10%，风沙土占61%，潮土占13%。土壤特点是含沙量大，粒径粗、蒸水性强，肥力不足。①

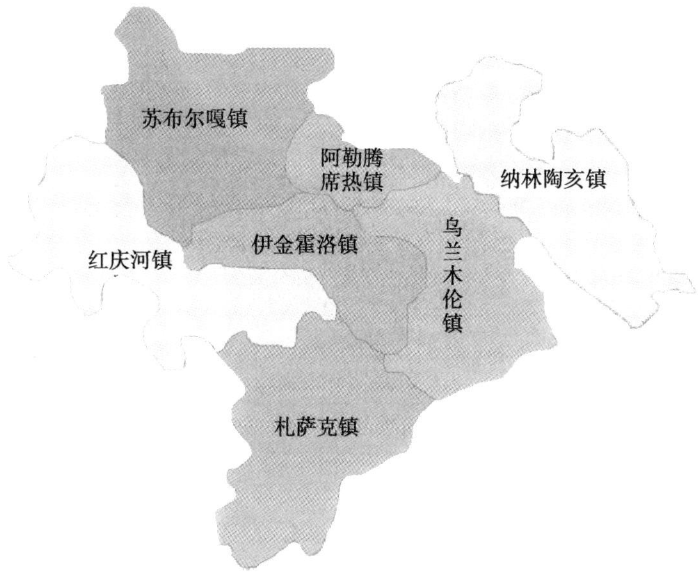

图7-1　伊金霍洛旗行政地图

以伊金霍洛旗所辖七个镇各类土地所占面积比例看，农用地主要分布在红庆河镇、札萨克镇、苏布尔嘎镇（西部和南部），其中耕地主要分布在红庆河镇、札萨克镇、伊金霍洛镇、苏布尔嘎镇，全旗耕地总面积33625.04公顷中，红庆河镇8008.08公顷，占耕地总面积的23.82%；札萨克镇6181.24公顷，占18.38%；伊金霍洛镇5181.63公顷，占15.41%；苏布尔嘎镇5225.40公顷，占15.54%；园地分布在阿勒腾席热

① 数据来源于《伊金霍洛旗志》（内蒙古人民出版社1997年版）有关章节、伊金霍洛之窗——伊金霍洛旗人民政府门户网站（http://www.yjhl.gov.cn/zjyq/zrdl/sxtz/）、伊金霍洛旗政府提供的相关报道。

镇、乌兰木伦镇和苏布尔嘎镇（中西部）；林地主要分布在苏布尔嘎镇、红庆河镇、乌兰木伦镇、札萨克镇（中西部）；牧草地分布在札萨克镇、苏布尔嘎镇、纳林陶亥镇和伊金霍洛镇。建设用地主要分布在阿勒腾席热镇、乌兰木伦镇（中东部）。其他土地主要分布在乌兰木伦镇、纳林陶亥镇（中东部）。

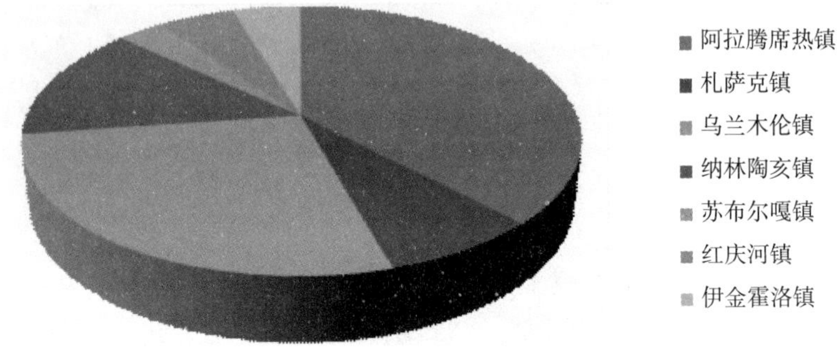

图 7-2　伊金霍洛旗各镇人口空间布局情况（根据第六次人口普查数据）

植被方面，伊金霍洛旗以沙生植被为主，其次是退化草甸植被。全旗有植物 416 种，分列 72 科，273 属。主要是禾本科、豆科、藜科、蓼科植物，其次是伞形科、莎草科植物。植物种以油蒿居多，占全旗植被总面积的 51.3%。其次有荆棘儿、白沙蒿、牛心朴、沙米、苔草、莎草、碱草等。通过人工造林和飞播造林，全旗沙柳、杨柴、柠条、沙打旺、柽柳分布较广。乔木树种主要有杨、柳、榆。

表 7-1　伊金霍洛旗东西部地形地貌、资源利用、人口分布对比情况

	西部	东部
地形	较高	较低
地貌	风沙地貌较发育的毛乌素沙地	晋陕黄土高原北缘水蚀沟壑地貌
降雨量	甚少	相对较大
土壤	风沙土、相当数量潮土、栗钙土	粗骨土、风沙土、栗钙土
主产业	耕地、林地、牧草地	园地、工矿业
人口	较稀少	较密集

"三北"防护林体系建设以来，引进栽植了樟子松、油松、沙棘等。全旗植被演化特点是地带性植被退化，沙生植被显跃；天然植被减少，人工植被增加，多年生植被减少，一年生植被增加。该旗植被良好，人工造

林保存面积 340 万亩，林木覆盖率 38.1%，人工种草保存面积 105 万亩，天然草牧场面积 490 万亩，植被覆盖率 87%。据伊金霍洛旗官方报道，该旗境内野生动物有遗鸥、白天鹅等。该旗先后被评为“全国绿化模范旗”“全国绿化百佳县”“全国退耕还林后续产业先进旗”“全国退耕还林先进县”“中国十佳绿色城市”“中国绿色名旗”、首批“全区文明旗县”“中国全面小康生态文明县”和“中国十佳和谐可持续发展城市”。

下面重点关注城乡统筹、快速城镇化过程中至关重要的水资源，以及作为该地区近些年财政收入主要来源的工矿资源。①

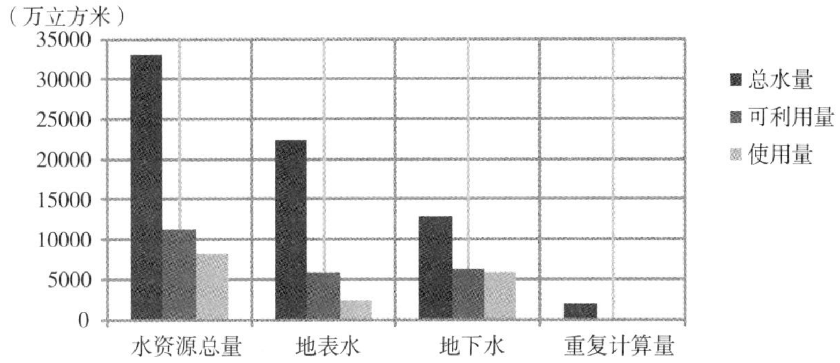

图 7-3　伊金霍洛旗水资源总量、可用量、使用量情况

二　伊金霍洛旗的水资源

伊金霍洛旗地表河流湖泊较多，河流流域面积 3040 平方公里，占全旗总土地面积的 54.3%；主要河流有乌拉木伦河、悖牛川河等，湖泊广泛分布，百亩以上的湖泊有 21 个，较大的有红碱淖、赤盖淖尔、奎生淖、乌兰淖尔、阿麻淖、哈达图淖、阿拉善海子、查干淖、敖肯淖等，湖泊总面积 15 万亩。

根据《伊金霍洛旗“十二五”水资源配置规划》，全旗水资源总量 33112.31 万立方米，其中地表水 22390.94 万立方米，地下水 12884.25 万立方米，地表水与地下水重复计算量 1994.45 万立方米。水资源总可利用量 11254.22 万立方米，地表水可利用量 5914.16 万立方米，地下水可利用量 6324.11 万立方米。全旗现状水资源使用量 8116.91 万立方米，占可利用量的 72.12%。其中地表水利用量 2347.12 万立方米，占地表水可利

① 伊金霍洛旗政府提供的材料，伊金霍洛旗水利局“十二五”规划书中的概述。

用量的39.69%；地下水利用量5769.79万立方米，占地下水可利用量的91.12%。由此可见，该地区地表水和地下水重复计算量较大，地表水利用率较低，目前主要依靠地下水资源。就现在情况而言，伊金霍洛旗开发利用地下水的能力大大增强，为当地社会经济发展、生态系统建设与保护起到重要作用。然而，虽说地下水水量稳定，水质好，是农业灌溉、工矿和城市的重要水源之一，但在一定条件下，地下水的变化也会引起沼泽化、盐渍化、滑坡、地面沉降等不利自然现象，所以合理开发利用是关键所在。

（1）地表水分布状况：伊金霍洛旗地表水水系由外流河和内陆河组成。外流河（黄河支流窟野河流域）主要有乌兰木伦河和悖牛川两大河流，流域面积2562.11平方公里（该旗境内），占全旗总面积的45.87%。其中，乌兰木伦河流域面积2168.47平方公里，占全旗总面积的38.82%，年地表水径流总量10623.97万立方米；悖牛川河流域面积393.64平方公里，占全旗总面积的7.05%，年地表水径流总量2445.24万立方米。乌兰木伦河在伊金霍洛旗境内流经长度95.5公里，有一级支流27条，比较大的有霍泥图沟（流域面积58平方公里，地表水径流量104.4万立方米）、呼和乌素沟（流域面积471平方公里，地表水径流量2307.57万立方米）、尔林兔沟（流域面积50.06平方公里，地表水径流量84.5万立方米）、合同庙川（流域面积145.6平方公里，地表水径流量513.1万立方米）等。悖牛川河在伊金霍洛旗境内流经长度21公里，流入悖牛川的一级支流有10条，主要有束会川（流域面积383平方公里，地表水径流量2379.16万立方米）、毕连图沟、七开沟等。

内陆河流分布于伊金霍洛旗境内西部波状高原砂质丘陵区，均属季节性河流，内陆河均注入湖泊，成为单独的水系。较大的河流有艾勒盖沟（流域面积533.96平方公里，年地表水径流量1410.06万立方米）、札萨克河（流域面积312.69平方公里，年地表水径流量825.78万立方米）、通格朗河（流域面积268.04平方公里，年地表径流量707.87万立方米）、特并庙沟（流域面积200.14平方公里，年地表水径流量528.55万立方米）等。内陆河流在伊金霍洛旗流程短，水量不大，因而利用价值较低。境内湖泊分布较多，较大的湖泊有红碱淖（水面面积29.26平方公里，平均深度3米，蓄水量8778万立方米）、其和淖尔（水面面积3.21平方公里，平均深度3.5米，蓄水量1123.5万立方米）、哈达图淖尔（南）（水面面积1.34平方公里，平均深度0.8米，蓄水量107.2万立方米）、奎子淖（水面面积1.85平方公里，平均深度1米，蓄水量185万立方米）、乌兰淖（水面面积0.55平方公里，平均深度0.5米，蓄水量27.5万立方米）、伊和日淖尔（水面面积2.18平方公里，平均深度1.2米，蓄水量261.6万立方米）、哈达图淖（北）（水面面积1.54平方公里，平均深度3米，蓄水量462万立方米）等。各湖淖水质由于水面的蒸发作用，淖水浓缩，致使矿化度增高，不适宜直接用于人畜饮用和农作物灌溉。

（2）地下水分布状况：伊金霍洛旗地下水主要分为松散岩类孔隙水和碎屑岩类裂隙水。松散岩类孔隙水分为：冲洪积层孔隙潜水（主要分布于乌兰木伦河和悖牛川及其各支流沟谷中）、风积层孔隙潜水（主要分布在境内东南部的纳林塔、新庙等一带地区和南部的查干淖儿、门克庆一带地区，分布范围较广）、湖积层孔隙潜水（主要分布于北部的泊江海子、中部的红海子—苏布尔嘎—红庆河镇等地区）。碎屑岩类裂隙水分为碎屑岩类裂隙孔隙潜水、碎屑岩类裂隙孔隙承压水，广泛分布于伊金霍洛旗境内的大部分地区。

三　伊金霍洛旗的矿产资源

伊金霍洛旗矿产资源丰富，主要有煤、天然气、油页岩、天然碱、泥炭、玻璃用石英砂、耐火黏土、砖瓦黏土、岩盐、镓、锗、铀、石灰岩、高岭土、建筑用砂石及建筑用石料、泥炭、矿泉水、地下水18种，矿产地103处，素有“地下煤海”之称。

表7-2　伊金霍洛旗已发现各类矿产一览

序号	矿产种类	矿产名称
1	能源矿产	煤炭、天然气、油页岩、铀
2	化工原料非金属矿产	天然碱、泥炭、岩盐
3	冶金辅助原料矿产	耐火黏土
4	稀散元素矿产	锗、镓
5	建筑材料及其他非金属矿产	石灰岩、高岭土、砖瓦黏土、建筑用砂石、建筑用石料、玻璃用石英砂
6	水资源	地下水、矿泉水

（1）煤炭：伊金霍洛旗位于东胜煤田东部，5565平方千米的土地下

分布有煤炭资源，目前全市共探明矿产地36处，查明资源储量达329.06亿吨，保有资源储量325.58亿吨，其中基础储量190.85亿吨，资源量134.73亿吨，占鄂尔多斯全市煤炭保有资源储量的21.86%以上。

另有预测资源量276.73亿吨，该旗煤炭资源绝大部分属国家规划矿区（东胜矿区）的南部，包括神东、乌兰希里、红庆河、新街等矿区全部及弓家塔矿区西部和柴登矿区、万利矿区（属东胜）南部。面积约为4850平方千米，占全旗面积的88.39%，保有煤炭资源储量约202.47亿吨。国家规划区外面积约为636.81平方千米，占全旗面积的11.61%，保有煤炭资源量的123.11亿吨。

（2）天然气：伊金霍洛旗天然气分布在南部与乌审旗和陕西省交界的札萨克镇和红庆河镇一带，属大牛地天然气田的一部分，旗内分布面积约200平方千米，估算该旗内查明天然气地质储量约为823.06亿立方米，技术可采储量约380亿立方米，剩余技术可采储量约372亿立方米。

（3）油页岩：伊金霍洛旗东部纳林陶亥镇木匠沟和乌兰木伦镇补连油页岩已作普查，查明资源储量共341.30万吨，产在侏罗系中下统地层中。资料表明鄂尔多斯市三叠系延长组是寻找油页岩的良好目的层。鄂尔多斯市唯独伊金霍洛旗产有油页岩。

（4）天然碱：目前已知伊金霍洛旗南部札萨克镇查干淖和敖肯淖等湖泊中产天然碱，预测卤水含碱量约20万吨，未进行过地质勘查工作，资源情况不明，目前小型开采，年产日晒片碱1.2万吨。

（5）泥炭：泥炭主要分布在伊金霍洛旗南部红庆河至新街一带，有柴登泥炭矿、解家圪堵泥炭矿和根皮庙泥炭矿等，前二者资源量分别为186万吨和29万吨，已开采利用，后者为矿点。

（6）耐火黏土：该旗耐火黏土系延安组煤系地层中的共伴生矿产，一般分布在主要煤层的顶板。据调查目前已有四处产地，即布连、马家塔、温家梁、石家塔等软质耐火黏土矿。其中布连矿为大型，资源量为2778.50万吨；马家塔和温家梁矿为中型，资源量分别为230万吨和300万吨，石家塔矿为小型，资源量23万吨，总资源量为3331.50万吨。

（7）砖瓦黏土：砖瓦黏土矿主要分布在红海子—布尔台格—松定霍洛一带及不连地区，产在第三系上新统中，具体产地主要有满来壕、满斋庙北、满斋庙、布尔台、松定霍洛及布连砖瓦黏土等。查明总资源储量2.25亿立方米，其中松定霍洛矿区保有资源储量为1154万立方米，基础储量405万立方米，资源量749万立方米。化学成分：Al_2O_3为7.63%、CaO为9.29%、Fe_2O_3为4.75%、MgO为2.85%、S_1O_2为58.25%、烧失量为12.03%、塑性指数为14.70%。

（8）玻璃用石英砂：玻璃用天然石英砂，主要分布在纳林陶亥镇毕鲁图一带，预测总资源量约3.375亿立方米，计有新庙石英砂矿和新庙力先胜、毕鲁图、本坝梁等石英砂矿。新庙砂矿为大型，资源量3375万吨（约合1875万立方米），目前有毕鲁图石英砂厂一个采矿权，其他均为矿点。

（9）建筑用砂及石料矿：建筑用砂矿，主要分布在伊金霍洛镇、阿镇、乌兰木伦镇、札萨克镇及红庆河镇等地区现代河床中。目前具体产地主要有红庆河昌车渠村、伊金霍洛旗王文珍、伊金霍洛旗常胜等砂石矿。建筑石料矿产地目前在新庙地区有四处，即汇众、扬升毛、守明、宏泰石料矿。

（10）矿泉水：矿泉水已知有3处，分布在伊金霍洛镇北部，计有阿镇矿泉水、成陵行宫矿泉水和新庙拉布拉沟矿泉水等。

（11）镓锗矿：目前资料显示在乌兰木伦镇补连塔及上湾煤矿井田范围内与煤炭伴生有镓、锗矿。

（12）其他矿产：伊金霍洛旗还发现有纳林陶亥镇新庙地区的高岭土矿点和乌兰木伦镇的明安木都石灰岩矿。

表7-3　伊金霍洛旗主要矿产资源储量情况

矿种	产地数量	保有资源储量				储量单位	占全市比例（%）	是否上表
		储量	基础储量	资源量	资源储量			
煤	36	133.60	190.85	134.72	325.58	亿吨	21.86	已上
油页岩	2		—	341.30	341.30	万吨	100	已上
玻璃用石英砂	1			3375.00	3375.00	万吨		未
耐火黏土	4			3331.50	3331.50	万吨	15.41	未
天然碱	2			20	20	万吨		未
砖瓦用黏土	1	336.15	405.00	749.00	1154.00	万立方米		已上
泥炭	2			215.00	215.00	万吨		未
岩盐	1			4.38	矿石4.38	亿吨		未

续表

矿种	产地数量	保有资源储量				储量单位	占全市比例（%）	是否上表
		储量	基础储量	资源量	资源储量			
天然气	1		380（技术可采储量）		823（地质储量）	亿立方米	14.21	已上

近几年伊金霍洛旗经济飞速发展的最主要原因是自然资源的开发与利用。当地居民普遍认可工矿开发，而且地方社会、个人生活对矿产开发的依赖程度很高。在田野调查中，BG告诉我们："前几年经济好的时候，我们兜里怎么也装的一万多块钱。这两年经济不景气，身上带的也就一两千块钱，走在街上有点怕见到同学朋友。请吃一顿饭，钱不够了，不好意思吧。"由此可见，工矿开发对地方经济、社会、生活带来机遇的同时，也带来一些危机。因为"生态移民""矿区移民"等政策，绝大部分人群已集中到城镇，自然资源成为财政收入的最主要来源。然而，不可再生的矿产资源一旦开采完毕或市场不景气，当地经济、社会的主要支撑就会倒塌，普通百姓将无法适应"泡沫经济""高消费"社会，没有其他生产及收入来源，地方经济难以保证可持续发展。地方政府也敏捷地意识到了这一点，并努力开展产业结构调整，探索工矿开发与可持续发展的平衡点。

人们对事物的认识、态度决定着人与该事物的关系①。现代科技发达，可以准确探明地下矿产资源，为开发利用提供了很多方便。曾有一段时间受到西方"技术统治论"的思想，人们深信科技能够解决社会的一切问题，只要科学技术发达，人类社会的所有矛盾均可以得到化解和进一

① 《读书文摘》（2014年6月10日）《〈新华字典〉怎么了？一个外国孩子的惊人发现》一文可以是个典型例子。英国小孩看到《新华字典》对"猪""驴"等动物的解释，发现都是站在一个屠夫的立场，对动物做出了残忍、不人道、野蛮并自私的注释，缺乏"尊重"与"平等"。如"猪，哺乳动物，肉可食，鬃可制刷，皮可制革，粪是很好的肥料；猪倌；猪场；猪圈；猪肉；生猪；野猪；种猪。古同'潴'，水积存之处。""牛，哺乳动物，趾端有蹄，头上长一对角，是反刍类动物，力量很大，能耕田拉车，肉和奶可食，角、皮、骨可作器物。""驴，哺乳动物，像马，比马小。能驮东西、拉车、耕田、供人骑乘，驴骡。"英国小孩认为这是非常错误的："人是大自然中的一员，大自然里的每一种动物和人类都是平等的，动物是人类的朋友，我们应该要爱惜他们，帮助他们，保护他们，而不是去利用他们，你看字典中的解释，不是用来吃，就是用来做劳动工具，甚至要把他们杀死后做成产品，这完全不是他们的朋友应该做的事情，我觉得那些注释会让中国的学生从认字开始就觉得动物并不值得尊重，会觉得动物只是用来杀掉吃的食品或者是用来使唤劳动的工具，甚至是一种产品，这和'保护动物'的呼吁是完全背道而驰的！"

步的发展①。然而，实践证明现代科技也有其局限性，并不能立即、完全解决所有问题，比如全球变暖、环境污染等，需要一个较漫长的过程和合理的应对措施。“巨生产、巨消费”的工业社会对自然资源的消耗较大，而传统农牧业社会对土地、自然资源的认识和利用，可以对工业社会、快速城镇化的时代起到一定参考和借鉴作用。伊金霍洛旗在科学测探和适当开发自然资源的同时，也将生态环境视为生活质量的重要标志。近些年国家对生态环境的重视，也起到重要作用，不再把“生产力”定义为“人们征服自然的能力”，而认为“与生态环境的和谐共存，合理利用和保护自然资源才是发展的标志”。因而从空间布局、景观景色、绿化美化等多方面进行各种规划和建设。

第二节　伊金霍洛旗土地利用规划

伊金霍洛旗在全市乃至全自治区率先推行了禁牧舍饲养畜、实施生态环境保护措施，创造性推进矿区环境治理，高标准实施退耕还林、退牧还草、飞播造林、天然林保护、淤地坝建设等生态治理项目，生态面貌发生了从严重恶化到整体好转的巨大变迁。

在调研访谈中，当地居民 NCG 谈及：“20 世纪 50—60 年代，整个内蒙古地区，伊克昭盟（现已改为‘鄂尔多斯市’）是生态环境最恶劣、最贫穷的地区。在伊克昭盟，伊金霍洛旗是最穷的地方，很多人被分配到这里，都不愿意工作。70—90 年代，当地政府一直致力于生态环境建设，现在可多人都抢着要来伊金霍洛旗工作，自然环境、生活水平各方面确实明显提高。”②

---

① Technocracy，又译做“专家政治”，认为技术能够解决一切发展问题，主张用科学和技术的手段进行统治，科学专家对社会进行全盘的统治和管理，它作为一套理论体系于 20 世纪 30 年代形成、时兴于西方国家。1927 年培根在《新大西岛》里设想“所罗门之宫大学”最高权力机构，法国思想家圣西门主张由学者和实业家联合专政的社会秩序，其后马克思把技术统治论从空想过渡到科学。现代技术统治论兴起于 20 世纪六七十年代，强调科技在生产中的决定作用及其与生产的结合，认为人们在生产中执行的功能、作用决定了他们在社会权力体系中的地位，认为技术的逻辑决定经济的、政治的逻辑。科学工作者希望以科学发展解决西方社会的矛盾冲突，“技术统治论”可谓是其典型范例之一，但它片面夸大了科学技术的作用，目前很多专家就认为技术统治论的实质是资本主义的改良主义，回避了资本主义制度对生产力的阻碍作用，成为辩护资产阶级意识形态的最重要的理论核心。

② 摘自 2013 年 8 月 27 日访谈记录。

BTCG也告诉我们："20世纪60—70年代，到呼和浩特上学，我们都不愿意说自己是伊克昭盟的，因为那个时候我们这里是内蒙古最穷的地方，别人听说是伊克昭盟的会欺负我们。我们就说是巴彦淖尔盟的，河套地区，我们的方言也差不多。那个时候巴彦淖尔是内蒙古最富裕的地方。1970年开始就植树等，采取一系列措施，我们这儿现在不一样了，以前一到春天，刮风刮的就，现在气候呀环境呀，都改善了。"[①] 我们在"鄂尔多斯市植被航拍对比图"中也可以看出在2000—2009年的12年时间内整个鄂尔多斯地区的植被生长和盖度有大幅度提高，生态环境面貌得到了明显的改善。

20世纪60—70年代"内蒙古地区环境最恶劣、经济发展最落后的旗县"变成目前的"全国绿化模范旗""中国十佳绿色城市"，是国家政策扶持、地方政府规划和当地居民共同努力的结果，可以为其他地方的绿化工程、生态文明建设提供较好的典范。下面我们来分析观察伊金霍洛旗政府对自然资源、城乡建设、土地利用规划情况。

一　伊金霍洛旗城乡建设规划

伊金霍洛旗以"打造国家战略性绿色能源和新型化工基地、内蒙古自治区战略性新兴产业基地、辐射晋陕蒙高端服务业中心、国家公共文化服务体系示范区"为重点，将鄂尔多斯建设成为"资源型地区科学发展示范区，国家生态园林城市和民族文化交融的宜居宜业城市"。

在此项规划中，涉及生态环境和资源利用方面的内容有：

（1）推动经济结构战略性调整。首先，要转变经济发展方式：促进优势特色产业大型化、集约化，加快发展以文化旅游为重点的消费产业，大力发展先进制造业和生产性服务业，提高自主创新能力。其次，加快产业结构调整升级。积极构筑以能源化工产业为主导、先进制造业为支撑、战略性新兴产业为引领、现代服务业为重点的现代产业体系。

第一产业引导思想：①深化农牧业结构战略性调整，大力发展"特优、高效、生态"的现代农牧业。②加快实施《鄂尔多斯市统筹城乡综合配套改革试验区建设实施方案》，落实土地配套管理方式改革。③强化农牧业对生物医药、生物能源等工业发展的原材料保障作用，对服务业发

① 摘自2013年7月19日访谈记录。

展的特色化支撑作用以及对自然环境的生态保育作用。

第二产业：①大力发展资源深加工产业：形成资源开发、资源深度加工转化、资源综合利用、新能源开发利用四大优势特色产业，建成国家级战略性绿色能源和新型化工基地。②努力发展先进制造业：重点发展汽车及装备制造、PVC 深加工、陶瓷、氧化铝及深加工产业。③积极培育战略性新兴产业：重点培育新材料、新医药、新一代信息技术产业等战略性新兴产业，推进可再生能源产业园区建设，打造西部地区重要的战略性新兴产业示范基地。④改造提升传统优势产业：重点发展羊绒服装、绿色农畜产品加工产业，提高企业技术装备水平和产品竞争力，扩大产业规模，提高产品档次。

第三产业方面：①重点发展金融贸易、总部经济、教育培训、科技研发、现代物流、文化创意、会展经济为主的生产性服务业。②重点发展以商贸服务、休闲旅游、社区服务、房地产业为主的生活性服务业，支撑城市功能的完善。③加快文化产业园区建设，促进文化产业发展，打造国家公共文化服务体系示范区。④大力重点发展旅游产业，统筹规划沙漠旅游、生态旅游、农业观光旅游、草原文化旅游，打造我国西部特色旅游基地。

（2）构筑城乡一体化发展的新局面。首先，加快推进农牧业现代化、公共服务均衡化和要素流动自由化，实现城乡的统筹发展，形成城乡互补、分工协作、融合发展的城乡一体发展新格局。其次，大力推进中心城区建设。加快旗府所在地和产业重镇建设。最后，有序引导农牧区人口转移，加快建设新农村新牧区，大力发展现代农牧业。

（3）改善区域生态环境质量。第一，加强生态文明建设，建设城乡生态保护统筹发展机制。第二，积极转变城乡空间资源利用方式，实现资源的高效、集约、综合利用；通过优化城乡空间组织，提高空间资源利用效率，实现资源的可持续利用。①

我们在伊金霍洛旗进行实地调查时发现，地方政府几乎每执行一个计划都试图建成全国最一流的或者做到最完美的状态。也因为如此之高的期望值、雄心和霸气，把“生态环境最恶劣、生活水平最低下”、其他旗县“看不好”的地方规划，建设成今日城镇牧区各个地方道路畅通、生态建设良好的“全国绿化模范旗”。有关 20 世纪末以来内蒙古生态环境严重

① 《伊金霍洛旗土地利用总体规划修改文本（2009—2020 年）》。

恶化的原因，有多种不同看法，其中一个观点认为“过度放牧”导致草场退化。后来研究表明，以“共有地悲剧”① 假设为主要依据的“过度放牧论”只是生态环境恶化的一个原因，而不是全部归因。

正因为如此，“禁止放牧”、生态移民政策实施后，生态环境也不一定好转，必须密切关注对环境保护不利的其他因素，并采取相应措施，以保证经济发展与环境保护之间的和谐关系。那么何为发展？应该如何发展？

“发展”意为“事物由小到大、由简单到复杂、由低级到高级的变化。组织和规模的扩大”，指往好的、强壮的、正方向的变化过程，带有价值取向。什么样的变化才算是“好的、正确的”呢？目前中国乃至世界各个国家和地区的“社会发展”，主要以西方社会为标准，“发展”的话语权在于西方国家。英文的“发展”（develop）一词至17世纪时才正式出现，在此之前的词形是disvelop，本意为“打开、展开”。18世纪时，这个词为新兴的生物学所用，指涉人类心智的发展，因而与进化（evolution）一词关系紧密。19世纪时，“发展”成为社会科学古典进化论的关键词之一，特别用于解释经济变迁，尤其是工业化和市场经济的变迁过程。这一含义在20世纪日益普遍化，第二次世界大战以后“发展”成为一种不言自明的概念，并且成为世界大多数人日常生活中的现实。

自1949年美国总统杜鲁门提出“第四点计划”（即对落后国家提供经济援助的计划来支持和争取第三世界国家）以来，针对落后国家的直接经济援助项目成为推广西方现代资本主义发展模式的重要手段。20世纪五六十年代，在古典经济学理论的基础上，这些发展项目集中体现了把经济增长作为社会发展目标的思想，认为现代化的道路是通过输入西方发

① Garrett Hardin：“The Tragedy of the Commons”，*Science*，Dec. 1968，Vol. 162，No. 3859。加勒特·哈丁以公共牧场上牧民们可以自由放牧为例描述了“公用地悲剧”的发生机制。他认为每个理性的牧民都会追求效用最大化。在公共牧场上，牧民会有意或无意地问自己“增加一头牲畜会给我带来有多大的效用（utility）”，这个效用有正负之分。正效用是增加了一头牲畜带来的好处，即牧民获得出售这头牲畜的好处，牧民可获得几乎全部的正效用+1。负效用则是由于增加了一头牲畜而产生的过度放牧。过度放牧的后果被全体牧民所分担，所以对每个做出增加牲畜头数的牧民来说，其负效用仅仅是若干分之一，分母越大，牧民承担的负效应就越小。正负效用计算的结果，使每个理性的牧民都会增加自己的畜牧头数，而且会不断增加。在有限的公共牧场上，由于牧民们可以自由地放牧，牧民每增加一头畜牧都会给自身带来利益。然而每个牧民做出这种对自身有利的理性选择，则会使公共牧草地上的畜牧头数不断增加，其累加的结果则是公共牧草地上过度放牧，最终导致草地贫瘠、荒废。这就是哈丁著名的“公共资源的自由使用会毁灭所有的公共资源”的论断。

达国家的先进技术、制度与管理、文化与价值观念，从而克服“传统”的障碍，成功地实现社会现代化。

在这种价值取向的影响之下，几乎世界各国都在推行“现代化”“城镇化”发展，伊金霍洛旗也不例外，努力实现城乡一体化，缩小城镇和乡村之间的空间和生产生活差距，让社会公民都同样享受美好生活。那么，为何一定要通过城乡一体化规划实现人人平等和社会发展呢？当地政府大力提倡经济结构的战略性调整，促进优势特色产业大型化、集约化，加快发展以文化旅游为重点的消费产业，大力发展先进制造业和生产性服务业，提高自主创新能力的同时，构筑以能源化工产业为主导、先进制造业为支撑、战略性新兴产业为引领、现代服务业为重点的现代产业体系。这种发展规划，不同于传统牧区的空间分布和土地利用方法，整体上把当地规划成为较大的城市（及郊区）。伊金霍洛旗政府所在地阿拉腾席热镇，目前基本与鄂尔多斯市康巴什新区交接，全面推进阿康一体化（阿拉腾席热镇—康巴什一体化），“提升城市品位，建设宜居宜业城市”。20世纪末以来，“鄂尔多斯羊绒衫温暖全世界”、让世人广泛结识鄂尔多斯。以畜牧产品闻名的、内蒙古草原牧区，现正在努力建设工业园区和人工生态保护，其背后的理论依据与西方社会对“发展”“文明”和定居化（城镇化）的定义有关。

伊金霍洛旗也不可避免地被卷入全球化时代，以西方世界的发展观念和标准而规划地方社会的发展，把乡村打造成与城镇相一致。就目前的发展情况和生态建设情况而言，伊金霍洛旗发展规划取得良好成绩，然而，每一个地方的发展都以统一的标准去规划，不一定适合实地情况。为方便统一规划、管理和评估，国家倾向于使用统一标准，但不一定适合地方实情，不一定全部成功。①

二　伊金霍洛旗土地利用总体规划

根据2012年6月修订的《伊金霍洛旗土地利用总体规划修改文本及说明（2009—2020年）》，伊金霍洛旗土地总面积为548680.86公顷，其中农用地480337.08公顷，占土地总面积的87.54%；建设用地15830.68公顷，占2.89%；其他土地52513.10公顷，占9.57%。

① 关于这一理论，可参考［美］詹姆斯·C. 斯科特：《国家的视角：那些试图改善人类状况的项目是如何失败的》，王晓毅译，社会科学文献出版社2011年版。

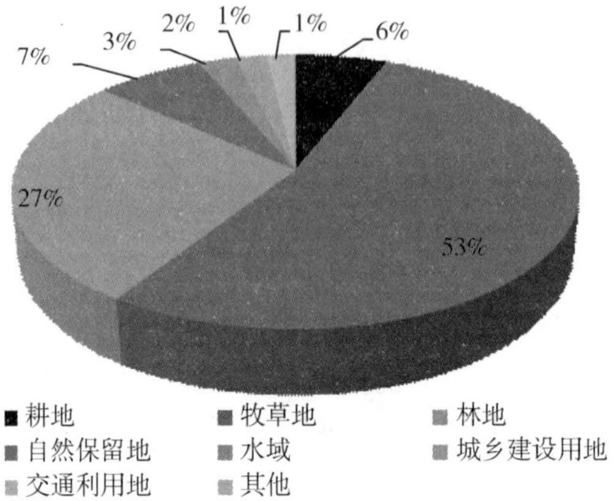

图 7-4 伊金霍洛旗土地利用规划示意

农用地中耕地 33625.04 公顷，占全旗土地总面积的 6.13%；园地 23.12 公顷，占 0.004%；林地 149290.23 公顷，占 27.21%；牧草地 291625.93 公顷，占 53.15%；其他农用地 5772.76 公顷，占 1.05%；建设用地中城乡建设用地 11603.30 公顷，占全旗土地总面积的 2.11%；交通水利用地 4022.76 公顷，占 0.73%；其他建设用地 204.63 公顷，占 0.04%。

其他土地中水域 13302.93 公顷，占全旗土地总面积的 2.42%；自然保留地 39210.17 公顷，占 7.15%。

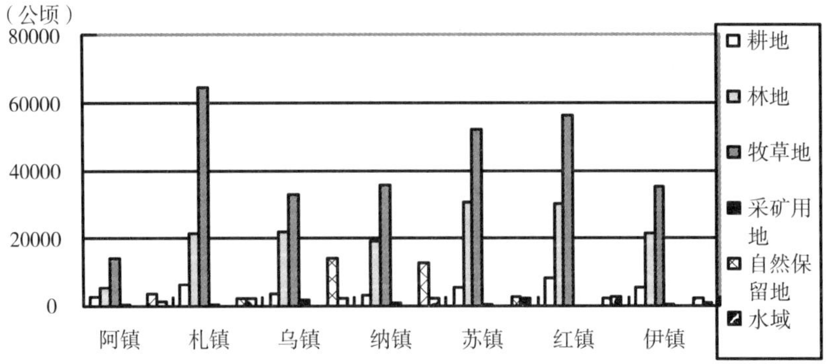

图 7-5 伊金霍洛旗土地利用基数

在上一节我们曾谈到，伊金霍洛旗政府正在努力推行城乡一体化进程，缩小乡村牧区与城镇之间的差距，提高人们的生活水平。从上述数据和土地利用规划，我们可以得知城乡一体化建设、工矿开发并不是要取消畜牧业，而是牧草地和林地仍占据绝大部分土地。也正因为如此，伊金霍洛旗政府努力开展旅游业及生产性服务业。

从资源利用角度而言，畜牧生产是在一定的地理环境的条件下，以牧草为第一生产资料，以牲畜为第二生产资料的能量转化过程。在这个过程中，放牧打破了天然草地的自然生长发育过程，因而对草地饲用植物的更新能力具有很大影响。一般情况下，草地利用越合理，自然更新的再生能力就越强，生产力也就越稳定①。所以只有在土地、牧草、牲畜和牧民之间，特别是在牧草和牲畜之间形成平衡关系，才能实现牧业的可持续性。游牧蒙古族在长期的生产实践中，将人—牲畜—牧草这三个草原生态系统的基本要素科学地协调起来，积累了丰富的经验：一定面积的草场能养活多少只牲畜；多少只牲畜能养活一口人；一年中不同的季节牲畜在什么样的草场采食最好；草场之间应该多长时间轮牧一次最佳；什么样的草场适合一种牲畜采食；一群牲畜的规模应该控制在多少只以内才能适应草场的承受力等等。这些经验体现在牧民游牧的方式、草场的选择、牲畜的管理等日常的牧业生产过程当中。

加之，内蒙古牧区正在推行退牧还草、依草定畜等相关政策，严格限制放牧羊只头数。在这种情况下，保留部分畜牧业将不会破坏生态环境，反而起到积极作用。若要保护内蒙古的生态环境，在牧区必须保留一部分畜牧业，而且必须保留一部分蒙古族牧民。生态环境作为公共物品，其具有的公共性维系着所在社区每个人的利益，生态环境好与坏所带来的外部性深刻地影响着社区内每个人的生产生活。在传统牧区，蒙古族的游牧经济、宗教信仰、民俗文化（例如对天地的崇拜、对水的敬仰）等内化于牧民心中的核心价值观建构了生态环境为核心的公共物品的观念，并在千百年与生态环境反复磨合的过程中逐渐形成了保护生态环境不受损坏的生产生活方式。而随着现代化的进程，一些外部因素（如市场需求、移民、政府规划和政策）进入社区，并转化为内部的主体因素，它们并未把生态环境作为核心公共物品的观念，与此同时传统蒙古族核心价值观也出现断裂，人们为追求经济的、政治的利益而将公共物品变成牺牲品，出现了

① 参见中国自然资源丛书编撰委员会《中国自然资源丛书·草地卷》，中国环境科学出版社 1995 年版，第 3 页。

诸如“公地的悲剧”等现象①。不是传统游牧文化本身破坏了草原生态，而是内部传统与外来因素相碰撞导致了环境恶化，因此不能全盘否定传统文化与土地利用方法。我们认为伊金霍洛旗的土地利用规划是比较合理的，有利于生态环境保护和可持续发展。

第三节　伊金霍洛旗生态文明建设

自 1999 年通过农村牧区工作会议的决定，实施退牧还草、退耕还林重点工程以来，伊金霍洛旗以改善林业生态环境，恢复植被，实现林业生态系统良性循环为重点，以增加项目区农牧民收入，促进区域经济持续快速健康发展为目标，生态建设取得了显著成效。全旗累计完成人工造林 716.42 万亩（其中三北防护林一、二、三期工程人工造林 473 万亩，飞播造林 48 万亩，四期人工造林 9.4 万亩；退耕还林工程完成 49.7 万亩；天保工程完成 52.5 万亩；日元贷款项目人工造林完成 15.97 万亩；“绿色四围”“碳汇林”“两个双百万亩”和“城市核心区百万亩防护林生态圈”建设工程完成人工造林 67.1 万亩，完成东西红海子实地绿化 0.75 万亩），形成了国家林业重点工程、地方林业工程和企业造林多轮驱动的局面。全旗有林面积达到 362 万亩，森林覆盖率达 39.9%，植被覆盖度达 87%。②

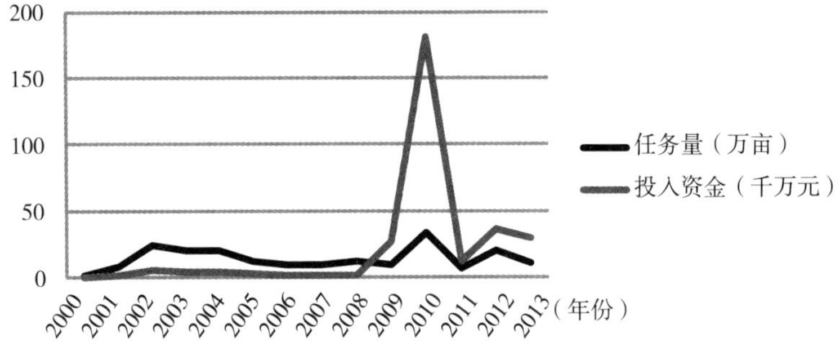

图 7-6　伊金霍洛旗林业绿化任务及投资情况

① 参见刘魁立、高丙中主编《阿拉善生态环境的恶化与社会文化的变迁》，学苑出版社 2007 年版，第 26 页。

② 伊金霍洛旗林业局提供的资料。

从“伊金霍洛旗林业绿化任务及投入资金统计表”里，我们可以看出，当地政府非常注重生态文明建设，2008 年以来随着该地区经济快速发展，政府也加大了对林业绿化方面的支持力度。

2013 年，全旗根据自治区党委、政府实施“8337”工程战略部署，按照全市创建“国家生态园林城市”“国家森林城市”的总体要求，为切实转变机关工作作风，大力弘扬植绿、护绿、爱绿的生态文明新风，携手共建“宜居伊金霍洛”，旗委、政府高度重视造林绿化工作，将植树造林工作摆上重要议事日程，成立了以旗委书记为组长的工作机构，并下设组织动员、协调、技术、宣传等多个工作组，负责植树造林活动的业务指导、沟通协调、信息上报、检查验收等日常工作，制定了《伊金霍洛旗 2013 年春季义务植树暨城区绿化工作方案》，由全旗党政机关、事业单位、社会团体、学校及厂矿企业共计 125 家单位 10531 人参加义务植树，完成对城市周边绿化薄弱区域，以及城区出入口、城乡接合部等地 12 万亩绿化栽植和养护任务。现已完成重点区域绿化 10.7 万亩，其中完成城防林工程 6.5 万亩，完成义务植树 1.7 万亩（道路两旁绿化 160 公里 0.96 万亩，园区厂矿绿化 0.34 万亩，城镇周边 0.4 万亩），三北防护林工程人工造林 2 万亩，天保工程人工造林 0.5 万亩。[①]

在调查中，我们观察到伊金霍洛旗在生态文明、林业绿化方面的经验做法如下：

（1）地方政府的重视和有力领导是推进重点区域绿化的根本保证。该旗将绿化造林纳入经济和社会发展总体规划，放在全旗经济建设的首位，自上而下建立了生态建设组织领导机构，制定了党政一把手负总责、分管领导具体抓的造林绿化目标责任制，并与各部门签订造林绿化责任状，做到目标明确，责任到人，有力地推进生态建设快速发展。

（2）多元化投入与多部门参与是加快重点区域绿化的根本条件。在绿化资金保障上以国家重点工程投入和地方财政出资为主，工矿企业、各类经济实体投入为辅的多元化投入方式进行，在造林参与上采取国家、集体、个人一起上，林业、城建、园林、园区、国土、财政、发改、交通等各部门共同参与的造林机制开展生态绿化。同时鼓励发展非公有制林业，积极支持造林大户和党政机关干部职工带头投资造林绿化，逐步形成全社

① 伊金霍洛旗林业局：《关于报送 2013 年上半年工作总结下半年工作计划的报告》。

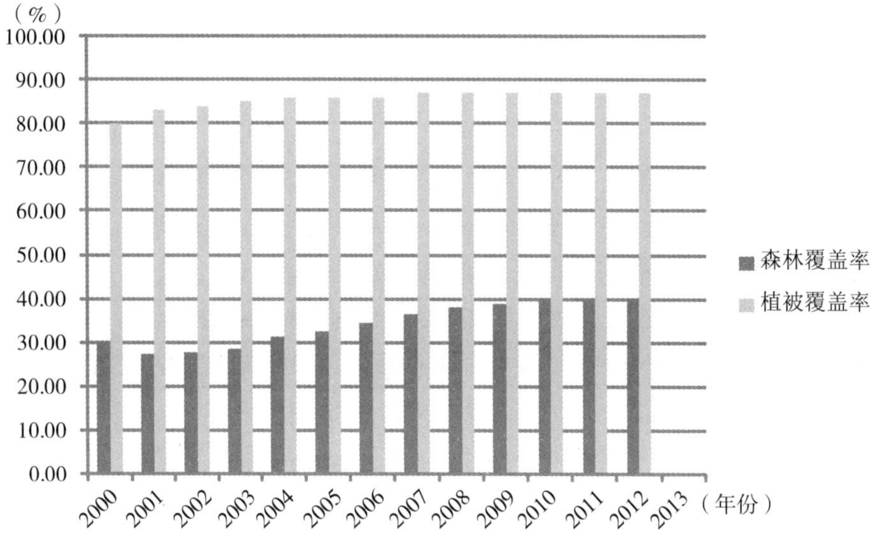

图 7-7　伊金霍洛旗森林、植被覆盖情况

会重视林业、支持林业、参与林业、投资林业的导向和氛围，从而引导各种生产要素向林业领域聚集，创造多种所有制共同建设，共同发展的环境。

（3）合适的造林机制和方法是推进重点区域绿化的根本途径。一是所有绿化工程全部实行“掏钱买活树”造林机制和工程招投标制，根据工程实施进度，按照 3∶3∶4 的比例支付工程款，同时在义务植树活动中，对承包绿化的党政机关、企事业单位实行“三定一包”制，即定任务、定人员、定地块，一包三年，第一年由政府统一提供苗条，以后补植苗木费用全部由实施单位承担，有效保证了苗木数量和工程质量。二是坚持因地制宜、适地适树的造林原则。三是采用科学营林、科技兴林的营造林技术，全面提高造林成活率。

（4）严格的管理是保护重点区域绿化成果的根本保障。严格执行林业政策法规，特别是对偷牧、非法采伐、非法征占用林地等违法毁坏林木的行为坚决予以严厉打击，切实保护重点区域绿化建设成果。①

一　伊金霍洛旗乡镇生态建设

当地政府深切认识到林业在贯彻可持续发展战略中的重要地位和在生

① 伊金霍洛旗林业局：《关于报送 2013 年上半年工作总结下半年工作计划的报告》。

态建设、应对气候变化中的重要作用，采取各种措施，不断增加森林资源、改善生态、绿化环境、增强经济社会可持续发展能力。近年来，伊金霍洛旗相继实施了退耕地还林、低产林改造、针叶树幼林抚育、城市核心区百万亩防护林、“四区十线一新村”绿化工程、碳汇林、五区绿化和天保工程等，取得了良好效果。

其中，“城市核心区百万亩防护林生态圈建设”工程是2012年鄂尔多斯市委、市政府实施“一核一圈一带”发展战略的重要组成部分，该项工程的实施对于推进城市核心区绿化，维护生态安全，打造宜居宜业中心城市，创建国家森林城市和园林城市，推进生态文明建设具有极为重要的意义。工程由新建包茂高速伊旗段53.7公里两侧各1000米绿化和新建210国道伊旗段58公里单侧1000米绿化组成。总规划控制面积23.46万亩，总投资3.33亿元，按照7∶3的比例投资，其中市政府投资2.33亿元，旗政府投资1亿元。工程实际建设面积13.77万亩。截至目前，已完成人工造林8.02万亩，栽植各类苗木1553万株，以樟子松、柠条、杨柴为主。抚育改造完成3.73万亩次，已完成总工程量的86%。

伊金霍洛旗“四区十线一新村”绿化工程，是鄂尔多斯市于2010年制定“两个双百万亩”工程的重要组成部分。工程布局以210国道为轴线，分为阿镇、成陵、文体产业园周边绿化和矿区复垦绿化四个区，境内210国道辅线、兰嘎线、乌阿线、包茂高速、109高速、兰红线、旅游专线、阿四线、包府线、边弓线10条线路以及乌兰木伦新村绿化，实施面积30万亩，总投资18亿元，由236家绿化企业投标绿化，针阔混交8∶2。共栽植樟子松、油松等针叶树1231万株，各类阔叶林树种312万株。其中“四区”：阿镇景观区，由53家绿化企业承包绿化，绿化面积62814亩，投资37688.4万元，栽植针叶树258.3万株，阔叶树64.5万株；成陵周边景观绿化区，由45家绿化企业承包绿化，绿化面积87513亩，总投资52507.8万元，栽植针叶树359.8万株，阔叶树89.9万株；文化产业园区，由42家绿化企业承包绿化，绿化面积45516亩，总投资27309.6万元，栽植针叶树187.2万株，阔叶树46.8万株；矿区复垦区，由煤矿企业自行出资绿化，绿化面积6797亩，投资4078.2万元，栽植针叶树27.9万株，阔叶树6.9万株。“十线”，对境内308.1公里道路两侧各100米进行绿化：210国道辅线，由3家绿化企业承包绿化，绿化面积3344亩，绿化长度11.2公里，投资2006.4万元，栽植针叶树13.7万株，阔叶树 3.4 万株；兰嘎线，由 2 家绿化企业承包绿化，绿化面积 2662 亩，绿化长度 8.8 公里，投资 1597.2 万元，栽植针叶树 10.9 万株，阔叶树 2.7 万株；乌阿线，由 12 家绿化企业承包绿化，绿化面积 9970 亩，绿化长度 33 公里，投资 5982 万元，栽植针叶树 41 万株，阔叶树 10.2 万株；包茂高速，由 47 家绿化企业承包绿化，绿化面积 44518 亩，绿化长度 148.5 公里，投资 26710.8 万元，栽植针叶树 183 万株，阔叶树 45.7 万株；109 高速，由 4 家绿化企业承包绿化，绿化面积 4867 亩，绿化长度 16.2 公里，投资 2920.2 万元，栽植针叶树 20 万株，阔叶树 5 万株；兰红线，由 1 家绿化企业承包绿化，绿化面积 1516 亩，绿化长度 5 公里，投资 909.6 万元，栽植针叶树 6.2 万株，阔叶树 1.6 万株；旅游专线，由 11 家绿化企业承包绿化，绿化面积 11280 亩，绿化长度 37.6 公里，投资 6768 万元，栽植针叶树 46.3 万株，阔叶树 11.6 万株；阿四线，由 10 家绿化企业承包绿化，绿化面积 9260 亩，绿化长度 31 公里，投资 5556 万元，栽植针叶树 38 万株，阔叶树 9.5 万株；包府线，由 3 家绿化企业承包绿化，绿化面积 3547 亩，绿化长度 11.8 公里，投资 2128.2 万元，栽植针叶树 14.6 万株，阔叶树 3.6 万株；边弓线，由 1 家绿化企业承包绿化，绿化面积 1495 亩，绿化长度 5 公里，投资 897 万元，栽植针叶树 6.1 万株，阔叶树 1.5 万株。“一新村”为乌兰木伦新村：由 6 家绿化企业承包绿化，绿化面积 4910 亩，投资 2940.6 万元，栽植针叶树 18 万株，阔叶树 9.1 万株。该项绿化工程是伊金霍洛旗实施规模最大，投资额度最大，完成质量最好的绿化工程，对提高林分质量、保持水土、促进低碳经济、改善人居环境和打造森林城市等发挥重要作用。①

“碳汇林”工程，是由鄂尔多斯市煤炭企业为持续改善鄂尔多斯市生态状况，积极应对气候变化，促进经济社会科学发展，倡议并投资在全市营造 10 万亩碳汇林。这既是固碳减排的一项重要举措，又是企业回报社会、勇于承担社会责任的具体实践。2010 年伊金霍洛旗在伊金霍洛镇布拉格嘎查，实施碳汇林工程 10000 亩，总投资 6940 万元，设计建成以碳汇为主要目的的针叶树种和地区乡土树种混交型碳汇林。共栽植樟子松等针叶树种 32.6 万株，阔叶树种 11.2 万株（丛），工程于 2010 年 8 月底完工。2011 年又在布拉格嘎查实施碳汇林工程 20692 亩，总投资 1.54 亿

① 《伊金霍洛旗林业发展“十二五”规划》。

元，共栽植针叶树 66.4 万株，沙枣、文冠果、山桃等阔叶树 23.1 万株，工程于 2012 年 5 月完工，现碳汇林工程达到 3 万亩规模，与成陵周边绿化连接成片，对提高林分质量、保持水土、促进低碳经济、改善人居环境和提高森林生态系统整体固碳能力有重要作用。

“成吉思汗陵周边环境绿化工程”，为进一步改善成吉思汗陵周边环境，伊金霍洛旗先后开展了成吉思汗陵核心区绿化工程。2009 年，启动实施了成吉思汗陵视觉景观区绿化工程。工程分三期建设，总绿化面积 14.5 万亩，总投资 11.6 亿元。其中一、二期工程于 2009 年实施，绿化面积 1.22 万亩，投资 2.3 亿元，栽植各类树种 116 万株（穴）。三期工程于 2010 年实施，绿化面积 13.28 万亩，总投资 9.29 亿元。树种以樟子松为主，工程已全部完工，共栽植针叶树 677 万株，阔叶树 170 万株。

“十一五”是伊金霍洛旗林业快速发展，进入历史性转变的战略机遇期，也是确立以生态建设为主的林业可持续发展道路，实现资源综合利用，全面推进伊金霍洛旗林业跨越式发展，建成比较完备的森林生态体系和比较发达的林业产业体系的重要时期。在这五年时间内，该旗全面贯彻落实《中共中央国务院关于加快林业发展的决定》，积极争取社会各界的大力支持，以林业生态建设为主线，积极实施“生态立旗”战略，进一步加大林业建设投入力度，实现了全旗林业可持续发展，先后荣获“全国造林绿化模范县（旗）”“全国退耕还林先进县（旗）”“首届中国十佳绿色城市”等称号，2010 年又摘得“全国绿色贡献奖”①。

当地政府大力开展林业发展和生态建设，主要出于以下几点考虑和需求。

（1）生态需求。伊金霍洛旗地处毛乌素沙地东北边缘，位于干旱草原向荒漠化草原过渡地带，自然条件严酷，生态环境脆弱，大风、干旱，土地沙化、自然灾害发生频繁，已成为全旗经济社会可持续发展的重要制约因素。加强林业生态建设，大力改善区域生态环境，必将明显起到调节气候、降低风速、减少沙尘暴、净化空气、美化环境、保护生物多样性等多种生态功能，使区域生态环境进入良性循环轨道，逐步实现林业的跨越式发展。

（2）区域协调发展的需求。伊金霍洛旗生态环境的优劣，直接影响

① 伊金霍洛旗林业局提供的材料。

着全市经济社会各项事业的发展，加强伊金霍洛旗生态治理力度，充分发挥林业地域广、领域宽的优势，可推动农村产业结构的战略性调整，促进全旗经济的快速发展，繁荣农村经济，加快农民脱贫致富和全面建设小康社会的步伐。对促进地区经济社会全面进步和协调发展必将起到深远的意义。

（3）林产品的多层次、多样化需求。随着我国经济社会的快速发展，城乡居民消费层次和消费结构不断升级，对林业的需求已呈现出明显的多样化趋势，对森林非木质林产品消费和森林服务将成为时尚潮流。“十一五”期间，伊金霍洛林业在突出生态建设的同时，全方位发展森林生态旅游，加大景区基础设施建设，加强景区管理和宣传促销，生态旅游已成为展示林业行业形象的窗口，有效满足了人们日益增长的人居环境、森林休闲和绿色生态产品等物质文化生活需求。

我们可以从以下几个方面概括伊金霍洛旗“十一五”期间取得的成果。

（1）森林资源持续增长。“十一五”末，全旗有林地面积达 362 万亩，与上期（“十五”期间）森林资源总量 352 万亩相比，增长 2.8%，活立木蓄积达到 172.5 万立方米，与上期的 147 万立方米相比，增长 14.8%，森林覆盖率 39.9%，与上期的 32.6%相比，增长 7.3 个百分点，实现了森林面积、活立木蓄积、森林覆盖率“三增长”。

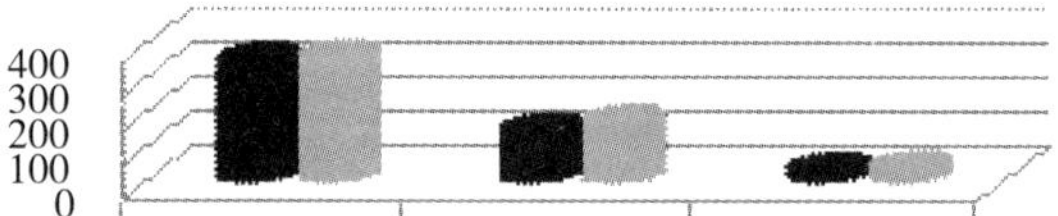

	森林面积（万亩）	活立木蓄积（万立方米）	森林覆盖率（%）
■“十五”末	352	147	32.6
■“十一五”末	362	172.5	39.9

图 7-8　伊金霍洛旗“十一五”林业发展成果

（2）区域生态明显改善。全旗已基本形成了乔、灌、草，带、网、片相结合的区域性防护林体系，农田林网化程度已达 90%，1650 公里的公路拥有了防护林带。城区绿化率达到 37%，绿地率达到 35%以上，镇区绿化覆盖率平均达到 34%，嘎查村绿地覆盖率达到 52%。围村林、环镇林、城乡绿化一体化效果日趋显现。

（3）通道沿线森林景观初步形成。“十一五”期间，打造了阿大线、包茂高速、阿四线和“四区十线一新村”等一系列精品工程，造林树种实现了多样化，林分质量得到了提高。已初步形成了以高速公路、国道省道、镇村公路、城市外围为重点的绿色通道景观框架。

（4）重点工程成效显著。“十一五”期间，共完成人工造林74.94万亩，其中国家重点工程退耕还林4.9万亩、天保工程12.5万亩、三北四期6.3万亩。特别是市政府提出建设“绿色四围”和“两个双百万亩工程”目标后，全旗2009年新造林10.2万亩，2010年新造林33.2万亩，有力地推动了伊金霍洛旗造林绿化事业的持续、健康发展。

（5）林业产业初见成效。“十一五”期间，依托乌兰木业、内蒙古水域山饮品有限责任公司两大林沙企业，吸纳各类生产要素进入林业。乌兰木业继续延长产业链，生产人造板规模达到12万立方米。内蒙古水域山饮品有限责任公司收购带枝沙棘原果1.5万吨，年产沙棘原浆3600吨，生产线产沙棘果汁饮料10万吨。

（6）森林资源得到有效保护。严格执行森林资源保护制度、破坏森林资源责任追究制度和全年禁牧政策，不断加大植被恢复和保护力度，积极推进生态恢复区人口转移，坚决打击非法开垦、乱砍滥伐、毁林毁草行为，杜绝重特大森林草原火灾发生，生态建设成果得到有效保障。其间，完成生态自然恢复区人口转移166.5平方公里1727人，农村牧区从事农牧业生产人口由10.6万人降到6.5万人；查处各类破坏生态环境的违法行为797起，处罚涉案人员805人；全旗无重大特大森林草原火灾发生，森林火灾受害率一直控制在1‰以下；林业有害生物防治率达到95%以上；野生动物保护与合理利用成效显著，野生动物数量逐年增加。

2013年，鄂尔多斯市级下达伊金霍洛旗造林任务为8万亩，伊金霍洛旗计划完成林业建设任务12万亩，其中三北防护林工程2万亩，天保工程0.5万亩，城市核心区百万亩防护林建设工程（工程规划面积23.46万亩，实际建设面积13.7万亩。其中，新造林10万亩，抚育改造3.7万亩，至2012年年底已完成造林3万亩，抚育改造全部完成）7万亩，全民义务植树1.7万亩，国有林场站低产林改造0.3万亩，森林植被恢复0.5万亩。同时继续完善3万亩碳汇林及其他绿化工程补植补造和后期管护任务。截至7月底，伊金霍洛旗已完成造林面积10.25万亩，其中完成重点区域绿化8.3万亩（城防林工程4.1万亩，义务植树1.7万亩，三北防护林工程人工造林 2 万亩，天保工程人工造林 0.5 万亩），国有林场残次林改造 0.45 万亩，森林植被恢复 0.5 万亩，碳汇林及其他绿化工程补植 1 万亩，营林造林任务超前完成。

因而，伊金霍洛旗森林资源保护能力显著增强，主要表现在以下三个方面。

首先，加大了林业资源保护力度。伊金霍洛旗开展了“打击违法占用林地”“打击破坏野生动植物资源违法犯罪活动”等专项行动，对境内的建设项目征占用林地，严格执行征占用林地的审核、申报、审批、补偿制度，与森林公安局联合对全旗 2010—2012 年度各类征占用林地的 229 个项目进行了全面排查，规范了林地征占用程序。共办理征占用林地 62 起，已批复 23 起 218.5 公顷。查处了各类毁林、违法采伐、运输木材等案件 5 起（其中刑事案件 1 起），收缴罚款 4.14 万元，处罚人员 5 人；加强了森林病虫害防治、监测和检疫工作。对城区、景区、园区、通道绿化外调苗木，组织森防检疫人员加强调运检疫工作，捕杀美国白蛾雄性成虫一只，共查处违章调运苗木案件 18 起，产地检疫苗木 8.1 万亩，复检苗木 85 万株，调运检疫苗木 10 万株；加大护林防火基础设施建设。防火远程监控系统建设旗级经费配套 180 万元已列入财政预算，国有林场防火通道建设招投标工作已完成，正在组织施工。全旗无重大森林草原火灾和人员伤亡事故发生。将全旗 362 万亩森林管护任务承包到 460 名天保工程管护人员，并层层签订管护合同，负责禁牧、病虫害防治、森林草原防火、林地管理、案件举报等工作，确保森林资源安全。国家级森林公园规划设计方案已初步完成，正在进行申报。沙地樟子松示范县已完成申报。

其次是加大林沙产业扶持力度。伊金霍洛旗珂维璐集团沙棘饮品项目正常投入生产，年收购带枝沙棘原果 1.5 万吨，年产沙棘原浆 3600 吨，年产成品沙棘果汁饮料 2 万吨。乌兰中密度纤维板厂现生产规模达到刨花板生产能力 1.8 万立方米，已建成中密度板生产能力 8 万立方米，总计生产能力达到 15 万立方米。

最后是加大林权改革推进力度。继续加大集体林权制度改革力度，现全旗 121 万亩商品林和 301 万亩集体公益林的确权工作已全部完成，确权率达 100%，林权证已全部打印完毕，其中 45.9 万亩退耕还林林权证已全部发放。全旗 4666.52 万元农牧民公益林补偿和管护补助资金正在进行发放。下一步，拟申请建设集林权流转、抵押、林业执法、资产评估、技术服务于一体的业务综合服务大厅。

种植树木种类方面，以樟子松为主，同时种植沙棘、柳树和苜蓿等本土树木。伊金霍洛旗是鄂尔多斯市最早进行樟子松育苗、栽植的旗区。20世纪60年代从辽宁省西部章古台引种至伊金霍洛旗霍洛林场和新街治沙站，从1965年开始进行樟子松育苗技术研究，经十余年的试验，育苗获得成功，为鄂尔多斯地区引种樟子松奠定了基础。现全旗珍贵树种培育总面积约60万亩，其中人工造林约35万亩，基地育苗约25万亩，育苗基地有45个，从事树种培育人员达2000多人。①

为继续推进林业工程建设，延长林业建设高峰期，处理好长远与当前，全面与局部的关系，促进生态、经济与社会三大效益的协调统一，形成生态需求为主，多效益利用的林业，制定了《伊金霍洛旗樟子松造林“十二五”规划》，确定建设10万亩樟子松基地，建设期为5年，从2011年到2015年，具体为：2011年，在苏布尔嘎镇造林3万亩；2012年，在伊金霍洛镇赛乌聂盖村、甘珠庙村、壕赖村造林2万亩；2013年，在新街治沙站、札萨克镇造林2万亩；2014年，在乌兰木伦镇、纳林陶亥镇、矿区复垦区造林2万亩；2015年，在阿镇、红庆河镇造林1万亩。每亩栽植42株，苗高在0.8米以上，造林过程中采取混交方式进行，混交比为7∶3（其中樟子松所占比例为7，混交树种沙柳、柠条、沙棘、山杏所占比例为3）。

以樟子松为主的营林造林工作从实施以来取得了生态、社会、经济多方面的良好效益。

首先生态效益方面，樟子松造林工程实施后，全旗七个乡镇部分地区的水土流失、风蚀沙化危害可以从源头上得到控制，项目建设可新增林地10万亩，能够有效地减缓毛乌素沙地扩大的进程，使自然生态环境朝着有利于经济和各项事业的健康文明方向发展。同时还可以起到调节气候、净化空气，减少噪音，美化环境的良好效果。

其次，社会效益方面，樟子松造林工程全部落实后，对保障国民经济、促进伊旗经济蓬勃发展与打造林业强旗有着极为重要的作用和现实意义。它将进一步改善人居环境，加快广大农牧民脱贫致富的步伐。届时该工程所显示的绿化成就、示范带动作用、文化价值、社会影响力及生态文

① 伊金霍洛旗林业局提供的资料。

明程度，更是意义长远。

再次，经济效益方面，樟子松造林工程实施后，全旗农牧民收入将大幅提升，人均每年来自樟子松培育收入将达到 1 万多元。林分结构会更加合理化，生物多样性防治病虫害的功能将进一步增强，人民群众的生存环境将进一步得到改善，对社会主义新农村建设将起到积极的推动作用。同时通过项目的典型示范和带动作用，可加快全旗乃至周边地区水土流失治理的步伐。

近年来，伊金霍洛旗通过大规模、大额度实施绿化工程，全旗已基本形成了乔、灌、草，带、网、片相结合的区域性防护林体系，农田林网化程度已达 90%，1650 公里的公路拥有了防护林带，城区绿化率达到 40%，绿地率达到 37%以上，镇区绿化覆盖率平均达到 35%，嘎查村绿地覆盖率达到 52%，活立木总蓄积量达到 155. 21 万立方米，林沙产业总产值达到 3. 3 亿元，沙地面积已由过去的 29. 45 万亩减少到现在的 5. 2 万亩，年均减少 29. 3%。围村林、环镇林、城乡绿化一体化效果日趋显现，已初步形成了以高速公路、国道省道、镇村公路、城市外围为重点的绿色通道景观框架。①

二 伊金霍洛旗城市绿化建设

伊金霍洛旗以创建“国家生态园林城市”和打造“人居环境最优美城市”为目标，坚持规划建绿的原则，按照量的突破、质的提高、特色的形成三位一体的理念，建设各种营林造林工程的同时，也大力推进城市园林绿化建设。

截至 2013 年 8 月，伊金霍洛旗城区建有各类公园、广场共 21 个，其中已建成综合公园 6 个（阿吉奈公园、母亲公园、掌岗图公园、体育公园、行政办公区公园、乌兰木景观湖南岸公园），在建公园 3 个（东西红海子湿地公园、英雄公园、全民健身公园）；带状公园 2 个（柳沟河公园、电力街带状公园），拥有各类广场 5 个，其中已建成公共活动广场 3 个（人民广场、阿吉奈广场、乌兰广场），在建广场 2 个（政府南广场、王府广场）。高层区在建社区公园 3 个。其他公园 2 个（北区山体公园、

① 伊金霍洛旗林业局提供的材料。

天隆北山植物园）。[①]

阿吉奈公园地处伊金霍洛旗政府所在地阿拉腾席热镇居住区中心，是周边居民生活休闲的主要活动场所。2008 年，伊金霍洛旗政府为了充分提高当地居民生活环境水平，投资约 3850 万元，对公园进行改造建设，通过拆迁由原来的 12.8 万平方米扩建为 18 万平方米。公园的主题是娱乐与休憩。该公园结合原有植被情况，将公园分为东西两区，西区保留和利用原有道路及植物，打造自然园林景观，东区利用组团式的种植打造富有建筑感的现代园林形象，利用东西区不同风格的对比，由中心区进行转变风格，形成自然与时尚相统一景观。公园主要分为八大功能区：入口广场及运动场地区、停车场、核心精品水景广场、安静休闲区、多功能综合广场、林下休闲健身区、城市广场区、管理区。

其中入口广场的白马雕塑具有历史纪念性，阿吉奈是白马的意思，伊金霍洛旗在爱国卫生阿吉奈评比中荣获优胜奖，特设此雕塑以示纪念。水景广场不仅是炎炎夏日中的避暑场所，同时我们可观看水幕电影。绿化种植主要以樟子松、油松、国槐、玫瑰、丁香等乡土树种为主，树种达 100 余种。

母亲公园，位于伊金霍洛旗阿镇郡王府东，北邻乌兰木伦河，与康巴什新区隔河相望，是鄂尔多斯市政府新城区中最高的自然小山丘，公园占地面积 133 公顷，预计投资 3.8 亿元。公园主题以突出蒙元文化为核心，分两条线路，主线以歌颂母亲为主题，辅线以伊旗的历史发展过程为节点，体现出文化的民族性和唯一性。园中设计为八大功能区，即“景观功能区”“伊金霍洛旗的历史走廊”“植物多样性生态走廊”“运动休闲健身区”“母亲主雕”“音乐喷泉”“人工湖”“历史体验区”等。[②]

公园绿化主要以自然式种植樟子松、桧柏、山杏、胡杨、山桃、杨柳树等乡土树种为主。母亲的形象在人们的心中是伟大的，同时也是爱的化身，象征着智慧与和谐。尊母是中华民族的传统美德，是中华优秀文化的组成部分，故此该公园定名为：“母亲公园。”主体雕塑寓意：博大的胸怀、力量的源泉、圣母的化身、勤俭的垂范等内容。

母亲公园园内建有一座人工湖，湖面面积 160 亩，在湖面上设有一座

① 伊金霍洛旗园林局《关于近五年整体工作总结和 2013 年上半年工作总结及近期发展规划》的报告。

② 伊金霍洛旗园林局提供的材料。

大型音乐喷泉，音乐喷泉可喷高 120 米，音乐喷泉是升降式的，夏天这里是人们休闲游览的好去处，冬天又可以当溜冰场来使用。

伊金霍洛旗已建成的带状公园有 2 个，即电力街带状公园和柳沟河公园。电力街是与康巴什（鄂尔多斯市政府所在地）连接的交通干道，全长 2 公里、6 万平方米，2009 年投资 1800 万元，将着力把电力街建设成一个景观大道，按照"一街一树，一街一景"和"适地适树"的原则，采取绿化带与带状相结合的办法，不仅形成独特的街景，也为附近的居民、学生、患者休闲锻炼提供良好的活动场所。主要树种有国槐、云杉、山桃、樟子松等。乔、灌、草层次分明、错落有致，巧夺天工地打造出了伊金霍洛景观大道。

柳沟河景观湖位于伊金霍洛旗阿镇城郊接合部。随着镇区建设规模的扩大，这里曾成为居民清道垃圾的场所。为此 2009 年伊金霍洛旗委政府决定整治这条河，将它打造成一条穿越镇区的景观河。柳沟河河道景观工程整治河道长 4.04 千米，景观带宽 70—300 米，总面积 76.5 公顷，绿地面积 52.8 万平方米，工程内容包括土方挖填、瀑布、河底防渗、补水管道、绿化、硬化、给排水管网、园建等，总投资约 2.2 亿元。

经综合整治建成后的柳沟河是一条穿过阿镇市内的生态廊道，良好的环境不仅可为市区提供了大面积的公共绿地同时也代表着城市的整体形象。景观带以河中高差不同的景观瀑布和跌水形成的连接水面为线索，两岸呼应主题要素，选择柳属植物树种，突出"柳"的主题，形成一带一园二节点的景观布局。

"一带"，主要指公园街以东沿河绿地。尊崇绿色和简洁，以植物造景为主，通过乔灌地被的精心搭配、营造出舒缓开敞的自然生态、亲水景观意境，精心打造绿地景观城市廊道。"一园"，即柳荫秀园，即公园街以西绿地较宽阔处。针对两岸不同功能区域用地密集的特点，滨水地带必将成为社区公共空间中不可缺少的景观要素。为了保护原地形风貌并突出滨河景观特点，外围以洄游式园林空间串起小尺度的休闲活动场，重点打造滨河的缓坡滩地。"二节点"分别位于通格朗街交口和乌兰木伦路交口绿地较开阔处。清波弄影，即通格朗街交口节点。依托对现状地形的梳理，围绕亲水区域安排设置自然、生态的休闲空间，与相邻的城市街区形成呼应，实现滨水地带与城市空间的联系共享。水岸听风，即乌兰木伦路交口节点。通过植物配置打造景观大道，保留场地上现有大型植被，铺以地形起伏和疏朗草坪，营造出一个以植物美景为主基调，提供交往、休闲活动的景观空间。

人民广场位于党政大楼前，该广场为充分体现以人为本理念，重点突出了镇区内“绿、巧、净、秀”的特点，2002 年时投资 700 万元建成，总面积 44923 平方米，其中绿化面积 20413 平方米，种植樟子松、侧柏及各种花灌木 15 种；设有水幕喷泉 1 处，旱地喷泉 1 处和东西对称的长廊。放置雕塑 19 个。安装庭院灯、螺旋灯、水晶灯等各种交相辉映的景观灯 103 盏；大型荧屏一个，这不仅给广大居民创造了恬静、舒适的休闲、娱乐环境，同时也是政府及各个部门大型活动、大型演出的首选场所。

阿吉奈广场总面积 20091 平方米，其中绿化面积 6127 平方米，环境优雅，景色宜人，总体规划科学合理，景点布局错落有致，观赏性强，设施功能较完善。绿化主要种植垂柳、樟子松、桧柏以及景天、草坪等各种地被植物，内设健身器材、长廊、休闲座椅和各种景观灯，是居民健身活动、闲暇休憩的美好场所。

乌兰广场建于 2005 年，总面积 11020 平方米，种植各类园林绿化树种 15 种，376 株，绿地面积达 4898 平方米，水域面积达 1650 平方米，硬化面积 4472 平方米。其中设置健身器材八套，静增灯 11 盏，双鹤灯 4 盏，世纪灯 6 盏，仙人掌灯 2 套，兴远高星 1 套，长寿鹿 1 套，孔雀开屏灯 1 套。

我们在调查中发现，不仅是在伊金霍洛旗政府所在地阿拉腾席热镇的绿化工作做得好，各个地方村镇的小区也做了绿化工作，非常注重居民的居住环境和生活质量。

2013 年是鄂尔多斯市创建国家园林城市验收年，伊金霍洛旗作为中心城区全面完成市推进创建国家生态园林城市工作领导小组布置的各项任务；同时伊金霍洛旗承办了 2013 年鄂尔多斯市精神文明建设经验交流会，为促进伊旗园林绿化工作更好地发展，早日将伊旗建成“国家园林县城”，伊金霍洛旗按照建成“人文、绿色、宜居”的中心城市核心区目标，以创建“国家园林城市”和“国家园林县城”为抓手，积极探索创新管理机制，狠抓城市园林绿化建设和管理，有条不紊地抓好了各项工作的落实，完成园林绿化工程项目共 22 项，总投资 34. 52 亿元，新增绿化面积 496. 9251 万平方米（包括建成区外义务植树绿化面积）。工程主要有迎宾大道道路绿化工程（阿大线）、金桌街道路绿化工程、全民健身公园、行道树栽植工程、全民义务植树及裸露土地治理工程、东西红海子湿地公园、英雄公园、母亲公园敬母坛工程、掌岗图公园、北山公园山体景观工程、红海子移民新村道路绿化亮化工程、霍洛新区路网绿化工程、世纪大道景观绿化工程、阿成快速通道景观绿化工程、环湖路景观绿化工程、西山西路景观绿化工程、越山路景观绿化工程、西北片区路网景观绿化工程、北区路网绿化改造工程、F片区路网景观绿化工程、新可汗路新建段（电力街—越山路）绿化工程、园林苗圃建设工程。①

2013年3月28日至4月30日，伊金霍洛旗积极协调旗直各部门干部职工、企事业单位干部群众、在校师生和青年志愿者1万多人，分别在迎宾大道两侧、阿镇至江苏工业园区道路两侧山头、东红海子湿地公园入口周边、乌兰木伦水库上游西侧等地开展全民义务植树活动，共栽植乔木307646株，灌木285005株，完成绿化面积434.81万平方米，完成投资近0.42亿元。同时成立了裸露土地治理领导小组，全面治理伊金霍洛旗建成区范围内的裸露土地，上半年已完成治理面积56.3万平方米，完成投资约0.0085亿元。②

植树种树工作基本完成后，伊金霍洛旗政府也加强相关部门对园林的管护工作，提高园林绿化精细化管理水平。一是对城区园林绿地、道路绿化带等每日进行养护巡查，及时掌握园林植物生长情况和植物的缺株、死株情况，适时对城区绿化进行除草、施肥、浇水、整枝修剪等工作。使城区花草树木生长旺盛，达到无杂草、无成片死缺株现象。

二是加强病虫害防治工作，由园艺植保办加强对绿地内园林植物病虫害的监控及防治工作，切实贯彻“防早、治小”的原则，防止病虫害的发生，避免植物观赏效果受到严重影响，提升了园林植物的景观效果。

三是做好城区抗旱保绿工作。针对伊旗今年气候干旱、水源紧缺的现状，为做好城区绿化抗旱浇水及保苗工作，确保苗木成活，继续严格实施抗旱保绿责任制，对城区所辖的全部绿地和绿化带，划分成块区进行了抗旱责任制分工到人，促使驾驶员加班加点进行浇水，并采取了微喷等节水技术，大力开展节约型绿地建设。

四是不断提高园林景观艺术水平，聘请专业技师对园艺修剪组成员进行了专业培训和技术指导，提高了园艺修剪技术水平，使城区树木景观造

① 《伊金霍洛旗园林局近五年工作汇报》。

② 伊金霍洛旗园林局提供的材料。

型得到普遍提升，整体景观效果得到明显改善。

五是做好城区园林绿地的卫生保洁工作。对公园、广场绿地、道路绿化带实行分片责任制，具体落实到每个工作人员，提高了养护工作人员的工作积极性和责任心，促进了绿地卫生质量的整体提升。

六是加强园林执法工作，加大园林执法力度，针对损绿、毁绿、侵绿、占绿等违法行为进行监管，严格实行“绿线”管理制度，规划确定的“绿线”不得随意侵占，切实保证了园林绿化用地。对新建、改建和扩建项目的绿化部位实行跟踪管理，其配套的绿化工程同步设计、同步施工、同步验收，同时联合房管局、城建局、规划局等多个部门，加强了居住小区及各单位庭院绿化的监管。

目前伊金霍洛旗建成区绿化覆盖面积达 1989 公顷（建成区按 43 平方公里计算），绿化覆盖率到达 46.26%，绿地率达到 41.3%，人均公园绿地面积 83.06 平方米。2012 年 9 月，伊金霍洛旗成功创建自治区园林县城，取得了一定成效。然而，当地园林规划和城镇绿化工作同时也在面临一些困难。一是部分在建工程土地、建筑物等未征用，影响施工进度；二是园林绿化景观艺术水平和市场化管理与先进城市相比仍存在着很大差距和不足，有待于进一步改进和提高；三是因天气干旱、绿化水源紧缺，给绿化养护带来一定难度；四是“绿线管理制度”在过去五年期间没有得到较好的实施，绿化工程各项指标及绿地规划和绿化成果难以保证，占绿、侵绿、损绿情况时有发生；五是园林绿化养护的资金投入仍不足，养护经费标准偏低、缺口较大，影响了养护质量和景观效果；六是现有绿地植物配置不够丰富，多样性体现不充分，在色彩、季相上变化不大，园林精品不多，还有待进一步提高；七是大型公园建设多，街头小游园建设较少。①

三　伊金霍洛旗水土保护工作

伊金霍洛旗是黄河流域水土流失严重地区之一，入黄一级支流窟野河流域有两个分支，即乌兰木伦河流域和悖牛川流域，水土流失面积达 5400 平方公里，占全旗总面积的 96%。水土流失不仅严重制约着地方经济的发展，而且威胁着黄河的安全，所以水土保持治理责任重大。

① 《伊金霍洛旗园林局近五年工作汇报》。

在这种情况下，伊金霍洛旗以积极争取和认真实施水土保持工程为总抓手，以实现淤泥、澄地、拦蓄洪水、减少入黄泥沙为治理目标。通过实施窟野河流域和悖牛川小流域综合治理二期项目、砒砂岩沙棘生态减沙项目、窟野河沙棘项目和黄土高原淤地坝工程等大项目、大工程，共完成水保综合治理面积116.9万亩，新建淤地坝94座（其中骨干坝42座），小型水利水保工程433处，完成总投资6519.4万元。土壤侵蚀模数由项目实施前的13800吨/平方公里·年减少到9600吨/平方公里·年。积极争取和储备了坝系工程、小流域综合治理等15个水土保持项目。与此同时，我们按照水土保持“三同时”制度积极做了监督检查工作，加大了监督执法投入力度，进一步规范了工业、农牧业以及城市开发建设等13个类别179个项目，整顿治理砂石料场151家，收缴“两费”近一亿元，严格执行“两禁”政策。另外，圆满完成了全国第一次水土保持专项普查。并以此为契机着力建设水保监测基础数据库，为逐步实现水土流失动态监测和预报打下了基础。

窟野河是黄河河口镇至龙门区间，蒙陕接壤地区的一条多沙粗沙支流，为了加快窟野河流域的水土流失治理和水资源的合理开发利用，振兴地区经济，减少入黄泥沙，2008年8月内蒙古水利厅下达了关于编制《窟野河流域水土保持综合治理规划》的任务，对这一粗沙产区进行重点治理规划，为各级水保行政主管部门的决策提供科学依据。

窟野河发源于内蒙古东胜区巴定沟，经康巴什、大柳塔、王道恒塔后，与悖牛川汇合，于神木县沙峁头村注入黄河。河长241.8公里，面积8706平方公里，涉及多沙粗沙区面积5456平方公里，占流域总面积的62.7%，粗泥沙集中来源区面积4001平方公里，占流域总面积的40.2%。①

在内蒙古境内主要分为乌兰木伦河和悖牛川两条支流。

悖牛川发源于内蒙古准格尔旗和东胜区，以暖水川、四道柳川和束会川分别流经准格尔旗和伊旗，于伊旗的新庙汇集形成主川。流域总面积819平方公里，属黄土丘陵沟壑区第一副区。涉及内蒙古准格尔旗、东胜区、伊金霍洛旗和陕西省的神木县、府谷县。主河道长108公里，河道平均宽度870米，沟壑密度2.60公里/平方公里。流域上游区地形平缓，呈

① 伊金霍洛旗水保局提供材料。

缓坡梁峁，为砾质丘陵地貌，东南部属黄土丘陵沟壑地貌，梁峁起伏，水土流失剧烈。

乌兰木伦河发源于内蒙古东胜区和伊旗，以东、西乌兰木伦河在转龙湾以上汇合形成主川。流域面积3839平方公里，属沙质丘陵区。涉及内蒙古东胜区、伊金霍洛旗和陕西神木县，地形平缓，主河道总长134公里，河道平均比降2.98‰，沟壑密度2—3公里/平方公里。流域内主要有活鸡兔沟、考考乌素沟、朱盖沟、庙沟等几条支流。

乌兰木伦河和悖牛川在店塔汇合后，形成窟野河。

窟野河流域上游有三个暴雨中心，石圪台、大柳塔、东胜。历史上曾发生过多次大暴雨，如1966年8月在乌兰木伦河中部，石圪台一次降雨157.2毫米；1979年8月10日在乌兰木伦河中部，石圪台一次降雨150毫米；1982年7月29日在王道恒塔至新庙区间一次降雨130毫米；1991年7月21日在乌兰木伦河大柳塔一次降雨143毫米。

窟野河流域有总人口14.02万人，其中农业人口10.16万人，农业劳动力4.92万个，农业人均纯收入4655.15元，人均粮食1283.6公斤，人均耕地4.05亩，人口密度31人/平方公里。完成各项水土保持综合治理面积1586.92平方公里，治理度36%，其中基本农田面积8106.8公顷，包括梯田1143.7公顷、坝地2174.1公顷、水地4789公顷。林地面积129077公顷。

窟野河流域地处陕北黄土高原与毛乌素沙漠及库布齐沙带的过渡地区。地层构造处于榆林凹陷与东胜隆起的过渡地带，以整体间歇性抬升为主。这种大地构造单元格局控制了地貌的轮廓，使该流域的主要地貌类型为黄土丘陵。神府—东胜矿区横贯窟野河腹地转龙湾至神木区间。

流域内出露地层为中生代三叠系、侏罗系和白垩系砂岩、沙泥岩及页岩；新生代第三系上新统红色泥岩、砂质泥岩及砂岩亦有出露；富含钙质结核的第四系全新统砂砾石、亚砂土、亚黏土及风成沙，更新统的黄土、黄土状粉砂土及风成黄土是分布最广泛的地层。黄土质松，抗蚀性差，是流域内主要产沙地层。流域内地质构造位于祁、吕、贺山字形构造脊柱东侧的伊陕盾地与新华夏第三系沉降带的复合部位，构造作用微弱，形变单一，属于相对稳定地块。本区无明显的新构造运动迹象，地震活动微弱。

窟野河流域内可划分为两种地貌类型区，沙质丘陵区和砾质丘陵区。

沙质丘陵区，位于流域西北部和西部，风沙地貌较为发育，地形高差较小，在较大的沟道中有洪积滩地，沟壑密度为1.7公里/平方公里。

砾质丘陵区，主要分布在流域的东北部，即乌兰木伦河上游和悖牛川中上游，出露的岩石为白垩纪系灰绿色砂岩和红色砂岩，风化非常严重，侵蚀沟谷比较发育，局部为风沙所覆盖，河流沟道基本上是季节性河流，河床宽浅，地表植被稀少，沟壑密度为1.7公里/平方公里。

窟野河流域气候特征：属干旱或半干旱气候，多年平均雨量为396.2毫米，其中汛期雨量306.8毫米，7—8月雨量占全年雨量的53.4%。窟野河流域是暴雨多发区，又是黄河中游地区的暴雨中心地区之一。每逢暴雨都会出现较大洪水和高含沙水流。窟野河流域产流产沙特性是雨强大、历时短、产沙量大。

窟野河流域多年平均水量66700万立方米，汛期（6—9月）水量38600万立方米。流域的沙量在年内和年际之间变化特别大。多年平均沙量为10930万吨，其中汛期沙量为10724万吨，占全年沙量的98.1%，7—8月沙量占全年沙量的92.1%，相应水量只占全年水量的44.9%。

窟野河流域粗泥沙模数从流域上游向下游、从流域西部向东部逐渐增大，西部及上游主要为风沙区，粗泥沙模数在1400吨/平方公里以下，在流域中、下游左岸分水岭、中游左岸以及下游，粗泥沙模数在1400吨/平方公里以上，为粗泥沙集中来源区。其中流域中、下游左岸粗泥沙达5000吨/平方公里以上，流域下游左岸的粗泥沙模数达10000吨/平方公里以上。

窟野河流域粗泥沙集中来源区分布类型为砾质丘陵区和黄土丘陵区，其中尤其以中下游黄土丘陵区粗泥沙模数更高。窟野河黄土丘陵区梁峁起伏，沟壑纵横，地形破碎，黄土物质广泛分布。在黄河、窟野河附近土层很薄，大面积基岩裸露，沟壑密度4—7公里/平方公里，沟道占总土地面积的60%，海拔750—1200米，相对切割深度100—200米。大于25度坡地面积占总面积的62.7%，地表土质疏松，植被稀少，暴雨集中且强度大，水土流失最为严重，局部侵蚀模数高达3万—4万吨/平方公里。该区域土壤侵蚀以水力侵蚀和重力侵蚀为主，水力侵蚀主要为面蚀和沟蚀，面蚀主要产生于坡耕地及荒坡地，沟蚀主要表现为沟头前进、沟底下切及沟岸扩张。重力侵蚀主要表现为崩塌、滑塌、泻溜及陷穴。在来沙总量中，坡面来沙特别是坡耕地来沙占50%—60%，沟蚀来沙占40%—50%。

窟野河流域土壤植被：乌兰木伦河及悖牛川耕作土壤主要以栗钙土、

粗骨土及风沙土类为主，黄土丘陵区主要分布有黄土性土壤及红土性土壤，梁峁顶多为绵沙土或黄绵土类，其他还有淤土、潮土轻黑垆土等，土壤均较瘠薄。

流域内地带性天然植被残留稀少。伊旗以北为旱生及半旱生灌丛植被；长城沿线主要为沙生植被；人工乔灌植被主要分布在风沙滩地和河谷地区；东部丘陵区天然植被以一年生或多年生草本植物为主，人工栽培的乔木多限于河川沟道中。流域植被稀少。土壤瘠薄、耕垦指数高，长期受到干旱的威胁，加之人类活动的影响，生态环境十分脆弱。

窟野河水土流失：窟野河流域水土流失严重，水土流失面积 4398. 4 平方公里，占总土地面积的 94%，是黄河中游的多沙粗沙支流。

窟野河多年平均输沙量为 5621 万吨，平均输沙模数 1. 27 万吨/平方公里・年。窟野河温家川站最大五天的沙量占全年沙量的 75. 2%，大量的水土流失不仅影响工农业生产，而且造成黄河下游河道淤积。

水土流失的成因主要是人为因素和自然因素，人为因素表现在盲目开荒、超载过牧、滥伐林木和工矿生产建设，破坏了植被，加剧了水土流失。自然因素表现在气候干旱少雨，土壤结构松散，植被稀疏等。

水土流失的危害，一是直接导致跑水、跑土、跑肥使土地生产力下降；二是加速土地荒漠化；三是切割蚕食土地和埋压农田、淤积河道，造成洪灾泛滥，直接危害人民生命财产安全，造成巨大经济损失；四是导致生态环境恶化，从根本上制约当地经济和社会的发展。

水土流失的监测技术要点：（1）风蚀监测。对风蚀强度的观测采用测钎法，风沙流强度采用阶梯式积沙仪收集扬沙法，同时测定土壤含水量、土壤紧实度、土地利用等。阶梯式积沙仪测定法：分别固定安装四个集沙仪（每天观测重复两次），同时在建设区外设置两处进行对比观测。在达到起沙风速时，气流搬运的沙量绝大部分在离地面 30 厘米的高度内，误差较小。集沙测量一次 10 分钟，沙子从 10 个孔分别进入安装在集沙仪里的塑料管进行收集测量，在风季（3—5 月）每 15 天测定 1 次，同时用风杯风速表测定相应的风速。

测钎法：在选定的监测点，沿主风向每隔 1 米布设 1 个测钎，一组 10 个测钎。每隔 10 米布设 1 组，共布设 3 组。每一次大风（达到起沙风速）后，观测一次风蚀（积）数量。用风速风向自记仪记录每天的地面风速，大风出现的时间、频次，整理统计监测年内起沙风的历次时间，然后分析风蚀量。收集气象站的平均起沙风速、大风日数、频次等。

（2）水蚀监测。本工程各个施工区均采用体积法进行水蚀监测。对选择的重点监测区边坡水蚀采用简易坡面量测，量测坡面形成初期的坡度、坡长、地面组成物质、容重等，每次降雨后侵蚀沟的体积。具体是在监测重点地段对一定面积内（实测样方面积根据具体情况确定，一般为100平方米）的侵蚀沟数量、深度、宽度、长度进行量算，计算出边坡的沟蚀量，从而得出边坡的土壤水蚀量，同时要对降水量进行观测。

（3）植被状况监测。项目实施前、实施期末及施工期两年每年调查一次，共四次。主要指标包括植物种类、植被类型、林草生长量、林草植被覆盖度、郁密度（乔木）等。采用典型样方进行调查，样方大小视其具体情况而定，每一样方重复两次，一般情况下草本样方为1×1米，灌木样方为5×5米，乔木样方为20×20米。

根据窟野河水土流失特点和侵蚀类型分区，到2020年新增建设一个水保预防监督站点，到规划期末2030年累计建设两个水保预防监督站点，窟野河流域观测站点的建立，依托地方水文、泥沙观测站点的人员、设备、适当配备先进的通信、计算系统，可以发挥整体功能的监测预报网络。

窟野河流域总土地面积4658平方公里，土地利用现状为：农业用地面积38090公顷，占总土地面积的8.2%，在农业用地中，<5°的耕地面积25792公顷，5°—15°的耕地面积10204公顷，15°—25°的耕地面积2094公顷。林业用地面积129077公顷，占总土地面积的28%，其中乔灌混交林面积118073公顷，占林地面积的91%，灌木林面积95222公顷，占林地面积的74%，经济林面积716公顷；草地面积82514公顷，占总土地面积的17.7%，荒地面积110182公顷，占总面积的23.7%。未利用地面积90805.55公顷，占总土地面积的19.5%，其他用地面积15131公顷，占总土地面积的3.2%。

窟野河流域现有农田面积38090公顷，其中水地4789公顷，坝地2174.7公顷，梯田1143.1公顷，坡耕地29983公顷，人均基本农田0.06公顷，粮食总产量13041.4万公斤。由于水土流失严重，农业气候条件差，特别是干旱少雨，灌溉条件差，加上广种薄收落后的经营方式，农业生产水平低，人均粮食1283.6公斤。农用地主要分布在梁峁坡，土层较薄、水源缺乏、肥料不足，水土流失严重的5°—10°的坡地上，小部分分布于沟川塔地，耕作粗放，产量极不稳定。

窟野河流域现有林地121563公顷，多系幼林疏林地；林业用地占总土地面积的26.1%；草地29022公顷，占总土地面积的6.23%，草场退化，产草量低，超载严重，但加强抚育管理，提高草地生产力，潜力颇大。窟野河流域土地利用现状比例农、林、牧为1∶3.19∶0.76。人均耕地虽多，基本田少；有部分林地，但疏林地、小老头树多；牧草地人工草地少，草场严重超载，因此，农、林、牧三业的种植结构需要合理的调整。

窟野河天然径流量为2.48亿立方米，径流年内分配不均，年际变化亦大。汛期水量占年水量的61%，实测最大与最小径流比值为6.5，水资源需经工程调节方可利用。流域内年均降雨量350—410毫米，降雨多集中在7—9月，约占年降水量的80%，多以暴雨的形式出现，发展集雨灌溉、引洪蓄水等措施可提高降雨的利用率。

伊金霍洛旗窟野河流域各项水土保持措施治理保存面积158692公顷，治理度达到36%。

窟野河流域治理项目工作经验：（1）因地制宜，因害设防，抓好突破口，进行综合治理。本流域地广人稀，地形复杂，因地制宜选好突破口，是重要经验之一，流域综合治理以林牧为主，实行“林牧上山，农田下川”，沟坡兼治，综合治理，科研和生产同步进行。治沟中做到层层控制，节节拦蓄，库坝成群，主副结合，生产、拦泥、防洪、灌溉相结合。打坝澄地结合修筑拦洪蓄清水库塘坝。治沟与治坡、工程与生物治理相结合，有效地控制了水土流失，增产拦泥效益显著。（2）搞好承包小流域治理。①以小流域为单元，依据小流域的水土流失特点，打破乡村界限，统一规划，集中连片，有利于治理中劳力、资金的协调和调配，治理进度快。②治理措施配置必须与地方经济相结合，与群众致富相结合。在支毛沟上修建以骨干工程为主的治沟工程，使治理措施与地方经济发展、群众的脱贫致富相结合，群众的治理性高，这样既防止了水土流失，减少了河流泥沙，又提高了群众收入，发展了地方经济，实现了人与自然和谐相处。③实行治理机制多样化。地方政府落实了水土保持责任制，推广以户或联产承包治理措施，鼓励村民以林牧为主，综合经营，把“五荒”地承包给村民，长期不变，允许继承，使群众在治理水土流失、建设生态环境的同时得到一定的经济效益，大大地提高了群众治山治水的积极性。

④项目实行“责、权、利”明确的“三元制衡”管理模式。避免了很多工程中出现三方“扯皮、推卸责任”等现象，保证工程建设的进度和质量。(3) 加强组织领导与管理工作。①加强领导：水土保持工作涉及农林牧水各部门多学科，因此，加强党政统一领导，多部门密切配合做好技术服务，是加快流域治理的关键。②加强管理工作：改革经费管理，治理投资专款专用，治理开发项目严格履行承包合同，按计划任务，采取定额补助与奖励相结合，无偿与有偿相结合，逐步扩大有偿投资比例，使有限的治理经费，发挥更大的效益。

窟野河流域治理项目存在的不足：(1) 随着国家能源开发战略的西移，鄂尔多斯市正处在大开发和大建设中，开发建设项目造成了新的水土流失。加之人们对水土保持法制观念的淡薄，监督检查执法难，执行更难。(2) 科技和技术推广工作滞后。水土保持业务主管单位，一是科技人才不足，二是研究经费不足，三是基础设施较差，设备陈旧，致使不少迫切需要的研究和技术推广项目难以开展。(3) 技术薄弱，基础资料少。由于水土保持工作起步晚，水保部门技术力量薄弱，致使基础资料的收集积累、整理分析工作均未系统进行；加之经费不足，使水土流失调查、监测及危害程度等基础资料难以取得，且现有资料不够规范，从而给水土保持生态工程建设深入开展带来一定的困难。(4)《水土保持法》宣传不够，群众对水土保持意识淡薄，人为破坏严重。流域内的政府虽然把水土保持工作作为一项日常工作列入议事日程，但部分群众对水土保持观念还不清楚，旧的传统观念仍然存在，边治理边破坏现象时有发生，因而只顾眼前利益，过度放牧，无计划地毁林毁草开荒破坏生态环境的现象时有发生。(5) 资金不足，治理速度不能满足形势发展的需要。(6) 机械化程度低，科技含量小，由于受资金短缺的制约，流域治理过程中机械化程度低，速度慢，质量差；科研设备老化，研究手段落后，导致科研成果推广应用缓慢，科技水平不高。(7) 治理成果保存率有待提高，由于该区地处干旱半干旱地区，多年平均降雨量不足400毫米，十年九旱，且春旱严重，水源缺乏，导致林草成活率和保存率均低。

窟野河流域治理项目实施后，该流域的水土流失面积得到有效治理，治理程度由原先的36.3%，上升为68.4%，植被覆盖度达到45.9%，森林覆盖率达到34.5%，实行封育治理、封山禁牧，充分发挥大自然的力量和生态的自我修复能力，可以改善当地的生态环境，涵养水源，恢复植被，促进大范围的水土保持生态建设。淤地坝项目实施后蓄水保土能力大为增强，减少了对下游泥沙的淤积，其生态效益十分明显，至2030年坝系工程累计可拦截55720万吨。同时坝系的实施将改善地表径流，增加土壤入渗能力，减少洪水流量，增加地下蓄水量；增强了区域性气候的调节能力和水分涵养能力；减轻水旱等自然灾害，提高农牧业生产潜力；维护生态平衡，促进生态环境向良性循环转变。当地群众的生活环境及生产条件得到彻底改善。

本项目总投资为196262.76万元，其中工程措施投资122525.85万元，占总投资的62%；林草措施投资25944.87万元，占总投资的13%；基本农田投资17458.19万元，占总投资的8.9%；封育措施投资5430.22万元，占总投资的2.8%，独立费用13794.41万元，占总投资的7.03%，基本预备费11109.21万元，占总投资的5.66%。

伊金霍洛旗承担完成的易灾区生态环境综合治理项目可以提及如下三项。[①]

（1）乌兰木伦镇活尼兔易灾区小流域项目区综合治理项目区新增治理面积48平方公里，水土保持林草措施4800公顷，包括乔木林672公顷（油松），灌木林沙棘1680公顷，沙柳960公顷，种草1344公顷；累计治理度达到85.4%。沟道新建骨干坝三座。通过治理的小流域水土流失治理度达到85.4%；年减少土壤流失量20.85万吨；提高水源涵养能力78.67万立方米。该项目总投资为4799.94万元。

（2）乌兰木伦镇呼和乌素易灾区小流域项目区：新增治理面积40.6平方公里，水土保持林草措施4060公顷，包括乔木林520公顷（油松），灌木林沙棘3075公顷，沙柳200公顷，种草215公顷；累计治理度达到85.6%。沟道新建骨干坝四座、中整淤地坝两座。通过治理的小流域水土流失治理度达到85.6%；年减少土壤流失量21.75万吨；提高水源涵养能力79.39万立方米。本项目总投资4058.91万元。

（3）苏布尔嘎镇阿不亥沟小流域综合治理项目区新增治理面积11.21平方公里，水土保持林草措施1080.79公顷，包括乔木林25公顷（油松），灌木林：工程整地沙棘476.92公顷；植播沙棘208.68公顷，植播

① 伊金霍洛旗易灾区生态环境综合治理项目。

沙柳340.01公顷，种草30.18公顷，累计治理度达到82.1%。沟道新建骨干坝三座、中整淤地坝四座；坡面穴状整地25公顷、块状整地476.92公顷，封育修复40公顷，总投资为1098.94万元。通过林草措施治理将有效拦蓄泥沙27.74万吨，蓄水、保水24.08万立方米，大量减少进入黄河的泥沙，减轻对下游的危害。

表7-4 伊金霍洛旗水土流失情况

土地总面积	水土流失		其中										平均侵蚀模数（吨/平方公里·年）	土壤侵蚀量（万吨/年）
	面积	占总面积（%）	轻度	占流失（%）	中度	占流失（%）	强度	占流失（%）	极强度	占流失（%）	剧烈	占流失（%）		
5587.9	5105	91	1397.23	27.37	1708.69	33.47	1195.36	23.42	653.40	12.80	149.93	2.94	13000	6636.5

四 伊金霍洛旗矿区复垦工作

21世纪以来，工矿开发在伊金霍洛旗经济发展中占据越来越大的比率。众所周知，工矿开采对生态环境的影响很大。如何在经济增长和环境保护之间找到一个平衡点是至关重要的。

“发展”一词有两个不同的含义：一是指生物有机体的生长过程。一切有机现象都有生命或自然发展过程，他们以某种方式开始生命，然后生长或发展，到最后死亡。然而，个别有机体的死亡并非物种的灭绝，因为他们会繁殖。“发展”还有另一个与其说是生物的，不如说是算术法则的含义。发展的意思通常只是“更多”。这里的类比不是指有机循环，而是指线性，至少是单调的投射。线性的投射可以延伸至无限。

近半个世纪以来，以经济增长为发展目标和标准的思想认识，深深地影响了每一个国家和地区，一直到现在。用“经济增长”的统一标准去衡量多种多样的地区和文化，包括伊金霍洛旗在内的所有人和地区都只能遵循这一准则，努力发展经济，近些年加大矿产资源的开发和利用。低度发展国家融入全球资本体系的过程中，其经济发展空间必须受到其他（发达）国家经济发展和扩展的制约，发达国家与发展中国家的这种关系被定义为“后殖民主义”或新型的剥削与被剥削的关系①，发展中国家、底层人或非主流人群在此话语体系中无法有自己独立的思想、发展模式或

① 参见“依附理论”（Dependency Theory）、“后殖民主义”（Post-Colonialism）相关论文。

发言权利，即使说出了自己的想法和声音，也无济于事，不能够影响或改变主流社会的话语①。所以，经济增长、工矿开发，可谓是不可逆转的全球性发展趋势。

伊金霍洛旗被卷入这一大潮流、大量开采自然资源后，并没有消极地等待其后果，而是积极采取保护环境的各种措施，非常注重矿区复垦工作。“国家级绿色矿山”武家塔露天煤矿的复垦建设可以为其他地区提供成功的典范。

神东天隆集团武家塔露天煤矿响应国家煤炭高效开采、节能减排号召，在发展的同时，坚持“资源开发与环境治理并举，经济效益与社会效益并重”的原则，不断改善周边生态环境，推动了地方经济的发展。从2004—2012年武家塔露天煤矿逐年加大对排土场的复垦绿化工作，先后投入1200余万元，形成了拧条、沙棘、沙柳、牧草等种植的绿化区域1900余亩，并于2012年3月30日被国土资源部确定为国家级绿色矿山试点单位。②

该矿按照设计生产能力300万吨计算，还可服务18年，因此总体规划时间为2010—2028年。武家塔矿复垦区按照规划将建设成为一座具有集餐饮、娱乐、休闲、健身等多种功能的生态产业园，使该矿在开采不可再生资源的同时，建立可再生资源的循环利用。

武家塔露天煤矿目前在排土场复垦绿化的初步成果：2010—2012年，武家塔露天煤矿硬化排土场道路；在道路两旁栽种松树、杨树、小松树、榆树、云杉、紫穗槐等防风绿化带；将采坑废水通过三级过滤形成了40000立方米“天池一号”蓄水池，用于水产养殖、种植区域浇灌和采坑洒水降尘；将排土场划分为多个规模种植区域，分别种植了绿色蔬菜、枸杞、葡萄、文冠果、沙棘、沙枣等，其中绿色蔬菜基地面积为160亩，年产绿色无公害蔬菜近30万斤；同时在排土场进行的羊、鸡、兔等家畜、禽的养殖已初具规模，养殖数量已达到700余只。

现在排土场已形成了乔灌草相结合的立体防护网，种植各类树木20余万株（棵），硬化道路4公里，形成了以生态复垦为起点，绿色蔬菜种

---

① Spivak, Gayatri Chakravorty, “Can the Subaltern Speak?” in Colonial Discourse and Post-Colonial Theory: A Reader, Patrick Williams and Laura Chrisman, eds., Harvester Wheatsheaf, 1993, pp. 66-111。[美] 佳亚特里·斯皮瓦克著，陈永国、赖立里、郭英剑主编：《从解构到全球化批评：斯皮瓦克读本》，北京大学出版社2007年版。

② 武家塔露天煤矿提供材料。

植、园林景观观赏、种养殖、育苗等多位一体的生态复垦新模式。

管网系统方面，为解决排土场复垦绿化种植植被的灌溉问题，武家塔露天煤矿针对不同区域植被的需求，架设了喷灌、滴灌、微喷等多方式的管网系统，同时积极进行干渠的修设，充分保障了种植植被对水的需求，并达到净化后采坑水的重复利用。

武家塔露天煤矿重点配套工程有天隆山庄、4 万立方米“天池一号”蓄水池、“S 型净化水池”、1200 平方米“多功能生态园”等项目。以上建设项目全部由矿里职工自己设计并建设。

随着神东矿区建设的进一步深入，武家塔露天煤矿不断探索自然资源利用与生态环境保护之间的平衡点，为工矿开发、企业发展、地方经济增长和生态文明假设作出了突出的成绩，可以为其他地区的工矿开采后的复垦工作提供很好的典范。

第八章

经济社会发展与民族文化变迁

第一节 缓中趋稳的伊金霍洛旗经济社会发展

据伊金霍洛旗人民政府代旗长金广军在伊金霍洛旗第十六届人民代表大会第三次全体会议上所作的政府工作报告①，2013 年以来，面对严峻复杂的经济形势和艰巨繁重的发展任务，伊旗人民政府在上级党委、政府和旗委的坚强领导下，在旗人大和政协的监督支持下，紧紧依靠全旗各族人民，开拓进取，扎实工作，伊旗经济社会保持了平稳健康的发展态势。2013 年全年完成地区生产总值 645 亿元，增长 1.5%；财政收入 194.3 亿元，增长 4.2%；全社会固定资产投资 395 亿元，增长 15.8%；社会消费品零售总额 40 亿元，增长 8.1%；城镇居民人均可支配收入和农牧民人均纯收入分别达到 37000 元和 12850 元，增长 7%和 12.2%。

产业转型方面，一是工业经济稳步增长。开复工亿元以上重点工业项目 18 项，完成投资 171 亿元；实现工业增加值 364.8 亿元。伊泰红庆河、国电察哈素等大型煤矿建设进展顺利；加强煤炭市场管理，并通过与神华集团等大型企业开展外购煤业务等措施稳定煤炭产销市场，全年生产原煤 1.88 亿吨。园区建设和“双百亿”工程扎实推进，鄂尔多斯江苏工业园区、圣圆煤化工基地全年完成基础设施投资 3 亿元，完成项目投资 44.8 亿元。兰海矿用自卸车项目正在进行设备安装，西北特种电缆项目实现试生产，中煤装备制造节能电器项目具备试生产条件。汇能一期 4 亿立方米煤制天然气项目主体工程基本竣工，汇金达环保溶剂油一期项目、正能循

---

① 金广军：《政府工作报告》，2014 年 1 月 10 日在伊金霍洛旗第十六届人民代表大会第三次全体会议上。

环经济产业链部分项目投产，神华煤液化项目第一条生产线全年生产各类油品 90 万吨，第二、三条生产线正在开展前期工作；国家煤炭直接液化工程化实验室、神华煤直接液化博士后科研工作站落户伊旗，为发展现代煤化工产业提供了科技支撑。两个园区及五家骨干企业全年实现营业收入 663 亿元、利税 284 亿元。积极开展招商引资工作，引进青鸟蒙兴年产 1000 万吨低阶煤清洁高效利用示范项目、益鑫得天然气产业园等亿元以上重点项目 11 个，合同投资总额 1160 亿元。二是现代服务业有效推进。第三产业实现增加值 238 亿元，增长 3.6%。札萨克物流园区鑫聚源煤炭物流配送中心累计发运煤炭 700 万吨，空港物流园区建设进展顺利；与神东公司合作启动建设了神东圣圆煤炭物流园区。蒙古源流文化产业园一期土建工程全部完工，与中国人民大学、北京电影学院分别合作成立了考古文博实习基地、电影教学实践创作基地。鄂尔多斯文化产业园成功申报国家级科技和文化融合示范基地。乌兰活佛院主体工程全部完工，正在进行内外装修；苏泊罕大草原旅游区项目建设进展顺利。年接待游客 202 万人次，实现旅游收入 14.3 亿元。丽景广场投入运营，海达、万力太阳城等大型综合商场正在进行内装修；华夏银行等三家金融机构入驻伊旗，全旗银行类金融机构达到 18 家，居民存贷款余额分别达 320 亿元和 184 亿元，同比增长 19.9%和 15%。三是现代农牧业产业化水平进一步提升。农牧业实现增加值 7.2 亿元，增长 1.4%。实施农牧业品牌战略，加大对“敏盖”白绒山羊等特色农牧业的支持力度，新增 4 家市级以上龙头企业，全旗市级以上龙头企业达到 14 家，农牧业产业化规模以上企业达到 26 个，实现销售收入 4.3 亿元。

城市建设方面，拓宽改造市政道路 36 公里，高层区市政配套、迎宾大道拓宽改造等工程全部完工，核心区道路里程拓展到 283 公里。阿镇污水处理厂二期土建工程全部完工，污水处理率达到 95%以上。新增机动车停车位 4000 个，新建水冲公厕 21 座，垃圾无害化处理率达到 90%以上，天然气、自来水供应普及率分别达 60%和 100%；核心区新增供热面积 195 万平方米，集中供热覆盖率达 94%。加强公园、广场和街头绿地建设，新增绿地 826 万平方米，绿化覆盖率达 47%；精心打造东红海子湿地公园、天元广场、郡王府广场等城市公共休闲空间，人均公园绿地面积达 97 平方米。集中人力物力财力，全力推进回迁安置，全旗完成住宅安置 2584 户 2633 套、商业安置 199 户 5.2 万平方米。着力强化城市管理，对阿镇地区新建住宅小区进行了综合验收，投资800多万元对部分老旧小区基础设施进行了维修改造；对主城区30余条主次干道的路灯和楼宇亮化进行调整，核心区照明设施用电节约率达50%以上；加强市容市貌、公共秩序和市政基础设施精细化管理，居住环境明显得到改善。札萨克镇被列入全市首批特色小城镇建设试点规划。

2013年，伊旗发展条件持续改善。西红海子至东红海子输水工程、赛蒙特尔及周边煤矿疏干水综合利用工程具备输水能力。新建、改造10千伏线路320公里，新增供电能力480兆伏安，空港园区等4个110千伏输变电工程投入运行。新增公路205公里，南绕城公路主线贯通；包西铁路改造工程顺利推进，旗内建成铁路总里程达233公里；鄂尔多斯机场开通27条航线，与32个城市实现通航。持续推进节能减排和矿区环境综合整治工作，完成矿区移民1235户3105人；全年空气优良天数达332天，优良率达92%；万元GDP能耗下降3.2%；完成绿化造林12万亩，全旗植被覆盖度达88%，森林覆盖率达41%。

伊旗民生及社会事业不断进步。在财政收支矛盾突出的情况下，通过压缩"三公经费"和一般性支出，全力保障和改善民生，全年完成民生及社会事业投入47.4亿元，占公共财政预算支出的65.1%。续建、改扩建14所中小学幼儿园，其中8所投入使用；公开选聘校园长42名，面向全国招聘优秀大学毕业生209名，师资队伍建设得到加强；将农村牧区教师生活补贴由每人每月300元提高到1000元，向全旗农村牧区所有寄宿学生按照小学每人每学期500元、初中每人每学期625元标准发放了生活补贴；2013年高考本科上线人数达452人，本科上线率达到66.7%，教育教学质量稳步提升。旗医院改扩建设计方案完成，妇幼保健所、卫生监督所和阿镇社区卫生服务中心三合一办公楼投入使用，布连卫生院主体完工，向基层卫生院充实10名卫生专业人才；完善全民医保政策，实现新农合即时结报，全年报支各类医药费1.4亿元。完成职业技能培训3841人，新增城镇就业4235人，发放小额担保贷款4000万元；创建并启动大学生创业孵化基地，城镇登记失业率控制在2.5%以内。城乡低保标准分别提高到每人每月610元和420元，为重特大疾病患者提供了"一站式"即时结报医疗救助服务，全年发放五保供养、临时救助等各类救助保障资金7140万元，16000余人次受益。全年投入1523万元用于少数民族帮扶、民族教育发展及宗教事务工作，少数民族群众生产生活条件持续得到改善。农牧民养老金标准由每人每月260元提高到310元，企业退休人员人均养老金达到2100元。完善住房保障体系，柳沟西北片区1194套12.4万平方米经济适用住房交工；红海子700套公租房、1368套廉租房具备入住条件；改造各类危房360户，2516套矿区移民安置房分配到户。强化食品药品监督管理，在各镇和全旗大型农贸市场建立了14个食品安全标准化快速检测室；集中开展食品药品专项检查30余次，全年未发生食品药品安全事故。深入社区、嘎查村开展各类文艺演出330多场次，成功举办了第二届伊金霍洛国际马拉松赛、第六届全旗运动会和2013年全市精神文明建设经验交流会。深入开展打击非法吸收公众存款工作，摸排掌控非法吸收公众存款案件148起，立案侦办49起，累计清理化解民间融资本息26亿元。严格落实安全生产责任制，建立了一般事故责任追究和安全生产约谈制度，并进一步明确了企业的主体责任、部门的监管责任和园区的安全生产职责，全年事故数和死亡人数继续保持“双下降”态势。加强农民工权益保护，清理拖欠农民工工资1.3亿元。强化“平安伊金霍洛”建设，继续完善全旗技防、物防网络，城市核心区基本实现技防全覆盖。同时，“六五”普法教育活动深入开展，老年人及妇女儿童权益得到有效维护，人口和计划生育工作得到加强，科技、人防、史志档案、残疾人保障、老龄、慈善等其他社会事业取得长足进步，国防后备力量建设和“双拥”工作进一步加强。工商、税务、气象、通信、质监等直统部门和电力、金融机构为全旗经济社会发展提供了强有力的支撑和保障。

第二节　经济繁荣助推民族文化发展

在全面落实内蒙古自治区“8337”发展思路、推动转型发展的道路上，鄂尔多斯市踏着全力实施文化强市战略、推进文化建设和发展的强劲步履，为打造文化繁荣这道亮丽风景线而锐意奋进。鄂尔多斯市强力推进文化强市战略，加快推进覆盖城乡的公共文化服务体系建设，果满枝头硕果丰。先进文化正滋养着百姓身心，凝聚着发展合力。鄂尔多斯市先后投入上百亿元，建成文化艺术中心、图书馆、博物馆、民族大剧院、国际会展中心等七大文化建筑，鄂尔多斯市全市公共图书馆、群艺馆、文化馆全部达到国家规定标准，公共文化设施普及率达100%。

在整个鄂尔多斯市经济繁荣发展的大好形势下伊金霍洛旗的经济和文

化也得到了迅速发展。伊金霍洛旗地处呼和浩特—包头—鄂尔多斯“金三角”腹地，现有两条国道、一条省道、三条铁路线、四条旗道贯通南北、连接东西，实现了与鄂尔多斯市其他旗区及包头、呼和浩特等内蒙古重要城市之间的便捷流通，境内包头—茂名高速公路（包头—鄂尔多斯—榆林—延安—铜川—西安—安康—达州—重庆—南川—黔江—吉首—怀化—桂林—梧州—广东省茂名）更是将伊金霍洛旗与发达的东南沿海地区连接贯通。109 国道（途经北京、河北、山西、内蒙古、宁夏、甘肃、青海和西藏 8 个省市）使伊金霍洛旗与华北和西北地区连成一片。鄂尔多斯机场坐落于距离旗政府所在地 13 公里处，开通航线 26 条，通航城市达 30 个。目前，初步形成了集铁路、公路、航空于一体的四通八达的立体交通网络，电视、电话、互联网交相辉映的信息高速路，成为鄂尔多斯及周边地区的重要交通枢纽和信息交流驿站。物华天宝，文化旅游蓬勃发展。

伊金霍洛旗，作为“圣主的陵园”而闻名四海，一代天骄成吉思汗陵园就坐落在伊金霍洛旗境内。伊金霍洛旗拥有悠久的历史和灿烂的民族文化底蕴，拥有古老神秘的文化遗址和浓厚纯朴的民族风情。如今，伊金霍洛旗攻坚克难，锐意进取，呈现出政通人和、繁荣和谐的景象，这片“圣地”迸发着源源不断的生机与活力，五彩斑斓的梦想一步步变为现实。

伊金霍洛旗文化旅游资源丰富，享有“煤海绿洲，天骄圣地”的美誉，境内有全国重点文物保护单位、全国旅游胜地之一的成吉思汗陵园，有全区保存最完整的王府——郡王府，有距今 4000 年历史仰韶文化晚期至早商时期的“朱开沟文化”遗址，有保存完好的战国秦长城遗址，有充分体现佛教文化的吉祥福慧寺、公尼召、石灰庙、新庙等众多寺庙，有红碱淖、转龙湾、红海子、苏布尔嘎草原旅游区等秀美的草原、水域风光，有开发潜力巨大的神东煤海工业生态旅游资源，有世界珍稀动物遗鸥保护区、古城堡、古树化石、大仙洞等一大批自然人文景观。

2012 年，投资近 100 亿元的伊金霍洛旗五大文化产业园建设进展顺利，蒙古源流文化产业园崇天门、元大都等主要建筑主体完工，鄂尔多斯文化产业园启动建设市政二期工程，成吉思汗体育文化产业园射击射箭馆培土奠基，鄂尔多斯民族文化创意产业园开工建设一期工程，马主题文化产业园正在编制总体规划。苏布尔嘎草原风景旅游区成功创建国家 4A 级旅游景区。全旗年接待游客197万人次，实现旅游收入13亿元①。

逛公园、广场、大剧院、体育馆、图书馆，成为伊金霍洛旗普通老百姓的生活内容。如果没有亲身来到伊金霍洛旗，一定不会想象这里有如此多的绿色，如此多的供群众休闲娱乐的公共建筑。街头的群众很高兴，也很自豪，他们会兴奋地告诉远方的客人：走走崭新的世纪大道、天骄大道，转转东西红海子湿地公园、英雄公园，看看伊金霍洛旗的新面貌。

为了让城市功能更加完善，让城市更加宜居宜业，伊金霍洛旗付出了艰辛的努力。2012年，完成城市建设投资107亿元，新开工各类建筑272万平方米，完成旧城拆迁135户2.1万平方米。编制各类规划设计方案22项，阿镇建成区面积扩展到43平方公里，城镇化率达67%。新建、续建、改造市政道路110公里，红海子片区、生态移民及矿区移民片区路网工程进展顺利，大力完善通格朗路、文明街等城市主干道基础设施建设。新增机动车停车位5100个，铺设各类管网592公里，新建水冲公厕33座，垃圾无害化处理率达到85%以上，天然气、自来水供应普及率分别提高到60%和100%，阿镇城区新增供热面积近200万平方米，集中供热覆盖率达98%。“智慧伊金霍洛”工程全面推进，视频资源整合、基础信息管网一期工程全部竣工，临时数据中心启动运行。城市的发展完善没有止境，伊金霍洛旗正在深挖增强宜居城市的承载能力的潜力，并将工作向更扎实、更细致推进。

根据规划，2013年，伊金霍洛旗将推进高层区、移民安置片区和限价房片区即将入住小区的综合配套设施建设。全面完成迎宾大道、柳沟河南路和公园北路三条道路的拓宽改造任务。铺设、改造城市供水管网40公里，实现重点区域双回路供水。新增供热面积250万平方米，新建水冲公厕30座，确保阿镇污水处理厂二期工程投入使用，城市污水处理率达到95%以上。继续推进旧城拆迁，力争阿镇农民回迁小区、文明路商业回迁项目年内完工，积极推动未开工的回迁安置房启动建设。提升城市品位，彰显宜居城市独特魅力。

2013年，将新增绿地200万平方米，将东西红海子公园作为鄂尔多斯的品牌和名片精心打造。对文明街、世纪大道、迎宾大道全线绿化，形成城市核心区绿色景观长廊。将伊金霍洛旗厚重的民族历史文化融入城市

① 《中国经济导报》2013年3月14日。

建设，精心实施王府广场、英雄公园等一批展现民族和地域特色的建筑景观。注重城市细节形象塑造，在公共绿地、公园广场等重要节点打造一批城市雕塑、水系景观，让宜居城市更具灵气、更显雅气。

伊金霍洛旗公共文化服务体系示范区建设有序推进，建成7个综合文化站，成功举办了第十一届广场文化艺术节，电视剧《鄂尔多斯风暴》和电影《苏布尔嘎风云》在央视播出。高标准承办协办了国际马拉松、第二届鄂尔多斯国际那达慕等一系列大型文化体育赛事，地区知名度、美誉度进一步提升。伊旗建成旗、镇、村、院（户）四级公共文化服务体系。新建文化馆、图书馆、乌兰牧骑艺术中心，影剧院6个，博物馆3个，社区文化活动中心15个，文化室和草原书屋各138个，文化大院7个，放映队7个，民间艺术团队17个。2009年每镇配备一套数字电影机，采取数字电影和模拟放映相结合的方式，每年放映电影1700多场，发放农牧业科技信息资料2万多份。

成吉思汗祭奠是伊旗代表性的非物质文化遗产。成吉思汗祭奠源远流长，形式独特，内容丰富，内涵深刻，是蒙古族原始文化的集中体现。这一特殊的文化形式，涵盖了蒙古民族古老的传统习俗、礼法、信仰、观念以及语言、文字、文化艺术等诸多方面。成吉思汗祭奠保留着火祭、奶祭、酒祭、牲祭、歌祭等独特的形式，在祭祀用具上，表现了草原民族对大自然和动物的艺术审美属性，便产生了具有浓郁特色的诸多珍贵的祭器。成吉思汗祭奠具有丰富多样的祭文、祭词、祝词、祭歌。成吉思汗祭祀，是蒙古民族原始文化的代表，中华民族乃至人类珍贵的文化遗产。成吉思汗祭奠在2006年5月20日被国务院列为第一批国家级非物质文化遗产名录。哈日苏勒德祭祀于2007年6月15日被内蒙古自治区人民政府列入第一批自治区级非物质文化遗产保护名录。成吉思汗战神——哈日苏勒德威猛大祭，每逢龙年7月14日苏勒德年祭那天开始，于十月初五结束。哈日苏勒德龙年威猛大祭，是全盟范围举行的盛大祭祀活动。祭祀活动前后持续两个多月，祭祀范围涉及鄂尔多斯各旗，祭祀供品甚多。威猛大祭表达人们借助苏勒德威猛之力，压倒一切邪恶，保佑百姓之意。

此外，蒙古包制作工艺也是伊旗的重要非物质文化遗产。蒙古包是游牧生活土壤上的民居奇葩，它寒热风雨总相宜，浑身上下充满游牧智慧。蒙古包是一种综合技术，更是一种综合艺术。蒙古包的构件，简言之：三为一体。从材料来说，是毡子、皮毛、木头三为一体，不用一根铁钉，全是就地取材，表现了一种深刻的地域性和顽强的适应能力。从骨架来说，是套脑、乌尼、哈纳三为一体，典型的可分可合的三段式结构，创造了一种只有游牧民族才有的独特民居，遗世独立。从覆被物——苫毡来说，是幪毡、顶棚、围毡三为一体，上面全是毡子，因此蒙古族又以“毡帐之民”的称呼名垂青史。蒙古包凝聚着太多北方草原少数民族，尤其是蒙古民族物质文化遗产和非物质文化遗产的结晶，是蒙古民族历史文化的“活化石”

伊金霍洛旗不断挖掘民族传统文化资源，注重成吉思汗文化品牌建设，积极发展具有伊金霍洛旗特色的那达慕节庆文化。1950 年 5 月 7 日，即农历三月二十一日成吉思汗查干苏鲁克大祭之日，伊克昭盟自治区人民政府在成吉思汗陵举行纪念成吉思汗祭奠大会，即中华人民共和国成立之后的首次“祭成大会”。伊克昭盟政府主任委员、札萨克旗王爷、济农鄂其尔呼雅克图主祭，盟府各首长、各旗王公代表陪祭，并举办那达慕。从此，每年查干苏鲁克大祭期间由伊克昭盟政府主办“祭成大会”，同时举行传统那达慕大会。1956 年成吉思汗陵园建成以后，在春季查干苏鲁克大祭期间举行的伊金霍洛那达慕大会，改为农历五月十五日成吉思汗夏季淖尔大祭期间举行。从 1990 年起，每年或每两年举办的“伊克昭盟少数民族运动会”，代替了全盟那达慕大会。在 1999 年首届鄂尔多斯文化节和 2006 年首届鄂尔多斯国际文化节以及 2009 年第十一届亚洲艺术节期间，由鄂尔多斯市人民政府在成吉思汗陵分别举办了“鄂尔多斯那达慕大会”。2010 年在伊金霍洛旗举办的首届鄂尔多斯国际那达慕大会，规模比以往更宏大了。

伊金霍洛那达慕伴随着成吉思汗祭祀传承至今，已成为鄂尔多斯各旗区那达慕的渊源与规范，鄂尔多斯各旗区的那达慕是伊金霍洛那达慕的传播与丰富，当代的那达慕是对古代那达慕文化的传承与发展。在此基础上，伊旗正在抓紧建设成吉思汗体育产业园。该项目地占 60 余平方公里，地处阿镇与成吉思汗陵 210 国道以西，规划建设中国曲棍球训练基地、射击射箭、滑雪滑冰、全地形越野、汽车露营、国际那达慕运动会场、国家高尔夫（golf）球奥运会备战场地等户外主题的休闲及竞技体育旅游设施，同时还建设蒙元文化影视城、天骄印象实景演出等草原运动文化旅游项目。项目于 2008 年 4 月启动前期策划，园区内曲棍球场已经建设完成并交付使用；那达慕大会场地、蒙元文化影视城已经完成设计并正在施工；射击射箭、滑雪滑冰项目等正在进行，所有设计单位都是国际国内的相关赛事项目的权威设计单位。项目采取政府主导，社会参与的多元化投资模式。政府参与开发的项目主要是前期规划设计控制、征地及基础设施建设、园区整体运作模式控制；政府对园区的投资运营商将在土地、税收等方面给予较大的优惠政策。根据总体规划设计单位测算，项目投资总额为25.32亿元，参与园区投资运营的企业在得到经济效益的同时，还能得到较好的品牌美誉度提升。项目建设可带动相关建材、文化、演艺、旅游等行业发展，解决2万以上就业人口，填补区域内缺乏主题性体育旅游项目空白，促进区域社会经济的全面发展。

第三节　城镇化建设中的文化传承与文体活动

"十一五"期间，伊金霍洛旗以统筹城乡为抓手，加快推进城镇化进程，科学定位城镇发展目标，集中打造了三个城镇框架核心区。阿镇围绕建设生态、文化、旅游、宜居城市的目标，累计投入资金360亿元加强城镇基础设施建设，着力推进旧城区的拆迁改造和绿化美化亮化工程，建成区面积达到32平方公里，先后被评为全国绿化先进小城镇、全国创建文明城镇工作先进单位和全国卫生先进单位。伊金霍洛镇将旧镇区整体搬迁，全部拆迁绿化，新镇区美化、绿化、亮化工程初见成效，西部地区最具民族特色的商贸旅游型小城镇正在形成。乌兰木伦镇全面加强道路改造、镇容整治和绿地建设，启动了铁东新区建设，花园式生态煤都日益显现，被评为首批全国文明镇。其他各镇围绕建成农村二、三产业的集中地、富余劳动力的转移地、为农村和农牧民服务的中心地，全力加强城镇基础设施建设。全旗城镇化率由2005年的57%提高到2010年的68%，对农牧业人口的集聚吸纳和对农牧区的辐射带动作用显著增强。大力实施"转移、收缩、增效"战略，五年累计转移人口9700户27000人。建成人口整体退出自然恢复区673平方公里，现代农牧业示范基地2.5万亩，设施农业7153亩，节水灌溉面积9.5万亩，户用沼气2100户，安全饮水工程30处，解决了3.5万人、15.5万头（只）牲畜的安全饮水问题①。农村牧区基础设施进一步完善，农牧业发展水平和农牧区面貌得到了极大的

① 《伊金霍洛旗国民经济与社会发展第十二个五年规划纲要》。

提高和改善。

“十一五”末，伊金霍洛旗城镇居民人均可支配收入达到26300元，是“十五”末的2.4倍，年均增长19%；农牧民人均纯收入达到8830元，是“十五”末的1.9倍，年均增长13.2%。

“十一五”末，城镇职工、城镇居民医疗保险平均报支比例和最高支付限额大幅提升。企业离退休人员养老待遇持续增长，从“十五”末的平均848.7元/月提高到1782元/月。城镇职工、城镇居民医疗保险平均报支比例和最高支付限额大幅提升，农牧民养老保险标准达到260元/月。率先在全市实现门诊费统筹。伊旗低保人员、残疾人、零就业家庭人员、蒙古族城镇居民和在校（园）学生参加城镇居民医疗保险时，个人承担部分全部由旗财政代缴①。

“十二五”期间，城镇居民人均可支配收入达到了52000元，年均增长14.6%，农牧民人均纯收入达到22000元，年均增长20%。城乡居民收入差距比例缩小至2.4∶1。新增就业岗位1.2万个，城镇登记失业率控制在2.5%以内。城乡居民居住条件进一步改善，城镇居民和农牧民人均住房建筑面积分别达到40平方米和25平方米。社会保障和救助体系进一步健全，社区建设更加完善，城镇基本养老和医疗保险在政策实现全覆盖。

“十二五”期间，阿镇和康巴什在规划布局、城市功能、产业定位、基础设施、公共服务等方面逐步实现一体化发展，这对伊旗大力发展装备制造、商贸物流、体育休闲、高新技术、文化旅游、金融保险等产业，打造宜居宜业的城市核心区创造了有利条件。城市文明程度和市民素质得到了进一步提高，社会治安和安全生产的有效保障机制进一步健全。

伴随着城镇化进程，伊旗民族文化形态亦在发生着一种根本性的转变。伊旗传统民族民间文化随着大量牧民进城面临着被遗忘、遭损坏和消失的严重威胁。抢救和保护、传承那些宝贵民族文化遗产是伊旗面临的重要课题。对此，伊旗采取了灵活多样的政策措施，除了政府层面的保护措施，还大力支持成立民间社会团体，鼓励草根力量的自觉保护行动。以伊金霍洛旗政府所在地阿镇为例，在镇政府的支持下前后成立了如下文艺队和社会团体。

---

① 《伊金霍洛旗国民经济与社会发展第十二个五年规划纲要》。

一　老年秧歌协会

由杜秀花于2007年牵头在阿镇通格朗社区组织一支由社区居民自发参加、自主管理的社区自治文艺团队。目前该协会会员已发展到了80人左右，活动项目分为秧歌、舞蹈、柔力球等。2002年在乌海参加全区“夕阳红”比赛获一等奖；2006年在上海张家港参加全国秧歌比赛获二等奖、三等奖、优秀组织奖、优秀表现奖；2007年在呼市参加全区秧歌大赛荣获一等奖。2008年该团到日本、韩国等国家表演自编海派秧歌，广受欢迎。

二　蒙古族老年原生态艺术团

为挖掘弘扬蒙古文化博大精深及深厚的底蕴，活跃阿镇及周边群众的文化生活，2006年8月由昌汗板定、王亭青等几位热心、爱好蒙古族传统艺术的老年人倡导成立了“蒙古族老年原生态艺术团”，共由来自退休干部、农牧民、社区居民等社会各界队员26人组成，均为蒙古族。并自购了服装，三弦、四胡、扬琴、笛子等传统乐器。

艺术团的成立得到了阿镇文化主管部门的大力支持，从资金到服装乐器都给予了扶持，文化馆派出一名辅导老师常年给予艺术方面的指导。蒙古族老年原生态艺术团排练出了一些成熟的节目，在社区、广场等地多次演出，受到好评。

该艺术团的队员平均年龄已达60岁，但是他们对艺术的追求，对事业的热爱毫不逊色于专业团队的年轻人。艺术团成立以来，连续5年参加全鄂尔多斯市老年原生态汇演，有民歌独唱、蒙古族舞蹈、器乐演奏等节目多次获奖。2007年，他们参加了内蒙古电视台蒙语频道的春节联欢晚会，获优秀组织奖、优秀表演奖。2011年参加了第七届成吉思汗旅游文化周开幕式表演并获奖；参加全市社区、农牧民文艺汇演时有多项节目获奖；参加伊金霍洛镇第五届传统那达慕大会比赛，选送多项节目获奖。

三　老年民歌艺术团

由兰进城等老同志于2010年8月牵头组织在阿镇札萨克社区组建了老年民歌艺术团，由社区中老年群众组成，主要以二人台、快板、小品等表演形式为主的艺术团，目前共有成员60人左右。该团活动积极，极大地丰富了社区居民的文化生活。2011 年参加全鄂尔多斯市社区文艺汇演，获得二等奖。

四 新舞乐舞蹈培训中心

由巴特尔牵头于 2008 年 3 月 8 日在阿镇通格朗社区组建成立了一支少儿舞蹈培训中心，目前参加培训的有 200 人左右。该队 2009 年在北京阳光少儿舞蹈竞赛上获金奖、银奖；2010 年在华北五省区舞蹈大赛上，获得金奖、银奖；2011 年在北京蒲公英十一届舞蹈大赛上，获金奖、银奖。

五 广场健身协会（平安社区）

由马从荣牵头于 2006 年在阿镇平安社区组织成立了居民自发健身团队，目前人数达 200 人左右。主要以舞蹈、蹦迪的休闲娱乐为主，丰富了广大居民的业余文化生活，达到全民健身的效果。

六 老年红歌合唱团

由杨孝才牵头于 2010 年在阿镇红海子村组织成立了老年红歌合唱团，该合唱团的成员由离退休老干部、居民组成，成立至今已发展 60 余人。主要以经典老歌、红歌演唱为主，让大家重温红色经典，发扬传统文化。

七 阿镇干部文艺队

由白燕牵头于 2008 年在阿镇成立了阿镇干部文艺队，目前参加的干部有 80 名左右。该队代表阿镇政府参加过多次大型比赛，于 2011 年伊旗消夏广场文艺活动舞蹈大赛中获二等奖。

八 阳光舞蹈艺术团

由杨叶飞牵头于 2008 年在阿镇文明路富源社区组建了少儿舞蹈培训团队阳光舞蹈艺术团，目前活动人数达 100 人左右。该队 2010 年在华北五省区舞蹈大赛上获金奖；2011 年在“爱我中华”全国少儿舞蹈大赛上获两个金奖、一个银奖。

九 老年艺术协会

由奇兆瑞牵头于 2011 年组织进城务工农牧民和社区居民在阿镇园林

社区成立了老年艺术协会，目前已有会员 65 人。主要以回春医疗保健操、太极操、二人台为主开展活动。

十　正义跆拳道培训中心

由赵天明牵头于 2010 年在阿镇绿苑社区组建了一支以培训青少年武术队伍为宗旨的正义跆拳道培训中心，目前已有学员 50 人左右，该中心主要进行跆拳道、武术培训。2010 年在全区青少年武术锦标赛上获三个冠军奖、两个银牌、一个团体二等奖；2011 年在全区青少年武术锦标赛上获团体总分第一、品势第一。

十一　门球队

由王继明牵头于 1986 年在阿镇阿吉奈社区组建了门球队，现共有队员 30 人左右。多次参加自治区及全国锦标赛、中冠赛，2010 年在珠海全国门球锦标赛中获得第十二名；今年乌兰浩特获得全区门球锦标赛一等奖、中冠赛一等奖。

十二　太极功夫队

由梁凤梅牵头于 2006 年在阿镇平安社区组建了一支以老年武术队为核心的太极功夫队，目前已有队员 100 人左右，主要研练老年太极拳，推广我国传统武术的发展。2010 年在全市太极拳锦标赛上获得第一名，正在现积极备战全区老年太极拳比赛。

十三　曼赖村村民文艺队

由阿色愣牵头于 2011 年在阿镇曼赖村组建了曼赖村村民文艺队，该文艺队是由少数民族组成的文艺队伍，目前已有队员 40 人左右。主要以蒙古族民间乐、舞为主，为弘扬蒙古族民族民间文化起到了积极的推动作用。

十四　红海子村村民文艺队

由苗和平牵头于 2011 年在阿镇组织当地群众组建了红海子村村民文艺队，目前已有队员 60 人左右。该队自编自演民间节目，是广大群众休闲娱乐的团队①。

除了阿镇，纳林陶亥镇的城镇化速度也较快。据纳林陶亥镇党委、政府给我们提供的《汇报材料》② 显示，纳林陶亥镇位于伊金霍洛旗东南部，是2005年11月由原纳林陶亥镇和新庙镇合并而成，办公地点在原新庙镇，东南分别与陕西省府谷县、神木县毗邻，东北与准格尔旗、东胜区接壤，总面积为768.56平方公里。全镇下辖16个行政村，117个农牧业生产合作社，全镇总人口近4万人，户籍总人口6582户16073人，其中农业户籍人口6264户15579人，非农业户籍人口318户494人，少数民族259户801人。有厂矿企业75家，其中电厂2家，煤矿51家（露天矿12家，井采矿39家。其中，年设计产能30万吨的4家，60万吨的20家，90万吨的8家，120万吨的11家，150万吨的1家，300万吨的1家，500万吨的2家。停产2家，正在建设的2家），其他企业10家（含金属镁厂1家），另有加油站12家。是伊泰集团、汇能煤业集团、乌兰集团公司、鄂尔多斯市昊华精煤有限公司、神东公司、中煤蒙发公司等大中型企业的煤炭、煤电、煤化工基地。境内交通运输十分便捷，包府公路、边贾运煤专线，巴苏公路、109高速公路、七贾运煤专线以及包神铁路、东乌铁路、正在建设的准神、准巴铁路构成了四通八达的交通网络，也为煤炭外运提供了便利的交通环境。2012年全镇地区生产总值达到150亿元，是2008年的1.5倍；境内税费收入达到62亿元（其中地方税费36亿元，国税26亿元），是2008年的4.4倍；固定资产投资完成50亿元，是2008年的2.5倍；农牧民人均纯收入达到1.87万元，是2008年的1.7倍，综合经济实力位居全伊旗苏木乡镇前列。该镇社会经济发展详细情况如下：

（1）工业经济快速发展，循环经济效应初步呈现。进入21世纪以来，该镇立足资源、区位优势，及时提出了“工业强镇、转移富民”的战略目标，率先按照循环经济的理念，成功地协调建设了蒙南电厂、汇能集团煤制天然气等一大批产业关联强、资源附加值高的煤炭接续产业，积极服务了占地约40平方公里的鄂尔多斯圣圆煤化工基地汇能工业项目区，为使工业经济走规模化、集团化、集群化的发展路子创造了良好的条件，

① 伊金霍洛旗广播体育电影电视局官网，http：//www.wtgdj.gov.cn/gjggwh/201306/t20130616_885331.html.

② 纳林陶亥镇党委、政府：《汇报材料》，2013年8月28日。

初步形成了煤电转化的产业链条。按照煤炭资源整合、整治及技术改造的要求，引进北京昊华公司高家梁煤矿、新奥王家塔煤矿、赛蒙特煤矿等一大批大型煤炭企业，同时加大地方煤矿的资源整合及技术改造，加强安全生产监管力度及工业企业环境保护整治工作，为发展煤炭后续产业及延长产业链条奠定了坚实的基础，工业产业层次和水平不断提升。

(2) 生态建设成效显著，服务管理水平不断提升，投资环境明显改善。该镇认真解决了生态、水、电、路、讯等制约经济发展的投资硬环境和服务软环境的“瓶颈”问题。继续巩固了66069亩退耕还林成果，实施退牧还草94.97万亩，水保治理面积达18万亩；积极协调为煤矿建设双回路供电系统，建设35千伏变电站6个，110千伏变电站3个，架设双回路供电线路300多公里；对巴苏公路进行了拓宽修建，对包府、边贾公路沿线70米范围进行了绿化。对镇区和重要节点进行了绿化、亮化、硬化和美化；全力推进社会管理创新工作。整合派出所、司法所、民政办、计生办、土地、社保所、补偿办等15个部门工作人员，充实到社会管理服务中心进行“一站式”服务。实行重大建设项目承包和跟踪服务制度，大力化解各类矛盾纠纷，仅2012年，共计调处各类矛盾纠纷150起，调处成功146起，调处成功率达97%。为企业协调征用各类土地2万多亩，企业发展的投资硬环境和服务软环境明显改善。

(3) 第三产业蓬勃发展，增收渠道进一步拓宽。进入21世纪以来，该镇始终把结构调整作为产业优化升级的有效措施，采用工业化拉动、城镇化带动、园区化推动的方式，努力提高三产服务业比重，增强三产业的辐射带动能力。在发展壮大三产服务业体系上，采取厂矿企业与村社结对帮扶的办法，最大限度地促使当地农牧业人口向二、三产业转移，有组织地规划建设了以运输、餐饮、商贸、维修等为主的综合园区和淖尔壕汽车维修服务园区。在2009—2013年的五年内，共计培训农牧民10000多人(次)，转移农牧业人口2000多人。农牧民来自工业和工业带动的相关三产业方面的收入占到总收入的90%以上，呈现出一产优，二产强，三产活的特点，形成了结构优、质量高、效益好的经济发展体系。

(4) 社会各项事业协调推进，人民群众普得实惠。纳林陶亥镇坚持教育优先的发展战略，积极实施校舍安居工程，新建的新庙小学学生公寓已投入使用，新建的新庙幼儿园主体工程已完工，争取年内建成投用。全面实行义务教育阶段“四免两补贴”，确保了适龄儿童的正常入学；文化、精神文明方面，积极开展了群众性文化活动及篮球比赛等活动，由镇文化站牵头，在淖尔壕移民新村组建了“青铜之光”艺术团，在布尔洞门村组建了集娱乐与健身活动为一体的“夕阳红”文化大院，丰富了农牧民业余文化生活，提高了群众文化素质。加强了文化阵地建设，新建的镇文体活动中心已建成投用；医疗卫生工作方面，坚持每年为农牧民免费进行体检，配合旗妇幼保健所进行妇女“两癌”筛查工作。全面推行了农村牧区新型合作医疗制度，2012 年，参加新型合作医疗保险 14420 人。同时加强了医疗队伍建设，配齐了基本医疗器械，建设了康复中心。农牧民养老保险参保面进一步拓宽，目前，全镇参加农牧民养老保险共 6870 人；采取矿区移民和生态移民相结合的方式，大力推进人口整体转移战略，截至目前，共完成生态移民 2000 多人。矿区移民工作方面，目前累计搬迁农牧民 3248 户 8120 人。计划生育、民政、民族、妇女、儿童等各项工作全面进步。

（5）城镇建设步伐加快，市政功能基本完善。随着社会的发展，纳林陶亥镇对镇区规划进行了不断详细的修编论证，建设了综合园区、伊泰小区、乌兰小区和道劳岱移民小区，镇区路网、供水、供暖、供电、排污等基础设施齐全，环卫、医疗、文教、餐饮住宿、休闲娱乐、商贸、客运等市政服务功能基本完善，人口吸纳聚集所带来的三产服务、劳务等经济效应开始显现。

（6）执政能力不断增强，施政水平明显提高。围绕加强自身建设，扎实开展保持共产党员先进性教育活动，认真查找和整改政府自身建设方面存在的突出问题，努力改进政府工作，提高执政水平。积极推行政务公开，加强干部队伍的思想作风建设，促进政府依法行政能力和执政水平的提高，确保各项工作任务的完成。完善重大问题、重大事项集体决策机制，行政决策效率和质量进一步提高。建立完善了岗位责任考评体系，有效促进了政府工作落实。认真执行人大的决议决定，主动接受人大的法律监督、工作监督。政府各二级单位大局意识和服务意识进一步增强，工作作风明显转变，履责意识明显增强，各项工作都取得了新的成绩。

第四节　经济社会发展与伊金霍洛旗蒙古族文化变迁

伊旗蒙古族以自己鲜明的民族特色为鄂尔多斯地区多元文化的形成增

添了绚丽的色彩。这部分蒙古族自迁入伊金霍洛以来，在保持和传承其独特的民族传统文化的同时，又不可避免地在同强势文化的融合中产生变异，并形成了自己新的民族文化特点。伊旗蒙古族在传统文化保护与传承方面经历的百年磨砺，也给我们提供了许多成功的经验和作法。作为伊旗蒙古族主要组成部分的达尔扈特人近百年来文化变迁的过程，正是这部分蒙古族不断自我创造和自我完善的过程。

达尔扈特，蒙古语，亦写“达尔哈特”，为“担负神圣使命者”之意。达尔扈特，是成吉思汗守灵人，守护成吉思汗宫殿部鄂尔多斯人的组成部分，当年被大蒙古国授予“不服兵役、不纳税负”，专门看守成吉思汗奉祀之神的特殊权利的人们。鄂尔多斯部中的这一群体，来自蒙古各部落。据《成吉思汗守灵人史记》[①] 一书，达尔扈特的祖先，在成吉思汗时期为守护成吉思汗大鄂尔多的“万名贺希格腾”。成吉思汗去世后承担了守护、祭祀、管理、迁移成吉思汗祭灵宫帐以及成吉思汗八白宫和成吉思汗圣物的神圣使命。这一群体世代延续，完整地保留了成吉思汗八白宫及13世纪蒙古王朝时期的神秘的祭祀文化和神奇的宫廷礼仪文化，成为蒙古民族宫廷祭祀文化的直接传承者。达尔扈特起源于大蒙古国时期，元朝忽必烈时期委任了管理、主持祭祀的太师、宰相、洪晋、彻尔彼为首的亚木特德，清康熙年间重新组成五百户达尔扈特。达尔扈特的管理体制与旗札萨克基本相等，建立达尔扈特特区——艾玛格，直接受伊克昭盟盟长或鄂尔多斯济农的管理。达尔扈特特区下属有哈然、贺希格等基本组织及主持祭祀的亚木特德。达尔扈特的基本组织分工明确，为成吉思汗八白宫及苏勒德等祭祀圣物的守护、管理、祭祀以及解决祭奠费用等方面作出特殊贡献，使成吉思汗祭祀文化得到有效保护。

达尔扈特人作为鄂尔多斯部的一部分，由诸多部族、氏族人员组成。清朝以后，将达尔扈特分为右翼达尔扈特和左翼达尔扈特。其右翼达尔扈特，以大蒙古国右翼万户长博斡儿出的后裔为主。这样，在右翼达尔扈特中由阿日剌惕部族的克烈惕氏占据多数；左翼达尔扈特以大蒙古国左翼万户长木华黎的后代为主。这样，左翼达尔扈特中由札赖尔氏族的人为多数。除此之外，在右翼达尔扈特中，有巴日古德、蔑儿乞惕、宝日努德、土尔古特、忙兀惕、兀鲁德、弘吉剌（弘格日德）等氏族。左翼达尔扈

① 旺楚格：《成吉思汗守灵人史记》，内蒙古人民出版社2011年版，第21页。

特中还有明嘎图、洪霍台阿格塔钦、浩尼钦、苏勒都斯、雪尼惕（苏尼特)、伦浩钦、巴图儿、兀良合等氏族的人。

守护鄂尔多斯各旗供奉的奉祀之神的达尔扈特中，有不少氏族的人员。鄂托克旗拖雷伊金宫帐的达尔扈特中，乌尔鲁古德氏族人为多数，也有恢图部族敖亦古德氏族人；鄂托克旗别里古台宫帐的达尔扈特中沙日努德部族、哈日努德氏族人较多；鄂托克旗和杭锦旗阿拉格苏勒德达尔扈特中，有苏勒都斯、敖勒嘎努德、明嘎图等氏族人；准格尔旗“准格尔伊金”达尔扈特中，追古尔钦、明嘎图氏族的人占多数，还有敖亦日德、呼其德等氏族人；达拉特旗达尔扈特以土伦古斯氏族人为主；乌审旗守护旗徽的达尔扈特中，有维古尔金、克烈惕、哈特根等氏族人；札萨克旗忽兰哈屯达尔扈特中有索伦嘎、孛哈斯、克烈惕、土伦古斯等氏族人；郡王旗境内除圣主达尔扈特、苏勒德达尔扈特外还有白土伦古斯等氏族。

达尔扈特的姓氏，体现了蒙古族姓氏特点。姓氏，是表明蒙古社会成员的血缘关系的符号。姓氏，蒙古语叫“斡孛格”或“雅苏坦”，两者同一个意思，是指同一个祖先、同一个血缘关系的群体。包括达尔扈特在内的蒙古族使用蒙古语单词姓氏，姓氏与名字分两部分，姓氏在前，名字在后，两个词中间用蒙古语连接词或用圆点〔翻〕分开。平时，只称呼名字，一般不称呼姓氏，用文字表达时或需要时才使用姓氏和姓名全称。蒙古姓氏约在公元 8 世纪开始使用，蒙古族姓氏的形成是个复杂的过程，它涉及民族、国家、职务、尊号、信仰、职业等多种因素，并在历史的发展中受到多方面影响，发生诸多变化或演变。达尔扈特人的姓氏，主要由原始蒙古氏族名称、部落名称、职司名称、山水地方名称、古国民族名称、身份名称等多种因素组成。达尔扈特人，从 20 世纪初开始一部分使用汉姓，把原蒙古姓氏音译或意译的形式套用汉民族百家姓，形成包含原意的新的一种姓氏。

达尔扈特的姓氏中，有以氏族名称形成的姓氏，这是蒙古族姓氏中最早出现的姓氏。氏族名称即代表了这一共同体的总称呼。在历史的进程中，氏族又产生多个分支，每个分支又使用另一个氏族名称。这样，氏族共同体不断扩大，便产生更多的氏族姓氏。氏族名称，通常使用祖先的姓名，因而祖先的姓名逐渐成为代表这一氏族的共同姓氏。例如，鄂尔多斯蒙古族中的乞颜（奇颜）姓氏，是蒙古族祖先一个人的姓名，是蒙古最早使用的姓氏之一，已有两千多年历史。成吉思汗之前十一代祖母阿伦高娃所生的五个儿子的姓名，便成为蒙古族早期氏族姓氏的代表。其中，布忽那台的后裔使用布忽努惕氏族姓氏，别勒古那台的后裔使用别勒古努惕氏族姓氏，孛古哈特黑的后裔使用哈特根氏族姓氏，孛敦察儿的后裔使用孛儿只斤（包尔吉根）氏族姓氏。孛敦察儿的第十代后裔成吉思汗，为乞颜翻孛儿只斤姓氏。达尔扈特中常见的阿儿剌惕姓氏为博斡儿出后裔使用的氏族式姓氏。

达尔扈特的姓氏中，有以部落名称形成的姓氏。古代人，为了生存和发展，往往几个氏族联合起来组成一个新的共同体，这种组合式群体被称之为“部落”。有时几个部落联合形成部落联盟。部落内部具有诸多不同氏族，知道自己氏族姓氏的部落成员仍使用原来的姓氏，有的因种种原因不清楚氏族姓氏，就以部落名称或部落联盟名称作为自己家族的姓氏，代代相传。达尔扈特姓氏中常见的克烈惕、扎赖儿等姓氏均为部落式姓氏。由部落首领尊号作为姓氏的也有，如克烈惕部“翁汗”（王汗）后裔使用的姓氏为“王”。

达尔扈特的姓氏中，有以职业职司名称形成的姓氏。随着蒙古社会生产力的发展，出现了分工，从而产生了各种专业技术行业和职业职司名称。成吉思汗时期，成吉思汗宫廷服务人员有了明确的分工，各种匠人不断出现，甚至这些服务职司中有的成为世袭制。当初出现了好多专业名称，其中有掌书写圣旨者札儿里格赤；掌文书者必彻赤；掌车马者兀剌赤；厨师巴古儿赤；掌音乐者胡儿赤；掌鹰隼者昔宝赤；箭筒士火儿赤；裁缝玉裂赤；掌灯火者烛刺赤；掌牧马者阿格塔赤；掌牧骆驼者帖麦赤；掌牧羊者浩尼赤。还有管理武器、军旗、狩猎等等，均各有职司。这些职司，后来有的成为部分蒙古人的姓氏，世代延用。达尔扈特姓氏中常见的浩尼沁、图克沁、浩尔其纳尔等姓氏为职业式姓氏。

达尔扈特的姓氏中，也有把蒙古姓氏译为汉姓的姓氏。其中包括意译式姓氏和音译式姓氏两种。在历史的发展中，各民族相互交流、交融，使生产、生活、文化等各方面相互影响，产生一些新的现象。清朝中期以后，蒙汉民族交流频繁，为了交流方便，蒙古民族中出现使用原始蒙古姓氏的同时，使用汉姓的现象。意译的汉姓，是把蒙古姓氏的意思译为汉语，然后套用汉民族的百家姓。例如，达尔扈特姓氏中常见的“浩尼沁”姓氏，汉意为“牧羊者”，应为姓“羊”，但百家姓中没有该姓，就套用了同音的“杨”姓。还有达尔扈特中常见的万、千、弓等诸多汉姓，分别为“土默图”“明嘎图”“浩尔其”等蒙古姓氏的汉译式姓氏；音译为汉姓，是把蒙古姓氏的发音用汉字记录，然后将第一个汉字尽可能直接套用在汉民族百家姓。如，蒙古姓氏“杜达其”的汉姓为“杜”，“唐古特”的汉姓为“唐”，“贺日德”的汉姓为“贺”等。

五百户达尔扈特，虽然在清朝康熙年间重新组成，但他们的祖先，多数是在成吉思汗宫廷内做事的著名将领。在鄂尔多斯部达尔扈特中，成吉思汗著名大将博斡儿出和木华黎的后裔及所属部民后代为多数，其中就有大批克烈惕氏族人员。这一部分克烈惕人沿用了克烈惕首领王汗的“王”作为自己的氏族姓。他们的祖先，多数是博斡儿出所属的克烈惕人，他们的后代与博斡儿出的后代一起共同继承了守护、祭祀成吉思汗八白宫的神圣职业。这部分人员，多数成为历来世袭主持成吉思汗八白宫祭祀的“八大亚木特德”。

当年，年轻的铁木真追赶被盗马贼盗走的八骏途中与博斡儿出相识。博斡儿出得知铁木真的遭遇后主动相助，从而成为铁木真第一个结识的朋友。博斡儿出毕生跟随成吉思汗，忠心耿耿为成吉思汗服务，成为成吉思汗四杰之首、右翼万户长，是蒙古民族历史上卓有贡献的人物。博斡儿出的子孙后代以及跟随博斡儿出的属民，按着博斡儿出的意愿世世代代守护、祭祀成吉思汗八白宫，成为担负神圣职责的达尔扈特的重要组成部分。博斡儿出为阿日拉惕部族，他父亲纳忽伯颜与成吉思汗父亲也速该又是好朋友。阿日拉惕部族，是由成吉思汗六代先祖海都的孙子阿日剌所建，即阿日剌的后代为阿日拉惕部族，与成吉思汗所在的孛尔只斤部族是统一祖先。

克烈惕，是当年蒙古高原上强大的部落。在部落征战中，克烈惕人不断归顺成吉思汗，不少人成为博斡儿出的属民。博斡儿出部下的这部分克烈惕人在历史的长河中，演变成为“阿日拉惕”（博斡儿出所属部族名称）部族、“克烈惕”（王汗所属氏族名称）氏族，成为鄂尔多斯人中的特殊群体。

据内蒙古社会科学院收藏的文献书籍《蒙古史料》① 记载，成吉思汗驾崩后，经大将们协商，将大汗灵柩安放在像天宫似的蒙古宫帐内。然后选择长久守护、祭祀的大臣时，大将博斡儿出说：我与天骄圣主从小成为

① 引自旺楚格《成吉思汗守灵人史记》，内蒙古人民出版社 2011 年版，第 29 页。

知心朋友，只请求有我来承担祭祀义务。圣主哈屯及子弟们全体一致赞同，并交代给博斡儿出祭祀。一些史料中还记载，从博斡儿出子弟中封“太师、太保、宰相、洪晋”，从其他普通人员中又选派了“图利、格赫、彻尔彼、哈萨嘎、土默图、明嘎图、昭图”等“大小亚木特德”，专门从事成吉思汗祭祀。从而，守护、祭祀成吉思汗八白宫的达尔扈特中成吉思汗大将博斡儿出的后裔世袭至今。据光绪十九年史料记载，济农下公文对博斡儿出的后代洪晋宝音德力格尔、其子洪晋阿拉坦仓、彻尔彼图门德力格尔、其子彻尔彼巴图那顺等确认其上述身份。

圣主达尔扈特，蒙古语称“伊金达尔扈特”，是守护、祭祀圣主成吉思汗及孛儿帖哈屯（夫人）宫帐的达尔扈特的总称。达尔扈特中根据所承担的职责，分为圣主达尔扈特和苏勒德达尔扈特。根据分布的地理位置，圣主达尔扈特亦称右翼达尔扈特，根据所承担的职责，还俗称大达尔扈特。圣主达尔扈特早期为守护、祭祀成吉思汗及其哈屯的“伊金（圣主）、哈屯（皇后）”部，清朝时期包括太师哈然、乌素班哈然、珠玛纳日哈然所管辖的达尔扈特，即祭祀成吉思汗与孛儿帖哈屯白宫、忽兰哈屯白宫、弓箭白宫、商更斡尔阁（珍藏）白宫的达尔扈特。

旗属达尔扈特，是守护、祭祀分布于鄂尔多斯各旗的成吉思汗哈屯、黄金家族成员及圣物的达尔扈特。包括鄂托克旗拖雷伊金达尔扈特、别里古台宫帐的达尔扈特、哈撒儿奉祀之神达尔扈特，杭锦旗的阿拉格苏勒德达尔扈特，达拉特旗的窝阔台伊金达尔扈特，准格尔旗的“准格尔伊金”达尔扈特，溜圆白骏达尔扈特，乌审旗的守护大蒙古国查干苏勒德、木华黎景肯苏勒德等诸多旗徽的达尔扈特。旗属达尔扈特的称呼有所不同，有的仍叫达尔扈特，有的则叫“珠玛”或“珠木”。旗属达尔扈特中，也有主持祭祀的亚木特德，如鄂托克旗拖雷伊金达尔扈特中就有八大亚木特德，哈布图哈撒儿阿拉格苏勒德的达尔扈特中有明嘎图、芒赖、呼和庆、查尔给其、呼古尔其、图利、吉劳庆、昂苏八个亚木特德。

17 世纪 30 年代，成吉思汗八白宫及诸多奉祀之神再次集中于鄂尔多斯。为了加强成吉思汗八白宫及圣物的管理与祭祀，1696 年（康熙三十五年）由内外蒙古十个盟的王公札萨克商议，并经清政府同意，重新组成五百户达尔扈特，仍享有不服兵役、不缴纳税赋的神圣权利，专门从事守护、祭祀成吉思汗八白宫及哈日苏勒德（黑纛）的事务。五百户达尔扈特以原有的达尔扈特为主，并从鄂尔多斯七旗和全蒙古各札萨克派来的代表性人员组成。五百户达尔扈特，集中居住在八白宫及哈日苏勒德所在的伊金霍洛和苏勒德霍洛周围，郡王旗札萨克为他们封分了牧场。

1696 年（康熙三十五年）由内外蒙古十个盟的王公札萨克商议，并经清政府同意，组成守护、祭祀成吉思汗奉祀之神的五百户，授予他们不服兵役、不缴纳税赋的神圣权利，并继续称为“达尔扈特”。1825 年（道光五年）冬末月十五日，伊克昭盟盟长曹德那木热布杰根登给札萨克旗贝子热西斯仁台吉的信中提到“从康熙三十五年至乾隆二十八年间的 18 次男性登记”事宜。1828 年（道光八年）关于恢复达尔扈特称号的史料中提到五百户达尔扈特的事是“一百数十年延续的事”。从中不难看出，达尔扈特五百户产生于康熙年中期，与康熙三十五年相吻合。学者赛音吉日嘎拉经过研究，认定 1696 年（康熙三十五年）重新组建了五百户达尔扈特。

专门守护、祭祀成吉思汗奉祀之神的五百户达尔扈特，绝大多数来自鄂尔多斯的各旗，也有一部分户来自其他盟旗。据史料记载，“五百户民众，是从十个盟的所属旗里派出的守护祭祀奉祀之神的人员”。关于祭祀费用，当时决定，达尔扈特带上伊克昭盟官署的证件和成吉思汗神像，到外四个盟、内六个盟所属有札萨克（成吉思汗后代）的各旗，各札萨克要提供来回走的乘骑和证件，并为祭祀募捐。

关于五百户达尔扈特，从各地抽调而来之事，过去有很多记载。1839 年（道光十九年）锡林郭勒盟盟长、苏尼特左翼郡王策旺札布给贝子东道布斯仁的书信中称：“从我们锡林郭勒盟苏尼特旗，为祭祀成吉思汗奉祀之神而去定居的，苏尼特的吉鲁根巴图儿的后代尤木道尔吉等人回来报称，他们本离开吉鲁根巴图儿后裔居住的地方，去诚心为成吉思汗苏勒德祭奠出力。由伊克昭盟盟长及札萨克济农官署颁发了永久免除差役的达尔扈特的证件，并一直享有这一待遇。但后来，由鄂尔多斯札萨克王，将这些户归属台吉管辖。现在，由札萨克协理贡其格、贡冲等人不管其神圣的证书，随意将（苏尼特）28 户隶属于章京热布杰、巴亦吉呼、玛希吉日嘎拉等人所辖苏木里的台吉达格苏如拉、热希尼玛、勃格日、吉格米德及其他王公之下，几乎中断了祭祀成吉思汗苏勒德的神圣职业。因而，要求他们与为成吉思汗奉祀之神尽力的达尔扈特一起履行其祭祀职责。”

1839 年（道光十九年），伊克昭盟盟长贝子东日布斯仁书信中还反映“内外各盟的诸多王公台吉之祖宗成吉思汗奉祀之神的守护祭祀者五百户达尔扈特，从十个盟所属的旗里派出来以后，一直不让担负其他差役，诚心守护祭祀成吉思汗奉祀之神”。因而，哈拉哈的彻辰罕等盟旗诸多蒙古王公，要求查清五百户达尔扈特的来源，并享受其待遇。

1917年（民国6年），阿拉善亲王拉旺热布丹给伊克昭盟盟长的书信中称：“为专门祭祀成吉思汗陵寝和苏勒德神物，早在清朝时期封五百户为达尔扈特，并以法确定。”

17世纪末，以鄂尔多斯部为主，来自全蒙古地区十个盟的五百户达尔扈特中，有记载的包括锡林郭勒盟苏尼特的吉鲁根巴图儿的后代28户，哲里木盟的部分浩尔钦（科尔沁）户。从鄂尔多斯七旗和全蒙古各札萨克派来的五百户达尔扈特，集中居住在八白宫及哈日苏勒德所在的伊金霍洛一带。

历史上，达尔扈特集中居住的区域，直属盟长，不属于旗札萨克管辖。17世纪末，重新组成达尔扈特艾玛格时，达尔扈特集中居住在大伊金霍洛和苏勒德霍洛周围。这块土地，便成为达尔扈特长期生产生活的故乡。达尔扈特的故乡，包括今伊金霍洛旗（原郡王旗和札萨克旗）境内的伊金霍洛、宝日台格（布尔台）、布连、浩尼庆郭勒（红庆河）、新街、公尼召、赫亚巴格希（康巴什）、纳林套亥（纳林塔）、套亥召（新庙）以及今陕西省神木县北部的布日嘎斯图套亥（红柳湾）等乡。其达尔扈特居住的区域边界为（从西北起始）：从毕日古图茫哈至苏日木毛都、乌兰陶劳盖、塔布乌兰以东的寨斯哈拉金、台格希里、章给台后梁、浩尼图陶劳盖、渡过西乌兰木伦至东岸的敖格尤图茫哈、阿尔查希纳嘎渡过东乌兰木伦至东岸的三座呼和陶劳盖、海拉苏图查干苏、贡额尔格河南岸的格德日格、哈日斯格日敖包、向南的巴彦哈日陶劳盖、布岱苏、陶斯汗敖包、推木尔图和木、崩和尔希里、鲁邦图茫哈、渡过乌兰木伦向呼吉尔图河方向至希日札嘎达格、呼和希纳、以北的驮盐路、布日耶木都、希贵塔拉、向东至查干其鲁图、再至起始地毕日古图茫哈。达尔扈特集中居住的区域呈圆形，约南北30公里、东西40公里，到清末缩小至约南北15公里、东西20公里。达尔扈特集中居住的区域内，原先不准他人定居，于1900年前后，经鄂尔多斯济农和达尔扈特亚木特德的允许，郡王旗和准格尔旗有36户非达尔扈特蒙古族人家进驻达尔扈特区域内，打破了以往的规矩。

据史料显示，一直到19世纪末，在伊金霍洛周围的达尔扈特基本保持原样，户数仍保持在500户左右。从20世纪初开始，郡王旗对南部草场放垦，使达尔扈特居住的地域不断缩小，生存遇到困难，有不少达尔扈特离开伊金霍洛迁居于乌审、鄂托克、杭锦等旗。

据1941年（民国30年）2月统计，达尔扈特艾玛格所属达尔扈特共有453户，2092人。其中圣主达尔扈特288户，1241人；苏勒德达尔扈特165户，851人。人数分布如下。

圣主达尔扈特：芒赖贺希格59户，283人；太师贺希格43户，176人；太保贺希格36户，176人；乌素班贺希格29户，162人；乌如德贺希格42户，142人；哈屯贺希格10户，46人；珠玛纳日贺希格25户，93人；浩尔其纳日贺希格29户，105人；小伊金贺希格15户，58人。

苏勒德达尔扈特：芒赖贺希格10户，53人；后图克庆贺希格10户，50人；塔布德贺希格7户，41人；图利贺希格38户，179人；小布日耶庆贺希格7户，33人；大布日耶庆贺希格11户，63人；图克庆贺希格32户，140人；上吉劳庆贺希格16户，71人；下吉劳庆贺希格34户，221人。

据1949年统计，达尔扈特艾玛格共有462户，2071人。

到1987年，在伊金霍洛旗境内的达尔扈特共有250户，1200多人，其中成吉思汗陵所在地伊金霍洛苏木有183户，893人。

据2000年1月，成吉思汗研究所组织复查，在成吉思汗陵周围，包括在伊金霍洛苏木（2005年改为镇）和康巴什居住的达尔扈特共265户，1163人。

2003年，据成吉思汗研究所初步统计，在鄂尔多斯地区的达尔扈特约1700户，近6000人。其中伊金霍洛旗600余户，鄂托克旗近400户，乌审旗200多户，鄂托克前旗，杭锦旗各近100户，准格尔旗近70户，东胜100多户。[①] 伊金霍洛旗六百余户达尔扈特目前主要聚居在伊金霍洛镇。该镇位于伊金霍洛旗中部，2005年由原来的伊金霍洛苏木和公尼召乡合并而成。伊金霍洛镇地处东经109°28′—109°51′，北纬39°17′—39°29′，南北长约49.5公里，东西宽约30公里，海拔高度在1316—1414米之间。全镇总面积717平方公里，下辖十六个嘎查村、一百个农牧业生产合作社。到2009年总户数为四千六百零四户，总人口为一万四千四百二

① 引自旺楚格《成吉思汗守灵人史记》，内蒙古人民出版社2011年版，第46页。

十四人（农业户口 4253 户、13932 人），其中少数民族为六百五十八户、一千九百零四人（农业户口 510 户、1643 人）。牲畜总头数二十四万头（只），是典型的半农半牧区。全镇耕地面积为 5.7 万亩，有林面积达到 34 万亩，草场面积 66.8 万亩，森林覆盖率在 30%以上，植被覆盖率在 85%以上。

境内交通四通八达，有黑色路面四条共 122 公里，砂石路十四条共 148.2 公里，210 高速、210 辅线、包茂高速纵穿境内，东乌铁路横穿东西。电力供应充足，动力电入社率 100%，照明电入户率 100%。移动、联通通信基本无盲区，多路微波覆盖全镇。境内共有蒙古包厂八家，黏土砖厂六家，乳制品加工企业（蒙众乳业）一家，中蒙草药种植加工企业（绿沙集团）一家，肉食品加工企业（泽芳食品）一家，林沙企业（上海碧海木业）一家，大型旅游企业（成吉思汗旅游公司）一家。

伊金霍洛镇有着悠久的历史和灿烂的文化，自古人杰地灵、文物古迹荟萃，旅游资源得天独厚。全国重点文物保护单位、国家 AAAAA 级旅游景区、著名的一代天骄成吉思汗陵园坐落于此。这里，融草原之爽、帝陵之奇、风情之神为一体，显示出独具特点。伊金霍洛镇，以特殊的地理区位优势和独特的人文优势，有力地促进地区经济、社会快速和谐发展。

成吉思汗陵园所在的大伊金霍洛，是一块水草丰美的风水宝地。由陶高布拉格等诸多泉水汇集而成的巴音昌呼格河，长年流淌在甘德尔梁脚下，滋润着河岸美丽的草原。过去，这一带是丛林密布、百鸟欢鸣，野生动物出没的封闭性禁地，真是“花角金鹿栖息之所，戴胜鸟儿育雏之乡”。1696 年（康熙三十五年），成吉思汗八白宫迁至大伊金霍洛后，按照蒙古民族习俗，形成方圆约 60 里的禁地。禁地内不准开垦，不准盖土房，使周围生态环境保持原样。

为了恢复陵园周围的生态，再现当年绿色环境，按照总体规划，对陵园环境进行彻底的整治。

加快霍洛苏木政府搬迁及成吉思汗陵旅游区开发建设，是鄂尔多斯市建设旅游大市和文化大市，推动第三产业优化升级，提高鄂尔多斯知名度的重大举措，对于带动当地农牧民尽快致富达小康，进一步推动工业化、城镇化、产业化进程，实现鄂尔多斯经济社会跨越式发展，具有十分重要的意义。

经过两年的规划论证、审批和建设，投入近 3 亿元，霍洛苏木政府所在镇的160多所机关、学校、商店、居民（户）于2005年整体搬迁。一个特色鲜明，市容整洁，环境优雅的伊金霍洛镇，出现在地平线上，成为成吉思汗陵旅游区一道亮丽的风景线，引人注目。

坚持社会效益、经济效益、环境效益有机统一的原则，对成吉思汗陵园周边环境进行统一规划和综合治理，将原址在陵园周围、环境景观欠佳的伊金霍洛镇实施整体搬迁，在新区建设了具有蒙古民族文化特色和地方自然生态景观的商贸旅游型集镇。特色集镇和旅游区开发紧密结合，使成吉思汗陵摆脱了单纯景点建设的俗套，将区域所有资源都纳入了旅游体系，构建了独具特色的文化旅游发展新区域，促进了旅游业的深层次发展，促进了伊金霍洛镇经济结构的优化升级，为建设经济发展、环境优美、民族团结进步、人民富裕祥和的社会主义新牧区奠定了坚实基础。

2005年，成吉思汗陵周围的一座小镇顿时消失，代替的是一片茂密的树林，恢复了50年以前的生态环境。

就在2005年，成吉思汗陵以南2.3公里的高朱格尔敖包图南坡，蓝天绿草间一座崭新的小城镇拔地而起，以独特的魅力呈现在地平线上。蓝色的屋顶，白色的小楼，像是蓝天白云，与周围的茫茫原野融为一体。以独特的建筑，整洁的市容，美丽的景色、齐全的功能呈现在地平线上，成为引人注目的一道亮丽的风景线。

这座具有特色的现代旅游小镇，即伊金霍洛镇。为了将伊金霍洛镇打造成为中国西部第一特色镇，在建设时高起点规划，高标准设计，高质量施工。伊金霍洛镇，规划面积5.56平方公里，最初投入2.86亿元人民币，镇内划分商贸餐饮区、住宅区、机关办公区、民俗文化区、广场五个功能区。这里，不仅有机关、学校和企事业单位和居民区，而且建立地方特色的诸多餐饮、住宿、商店等服务设施，其中商业网点386户，并形成以生产、销售民族用品、民族服饰、民族乐器、民族文献、特色食品、旅游纪念品为主的旅游商品一条街，为发展旅游业奠定了基础。

镇区房屋建设采用欧式与蒙古特色相结合的风格，给人以走出大漠，走向世界之感。水、路、电、排污、供热等基础设施建设，都体现出高档次、现代化和人性化特点。以打造中国西部具有特色草原小镇的理念建设的伊金霍洛镇，成为建设社会主义新牧区的新模式，引人注目。镇区绿地占总面积的一半，使大草原上的现代小镇真正成为草原中的城镇，城镇中的草原。从2010年起，伊金霍洛镇区进入第二期建设，著名的成吉思汗博物馆、蒙元陶瓷博物馆等大型文化旅游设施落地镇区，为伊金霍洛镇区增添了新的内涵。

2004年，鄂尔多斯市委、市政府提出了以建设“大旅游、大文化、大物流”为突破口的三产发展战略，决心把成吉思汗陵打造成世界级的旅游文化圣地，以大旅游带动大发展，实现弘扬蒙元文化、发展旅游产业和富裕地方百姓三赢的目标。

2004年秋，鄂尔多斯市委曾经对成吉思汗陵保护建设工作明确提出：“抓住优势，大手笔构筑，加快开发建设步伐，把成吉思汗陵打造为世界级的文化旅游新景区；把员工收入打造成全区同行业中最高；把伊金霍洛地区农牧民人均收入打造成全区少数民族聚居区最高；把伊金霍洛地区打造成全国民族团结进步模范地区。”

鄂尔多斯市委提出的“四个打造”，成为成吉思汗陵以及伊金霍洛镇建设的宏伟目标，是提高品位，创立品牌，富裕地方百姓，造福子孙后代的历史性决策。打造成吉思汗陵以及伊金霍洛的这项举措，是走向世界的具有历史意义的举措，代表了人民群众的意愿，受到人民群众的欢迎，得到人民群众的有力支持。

经过短短几年的努力，包括伊金霍洛镇在内的成吉思汗陵旅游区的建设取得了引人注目的成就，举世闻名的成吉思汗陵发生了巨大变化。一个雄伟壮丽、金碧辉煌、环境优美、内涵深刻的草原帝王陵呈现在世人面前；一个规模宏大、气势恢宏、特色鲜明、内容丰富的旅游区展现在美丽的巴音昌呼格草原上；一个风格独特、市容整洁、环境优美、功能齐全的新型草原集镇呈现在地平线上。这里，树木成林，绿草如茵，花草遍地，与美丽富饶的草原连为一体，营造了独特的草原风光和人文景观。成吉思汗陵这一著名历史文化圣地，以其丰厚的文化内涵，再现蒙古民族波澜壮阔的历史和成吉思汗伟大精神，为伊金霍洛的发展勾勒了美好灿烂的前景。

伊金霍洛镇，地处内蒙古鄂尔多斯市伊金霍洛旗成吉思汗陵所在地，交通非常便捷，包茂高速成吉思汗陵旅游区出入口距伊金霍洛镇区2公里，210国道途经伊金霍洛镇区。伊金霍洛镇区距109国道55公里，形成了京津、呼包、陕西高速交通大通道。鄂尔多斯机场距伊金霍洛镇区18公里，东乌铁路20公里，包头至西安铁路经过伊金霍洛镇，交通四通八达。伊金霍洛镇距周边城市阿腾希热镇20公里、鄂尔多斯市政府所在地康巴什28公里、东胜60公里、包头160公里、呼和浩特300公里、榆林180公里，距首都北京800公里。伊金霍洛镇建立长途汽车站，周边城区每天有30多趟班车和公共汽车通达或路经旅游景区。

鄂尔多斯市以远见卓识的目光，规划、建设成吉思汗陵旅游区，成吉思汗陵旅游区开发建设和成吉思汗陵园保护、重修工作所取得的成果，不仅体现在旅游区本身，而且延伸到周围。被称为我国“西部第一镇”的伊金霍洛镇，是成吉思汗陵旅游区开发建设的巨大成果之一。

国家正在实施建设社会主义新农村的战略。鄂尔多斯市和伊金霍洛旗，及时抓住建设成吉思汗陵旅游区的良机，把原来的旧集镇进行整体搬迁。这一举措成为加快建设社会主义新牧区的一项有益的实践和示范。这一决策，也是大手笔、高标准建设成吉思汗陵旅游区的组成部分。它事实上净化了成吉思汗陵环境，为成吉思汗陵的发展创造了广阔的空间，有力地推动了小城镇建设和现代新型牧区的建设步伐，为地区的旅游产业发展提供了基本因素。近几年来，成吉思汗陵周围牧民开发的旅游服务业，逐步向规模化方向发展。牧民骑马、民俗表演、旅游纪念品销售、蒙古包生产等旅游服务内容也明显增多。特别是经过成吉思汗陵旅游区的开发建设，刚刚建立的新型伊金霍洛小镇内，正在形成旅游一条龙服务体系。这些旅游产业的发展，使当地传统的牧业经济逐步向新型第三产业转变，农牧区生产结构发生了巨大变化。随着三产的发展，当地从事三产的人数显著增加。据不完全统计，目前在成吉思汗陵周围从事三产的农牧民人数，比开发建设前增加近10倍。成吉思汗陵外围的农牧民，向旅游区提供农牧业产品，几乎出现供不应求的状况，使当地农牧民经济收入显著提高。牧民人均年收入翻了一番。

蒙古文化博大精深，然而随着经济社会的迅速发展伊金霍洛镇蒙古族传统文化艺术面临着传承困境。有些古老民间艺术及非物质文化遗产的传承发展问题令人担忧。为了使源远流长的民族民间艺术不在工业化、城镇化及流行乐浪潮的冲击下被异化、遗忘和失传，也为了充分挖掘、拯救、保护和传承这些非物质文化遗产，打造伊金霍洛镇旅游文化特色品牌，推动旅游文化产业全面快速健康发展，加快精神文明建设步伐，进而达到转移农牧民、致富农牧民、丰富农牧民业余文化生活的目标，该镇于2008年5月份组建了一支由28名当地农牧民组成的农牧民文艺演出队——

“神骏之声”[1] 文艺队，专门从事传统民间文艺精品节目的挖掘与演出。该文艺队成员中最大年龄 70 岁，平均年龄 53.3 岁，有达尔扈特人 24 人。“神骏之声”演出的主要内容是守陵达尔扈特人的原生态艺术，包括蒙古族传统的舞蹈、民乐、祭祀（颂歌）、好来宝、快板、小品等，重点传播当地民族传统的非物质文化遗产。该演出队自成立到 2011 年年底，共演出 150 多场次，接受了上级领导检查验收共 60 余次，受到社会各界人士的广泛好评。

由于演出形式与内容的不断更新与创新，演出团队仅有的 28 名成员已经不能适应当前文化工作不断向前发展的形势。为此，经伊金霍洛镇党委、政府研究，决定壮大“神骏之声”农牧民文艺队的力量，于 2012 年 3 月新增 18 名大学生村官，为文艺队输入了新鲜血液，使得“神骏之声”在原有传统演出内容的基础上又增加了一定的现代元素。并特别邀请了自治区级、市级的专业老师对“神骏之声”文艺队进行了声乐、民乐指导；还邀请了呼和浩特市直属乌兰牧骑的舞蹈老师给“神骏之声”新编排了节目，使“神骏之声”文艺队的整体演出水平得到进一步提高。文艺队又于 2012 年 5 月申请成立了“伊金霍洛旗神骏之声民族文化艺术协会”。

该文艺队先后荣获伊金霍洛旗“全旗首届鄂尔多斯蒙古原生态民歌演唱会组织奖”、鄂尔多斯市“全市农牧民社区文艺汇演表演铜奖”“鄂尔多斯市第五届原生态蒙古民歌老年文艺汇演一等奖”“伊金霍洛镇第五届传统那达慕大会优秀组织奖”等。

2012 年 9 月，“神骏之声”文艺队去蒙古国进行了考察学习并参加了乌兰巴托、肯特省举办的文艺晚会，表演了文艺队代表性的节目，表演得到参与晚会所有人员的热烈掌声。伊金霍洛旗各项宣传活动、消夏晚会、传统那达慕大会、上级检查验收演出等共演出近千场次，观看人数上万人，受到上级领导和社会各界的一致好评。

除了伊金霍洛镇，苏布尔嘎镇的经济社会发展也比较迅速。苏布尔嘎系蒙古语，汉意为“塔”，因境内的白塔而得名。1718 年，苏布尔嘎白塔正式建立，它曾经是伊克昭盟“七旗会盟”、宗教祭祀和阅兵的重要场所。1945 年年初，苏布尔嘎原属郡王旗管辖，1956 年撤区划乡成立苏布尔嘎乡，1958 年人民公社化时，与台吉召、合同庙三乡成立卫星人民公

① 伊金霍洛镇“神骏之声”简介，伊金霍洛镇政府提供。

社，1959 年改为苏布尔嘎人民公社，1961 年，原苏布尔嘎乡分设为苏布尔嘎人民公社，1983 年改为苏布尔嘎苏木，2005 年苏布尔嘎苏木、合同庙乡、台吉召镇撤乡合并为苏布尔嘎镇。

该镇位于伊金霍洛旗西北部，全镇辖 27 个行政村，总面积 944 平方公里，总人口 9695 户 21594 人，其中常住人口 7489 人，少数民族 527 户 1285 人。镇党委下设 15 个党支部，共有党员 607 名，其中蒙古族党员 61 名。全镇总耕地面积 5.37 万亩，现有牲畜 11.7 万头（只），其中优质“敏盖”内蒙古白绒山羊 3.5 万只。[①] 苏布尔嘎镇过去是一个以传统农牧产业为主导产业的乡镇，是“敏盖”内蒙古白绒山羊的主产地，2007 年胡锦涛同志在视察白绒山羊养殖时，肯定了该镇白绒山羊舍饲养殖与生态保护合理协调的发展模式。近年来随着鄂尔多斯市委“科学发展、富民强市”及旗委“富民强旗”战略构想的要求，苏布尔嘎镇大力推进产业结构转型升级，现已初步形成了以鄂尔多斯江苏工业园区建设与发展为主导、苏泊罕大草原旅游产业发展为突破口、小城镇建设为核心、现代农牧业建设为基础、生态环境建设为依托的“四区域一集镇”发展格局。到 2012 年年底，全镇农牧民人均纯收入达 8868 元，2013 年年底农牧民人均纯收入预计达到 1 万元。苏布尔嘎镇先后获得“全国十佳绿色乡镇”“全区环境优美乡镇”等殊荣。

在鄂尔多斯市和伊金霍洛旗两级结构转型升级战略背景下，鄂尔多斯江苏工业园区和苏泊罕大草原旅游区顺利落户苏布尔嘎镇，其中鄂尔多斯江苏工业园区规划控制面积 238 平方公里，一期 20 平方公里于 2011 年开工建设。苏泊罕大草原旅游区规划控制面积 153 平方公里，分三期工程规划建设四大主体功能区，计划总投资 10 亿元于 2011 年投入运营。具体情况如下：

一、鄂尔多斯江苏工业园区建设进展顺利。2012 年完成了阿格图村 1、2、3 社土地与部分房屋的征拆工作，并支付农牧民安置费等拆迁补偿款 2.83 亿元；完成了阿格图村 5 社、航空园区涉及的木呼敖包村 1、2 社土地和附着物的丈量清点工作。园区一期工业用水拟从阿镇南甘珠庙配水厂引出，输水管线长 16 公里，给水路线已规划，正在进行开工前的各项准备工作；北部 8 平方公里“两横四纵”路网已建设完成黑色路面，管

---

① 苏布尔嘎镇政府：《汇报材料》，2013 年 8 月 27 日。

网工程完成85%，具备通车条件，累计完成投资4.5亿元；南部12平方公里路网和管网工程已进行招投标。园区兰海矿用自卸车项目完成投资6.15亿元，总面积6.2万平方米的办公楼、宿舍楼、职工餐厅、厂房均已进入内部装修和设备安装调试阶段，总装车间和总装流水线设备已安装完成；中小企业创业园完成总体规划，第一批入驻的正诺矿业煤矿用品项目、联馨公司矿山支护材料项目和中小企业服务中心项目已顺利开工，预计将于今年年底投产；广东仪强项目前期工作人员已到位，2013年拟完成投资1亿元。同时，办理了汽车综合服务园区项目立项手续，待阿四线改线确定后，开工建设。

二、苏泊罕大草原旅游区运营态势良好。依托苏布尔嘎草原浓厚的历史文化背景以及深厚的蒙元文化底蕴，苏泊罕大草原旅游区建设完成了两大营盘200座蒙古包、张拉膜演艺大厅、会盟大舞台、游牧部落、牧马人部落及游牧时代区内12座蒙古人家；精心打造了鄂尔多斯婚礼实景演艺、伊克昭七旗会盟盛典、草原狂欢篝火、激情驿站等娱乐项目；成功创建了中国首家大型游牧文化旅游品牌、申报了国家AAAA级旅游景区，完善了餐饮、住宿、演艺和娱乐四大功能，2012年实现年接待游客4万人次。累计投资380万元，完成了白塔旅游景点中农牧民马术培训基地的土地收储、马术训练场、观礼台和农牧民演绎广场建设。自筹资金800万元规划新建了苏泊罕旅游区外环线柏油路8.4公里。与此同时，通过转变旅游区经营管理理念，建立“支部+企业+合作社”的捆绑抱团发展模式，实现了企业利益与农牧民利益的双丰收，景区周边部分牧民户收入已达8万元。

三、小城镇建设有序推进。苏布尔嘎镇紧紧抓住全市“小城镇改造提升”工程这一难得机遇，收储了小城镇建设核心区0.89平方公里1600亩土地，预计投资6000万元，已支付1200万元；完成了苏布尔嘎镇总体规划及控制性详细规划，并通过了专家评审会；邀请设计院对社会服务管理中心、职工宿舍食堂、住宅小区和镇区市政进行专项规划和施工图设计；目前，社会服务管理中心、职工宿舍食堂专项规划和施工图设计已完成，其中，职工宿舍食堂已开工。

四、农牧产业发展持续夯实。苏布尔嘎镇在发展工业、旅游业的同时，坚持农牧业在稳定农村牧区经济社会中的首要地位不变，将农牧业作为改善农牧民生产和生活的基础条件来抓，以加大农牧产业改造为重点，以项目建设与资金投入为突破口，切实增强了农牧业自身的发展能力。

（1）人口转移工作落到实处。兑现了2010年和2011年巩固退耕还林生态移民404户的移民住房；完成了2010年实施的原苏布尔嘎苏木旧政府拆迁、荣乌高速和阿四线沿线环境整治拆迁355户的住房交付工作。创建转移就业示范村4个，累计组织开展职业技能培训、引导性培训200场1.5万余人次。

（2）绒山羊产业发展强劲有力。投资2323万元新建5处养殖园区，总占地面积3.5万亩；建成标准化配套棚圈1.8万平方米，活动场地6万平方米，贮草棚2万平方米，草房0.9万平方米，青贮窖5000立方米；投资380万元新建占地15亩集绒山羊交易、品质鉴定、科研试验于一体的交易场所一处；投资27.36万元采取政府补贴与农牧民自筹相结合的方式，发放优质种公羊226只；成立新农现代农业农民专业合作社和绒山羊研究室，与内蒙古农业大学和河套大学就绒山羊胚胎移植、人工授精、同期发情等可研课题建立合作；与伊金霍洛旗农村商业银行就绒山羊养殖累计发放贴息贷款2500万元。目前，全镇养殖白绒山羊6.2万只。

（3）农牧业基础建设持续增强。投入资金830多万元对镇区集中供热、供水设施进行了改造，实现集中供热、供水3.5万平方米。全镇共建成并配套机电井218眼，架设高压线76.15公里，动力线156.7公里，增设变压器84台，平整土地1.8万亩，铺设地埋管道79千米，新增节水灌溉1.3万亩，共建成高效节水灌溉农田5400亩。完成了对全镇4945眼机电井、326眼人力井、28座塘坝、3座水库的普查清查工作。投资4500万元，新修柏油路和砂石路15条，共计101公里；投资150万元，维修砂石路1000余公里。投资2023.6万元，实施“一事一议”财政奖补项目61个。

（4）生态建设不断加强。全面启动了鄂尔多斯市百万亩城防林建设工作，完成绿化3000亩。完成了新造退耕还林1500亩、退耕还林补植补造9500亩、产业造林项目2500亩、封山育林项目5000亩、干部义务植树4900亩的造林任务；完成了沙棘种植2万亩；完成了全镇72万亩的林权制度改革任务，国家级公益林补偿资金正在筹措实施中；完成27个行政村草原生态保护补助奖励、公益林补偿，总面积达到1017.5万亩，补贴资金总计1706.35万元；防治沙柳病虫害3万亩。同时，坚持生态环境建设与生态环境保护并举，加大农村牧区综合执法力度，严厉查处和制止了全镇“五乱、四禁、两防”现象的发生。

（5）社会各项事业成效显著。苏布尔嘎镇一直坚持教育优先发展战略，建设完成了中心小学1400平方米宿舍楼和830平方米餐厅并投入了使用，完成了1882平方米文体活动中心主体工程；通过各类救助活动，积极为中心小学及贫困生捐助11.2万元。加强计生工作规范化、长效化管理，稳定低生育水平。全员人口和已婚育龄妇女信息资源库初步建成，准确率和覆盖率均达95%以上；继续推行“一杯奶”工程；加大打击“两非”违法行为力度。进一步加强医疗卫生工作。完成了全民体检；全镇农牧民合作医疗参加人数19846人，参合率达98%；为生态移民、失地农牧民办理了养老保险。社会保障水平持续提升。为249户危房户进行了危房改造；为自主创业的15户残疾人每户发放补助资金10万元。通过“博爱一日捐”活动救助大病户120人，发放救助资金16万元；同时，为少数民族发放贴息贷款50万元，宗教人士发放补贴33.12万元。深入实施妇女儿童发展纲要。重视妇女小额担保贴息贷款工作，累计发放202户，1279万元，“五联一保”贷款450笔，4268万元；扶植妇女种植养殖示范户6户，农业科技示范基地2处。高度重视文化体育事业发展。组织大型文艺活动80场，放映流动数字电影1500余场；为全镇27个嘎查村草原书屋配备图书3.5万册；深入实施“5015”文化惠民工程，投资12.5万元组建了“牧人之声”业余文艺队，培养了文化能人15名，群众文化队伍不断发展壮大。高度重视和支持工会、青年、老干部工作。高度重视和支持关心下一代，宗教、统战等工作全面开展。深入贯彻落实党管武装制度。切实抓好了武装部规范化建设工作和征兵工作，积极向部队输送优秀青年。严格按照安全生产目标考核要求，加大动态巡查执法力度。签订安全责任书1875份，防火责任书640份；充分利用集市日、“三下乡”文艺演出等活动向农牧民发放安全生产、森林草原防火、食品药品安全、道路交通安全和消防安全宣传资料近11.5万份。

苏布尔嘎镇坚定不移地推动旅游区建设，做大做强了旅游产业。

随着苏泊罕大草原旅游景区建设进程推进，通过农牧民直接参与景区运营发展转变为产业工人、发展劳务输出、土地草牧场租赁收益、民族特色产品加工销售等，促进旅游区周边农牧民增收致富。预计到2017年旅游区涉及嘎查村农牧民实现就业500人，人均纯收入达到3万元以上。旅游项目建设上实现逐步完善，重点建设赛马场、射箭场、蒙古人家等静态旅游景点和越野车、沙地摩托车两大动态景区项目。还将按照国际标准建设国际赛马场，推出鄂尔多斯民歌节、实景演艺鄂尔多斯婚礼等民族文化活动。苏泊罕大草原旅游景区，结合独特的资源优势，加大对草原民族文化的挖掘力度，彻底摆脱单纯景点建设的套路，将所有资源纳入旅游资源体系，构建了特色旅游区域，形成“政府引导、企业主导、市场运作、群众参与”的发展模式，调动了各方面积极性，吸引了更多的资金投入旅游文化产业之中。旅游项目建设中突出民族文化、休闲度假、生态观光三大特色，逐步建立以“七旗会盟”为中心的文化旅游带，以蒙古人家为主的休闲度假自然风光旅游带。

关于民族经济发展方面，苏布尔嘎镇今后打算着力从以下几个方面入手：一是对接鼓励少数民族的新政策。加大少数民族产业发展、基础设施等方面的项目投入，并在实施过程中，考虑少数民族嘎查村的经济基础，配套相应扶持资金。二是进一步增加财政投入。重点需要加强对少数民族大学生就业扶持和培养。三是结合苏布尔嘎镇当前草原文化旅游产业发展现状，进一步加大对蒙元文化的发掘力度。将苏布尔嘎镇众多“散珠碎玉”般的旅游文化资源与深厚的民族文化底蕴整合起来，科学规划，精心包装，加大宣传推荐的力度，提升知名度与竞争力。四是着力培养广大少数民族群众自主创业的精神。围绕苏布尔嘎镇小城镇建设及旅游产业发展，在镇区建设以传统手工艺产业为主的民族特色工艺品、食品加工的特色商品加工一条街，同时培养农村干部和致富能人，不断拓展他们干事创业的思路和方法，加强劳动技能培训，进一步提高少数民族群众干事创业的能力。五是积极协调有关部门继续加大对少数民族贫困人口的救助和扶持。及时地解决少数民族特困户、特困人口的生活、生产问题。

随着经济社会的发展，苏布尔嘎镇文化艺术得到迅速发展，民族文化也发生了巨大变迁。

苏布尔嘎镇新建综合文化活动中心位于苏布尔嘎镇二号白绒山羊养殖园区内，总占地面积5亩，建筑面积1520平方米，是集农牧民各种培训、文化展览、会议召开等为一体的多功能活动中心。下设远程教育接收站、文化展厅（苏布尔嘎镇成就展览馆60平方米）、大会议室（视频会议室）、小会议室、新村卫生室、图书室等。现有工作人员4名，配有专职信息员一名，负责新闻采编上报，三级技工两名，承担节目创作、广播电视电影放映及图书管理等工作。拥有藏书约4800余册（其中科技书籍占有 10%），配有 DV 摄像机 2 台，照相机 1 台。

该镇现有 1 支业余文艺队和 5 个文化能人。业余文艺队为牧人之声，现有成员 12 人；5 个文化能人又组建了 5 个文艺队，发展成员 31 人。他们能歌善舞，多才多艺，创编了节目《王婆骂鸡》，不仅吸引了许多文艺爱好者主动前来报名参加文艺活动，而且极大地繁荣了农村牧区的精神文化生活①。

随着旅游经济的大发展，蒙古族牧民的生计方式也发生了巨变。不少蒙古族牧民在旅游景区经营第三产业，主动将蒙古族文化资源转化为旅游产品。例如，苏布尔嘎镇游牧部落（又称蒙古人家）是苏泊罕大草原旅游景区最具 13 世纪游牧风格的景观，游牧部落内建设包括阿冬部落、纳林部落以及特穆尔沁、木都沁、孟格沁、达舒勒沁等十余座蒙古人家，及蒙古族最原始的森林草原的住宿方式撮罗子数座，具有参观体验、演出住宿、演出娱乐等六大功能②。

游牧部落由当地土生土长的蒙古族牧民经营，把最原始、最淳朴的蒙古族牧民的生活气息带到游牧部落，保留着游牧民族完整的剪羊毛、擀大毡、捻毛绳、编马鞭、织口袋，挤牛奶、捣酸奶、做奶皮、做奶酪、做奶酒、打饼子、煎馓子、游牧原生态音乐表演等传统生产生活情景，集中展示牧民生产习俗、饮食习俗、居住习俗、服饰习俗等，游客既可以观看，又可以亲自体验。同时，游牧部落内还具有蒙古族古老的交通工具勒勒车、最典型的鄂尔多斯蒙古部落的玛尼哄祭祀台、沙柳羊圈、马拉井、小敖包等景观。

同时，游牧部落还是国内首家实景鄂尔多斯婚礼的演出地点，游客可以在游牧部落观看国家第一批非物质文化遗产、鄂尔多斯的文化瑰宝——鄂尔多斯婚礼的实景演艺，感受蒙古文化的无限魅力。

为更好地拉动地区经济效益，推动旅游产业的快速发展，带动牧民增收致富，苏布尔嘎镇经过对其他旅游景区建设发展情况的调研，提出了“企业+合作社”的捆绑抱团式发展模式，推动企业与农牧民实现了互利双赢。一是通过企业每年按每亩 50 元的标准租用农牧民的草牧场 23400 亩建设草原观光区，农牧民每人每年可收入 1 万元。二是农牧民以合作社的形式组建养马协会，成立马术表演队等，参与景区游客接待，为游客提

① 《苏布尔嘎镇文化活动中心简介》，苏布尔嘎镇政府提供。

② 《苏布尔嘎镇游牧部落简介》，苏布尔嘎镇政府提供。

供马术表演及骑马射箭等服务。现协会拥有马匹 323 匹，为游客提供服务一次 100 元，其中东联旅游公司为 22 匹马每月补贴 1200 元，为游客提供服务一次另加 20 元。通过拉马、骑马等服务，每户每年平均能增加收入 3 万元。三是有一技之长和参加过培训的农牧民根据景区的工作需要到景区打工，与内部职工享受同等待遇。通过为景区打工，每人每年平均可增加收入 12000 元。四是部分农牧民根据景区的统一管理，到蒙古人家营业网点从事特色食品经营活动，每人每年平均可增加收入 12000 元。五是通过加工奶食品、农畜产品等增加收入；目前，部分牧民户收入已达 10 万元[①]。可见，在鄂尔多斯地区的资源开发和伊金霍洛旗经济社会发展过程中蒙古族牧民的生活水平也明显提高，传统文化也得到弘扬和创新发展。

第五节　伊金霍洛旗蒙古族文化变迁的一些思考

在城镇化和资源开发过程中，伊金霍洛旗的蒙古族社会文化发生了巨大的变迁。城镇化是指随着非农业产业的不断发展，人口从乡村逐渐向城市聚集的过程。2014 年 3 月，党中央颁布了《国家新型城镇化规划（2014—2020 年）》（以下简称《规划》），是指导我国新型城镇化的宏观性指导纲领。此次“城镇化”增加了“新型”二字，着力打破以往城镇化建设服务于经济增长的单一模式，突出“以人为本”的理念，注重构建和完善城市“安居乐业”的“硬件”和“软件”生存体系。在我国现有城镇化建设过程中，地方文化特色的消失有目共睹，让地方文脉延续下去已是社会各界共识。《规划》提出新型城镇化基本原则之一是注重“文化传承，彰显特色”。在这一背景下，通过保护非物质文化遗产（以下简称“非遗”）是留住乡愁的重要手段。

目前我国城镇化规划编制及执行主要由城乡建设部门负责，从已有的城镇化指导意见中我们可以看出，涉及文化的城镇化规划内容多从物质基础设施入手，对文物资源保护和文化服务所需的物质设施做相关规划。虽然有些文件提及非遗保护，但所占的分量和能被贯彻的程度仍值得商榷。在物质至上主义的年代，社会资源并没有向非遗倾斜。要改变这一倾向，我们首先应意识到非遗在城市发展过程中发挥的重要作用。

① 《苏泊罕大草原旅游区“蒙古人家”建设发展简介》，苏布尔嘎镇政府提供。

显然，人们在城市中不止工作，还要生活和休闲，在城市中生活是否幸福，生活品质是关键，生活品质是一个难以量化的概念，对不同的人有不同的意义，人们是否愿意迁入一个城市定居、工作、休闲，这个城市的生活品质是最重要的考虑因素。生活品质是指一个地方基于自然、历史、文化、社会等方面产生的吸引力。以生活品质为切入点，新型城镇化进程与非遗的关系不止于乡愁情怀。许多非遗与居住、工作、休闲在城市中的人们如影随形，是吸引人们留在城市的重要因素之一。

如何培养和提升民众文化自觉意识，让民众热爱本土文化和本民族传统民俗是非遗世代传承的关键。广泛征求多方意见，展开多种形式的讨论，以此对非遗与城市的关系做出多角度的评估分析，将不同的素材和观点汇集起来，在新型城镇化规划中制定更具体的方案，使非遗更好地贡献于城市的可持续发展。这一做法，本质上使进入城市的民众不仅只是适应城市环境，也可以让他们有机会自主设计、规划他们的新生活，把自己对生活的见解表达出来，把他们以往日常生活的优秀文化肌理移入新环境中，使新环境更人性化，也是在延续并再创造传统。

因此，在当下新型城镇化进程中，有意识地把蒙古族各种传统节庆仪式、故事、手工艺、经验知识等视为非遗，以各种方式保护起来，使其流传于城市人群中，有时它们只是市民的某种业余乐趣，但却能带来多种演变方向，能有效提升人们的生活品质。城市文化的创新，一方面应从非遗中汲取创意灵感；另一方面把非遗融入现代各类元素和想象过程中去，使非遗以另一种方式得以传承。

现代化导致伊金霍洛旗蒙古族饮食结构、居住方式、传统服饰的变迁。具体体现在三个方面：一是农牧区交通及商品经济的发达丰富了人们的饮食结构，而牧区交通运输的发达给牧民生活带来了前所未有的改变，人们逐渐地接受了汉民族及城镇的饮食习惯。二是城镇化影响着居住方式，新式房屋的屋内结构接近楼房室内的结构，而生活水平较高的农牧户在城里买楼冬季居住，夏季回到草原。三是商品经济的发展、交通的发达、城镇化导致民族服饰的穿着越来越少，人们的穿戴越来越大众化。

在资源开发和旅游业发展背景下，不少蒙古族牧民为了经济利益的追求，牧民自觉主动地经营民俗旅游点，但这些旅游点主要以经济效益为前提，对草原生态带来了负面的作用。

伊金霍洛旗的达尔扈特人世代承袭，子承父业，为成吉思汗司祭、守灵达八个世纪。[①] 清朝开始实行达尔扈特账目管理，建立男性登记制度。目前在鄂尔多斯守陵的达尔扈特是第38和39代传人。成吉思汗祭奠能够延续至今，与达尔扈特严密的管理机构密不可分，到成陵接触达尔扈特，深刻体会到他们最谙熟的是“赫西格”“哈然”二词。达尔扈特人子承父业世袭司祭，且有各自固定不变的司祭职司。达尔扈特实行艾玛格（区）下的哈然管理机构，每个哈然所属三个赫西格，六个哈然共十八个赫西格。达尔扈特艾玛格直接受济农管理，分大、小两部，东西各八大牙门图（意为主持）管理体系。伊金达尔扈特又称大部达尔扈特，苏鲁锭达尔扈特称小部达尔扈特。哈然长官为“大达玛勒”，从达尔扈特牙门图中产生，由济农委任。赫西格是达尔扈特管理机构中的组织“细胞”。赫西格的组成主要以守护奉祀之神划分（不同赫西格职司不同）。赫西格的长官称“小达玛勒”，小达玛勒从达尔扈特中产生，不是牙门图也可以担任此职。六大哈然，十八个赫西格目前基本保留，但在成陵工作的达尔扈特一人充当多种角色，一个赫西格兼职几个赫西格工作。目前在成陵专职从事祭祀工作的员工均为牙门后代，全部为蒙古族男性。[②]

据达尔扈特不完全统计，“2005年春季大典的祭拜者约达到3万人次，基本与2004年持平。2004年春季大典主祭日逢闰二月，很多人错过大祭日时间未能参与春季祭奠。2005年由于成陵进行改扩建施工影响了祭祀人群规模。自施行黄金周假日制度后，集中旅游的人越来越多，据达尔扈特介绍，春季大典的祭拜者最多的时候达到10万多人次”[③]。随着旅游业的发展和社会文化变迁，在几百年传承的过程中，成吉思汗祭奠不断融进新的因素，发生了一系列的变化。达尔扈特这一群体的思想意识也在发生变化。2004年祭祀闲暇期（冬季），聘请专业电脑老师对年轻达尔扈特进行培训，邀请专家讲授蒙古历史。达尔扈特除经营畜牧业外，生产方式已向多元化发展，在成陵附近达尔扈特所从事的行业涉及各个领域：开

① 鄂尔多斯人的先祖就是最初守护并祭祀八白宫的成吉思汗将领后代组成的“怯薛军”，即宿卫部队。宿卫部队是成吉思汗统一蒙古后建立的力量，由当时的十户长、百户长、千户长、万户长子孙后代组成，他们平时负责成吉思汗四大鄂尔多的安全保卫和后勤服务工作，战时则是成吉思汗可随时调用的精锐、机动力量。达尔扈特人的主要成员是从鄂尔多斯人中抽调组成的，因此达尔扈特是为成吉思汗守灵、司祭长达八个世纪的群体。

② 乌云格日勒：《信仰的薪火相传——成吉思汗祭奠的人类学研究》，北京大学出版社2013年版，第121页。

③ 同上书，第222页。

办传统蒙古包厂，开餐馆发展旅游项目，经营民族用品店铺，等等。达尔扈特集中居住的霍洛镇，生活社区该有的设施和服务基本都有，医疗卫生、学校、交通、餐饮、娱乐、小商品市场、清洁服务等，他们的经营主体基本都是达尔扈特。集中居住范围内职业结构发生分化的同时，达尔扈特人正走出伊金霍洛不断向外发展。达尔扈特后代中有行政干部、军人、商人、记者、企事业人员，也有走出国门的学者。向外发展的趋势已势不可当。剧烈的社会文化变迁容易引起文化失调，进而给传承人群的生活带来困扰，产生文化震动和非物质文化遗产传承困境。如果不尽早稳住达尔扈特这一非物质文化遗产传承人群，延续了八百年的成吉思汗祭奠也会面临后继乏人的传承危机。社会文化变迁的巨大冲击，让蒙古族非文化遗产的保护有了措手不及之感，在这样的境遇中达尔扈特这一传承人群更需要冷静思考、提高自己的担当意识，更加强化传承保护珍贵非物质文化遗产的使命感，让古老的成吉思汗祭奠活在当下，留给后人，让它永远传承不断。我们认为，达尔扈特这一非物质文化遗产传承人群当下理应担负起如下使命。

第一，在“文化大革命”时期成吉思汗祭奠中断过，达尔扈特群体现在应该有意识地做一些恢复、重建的工作。改革开放后虽然恢复了大部分仪式活动，但还有一些仪式活动和祭祀细节没有得到原样恢复，达尔扈特群体应加大力度抢救、挖掘和复原濒临消失的相关仪式，并想尽办法重建或重修历史上的祭祀遗址。

第二，培育一种非物质文化遗产保护意识，不要把达尔扈特群体自身看作一般的祭祀人员。进入 21 世纪，成吉思汗祭奠作为蒙古族代表性的民族文化经典登上了第一批国家级非物质文化遗产名录。达尔扈特人是成吉思汗祭奠仪式活动的传承主体，是这一国家级非物质文化遗产的主要的传承人群。作为非物质文化遗产的传承人群，达尔扈特群体理应超越祭司身份，更加增强文化自信和文化自觉，这样才能担当起时代赋予的神圣使命，更加自觉主动地投入传承和保护国家级非物质文化遗产的实践中。

第三，应尽早行动起来抢救和挖掘老一辈达尔扈特人的文化记忆，通过口述史料的挖掘、记录、整理建立一个完备的传承人档案库，以利于将来建立一个成吉思汗祭奠数据库，为国家级非物质文化遗产的数字化保护打下坚实的基础。

第四，要正确处理保护和开发的关系。近些年，随着成吉思汗陵旅游业的快速发展，成吉思汗祭奠和达尔扈特人的民俗文化成为一种人文资源。然而，不容乐观的是，在外部环境和旅游业的直接影响下蒙古族代表性非物质文化遗产——成吉思汗祭奠的原貌发生了一些变化，祭奠的人文环境和神圣氛围受到来自游客的冲击，如何保护成吉思汗祭奠的原真性，原汁原味地继续传承成吉思汗祭奠这一国家级重要非物质文化遗产这一任务已成为达尔扈特群体的当下使命。旅游业对自然生态环境的污染问题已经引起高度关注和重视，但是旅游业对人文生态环境的污染却往往被忽视。具有特色的民俗风情是非物质文化遗产旅游开发的重要内容，祖先祭祀、婚丧嫁娶这些标志性民俗事项最能体现一个民族的风土人情。这些“非日常民俗”既具有一般民俗的特点，又具有其“非日常”之处：严格的礼仪禁忌，特别是宗教祭祀具有神圣性、严肃性、民族性。但是，一些旅游景点，每天向游客表演祭祀仪式、祭祖场面等“非日常民俗”事项。这些“非日常民俗”的日常化、表演化虽然获得了一定的经济利益，但是给旅游地民众和民俗传承者带来的负面影响也不能忽视。非物质文化遗产开发不能急功近利，应该在做好管理、保护措施的前提下，以合适的规模和速度开发。作为非物质文化遗产的传承人群，达尔扈特人应适当阻止不合理的乱开发现象，尽量避免过分商业炒作，以确保成吉思汗祭奠这一非物质文化遗产的严肃性和原真性。

第五，城镇化过程中要留住自己独特的传统习俗。经过几年的努力，包括伊金霍洛镇在内的成吉思汗陵旅游区的建设取得了引人注目的成就，举世闻名的成吉思汗陵发生了巨大变化。近几年来，成吉思汗陵周围牧民开发的旅游服务业，逐步向规模化方向发展。牧民骑马、民俗表演、旅游纪念品销售、蒙古包生产等旅游服务内容也明显增多。特别是经过成吉思汗陵旅游区的开发建设，刚刚建立的新型伊金霍洛小镇内，正在形成旅游一条龙服务体系。这些旅游产业的发展，使当地传统的牧业经济逐步向新型第三产业转变，农牧区生产结构发生了巨大变化。随着三产的发展，当地从事三产的人数显著增加。然而，对于达尔扈特群体来说包括旅游业在内的第三产业发展带来机遇的同时也迎来了挑战。部分青少年在市场经济的影响下开始“向钱看”，忘记了自己传承祖业的神圣使命，逐渐淡忘了祖先传承下来的风俗习惯和祭祀规矩，年轻人不愿意接过父辈或长辈手中的非物质文化遗产“接力棒”而成为传承人，一些仪式活动表演化倾向比较明显，长此下去必然会影响到成吉思汗祭奠的原真性和未来传承。

第六，加强非物质文化遗产的教育传承，非遗保护意识的培育应从娃娃抓起。达尔扈特群体聚居的伊金霍洛蒙古族幼儿园是成吉思汗陵旅游区唯一的一所幼儿园。始建于1993年，当时是霍洛蒙古族小学附属幼儿园，大小2个班，共有21个学生，3个教职工。2012年9月独立出来成立了伊金霍洛蒙古幼儿园，2013年10月搬迁现校址。幼儿园总投资为2990万元，按照自治区标准化示范园设计建设，教学楼总占地面积15000平方米，建筑面积7000平方米，户外活动场地8000平方米，12个教学班级。校现有教学班7个，在校生140名（蒙古族有82名）。现有教职工25名，其中具有本科学历的有10人，专科学历的有13人，专任教师合格率100%[①]。该幼儿园从2012年开始开设了民俗课，因没有当地民俗方面的教材，用的是锡林郭勒盟编写的教材。幼儿园在成陵管委会的协调下每年的成陵祭奠时都领孩子们去参观，让孩子们参加成吉思汗祭祀活动、了解成吉思汗、认知达尔扈特人的历史，这是很好的开端，今后应进一步加强包括成吉思汗祭奠在内的蒙古族非物质文化遗产的教育传承，加以丰富和完善相关课程的内容。

文化遗产的保存和发展是一个较复杂的对立统一体，做到既要保护也要发展并不容易。尽管国际社会和新闻媒体等不断强调保护和发展并重，但实际的运行过程中受到“发展至上主义”的影响或在某种经济利益的驱动下往往出现轻视保护、重视开发的偏向。保护和开发孰轻孰重？怎样克服保护和开发、保存和发展的尖锐矛盾，处理好二者的关系问题仍然是摆在我们面前的重要课题。

在盲目开发文化遗产的过程中容易出现破坏文化遗产原真性的现象。原真性（Authenticity），又译原生性、真实性、确实性、可靠性。主要有原始的、原创的、第一手的、非复制、非仿造等意思。原真性是验证世界文化遗产的一条重要原则。近年来在国内也有不少学者呼吁禁止包括口头创作在内的活态人文遗产的“改旧编新”现象。如陶阳先生在2002年9月11日《光明日报》上发表题为《“民间文学”也应打假》的文章指出，由于“错误理论的误导，迷惑了许多人，把民间文学搅得乌烟瘴气，许多人把自己编造的通俗故事，冒充民间故事，在民间文学刊物上发表，很少看到民间故事的真面目，搞得真伪莫辨，破坏了口头文学的纯洁性”。

① 伊金霍洛蒙古族幼儿园：《蒙古族幼儿园简介》。

并呼吁为民间文学正名，以维护人民口头文学的纯洁性。还有一些学者认为，对民间文学合理的开发利用具有积极的意义，“但要限制对它的滥用，防止由此产生歪曲损害民间文学特质的有害后果”①。

文化遗产的保护权和发展权是两种不同的权利，对于被“保护”的民族和群体来讲，他们既有保护自己文化遗产的权利，也有发展自己文化遗产或传统文化的权利，所以不管哪一种方式的保护措施和发展规划都应在尊重权利主体的自主权和意愿的前提下方可实施，千万不能够采取行政命令的方式来制定强制措施。

任何民族对待自己传统文化和文化遗产的态度往往是较复杂的。既想保存传统文化，又想发展传统文化是各民族中普遍存在的矛盾心理。然而所谓的“传统”都是在社会历史发展的过程中逐渐形成的，任何民族的传统文化都是在不断创新的过程中逐步累积而形成的。把传统文化看作停止不前、一成不变的观念本身是一种错误的观念，在文化遗产保护的实践中应不断克服这种牢固观念，用发展的观念来对待“活态人文遗产”，不能够以“保存”“保护”的名义来阻挡或阻碍一些民族和相关族群的传统文化的合理发展。所以在今后的“活态人文遗产”保护工作中各地各级政府以及有关部门应根据不同的情况和条件，采取灵活多样的方式和政策，将传统的保存方式和新型的保存方式有机地结合在一起，并在实际的运作过程和工作实践中根据具体情况不断地调整和改进保存方式和保护模式，这样才能够达到既要保存和保护，又要开发和发展的“一举多得”的最终目的。

① 冯骥才主编:《守望民间：中国民间文化遗产抢救工程》，学苑出版社 2002 年版。

参考文献

阿拉藤：《文化的变迁：一个嘎查的故事》，民族出版社 2006 年版。

包智明：《科尔沁蒙古族农民生活》（蒙古文），辽宁民族出版社 1999 年版。

孛儿只斤·布仁赛音：《近现代蒙古人农耕村落社会的形成》，娜仁格日勒译，内蒙古大学出版社 2007 年版。

孛儿只斤·吉尔格勒：《游牧文明史论》，内蒙古人民出版社 2001 年版。

高丙中、纳日碧力戈等：《现代化与民族生活方式的变迁》，天津人民出版社 1997 年版。

葛根高娃、乌云巴图：《蒙古民族的生态文化：亚洲游牧文明遗产》，内蒙古教育出版社 2004 年版。

郝亚明、包智明：《体制政策与蒙古族乡村社会变迁》，中央民族大学出版社 2010 年版。

［日］后藤富男：《蒙古游牧社会》（蒙古文），内蒙古人民出版社 1990 年版。

黄淑萍、龚佩华：《文化人类学理论方法研究》，广东高等教育出版社 2004 年版。

［日］江上波夫等：《蒙古高原行纪》，赵令志译，内蒙古人民出版社 2008 年版。

李彦、宋才发：《民族地区退耕还林（草）及其法律保障研究》，中央民族大学出版社 2006 年版。

林耀华：《民族学通论》，中央民族大学出版社 1997 年版。

罗布桑却丹：《蒙古风俗鉴》（蒙古文），内蒙古人民出版社 1981

年版。

［日］梅棹忠夫：《蒙古游牧文化的生态人类学研究》（蒙古文），色音、乌云格日勒、吉日木图、秀梅译，内蒙古人民出版社 2001 年版。

纳钦：《口头叙事与村落传统——公主传说与珠腊沁村信仰民俗社会研究》，民族出版社 2004 年版。

色音、张继焦、杜发春编：《水资源与生态环境——黑河流域水资源状况的社会学调查》，社会科学文献出版社 2008 年版。

色音、张继焦主编：《生态移民的环境社会学研究》，民族出版社 2009 年版。

色音：《蒙古民俗学》（蒙古文），民族出版社 1994 年版。

色音：《蒙古游牧社会的变迁》，内蒙古人民出版社 1998 年版。

［日］松原正毅：《游牧世界》（蒙古文），萨仁格日勒、色音译，民族出版社 2005 年版。

苏浩主编：《融入草原的村落》，社会科学文献出版社 2006 年版。

汪国钧：《蒙古纪闻》，玛希、徐世明校注，内蒙古人民出版社 2006 年版。

王建革：《农牧生态与传统蒙古社会》，山东人民出版社 2006 年版。

王静爱、［日］小长谷有纪、色音主编：《地理环境与民俗文化遗产》，知识产权出版社 2009 年版。

王明珂：《游牧者的抉择：面对汉帝国的北亚游牧部族》，广西师范大学出版社 2008 年版。

王晓毅：《环境压力下的草原社区：内蒙古六个嘎查村的调查》，社会科学文献出版社 2009 年版。

旺楚格编著：《成吉思汗陵》，内蒙古人民出版社 2004 年版。

旺楚格编著：《成吉思汗守灵人史记》，内蒙古人民出版社 2011 年

乌日陶克陶胡：《蒙古族游牧经济及其变迁》，中央民族大学出版社 2006 年版。

乌云格日勒：《信仰的薪火相传——成吉思汗祭奠的人类学研究》，北京大学出版社 2013 年版。

夏建中：《文化人类学理论学派：文化研究的历史》，中国人民大学出版社 1997 年版。

［日］小长谷有纪：《蒙古草原的生活世界》（蒙古文），嘎·乌云格

日勒、色音译，内蒙古人民出版社 1999 年版。

新吉勒图主编：《中国环境政策报告：生态移民　来自中、日两国学者对中国生态环境的考察》，内蒙古大学出版社 2005 年版。

闫天灵：《汉族移民与近代内蒙古社会变迁研究》，民族出版社 2004 年版。

伊金霍洛旗志编纂委员会：《伊金霍洛旗志》，内蒙古人民出版社 1997 年版。

后　记

本书是由色音主持的《21 世纪初鄂尔多斯市伊金霍洛旗经济社会发展综合调查》课题的研究报告。全书提纲及内容由色音设计、统稿及修改。各章的具体写作分工如下：

绪论：色音

第一、第二、第八章：色音

第三章：秋美、宝花

第四章：色音、高学博

第五章：苏日嘎拉图、哈森其木格

第六章：韩柱

第七章：宝花

上述作者作为项目组成员参与了 2013 年 7—8 月在鄂尔多斯市伊金霍洛旗进行的实地调查，分工协作完成了资料收集整理、问卷发放、入户访谈和座谈交流等任务。内蒙古自治区民委和伊金霍洛旗政府、民族宗教局以及政府有关部门、各镇给予了大力支持和全面协助。

对于这些支持和帮助，我们在此表示诚挚的谢意！

本书使用数据除作者注释外均取自本次调研材料，因多为非出版物和访谈所获，故并未一一注出。特此说明。

《21 世纪初鄂尔多斯市伊金霍洛旗经济社会发展综合调查》课题组

2018 年 1 月 16 日